Platform Engineering

플랫폼 엔지니어링

| 표지 설명 |

표지 동물은 얼룩무늬영원(학명: *Triturus marmoratus*)이다. 이 동물은 서유럽, 특히 프랑스와 이베리아반도가 원산지인 양서류이다. 짙은 갈색이나 검은색 몸체에 불규칙한 대리석 무늬의 녹색 패턴이 장식되어 있다. 이러한 색상은 숲과 초원이라는 자연 서식지에서 뛰어난 위장 효과를 제공한다. 얼룩무늬영원 암컷은 등을 따라 오렌지색 줄무늬도 있다. 크기는 약 12.7~16.5cm이고, 일반적으로 암컷이 더 크다.

얼룩무늬영원은 주로 곤충, 지렁이, 기타 작은 무척추동물을 먹으며, 땅과 물에서 모두 사냥한다. 이 동물은 주로 육상 생활을 하지만 양서류이므로 번식을 위해 물이 필요하다. 추운 계절에는 연못에 머무는 경향이 있다. 매년 2월 번식기에는 수컷의 등에 두드러진 깃털 모양의 볏이 생기고, 꼬리를 휘저어 페로몬을 퍼뜨림으로써 짝을 유혹한다. 암컷은 알을 하나씩 낳는데, 먼저 수생식물의 잎을 냄새 맡고 검사한 후 알을 감쌀 잎을 선택한다. 과학자들은 얼룩무늬영원이 익숙한 번식 연못을 찾기 위해 지자기장과 별자리 같은 천체의 단서를 활용한다는 것을 밝혀냈다.

서식지 손실로 인해 국제자연보전연맹(IUCN)은 얼룩무늬영원을 최소관심종으로 분류했다. 오라일리 표지의 동물들은 대부분 멸종위기종이며, 이들은 모두 우리에게 소중한 존재다. 표지 삽화는 『*Lydekker's Natural History*』에 실린 그림을 바탕으로 한 호세 마르산Jose Marzan의 작품이다.

플랫폼 엔지니어링

개발과 운영을 아우르는 플랫폼 관리의 핵심 원칙

초판 1쇄 발행 2025년 3월 31일

지은이 카미유 푸르니에, 이언 놀런드 / **옮긴이** 류광, 307번역랩 / **펴낸이** 전태호
펴낸곳 한빛미디어(주) / **주소** 서울시 서대문구 연희로2길 62 한빛미디어(주) IT출판2부
전화 02-325-5544 / **팩스** 02-336-7124
등록 1999년 6월 24일 제25100-2017-000058호 / **ISBN** 979-11-6921-366-0 93000

책임편집 박지영 / **기획 · 편집** 김지은 / **교정** 홍원규
베타리더 강경구, 김영환, 김용회, 이종우, 전준규, 진태양
디자인 표지 윤혜원 내지 박정우 / **전산편집** 홍원규
영업마케팅 송경석, 김형진, 장경환, 조유미, 한종진, 이행은, 김선아, 고광일, 성화정, 김한솔 / **제작** 박성우, 김정우

이 책에 대한 의견이나 오탈자 및 잘못된 내용은 출판사 홈페이지나 아래 이메일로 알려주십시오.
파본은 구매처에서 교환하실 수 있습니다. 책값은 뒤표지에 표시되어 있습니다.
한빛미디어 홈페이지 www.hanbit.co.kr / 이메일 ask@hanbit.co.kr

Platform Engineering

플랫폼 엔지니어링

O'REILLY® 한빛미디어 Hanbit Media, Inc.

지은이 카미유 푸르니에 Camille Fournier

초기 스타트업부터 포춘 50대 기업까지 다양한 조직에서 리더십 경험을 쌓은 기술 임원이다. CNCF 기술감독위원회(CNCF Technical Oversight Committee)의 창립 멤버였으며, 현재 ACM Queue의 이사로 활동 중이다. 『개발 7년차, 매니저 1일차』(한빛미디어, 2020)[1]의 저자이기도 하다.

지은이 이언 놀런드 Ian Nowland

소프트웨어 업계에서 25년 경력을 쌓은 베테랑이다. 최근에는 데이터독Datadog의 핵심 엔지니어링 부문 SVP로 재직했다. 2008년부터 2016년까지 AWS에서 근무하면서 아마존 EMR과 EC2 Nitro 프로젝트를 이끌었다. 현재는 한 스텔스 모드 스타트업의 공동 창업자로 활동 중이다.

1 옮긴이_ 원서는 『*The Manager's Path*』(O'Reilly, 2017)이고 번역서는 권원상, 한민주가 번역했다.

옮긴이 **류광**

IT 전문서를 주로 번역하는 전업 번역가로, 『컴퓨터 프로그래밍의 예술(The Art of Computer Programming)』 시리즈와 『Game Programming Gems』 시리즈, 『인공지능: 현대적 접근방식 제4판』, 『자바스크립트로 배우는 SICP』를 비롯해 80권 이상의 다양한 IT 전문서를 우리말로 옮겼다. 홈페이지 류광의 번역 이야기(`https://occamsrazr.net`)와 IT 및 게임 개발 정보 공유 사이트 GpgStudy(`https://gpgstudy.com`)를 운영한다.

옮긴이 **307번역랩**

전문 번역가의 효율적인 번역 작업을 위해 초벌 번역 및 자료 정리 서비스를 제공하는 번역 엔지니어 집단이다. 급변하는 IT 분야의 가치 있는 외국 서적을 발 빠르게 국내 독자에게 전달하는 데 보람을 느낀다.

이 책을 통해 사내 플랫폼을 개발 및 운영하면서 항상 고민하던 부분에 어느 정도의 방향성을 얻은 것도 크지만, 묘한 안도감(나만/우리 팀만 그런 게 아니구나!) 또한 함께 느끼게 되었습니다. 담당하는 부분이 실제 서비스와 직접적으로 연계되지 않다 보니 다른 급한 업무 처리에 밀려 시스템은 점점 노후화되고 개선 및 신규 OSS 적용 등은 우선순위에서 뒤로 밀리는 부분이 항상 마음속에 짐처럼 느껴졌는데 이 부분은 어떻게 풀어야 할지 실마리를 찾은 느낌입니다. 크든 작든 플랫폼을 개발하고 운영하는 개발자나 관리자라면 누구나 현재의 업무와 플랫폼의 미래에 대해 고민하는 순간이 있습니다. 그런 고민 속에 있던 저에게 이 책과의 만남은 큰 도움이 되었습니다.

강경구
(작고 소중한) 사내 플랫폼을 개발 및 운영하는 개발팀 팀장

사내 플랫폼을 개발하는 팀이라면 누구나 한 번쯤 고민해 봤을 질문이 있다.

“우리는 무엇을 달성해야 성공했다고 말할 수 있는가?”

유저 도입률이 기준이 될 수 있을까? 그러나 사내 플랫폼은 선택지가 제한적이며, 다양한 이해관계가 충돌하면서 플랫폼이 다듬어지는 과정도 종종 투박하게 이루어진다. 유저가 도입을 ‘선택’할 수 없었을 가능성도 크다.

이 책은 “팀의 목표는 목표 달성이 아니라 목표 정렬이다”는 통찰을 제시하며, 이러한 고민을 해소할 단서를 제공한다. 단순한 성과 지표를 넘어, 플랫폼 엔지니어링을 통해 회사가 레버리지를 극대화할 수 있는 본질적 가치를 고민하도록 이끈다.

특히, 플랫폼 엔지니어링은 기술적인 접근에만 머무르지 않는다. 플랫폼을 개발하고 운영하는 과정에서 마주하는 큰 난관은 기술이 아니라 ‘사람’이라는 점을 강조한다. 관계는 복잡하며, 시간이 흐름에 따라 쌓인 맥락이 의사결정의 뉘앙스를 결정짓는다. 우리는 각자 다른 관점을 가지고 있다. 그럴 때 상대의 입장을 이해하고, 보다 나은 방향을 찾아보고 싶은가?

그렇다면 이 책이 소개하는 수많은 사례에 주목해 보자. 사례를 따라가다 보면 플랫폼 엔지니

어링이 단순한 기술 문제가 아니라 개인의 열망, 조직 내 관계, 그리고 커뮤니케이션의 문제임을 깨닫게 된다. 많은 실패는 기술 때문만이 아니라, 관계에서 비롯된다. 싫어하는 사람이 낸 의견은 아무리 올바르더라도 쉽게 받아들이기 어려운 법이다.

이 책은 단순한 기술서가 아니다. 사례에 몰입하다 보면, 서로 다른 입장에 선 상대를 이해하고, 그들을 규합하여 플랫폼 조직이 나아가야 할 이상향을 구체적으로 고민해 볼 기회를 얻게 된다. 플랫폼을 만들고 운영하는 사람이라면 반드시 읽어볼 가치가 있는 책이다.

김영환
라인플러스 서버 개발자

지식을 전달하는 책은 많습니다. 하지만 지식에 경험이 녹아든, 성공뿐 아니라 실패의 경험을 녹여 놓은 통찰을 전달하는 책은 그렇게 많지 않습니다. IT 분야의 경우 기술의 발전과 변화가 워낙 가속화되는 상황이다 보니 지식과 기술을 설명하는 책이 폭발적으로 증가하고 있습니다.

이 책은 특정한 지식이나 기술을 설명하지는 않습니다. 그것들에 의해 탄생한 시스템, 더 나아가 플랫폼에 관한 통찰을 이야기하고 있습니다. 인터넷과 모바일, 특히 스마트폰의 발전과 함께 IT 기술과 이를 통해 만들어진 솔루션, 시스템, 그리고 플랫폼을 목표에 맞게 운영하는 것은 매우 어려운 과제가 되었습니다. 통상적인 시스템 운영에서 데브옵스와 SRE로의 발전이 플랫폼 엔지니어링에까지 다다랐습니다. 이 책은 플랫폼 엔지니어링에 관한 저자들의 풍부한 경험과 그로부터 얻게 된 통찰이 녹아든 책입니다.

플랫폼을 설계하고 개발, 운영하는 조직의 관리자, 기술 리더나 아키텍트 등 플랫폼 엔지니어링에 관한 대부분의 이해관계자에게 새로운 인사이트를 전해줄 것입니다. 그리고 80여 권 이상의 IT 전문 서적을 번역한 역자의 경험과 역량이 돋보입니다. 다만 책에서 다루는 내용이 국내에 많이 소개되지 않아 일부 용어 선택이 어색한 부분이 있지만, 전반적으로 읽기 쉽게 번역된 점은 좋습니다.

김용회
(주)씨에스피아이 SA사업본부 이사/사업부장

플랫폼 엔지니어링은 현대 소프트웨어 개발에서 필수적인 개념이지만, 이를 효과적으로 구축하고 운영하는 것은 쉽지 않습니다. 이 책은 플랫폼 엔지니어링의 개념부터 실무 적용까지 명확하게 설명하며, 조직이 개발 생산성을 극대화할 수 있도록 돕습니다. 특히 개발자 경험(DX)을 개선하고 효율적인 개발 환경을 구축하려는 엔지니어, 팀 리더, CTO에게 강력 추천합니다.

이종우
페이민트 CTO

『플랫폼 엔지니어링』은 소프트웨어 플랫폼 구축과 운영에 필요한 인사이트를 명확히 제시하는 책입니다. 금융 IT 서비스 프로젝트를 관리하는 저의 입장에서, 이 책은 플랫폼을 단순히 기술 인프라로만 보지 않고, 비즈니스 성장을 이끄는 핵심 동력으로 활용하는 방법을 제시해 주어서 좋았습니다. 또한 플랫폼의 추상화와 캡슐화를 통해 개발 생산성을 높이고, 안정적인 운영을 위한 체계적인 접근법을 소개해 주었습니다. 저자들의 풍부한 실무 경험에서 나온 체크포인트와 해결 방안을 구체적으로 제시해 주어 깊이 있는 통찰을 배울 수 있어 유익했습니다.

이 책의 또 다른 강점은 플랫폼 엔지니어링의 기초부터 팀 구성, 운영 전략, 아키텍처 재구축 및 마이그레이션까지 실무적인 경험과 사례를 바탕으로 설명하는 점이었습니다. 특히 제품 접근 방식을 통해 내부 고객의 요구를 중심으로 플랫폼을 발전시키는 전략은 금융 IT 환경에서의 서비스 안정성과 혁신을 동시에 추구하는 데 큰 도움이 될 것으로 기대됩니다.

플랫폼 엔지니어링의 중요성을 인식한 기술 리더와 프로젝트 관리자가 체계적인 구현 방법을 찾고 있다면, 이 책을 꼭 읽어보기를 바랍니다. 실무 현장에서 바로 적용할 수 있는 구체적이고 실질적인 지침을 통해, 플랫폼이 비즈니스 성장을 위한 든든한 토대가 될 것입니다.

전준규
금융서비스 프로젝트 매니저

플랫폼의 중요성은 현대 소프트웨어 개발에서 날로 커지고 있습니다. 이 책은 실무에서 마주하는 여러 과제를 다룹니다. 플랫폼 팀을 어떻게 구성할지, SRE와 어떻게 협업할지, 아키텍처는 어떻게 설계할지, 기존 시스템은 어떻게 옮길지 등을 자세히 설명합니다. 플랫폼 엔지니어를 꿈꾸는 신입 개발자부터 기술 전략을 고민하는 리더까지, 모두에게 도움이 될 것입니다.

진태양
볼타 CTO

『플랫폼 엔지니어링』은 방대한 내용을 실용적이고 세심한 조언으로 정리해 압축한, 읽기 쉬운 안내서이다. 대규모 시스템을 구축하는 모든 이가 반드시 읽어야 할 책이다.

에이드리언 콕크로프트 Adrian Cockcroft
Orionx.net 기술 컨설턴트, 전 넷플릭스 클라우드 아키텍트 및 AWS 아키텍처 전략 부사장

저자들은 플랫폼 엔지니어링의 과대선전(hype)을 걷어내고 내부 플랫폼 구축과 관리의 현실로 곧바로 들어간다. 직접적인 경험을 바탕으로 일반적인 실패 유형을 피하고 신뢰받고 사랑받는 플랫폼을 만드는 기법들을 공유한다.

타냐 라일리 Tanya Reilly
『개발자를 넘어 기술 리더로 가는 길』(디코딩, 2023)[2] 저자

플랫폼 엔지니어링은 팀 스포츠다. 이 책이 당신의 플레이북이다.

켈시 하이타워 Kelsey Hightower
전 구글 수석 엔지니어, 『쿠버네티스 시작하기 3/e』(에이콘출판사, 2023)[3] 공저자

이 책은 모든 규모의 조직에서 제품으로서의 플랫폼에 관한 설득력 있는 사례를 제시한다. 플랫폼이 업무 방식을 제약하는 것이 아니라 성공을 가능하게 하는 도구라는 점을 강조한다.

샘 뉴먼 Sam Newman
기술학자(technologist)이자 작가

---

2 옮긴이_ 원서는 Tanya Reilly, 『*The Staff Engineer's Path*』(O'Reilly, 2022)이고 번역서는 김그레이스가 번역했다.

3 옮긴이_ 원서는 Brendan Burns, Joe Beda, Kelsey Hightower, Lachlan Evenson, 『*Kubernetes: Up & Running, 3rd Ed.*』(O'Reilly, 2022)이고 번역서는 이준이 번역했다.

플랫폼 엔지니어링은 제대로 하기가 어렵다. 성과를 내는 데 몇 달이나 몇 년이 걸릴 수 있고, 이러한 노력을 비즈니스 성과와 직접 연결하기도 쉽지 않다. 카미유와 이언에게는 훌륭한 플랫폼 엔지니어링 그룹을 만든 값진 경험이 있다. 이 멋진 책에서 그들의 경험이 빛을 발한다. 이 책은 좋은 팀을 만들고, 올바른 계획을 선택하고, 조직의 정치를 헤쳐 나가고, 성공 여부를 판단하는 방법을 보여준다.

새러 웰스 Sarah Wells
독립 컨설턴트이자 작가

카미유 푸르니에와 이언 놀런드는 말 그대로 플랫폼 엔지니어링의 교과서를 썼다. 이 책은 플랫폼 엔지니어링의 이해와 구축에 관한 결정판이다. 강력히 추천한다.

제임스 턴불 James Turnbul
CTO이자 작가

플랫폼 엔지니어링 여정을 시작하는 모든 리더가 반드시 읽어야 할 책이다. 이 책은 깊은 전문성, 겸손한 경험, 인지적 공감을 통해 기술적, 조직적, 체계적 과제를 헤쳐 나가기 위한, 그리고 강력한 레버리지를 가진 플랫폼을 구축하기 위한 상세한 지도와도 같다.

스므루티 파텔 Smruti Patel
아폴로 GraphQL의 엔지니어링 부사장

이 업계에서 나는 수백 개의 조직과 리더들과 함께 일하며 소프트웨어를 통해 고객에게 가치를 전달하는 방법을 돕는 특권을 누려왔다. 이 여정은 DORA 연구 프로그램(DORA research program)에서 시작되었다. 이 프로그램은 소프트웨어 전달(delivery) 성과를 측정하는 업계 표준을 정립했다.

수년에 걸쳐 복잡한 소프트웨어 환경에서 혁신을 촉진하기 위해 개발자 경험을 개선하는 방법도 연구했다. 기술 혁신을 지나오면서 기업들이 복잡성과 씨름하는 모습을 보았다. 이들은 종종 클라우드로의 전환이 만병통치약이 될 것이라 기대했지만, 더 많은 준비 작업이 필요하다는 것을 깨닫게 되었다.

이 지점에서 플랫폼 엔지니어링이 중요한 역할을 한다. 플랫폼 엔지니어링은 민첩성을 높이고 시장 출시 시간을 단축하며 전반적인 제품 품질과 사용자 경험을 향상하는 데 필수적인 토대를 제공한다. 도구, 인프라, 작업흐름을 표준화함으로써 플랫폼 엔지니어링은 개발을 간소화하고 협업을 촉진하며 팀의 효율성을 높인다. 조직이 최고 수준의 성능을 유지하면서 진화하는 요구사항에 대응할 수 있도록 확장성, 신뢰성, 보안성을 보장하는 중추이다.

이렇게 중요한 요소임에도, 조직이 플랫폼 엔지니어링 작업을 수행하는 데 도움이 되는 자료가 턱없이 부족하다. 그 공백을 메우는 것이 바로 이 책이다. 이 책은 개발자 경험을 넘어 인프라를 전체적으로 바라보고 코드를 프로덕션에 배포한 이후까지 고려하는(즉, 시스템에 대한 초점을 작업에 명시적으로 포함시키는) 실용적인 조언을 제공한다.

이 책을 읽으면서 플랫폼 프로젝트를 언제 시작할지, 플랫폼 팀을 어떻게 구성할지, 플랫폼 계획이 다른 계획과 어떻게 다른지와 같은 핵심 질문에 대한 통찰을 얻을 수 있다. 카미유와 이언은 전반적인 도전과제들과 동기들을 다룰 뿐만 아니라, 팀 역할 정의부터 이해관계자 관리까지 즉시 실천할 수 있는 명확한 조언들도 제공한다.

제4장에서는 플랫폼 엔지니어링 팀의 주요 역할과 책임을 분석하고 면접 전략과 성공적인 엔지니어링 직급체계 설정 방법을 소개한다. 제5장에서는 플랫폼을 제품처럼 다뤄야 하는 이유

를 설명하면서 제품 발견과 진화, 로드맵, 고객 지원, 마이그레이션 계획을 내부 애플리케이션과 이해관계자에 맞게 조정하는 방법을 다룬다. 내 작업을 아는 사람들은 내가 실효성 있는 지표(metric)들을 좋아한다는 것을 알 것이다. 좋은 데이터는 상황을 이해하고 문제를 진단하는 데 도움이 되기 때문이다. 저자들은 제10장에서 직장 내 역학(workplace dynamics)을 평가하고 정보에 입각한 의사결정을 위한 명확한 지침을 제공하는 강력한 도구인 권력-관심도 그리드를 소개한다.

플랫폼 엔지니어링 여정을 시작한 여러분에게 나는 이 책의 지식을 흡수할 뿐만 아니라 여러분의 상황에 구체적으로 적용해 보기를 권한다. 이 책을 플랫폼 엔지니어링의 복잡성을 헤쳐 나가고 조직의 기술적 노력을 성공으로 이끄는 지침서로 삼길 바란다.

2024년 3월

니콜 포스그렌 Nicole Forsgren

박사(PhD), 마이크로소프트 파트너 연구 관리자,

『디지털 트랜스포메이션 엔진』(에이콘출판, 2020)[4]의 주 저자

---

4 옮긴이_ 원서는 Nicole Forsgren, Jez Humble, Gene Kim, 『*Accelerate: The Science of Lean Software and DevOps: Building and Scaling High Performing Technology Organizations*』(It Revolution Press, 2018)이고 번역서는 박현철, 류미경이 번역했다.

최근 소프트웨어 개발 환경은 그 어느 때보다 빠르게 변화하고 있습니다. 클라우드 네이티브, 마이크로서비스 아키텍처, 데브옵스 등 새로운 기술과 방법론이 끊임없이 등장하면서, 개발팀은 더 빠르고 효율적으로 소프트웨어를 개발하고 배포해야 하는 과제에 직면했습니다. 이런 흐름 속에서 개발 조직의 생산성과 안정성을 동시에 잡을 수 있는 핵심 전략으로 주목받는 플랫폼 엔지니어링에 관한 책을 시기적절하게 국내 독자에게 선보일 수 있게 되어서 무척이나 기쁩니다.

이 책의 저자들은 오랫동안 대규모 소프트웨어 조직을 이끌어 온 베테랑들입니다. 특히 카미유 푸르니에는 기술 리더십에 관한 깊은 통찰을 제공하는 베스트셀러 『개발자 7년차, 매니저 1일차』의 저자이기도 합니다. 자칫 피상적으로 흐르기 쉬운 주제이지만, 두 저자의 구체적인 경험담이 곳곳에 등장하는 덕분에 번역하면서 흥미진진하게 원서를 읽어나갈 수 있었습니다. 아무쪼록 번역서 독자 여러분도 저와 같은 체험을 하게 되길 바랄 뿐입니다.

플랫폼 엔지니어링은 비교적 새로운 분야이지만, 멀게는 경영과학에서부터 최근의 데브옵스까지 기존의 여러 분야와 관행에 영향을 받았습니다. 그런 만큼 이 책에는 그 유래와 층위가 서로 다른 다양한 용어가 등장합니다. 가능한 한 국내 개발자들 사이에서 널리 통용되는 용어를 우선으로 선택했지만, 필요한 경우에는 적확함을 우선시해서 용어를 선정하고 역주로 설명을 붙이기도 했습니다.

플랫폼 엔지니어링의 개념과 원리, 실천 지침을 제공하는 유익한 책을 하루빨리 독자들에게 선보이기 위해 번역 작업을 속도감 있게 진행하다 보니 오탈자나 오역이 남아 있을지도 모릅니다. 책을 읽으면서 오탈자/오역을 발견했다면 제게도 알려 주시면 고맙겠습니다. 이 책의 오탈자/오역 보고, 정오표, 기타 참고 자료 및 정보 공유를 위한 웹페이지를 제 웹사이트 '류광의 번역 이야기'(`https://occamsrazr.net/`)에 마련해 두었습니다. '번역서 정보' 섹션에 그 웹페이지로 가는 링크가 있습니다.

좋은 책을 제안해 주시고 전체 과정을 총괄해 주신 한빛미디어 박지영 팀장님과 번역 및 교정 과정을 잘 이끌어 주신 김지은 편집자님, 꼼꼼한 교정 · 교열로 원고의 품질을 높여 주시고 원서보다 세련된 모습으로 책을 조판해 주신 홍원규 실장님을 비롯해 이 책의 탄생에 기여한 모든 분께 감사드립니다. 또한 유효적절한 초벌 번역과 자료 정리로 저의 번역 작업을 효율화해 준 307번역랩에게도 감사합니다. 끝으로, 번역 과정 내내 저를 든든하게 받쳐주고 격려한 아내 오현숙에게 사랑과 감사의 마음을 보냅니다.

재미있게 읽으시길!

류광

2017년, 첫 책(『개발 7년차, 매니저 1일차』)이 출간되던 시기에 나는 한 회사에서 플랫폼 엔지니어링 책임자라는 새로운 직책을 맡았다. 시애틀에서 아마존과 AWS에서 수년간 일하다 뉴욕으로 막 이주한 이언을 처음 만난 것도 그곳이었다. 우리는 금방 동지가 되었다. 우리 둘 다, 뛰어난 엔지니어들의 그룹이지만 조직 내에서 '고객의 요구나 안정성에 대한 고려 없이 재미있어 보이는 것만 만드는 팀'이라는 평판을 받고 있는 팀을 성숙하고 잘 운영되는 고객 중심 플랫폼 팀으로 바꾸도록 돕는 난제를 맡고 있었다.

이후 몇 년 동안 우리는 그 변화의 기초를 다졌다. 이언은 설계와 기획을 위한 6페이지 문서 작성부터 시스템 엔지니어 채용, 강력한 운영 관행 확립까지, 아마존에서 배운 가치 있는 것들을 내게 가르쳐주었다(그리고 사용자 수준 네트워킹에 대한 강한 회의론을 내게 주입하기도 했다). 나는 제품 관리, 결단력 있는 리더십, 목표 설정에 대한 집중과 조직의 탁월성을 추구하면서 필요한 것들을 기꺼이 바꾸려는 자세를 받아들였다. 다른 플랫폼 리더들의 기술적, 제품, 관리, 운영 전문성과 함께 우리는 팀의 문화를 바꾸고 이 책에서 다루는 많은 관행(practice)을 성공적으로 구현했다.

몇 년 후 이언이 성장하는 스타트업 세계에서 이 과제를 해결하기 위해 그 회사를 떠난 후에도 우리는 긴밀한 연락을 유지했다. 이언은 (놀랍지 않게도) 매우 성공적인 스타트업 임원이 되었다. 플랫폼 팀의 리더로서 계속 발전하면서 좋은 일과 나쁜 일을 겪는 내내 우리는 서로를 지원했다.

2023년 초로 넘어가자. 내 머릿속에는 이런 생각이 자리잡고 있었다. '플랫폼 엔지니어링'의 인기가 높아지는 상황에서 이 주제로 책을 쓰면 어떨까? 큰일을 하고 있어서 혼자서는 이런 프로젝트를 감당할 자신이 없었지만, 완벽한 공동 저자를 알고 있다는 것을 깨달았다. 글을 잘 쓰고 생각이 명확하며 이 주제에 대해 강한 의견을 가진 사람, 바로 이언이었다! 문자 메시지 하나와 화상 채팅 후에 우리는 오라일리에 제안서를 보냈다. 그 결과물이 바로 이 책이다.

앞에서 과거의 추억을 구구절절하게 이야기한 것은, 우리가 이 책을 쓰는 이유가 플랫폼 엔지니어링이 수년간 우리의 열정이자 직무였기 때문이라는 점을 말하기 위한 것이다. 이 용어가 최근의 기술 유행어(buzzword)일 수 있지만, 우리는 이것이 최신의 과대선전(hype)으로 퍼지기 훨씬 오래전부터 이를 잘 수행하는 방법을 찾으려 노력해 왔다.

사실 우리가 접한 대부분의 플랫폼 엔지니어링 팀은 내가 앞에서 언급한 조직이 처음에 가졌던 것과 같은 평판을 가지고 있다. 이들은 아무도 요구하지 않은 기능을 그저 재미있어 보인다는 이유로 만들어냈다. 종종 그러한 중요한 작업이 마땅히 가져야 할 운영상의 성숙도도 없다. 이런 일이 생기는 것이 애초에 플랫폼 엔지니어링이 어렵기 때문이다! 과대선전을 걷어내면 조직적 성숙도의 진화가 보일 것이다. 이제 우리는 제품 관리를 알고 있다. 단지 재미있어 보인다는 이유만으로 무언가를 만드는 식의 어설픈 행동에는 더 이상 변명의 여지가 없다. 실행이 잘되지 않는 문제를 계획 수립이 어렵기 때문이라는 핑계 뒤에 숨길 수도 없다. 다른 엔지니어들에게 중요한 시스템을 제공하는 중요한 팀이라는 평판을 얻으려면, 그 시스템의 운영 안정성을 신경 써야 한다.

이 책에는 이런 이야기를 비롯해 수많은 교훈이 들어 있다. 우리가 수년간 이 일을 하면서 배운 모든 힘든 교훈이 이 책을 쓰는 기초가 되었다. 또한, 충분한 데이터를 확보하기 위해 업계 전반의 플랫폼 분야 전문가들에게 조언과 이야기를 공유해달라고 요청했다.

대상 독자

이 책은 소프트웨어 플랫폼을 설계하고 운영하는 조직의 기술 리더, 제품 리더, 인력 리더(people leader)를 대상으로 한다. 시니어 엔지니어, 아키텍트, 제품 관리자, 프로그램 관리자, 엔지니어링 관리자가 주된 대상 독자이다. 이들 대부분은 플랫폼이 단순히 클라우드와 오픈소스 시스템을 위한 자동화를 구축하는 것 이상이라는 점을 직관적으로 이해하고 있다. 하지만 자신들이 구체적으로 무엇을 해야 하는지, 그리고 그것을 잘 수행하기 위한 관행 혹은 실천 방법이 무엇인지는 잘 모른다.

우리 저자들은 또한 CTO, SVP, '제품 엔지니어링' 리더십 팀과 같은 더 넓은 기술 리더십 커뮤니티도 염두에 두고 이 책을 썼다. 이런 리더들은 "AWS도 있는데 왜 플랫폼 조직이 이렇게 큰가?", "왜 우리 플랫폼은 인력이 많은데도 이렇게 더디게 움직이는가?", "왜 최근 도입한 [공용 클라우드/SRE/개발자 경험]이 이 문제를 해결하지 못했는가?" 같은 질문을 자주 던진다. 이 책의 처음 두 장에서 이런 기본적인 질문들에 대한 답을 제시할 것이다. 후반부의 장들에서 다루는 많은 기법 역시 제품 조직에도 유용할 것이다(또한, 이런 리더들의 자기 성찰도 촉발할 수 있을 것이다).

정리하자면, 이 책은 기술적 구현 세부사항을 넘어서 플랫폼 엔지니어링을 제대로 작동시키는 방법을 배우고 싶은 모든 이를 위한 것이다. 스타트업에서 일하면서 플랫폼 엔지니어링을 언제 시작할지 고민하는 사람이나 대기업에서 인프라 엔지니어링을 플랫폼 엔지니어링으로 전환하는 문제를 고민하는 사람, 또는 그 중간 어딘가에 있는 사람에게 이 책이 도움이 될 것이다.

책의 구성

이 책은 세 개의 부(part)로 나뉜다.

제1부는 플랫폼 엔지니어링의 기초를 소개한다. 플랫폼 엔지니어링이 무엇인지, 왜 필요한지, 핵심 기둥은 무엇인지를 다룬다. 제1부의 2개의 장을 통해, 이 책에서 우리 저자들이 말하는 플랫폼 엔지니어링의 의미를 확실히 이해하게 될 것이다.

제2부는 이 책의 본론에 해당한다. 제2부는 플랫폼 영역에서 자주 마주치는 다양한 문제들에 대한 상세한 조언을 담은 8개의 장으로 구성되어 있다. 이 장들은 중요한 운영 · 실행 개념 및

관행을 개괄적으로 설명한다. 기술적인 내용도 일부 있지만, 이 책은 플랫폼의 기반 기술을 가르치는 것이 목적이 아니다. 대신 이 분야에서 성공하는 데 필요한 조직적 관행들에 초점을 둔다. 책 한 권으로도 부족한 주제를 다루는 장들도 있는데, 지면 관계상 개략적으로만 다루어야 했다(예를 들어 제품으로서의 플랫폼을 다루는 제5장은 꽤 길지만, 그래도 주제의 심오함을 생각하면 수박 겉핥기 수준이다). 이 책을 읽고 더 이야기하고 싶은 것이 생각난 독자라면 블로그나 강연, 발표, 저술을 통해 기술 커뮤니티와 공유하기를 바란다.

마지막으로 제3부는 전체 내용을 종합한다. 제3부에는 제2부보다 성공 사례가 더 많이 등장한다(부분적인 성공인 경우도 많다). 또한, 제2부의 관행들이 효과를 발휘하기 시작하면 팀이 어떤 모습이 되는지도 제3부의 장들에서 그려볼 수 있을 것이다.

카미유 푸르니에의 감사 인사

이 책을 위해 수많은 사람이 도움을 주었다.

우선 내 친구 벤, 레이프, 켈리, 르네, 스콧, 니콜, 조던, 코다, 에일, 팀, 피트, 제임스, 그레그, 카일, 후안, 케이티, 타샤, 이네스, 알렉스, 리타, 네이선, 자크, 매기, 실비아, 마르코, 켈런, 앙드레, 브래드, 알렉시스, 애덤, 로라, 제이슨, 설리나, 대니얼, 크리스, 데이비드, 칼라, 베아, 다니엘레, 피오나, 댄, 피터에게 감사한다. 이들 모두 이 책에 크고 작은 기여를 했다. 이들의 집단적 지혜 없이는 이 책을 완성할 수 없었을 것이다.

수년간 나를 가르쳐 준 많은 동료에게 감사한다. 특히 내가 이 분야의 리더가 될 기회를 준 앨프리드 스펙터에게 특별한 감사의 마음을 전한다.

내가 글을 쓰는 동안 대부분의 육아를 맡아주고, 가끔 특히 까다로운 부분을 생각하는 데 도움을 준 남편 크리스에게 감사한다. 그가 없었다면 지금의 내가 될 수 없었을 것이다.

마지막으로, 훌륭한 협업자이자, 종종 모든 것을 완전히 다시 작업하자는(항상 좋은 방향은 아니었지만) 내 요청을 참아준 공저자 이언에게 가장 큰 감사를 전한다. 항상 그에게 배운다. 이 작업의 파트너가 되어준 것에 감사한다.

이언 놀런드의 감사 인사

먼저, 나의 아내 샘에게 감사를 전하고 싶다. 그녀는 수년간 내 팀이 구축하려 했던 플랫폼에 대해 동료들이 '잘못된 일'을 하고 있다는 나의 불평을 들어줘야 했다. 이 책에 나오는 여러 교훈을 배우면서 그런 불평은 점차 줄어들었다.

또한 이 책에 담긴 기술과 관점을 직간접적으로 배울 수 있게 해준 많은 동료에게도 감사드린다. 특히 AWS의 피터 드산티스, 제임스 해밀턴, 커트 오르트는 내가 엔지니어링 리더십을 하나의 학문으로 바라보게 된 계기를 만들어 준 세 사람이다. 그리고 함께 일했던 애슐리 밀러,

이보 드미트로프, 요한 앤더슨, 세시 날라, 롭 볼, 레미 하킴, 코너 브래너건, 조엘 바르시아우스카스, 마코토 노자키, 앤드루 코후트, 크리스 포르티에, 브라이언 배럿, 잭 봄캠프, 다니엘 포드월, 팀 플라워스, 팀 오헤어에게도 많은 것을 배웠다.

마지막으로, 나와 함께 이 책을 쓰자고 제안한 카미유에게 감사한다. 나는 구직 중이어서 하루 다섯 시간을 집필에 할애할 수 있었지만, 카미유는 전업으로 일하면서 몇 달 동안 저녁과 주말을 집필에 바쳐야 했다. 그럼에도 결국 우리는 해냈다.

저자 공동의 감사 인사

오라일리 팀의 버지니아 윌슨, 데이비드 마이클슨, 새러 그레이, 멜리사 더필드의 편집과 여러 도움에 감사한다. 이들은 또한 훌륭한 기술 검토자들과의 협업도 조율해 주었다. 기술 검토자인 타냐 레일리, 키언 시노트, 라주 간디, 매트 홀포드, 디에고 키로가, 조던 웨스트, 제임스 턴불, 새러 웰스, 나이얼 머피, 스므루티 파텔에게도 감사드린다. 특히 디에고, 조던, 제임스, 스므루티는 상당한 기여를 했다. 또한 켈리 쇼트리지, 레이프 월시, 니콜 포스그렌의 공헌도 빼놓을 수 없다.

CONTENTS

CONTENTS

PART 03 성공은 어떤 모습일까?

PART

01

플랫폼 엔지니어링의 정의와 필요성

PART 01

플랫폼 엔지니어링의 정의와 필요성

01장 플랫폼 엔지니어링이 점점 더 중요해지는 이유

02장 플랫폼 엔지니어링의 기둥들

혁신은 꿈에서 태어나지 않는다. 혁신은 투쟁(struggle) 속에서 태어난다.[1]

– 사이먼 사이넥Simon Sinek, 『스타트 위드 와이: 나는 왜 이 일을 하는가』(세계사, 2021)[2]

이미 플랫폼 엔지니어링 분야에서 일하면서 실력 향상을 위한 조언을 찾는 독자라면 이 책의 처음 몇 장(chapter)을 건너뛰고 싶을 수 있다. 초반 장들은 플랫폼을 구축해야 하는 이유와 플랫폼 엔지니어링의 핵심 기둥이 무엇인지 등 그런 독자가 이미 알고 있을 내용을 다루기 때문이다. 그렇지만 이 분야를 독자만큼 잘 아는 사람이 많지 않기 때문에 그런 내용을 포함했음을 이해해 주기 바란다. 초반 장들은 여러분이 동료, 상사, 팀원들에게 플랫폼 엔지니어링을 설명할 때 도움이 될 것이다. 특히 다음과 같은 질문들에 답할 때 유용하다. 플랫폼 엔지니어링을 하는 동기는 무엇인가? 어떤 문제들을 해결할 수 있는가? 효과적으로 수행하기 위해 우리 팀이 집중해야 할 부분은 무엇인가?

이 책을 '왜'라는 질문으로 시작하는 것은 플랫폼 구축의 당위성을 설명하기 위해서만이 아니다. 이 책을 쓰게 된 우리(저자들)의 동기도 함께 나누고자 한다. 우리는 이러한 문제들을 해결하는 데 열정을 가지고 있으며, 더 많은 독자가 이로부터 영감을 받길 희망한다. 플랫폼은 현대적인 대규모 소프트웨어 엔지니어링의 난제들에 대한 투쟁 속에서 탄생했다. 그 뒤에는 급격한 변화를 겪는 방대한 생태계를 관리하면서도 애플리케이션의 가용성과 성능을 희생하지 않아야 하는 팀들의 엄청난 부담이 깔려 있다. 플랫폼 엔지니어링이 모든 문제를 해결할 수는 없다. 하지만 우리는 애자일Agile, 데브옵스DevOps(개발 · 운영), 사이트 신뢰성 엔지니어링(site reliability engineering), 제품 관리(product management) 등의 소프트웨어 트렌드에서 얻은 교훈을 바탕으로, 플랫폼 엔지니어링이 그러한 복잡성에 대처하는 올바른 접근 방식임을 설명하고자 한다.

제2장도 제1장처럼 고수준의 관점을 유지한다. 제2장에서는 성공적인 플랫폼 엔지니어링을 위한 핵심 기둥들을 개괄적으로 설명한다. 플랫폼 엔지니어링은 단순히 몇 명을 팀에 배치하고 '왜'에 대한 해답을 찾으라고 하는 것 이상의 큰 변화이다. 팀원들은 플랫폼 엔지니어링의 기초가 되는 제품, 소프트웨어, 범위, 운영을 이해하고 그 안에서 일해야 한다. 제3장부터는 이러한 기초를 통해 문제에 접근하는 플랫폼 엔지니어링 팀이 있다는 전제하에서 플랫폼 엔지니어링을 설명한다.

---

1 옮긴이_ 특별한 언급이 없는 한, 이 인용문을 비롯해 이 책의 인용문들은 출간된 번역서를 전제한 것이 아니라 이 책을 위해 따로 번역한 것임을 밝혀 둔다.

2 옮긴이_ 원서는 Simon Sinek, 『*Start with Why*』(Portfolio, 2011)이고 번역서는 윤혜리가 번역했다.

CHAPTER 1

플랫폼 엔지니어링이 점점 더 중요해지는 이유

고양이를 삼켰지, 새를 잡으려고 / 새를 삼켰지, 거미를 잡으려고 /

거미를 삼켰지, 파리를 잡으려고 / 파리는 왜 삼켰는지 몰라 / 이러다 죽겠네!

– 구전 동요

지난 25년간 소프트웨어 조직들은 한 가지 문제에 직면해 왔다. 여러 팀이 공유하는 코드, 도구, 인프라를 어떻게 관리할 것인가? 이 문제를 해결하기 위해 대부분의 조직은 이러한 공유 요구사항을 담당할 중앙 팀(central team)을 만들었다. 하지만 대부분의 경우 이는 그다지 효과적이지 않았다. 중앙 팀이 제공하는 서비스에는 여러 비판이 잇따랐다. 사용하기 어렵다거나, 고객의 요구보다 중앙 팀 자신의 우선순위를 앞세운다거나, 시스템이 충분히 안정적이지 않은 등의 문제가 있었으며, 이 모든 문제가 동시에 발생하기도 했다.

그런 중앙 팀을 개선하는 대신 완전히 없애버리는 방법을 선택한 조직들도 있었다. 그런 조직은 각 애플리케이션 팀에 클라우드 접근 권한과 원하는 오픈소스 소프트웨어(OSS)를 선택할 권한을 주었다. 하지만 선택한 서비스나 소프트웨어의 복잡한 운영 및 유지보수 부담은 애플리케이션 팀의 몫이 되었다. 결국 효율성과 규모의 경제를 창출하는 대신, 소규모 팀조차도 사이트 신뢰성 엔지니어링과 데브옵스 전문가를 두어야 했다. 이러한 전담 전문가들이 있어도, 복잡성 관리에 드는 비용은 여전히 애플리케이션 팀의 생산성에 위협이 되었다.

한편, 클라우드와 OSS의 장점을 수용하면서도 중앙 팀 모델을 포기하지 않은 조직들도 있었다. 장점이 단점보다 크다고 확신했기 때문이다. 가장 좋은 성과를 얻은 조직은 플랫폼, 그러니까 다른 엔지니어들이 편하게 그 위에서 개발할 수 있는 공유 서비스를 구축한 조직이다. 플랫폼 담당자들은 클라우드와 OSS의 복잡성을 관리하면서도 사용자들에게는 안정성을 제공하는 전문가로 성장했다. 또한, 애플리케이션 팀의 의견을 경청하고 협력하면서 회사의 요구사항을 계속 충족하고 발전시켰다. 이러한 노력을 플랫폼 엔지니어링이라 부르든 그렇지 않든, 이들은 끊임없이 증가하는 복잡성('파리')이라는 문제를 계속해서 더 큰 동물을 삼키지 않고도 해결하는 데 필요한 사고방식, 기술, 접근 방식을 구현했다.

이 책 전체의 '무대'를 마련하는 취지에서 이번 장에서는 다음과 같은 내용을 다룬다.

- 플랫폼의 의미와 이 책에서 사용할 몇 가지 주요 용어
- 클라우드 컴퓨팅과 OSS 시대에서 시스템 복잡성이 악화된 과정과 그 결과로써의 '과도한 일반화의 늪'
- 플랫폼 엔지니어링으로 이러한 복잡성을 다스리고 늪에서 벗어나는 방법

이 장은 인프라와 개발자 도구를 어느 정도 강조한다. 그렇다고 이 책이 인프라나 개발자 플랫폼 관련 업무자들만을 위한 것은 아니다! 현재 상황을 구체적으로 설명하기 위해 모든 개발자에게 공통된 시스템을 예로 들긴 하겠지만, 복잡성 관리라는 근본적인 과제는 모든 종류의 내부 플랫폼 개발에 공통이라는 점을 기억하기 바란다.

1.1 '플랫폼'과 기타 주요 용어의 정의

본격적인 시작에 앞서, 우리와 독자가 같은 관점에서 논의를 진행할 수 있도록 몇 가지 주요 용어를 정의하고 넘어가자.

플랫폼

플랫폼platform은 셀프서비스 API, 도구, 서비스, 지식 및 지원(support)으로 구성된 하나의 토대(foundation; 기반)이다. 플랫폼은 매력적인 사내(조직 내부) 제품의 형태로 구성된다. 자율적 애플리케이션 팀[1]들은 이 플랫폼을 활용해서 팀 간 조정(coordination) 비용을 줄이면서도 더 빠른 속도로 제품의 기능(feature)들을 전달(delivery)[2]할 수 있다.

---

1 맥락에 따라서는 이러한 팀들을 '사용자(user)'나 '고객(customer)'이라고 부르기도 한다.
옮긴이_ 관련해서 원서에는 client라는 용어도 등장하는데, 주로는 서버 등 다른 시스템의 서비스를 사용하는 소프트웨어 구성요소를 의미한다. 본서에서는 일관되게 '클라이언트'로 번역한다.

2 옮긴이_ 이 책에서(그리고 IT 분야에서) delivery는 단순히 뭔가를 전해주는 것을 넘어, 구현 · 테스트 · 배포 같은 필수 작업의 완수나 약속/계약의 이행, 가치의 실현 같은 의미도 담고 있는 단어이다. 이 책에서는 주로 '전달'로 번역하되, 문맥에 따라 제공이나 창출, 이행 같은 용어도 사용한다. 좀 더 단순한 의미로 쓰인 경우에는 "전하다"나 "공유하다" 등으로 표현한다.

플랫폼이 무엇인지는 플랫폼이 아닌 것이 무엇인가라는 질문으로도 정의할 수 있다. 이 책의 관점에서, 주어진 어떤 대상을 플랫폼이라고 부를 수 있으려면 '플랫폼 엔지니어링'이라는 요소가 필요하다. 예를 들어 위키 페이지는 엔지니어링이 필요 없으므로 플랫폼이 아니다. '클라우드'도 그 자체로는 플랫폼이 아니다. 클라우드 제품들을 조합하여 내부 플랫폼을 만들 수는 있지만, 클라우드 자체는 하나의 일관된 플랫폼으로 보기에는 너무 방대한 서비스의 집합체이다.

플랫폼 엔지니어링

플랫폼 엔지니어링platform engineering은 플랫폼을 개발하고 운영하는 하나의 분야(discipline)이다. 이 분야의 목표는 비즈니스에 레버리지를 전달하기 위해 전체 시스템의 복잡성을 관리하는 것이다. 플랫폼 엔지니어링은 폭넓은 애플리케이션 개발자층을 위한 소프트웨어 기반 추상화로서의 플랫폼을 개발하고, 이를 비즈니스의 토대로 운영하는 큐레이션 제품(curated product) 접근 방식[3]을 통해서 그러한 목표를 달성한다. 이에 관해서는 제2장에서 좀 더 자세히 설명할 것이다.

레버리지

플랫폼 엔지니어링의 핵심 가치는 레버리지leverage[4] 개념에 있다. 플랫폼 엔지니어링의 맥락에서 레버리지는 소수의 플랫폼 팀 엔지니어들의 작업이 조직 전체의 업무를 줄여주는 것을 의미한다. 플랫폼은 두 가지 방식으로 레버리지를 달성한다. 하나는 애플리케이션 엔지니어들이 비즈니스 가치를 창출하는 과정에서 생산성을 높이는 것이고, 다른 하나는 애플리케이션 엔지니어링 팀 간의 중복 작업을 제거하여 엔지니어링 조직의 효율성을 높이는 것이다.

제품

플랫폼을 하나의 제품(product)으로 보는 것이 매우 중요하다. 플랫폼을 매력적인 제품으로 개발한다는 것은 플랫폼의 기능을 결정할 때 고객 중심적 접근 방식을 취한다는 뜻이다. 그러려면 사용자가 주된 초점이 되어야 한다. 형식적으로 제품 관리자(product manager)를 고용하는 것으로는 부족하다. '제품'이라는 단어를 통해 우리는 스티브 잡스가 애플 제품으로 이루어낸 것과 같은 성과를 플랫폼에서도 달성하고자 한다. 무엇보다도, 우리는 다양한 기능 요구사항 중 제품에 반영할 것들을 잘 큐레이션(선별)하는 것은 물론이고 반영하지 않을 것들을 신중하고 세련되게 큐레이션하기 위해 노력한다.

1.2 과도한 일반화의 늪

내부 플랫폼의 유형은 다양하다. 이 책의 조언은 모든 유형에 적용된다. 하지만 오늘날 가장 심각한 문제는 인프라와 개발자 도구 관련 영역(데브툴스DevTools)에서 발생하며, 그런 문제들

---

3 옮긴이_ 다소 생소한 개념이자 용어일 수 있는데, 번역 용어에 관해서는 제2장 첫 페이지의 옮긴이 주를 참고하기 바란다.

4 옮긴이_ leverage는 원래 지렛대 원리 혹은 지렛대의 작용을 뜻하는 단어로, 비즈니스 문맥에서는 적은 자원으로 더 큰 성과를 얻는 것을 의미한다.

은 조직이 플랫폼 엔지니어링을 요구하게 되는 가장 큰 원인이다. 이는 그런 시스템들이 공용 클라우드(public cloud) 및 오픈소스 소프트웨어(OSS)와 가장 밀접하게 통합되어 있기 때문이다. 이 두 가지 트렌드는 지난 25년간 업계에 많은 변화를 가져왔는데, 모든 것이 고르게 개선되지는 않았다. 그보다는, 시간이 지날수록 시스템의 소유비용(ownership cost)이 증가했다. 결과적으로 애플리케이션을 구축하기는 쉬워졌지만 유지보수는 더 어려워졌으며, 시스템이 성장할수록 조직의 발전 속도는 마치 늪 속을 걷는 것처럼 느려졌다.

결국 우리는 소프트웨어의 작성과 유지보수에 관한 경제적 현실의 문제로 돌아올 수밖에 없다. 소프트웨어의 주된 비용이 개발 단계에서 발생한다고 생각하기 쉽지만, 실제로는 대부분의 비용이 유지보수, 지원, 관리와 관련되어 있다.[5] 추정에 따르면 소프트웨어의 생애 주기 비용 중 최소 60~75%가 초기 개발 이후에 발생하며, 그중 약 4분의 1은 전적으로 마이그레이션 migration(이식, 이전) 같은 '적응적' 유지보수에 사용된다.[6]

클라우드와 OSS는 유지보수 비용을 줄이기는커녕 이 문제를 더욱 악화시켰다. 이들 때문에 **기본요소**(primitive) 계층이 계속 늘어나기 때문이다. 여기서 기본요소는 광범위한 기능을 제공하지만 서로 통합되어 있지 않은 범용 구성요소를 말한다.[7] 이들이 제대로 작동하려면 '접착제(glue)'가 필요하다. 여기서 접착제란 통합 코드, 일회성 자동화, 구성, 관리 도구 등등을 우리끼리 일컫는 용어이다. 이 접착제는 모든 것을 하나로 묶어주지만, 동시에 미래의 변경을 매우 어렵게 만드는 '끈적임'의 원인이 된다.

이 접착제가 점차 확산되면서 '과도한 일반화의 늪(over-general swamp)'이 만들어진다. 애플리케이션 팀들은 각자 주어진 기본요소의 배열에서 자신의 애플리케이션을 빠르게 구축할 수 있게 해주는 것들을 택하는데, 그중에서도 최신 기능을 자랑하는 것들을 선호하기 마련이다. 전달을 서두르는 마음에서 팀은 그런 것들을 하나로 묶는 맞춤형 접착제를 만들어 낸다. 출시(shipping)가 빠르다고 칭찬을 받기까지 한다. 하지만 시간이 흐르면서 이런 과정이 반복되면 조직의 아키텍처는 [그림 1-1]처럼 복잡한 모습이 된다.

---

5 소프트웨어 수명 주기(software lifecycle)를 잘 설명하는 도식이 https://oreil.ly/iDM5u에 있으니 참고하기 바란다.

6 소프트웨어 유지보수 비용에 대한 주시 코스키넨Jussi Koskinen의 논문(https://oreil.ly/EFNZ6)을 보라.

7 primitive는 2003년 AWS 비전 문서에 실제로 쓰인 용어이다(참조: https://oreil.ly/n4ie_).

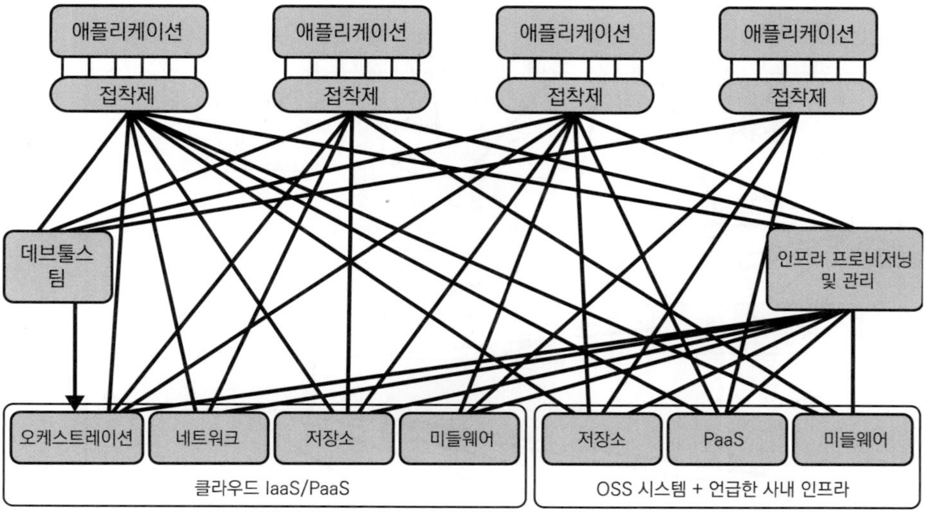

그림 1-1 접착제로 연결된 과도한 일반화의 늪.

늪의 문제는 단지 도식상으로 아키텍처가 복잡하다는 것만이 아니다. 더 큰 문제는, 시간이 지나면서 이 끈적이는 혼란을 변경하기가 대단히 어려워진다는 점이다. 애플리케이션들이 새로운 기능이나 운영 요구사항 때문에 계속 진화한다는 점을 생각하면 이는 아주 중요한 문제이다. 모든 OSS와 클라우드 기본요소도 계속해서 변하며, 그러면 그 모든 것을 연결하는 접착제들도 갱신해야 한다. 접착제가 도처에 퍼져 있기 때문에, 기본요소들의 사소한 업데이트(예: 보안 패치)도 통합과 테스트를 위한 광범위한 조직 차원의 엔지니어링 시간을 필요로 한다. 이는 조직의 생산성에 막대한 부담이 된다.

이러한 상황을 피하는 핵심은 접착제의 양을 제한하는 것이다. 이 점은 "상자는 늘리고 연결선은 줄인다(more boxes, fower lines)"라는 오래된 설계 원칙과 일맥상통한다. 플랫폼을 통해 이를 달성할 수 있으며, 늪에서 빠져나올 수 있다. 플랫폼 엔지니어링은 OSS와 벤더 vendor(제품이나 서비스를 제공하는 업체 또는 조직)의 선택을 조직의 필요에 맞게 제한된 집합으로 추상화하고 강력한 의견을 제공함으로써 관심사의 분리를 가능하게 한다. 결과적으로, [그림 1-2]와 같은 아키텍처가 만들어진다.

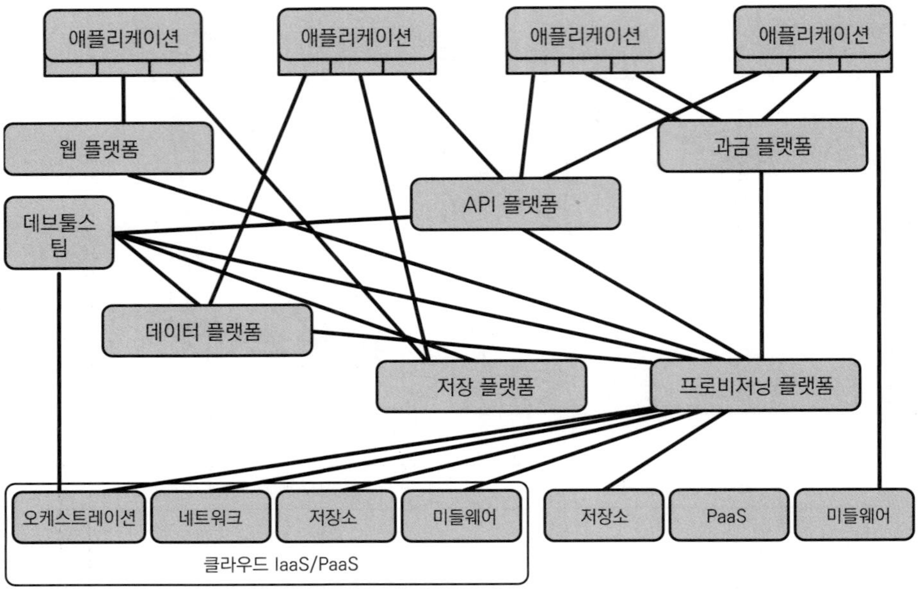

그림 1-2 플랫폼이 접착제의 양을 줄이는 방법.

요약하면, 플랫폼은 추상화와 캡슐화의 개념을 구현하고 사용자를 바탕(underlying) 복잡성[8](변경이 필요한 구현의 복잡성도 포함해서)으로부터 보호하는 인터페이스를 구축함으로써 필요한 접착제의 양을 제한한다. 이러한 개념들은 컴퓨터 과학 자체만큼이나 오래되었다. 그렇다면 이렇게 잘 알려진 개념들이 있는데도 이 업계가 플랫폼 엔지니어링을 필요로 하는 이유는 무엇일까? 이 질문에 답하기 위해, 먼저 지난 25년간 기업(엔터프라이즈) 소프트웨어 엔지니어링이 어떻게 변화해 왔는지 살펴보도록 하자.

1.3 과도한 일반화의 늪에 빠지게 된 과정

지난 25년간 소프트웨어 산업은 엄청난 변화를 겪었다. 그 시작은 인터넷이 대중화된 것이다. 이 업계에서 오랫동안 일해 온 사람들에게는 인터넷이 소프트웨어 개발의 모든 측면에 어떤 영

8 옮긴이_ 바탕 복잡성은 주어진 시스템의 근본적인 복잡성을 뜻한다. underlying은 말 그대로 밑에(under) 깔린(lying) 어떤 것을 가리키는 단어이다. base나 foundataion 등과의 변별력을 위해, 이 번역서에서는 underlyng을 일관되게 '바탕'으로 옮기기로 한다.

향을 미쳤는지 설명할 필요가 없을 것이다. 하지만 비교적 새로이 이 업계에 발을 들인 독자를 위해 말하자면, 과도한 일반화의 늪은 주로 인터넷 자체 때문에, 그리고 더 많은 것을 더 빠르게, 실패 없이 배포하라는 압박 때문에 존재한다. 우리가 이런 상황에 빠지게 된 주요 변화와 그 영향을 살펴보자.

1.3.1 변화 #1 선택의 폭발적 증가

인터넷은 새로운 소프트웨어에 대한 엄청난 수요를 만들어냈다. '서버리스serverless'라는 용어가 무엇을 의미하든, 소프트웨어는 결국 하드웨어에서 실행되어야 한다. 초기 물결은 데이터센터에 더 많은 하드웨어를 도입하면서 실현되었고, 이는 인프라 엔지니어링의 성장으로 이어졌다. 모든 기업이 더 많은 서버와 네트워크 장비를 프로비저닝provisioning(조달)하고, 데이터센터 제공업체와 협상하며, 전 세계에 걸쳐 점점 더 많은 양의 하드웨어를 설치했다. 대문자 I로 시작하는 인프라Infrastructure가 대문자 E로 시작하는 엔지니어링Engineering을 수행하여 대문자 I로 시작하는 인터넷Internet을 구동한 것이다.

이렇게 짧은 기간에 수많은 도전과제가 극복된 것은 사실이다. 여기서 그것을 과소평가하려는 것은 아니다. 하지만 인프라 팀과 상호작용하는 애플리케이션 개발자들은 자신들이 처리해야 하는 하드웨어 문제들의 폭과 깊이에 계속 좌절했다. 개발자들은 제한적이면서도 계속 변하는 서버 선택지, 빈번한 데이터센터 용량 문제, 그리고 아무도 디버깅을 도와주지 않는 이상한 하드웨어 관련 운영 문제들로 고통받았다. 하드웨어 제조업체나 담당자에게 문의해봤자, "시스템 로그에는 아무 기록도 없으니 당신 소프트웨어 문제일 것"이라는 답이 돌아오는 경우가 많았다.

좌절한 애플리케이션 개발자들이 공용 클라우드를 반긴 것은 당연하다. 개발자들은 API를 호출함으로써 자신의 운명을 스스로 통제할 수 있는 클라우드의 세계로 넘어가고 싶어 했다. 아키텍처 복잡성, 보안 위험, 신뢰성, 비용에 대한 타당한 우려가 있었지만, 여러 보수적인 기업들조차도 어느 정도 클라우드 도입을 추진했다.

불행히도 이러한 우려는 단순히 타당한 차원을 넘어서, 우려했던 것보다 더 심각한 것으로 판명되었다. 클라우드는 애플리케이션을 인프라로부터 독립시켜 줄 플랫폼(PaaS, 즉 서비스형 플랫폼)을 약속했지만, 널리 도입된 것은 IaaS(서비스형 인프라)였고, 이는 많은 경우 애플리케이션을 이전보다 더 인프라에 종속시켰다. PaaS와 IaaS의 차이점을 간단히 정리하면 다음과 같다.

- **IaaS**(Infrastructure as a Service; 서비스형 인프라)에서는 조직이 벤더의 API를 이용해서 가상화된 컴퓨팅 환경과 다양한 인프라 기본요소들을 프로비저닝(준비 및 공급)한다. 그러한 환경은 물리적 호스트에서 실행하는 것과 어느 정도 비슷한 방식으로 애플리케이션을 실행한다.
- **PaaS**(Platform as a Service; 서비스형 플랫폼)에서는 애플리케이션의 인프라를 운영하는 문제를 벤더가 완전히 책임진다. 벤더는 단순히 기본요소들을 제공하는 것이 아니라 더 높은 수준의 추상화를 제공하며, 애플리케이션은 확장 가능한 샌드박스(sandbox) 환경에서 실행된다.

[그림 1-3]은 두 접근 방식을 개괄적으로 비교한 것이다.

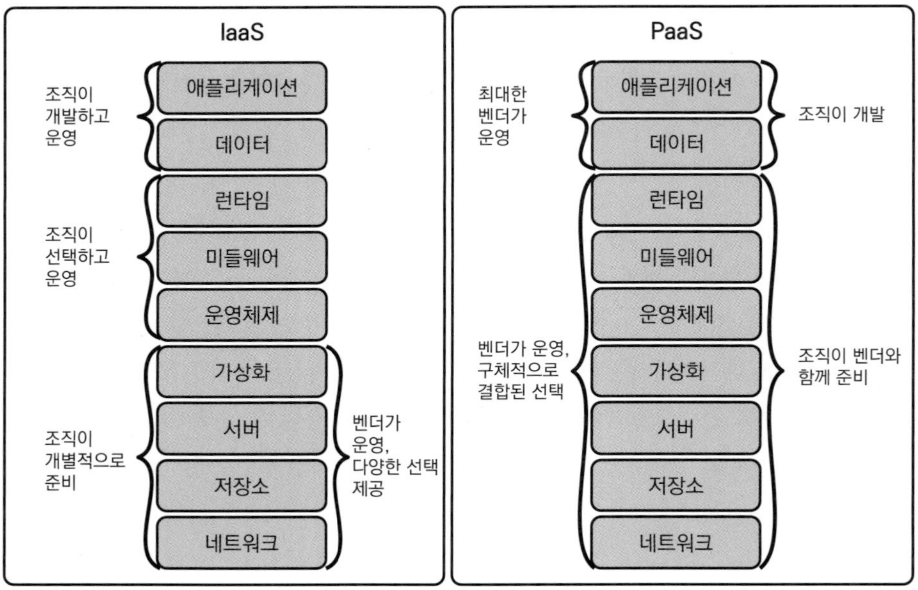

그림 1-3 벤더와 조직(고객)의 책임 측면에서 본 IaaS와 PaaS 모델 비교.

초기에는, 완전히 지원되는 PaaS 서비스를 애플리케이션 팀이 수용할 것으로 기대했다. 여기서 완전히 지원되는(fully supported) PaaS 서비스는 헤로쿠Heroku처럼 사용자 친화적이면서도 더 큰 복잡성을 처리할 수 있는 솔루션을 말한다.[9] 하지만 그런 서비스형 플랫폼은 포괄적인 애플리케이션 지원이나 기존 애플리케이션 및 인프라와의 통합 면에서 만족스럽지 못했다. 결과적으로, 어느 정도 규모가 있는 소프트웨어를 자체적으로 개발하는 거의 모든 기업은 IaaS를 채택해서 자사의 소프트웨어를 실행하고 있다. 그런 기업들은 인프라의 프로비저닝과 운영의 복잡성을 감수하더라도 선택의 유연성을 얻는 쪽을 선호한다.

오케스트레이션 시스템인 쿠버네티스Kubernetes의 부상은 여러 면에서 PaaS와 IaaS 모두가 기업의 요구를 충족시키는 데 실패했다는 것을 인정하는 것이다. 쿠버네티스는 애플리케이션을 소위 '클라우드 네이티브cloud native'로 만들어서 인프라 관련 접착제를 줄이려는 시도라고 할 수 있다. 하지만, 비록 쿠버네티스가 많은 것을 표준화했음에도 복잡성 측면에서는 득이 되지 않았다. 쿠버네티스는 가능한 한 많은 종류의 컴퓨트compute[10] 구성을 지원하려는 중간 계층으로 작용하는데, 각각의 애플리케이션을 제대로 지원하기 위해서는 세부적인 설정이 대단히 많이 필요하다. 이는 전형적인 '물 새는'(leaky) 추상화이다. 애플리케이션이 테라폼Terraform 접착제 대신 YAML 접착제를 더 많이 사용하게 되었을 뿐이다.[11] 앞에서 논의했듯이 플랫폼 엔지니어링의 목표는 전체 접착제의 양을 줄이는 것이다.

쿠버네티스는 또한 우리가 언급한 복잡성을 유발하는 두 번째 원인의 좋은 예이다. 클라우드의 부상과 함께, 모든 유형의 소프트웨어를 위한 OSS 생태계도 부상했다. 개발 도구와 미들웨어를 벤더에 구매해서 사용하던 시절도 있었지만, 이제는 광범위한 개발 도구와 라이브러리를 제공하는 오픈소스 생태계가 독립적으로 번성하고 진화하고 있다. 심지어는 쿠버네티스와 같은 완전한 독립 시스템을 위한 생태계도 존재한다. OSS의 문제는 선택의 폭이 점점 넓어진다는 것이다. 어떤 구체적인 요구사항을 가진 애플리케이션 팀이 자신에게 최적인 OSS 솔루션을 선택했을 때, 그것이 회사의 다른 팀에게는 최적이 아닐 수도 있다. 첫 출시(launch)를 앞당기기 위한 맞춤형 선택은 결국 부담으로 돌아온다. '강아지처럼 공짜(free, like a puppy)'[12]인 OSS 선택이 유발한 유지보수 비용을 독립적으로 관리해야 하기 때문이다.

---

9 Force.com, AWS Elastic Beanstalk, Google AppEngine 같은 완전 관리형(full service) PaaS도 널리 성공하지는 못했다. 그러다 보니 벤더들은 더 유연한 제품을 'PaaS'라고 부르기 시작했는데, 그런 제품은 다른 IaaS와 결합해야 하기 때문에 복잡성과 관련해서 기존 시스템들과 비슷한 문제점을 가지고 있다.

10 옮긴이_ compute는 서비스로서 제공되는 CPU/GPU 연산 기능(또는 작업)을 통칭하는 용어이다. 원래는 비디오 게임을 위한 3차원 그래픽 프로그래밍과 관련한 용어이지만, 점차 클라우드 업계에 도입되었다. 이 번역서에서는 일관되게 '컴퓨트'로 옮긴다.

11 이것이 어떤 모습인지는 제2장에서 논의할 것이다.

12 전 썬 마이크로시스템즈(Sun Microsystems) CEO의 표현이다. OSS의 총소유비용 문제를, 강아지를 공짜로 분양받았다고 해도 기르는 데는 돈이 드는 것에 빗댄 것이다.

1.3.2 변화 #2 운영 요구사항의 증가

인프라 기본요소와 이를 활용하는 애플리케이션이 폭발적으로 증가하면서, 이들을 누가 어떻게 운영할 것인가 하는 문제가 대두되었다. 인터넷이 확산되기 이전인 1990년대로 돌아가 기업들이 사내 소프트웨어 애플리케이션을 개발하고 운영하던 방식을 살펴보면, 대부분의 경우 개발과 운영을 완전히 분리된 두 팀이 따로 담당했음을 알게 된다. 두 팀은 다음과 같다.

소프트웨어 개발자

아키텍처 설계, 코딩, 테스팅 등을 담당하며, 소프트웨어 애플리케이션을 단일체적인(monolithic) 배포판 형태로 만들어 다른 팀에 전달하는 역할을 맡았다.

시스템 관리자

회사 컴퓨터에서 구동되는 모든 소프트웨어(사내 개발 애플리케이션, 벤더 소프트웨어, 오픈소스 소프트웨어)의 프로덕션 운영을 전담했다.

그러나 인터넷이 활성화되고 사내 소프트웨어가 기업의 성공에 더욱 중요해지면서 이러한 역할들도 변화하기 시작했다. 점점 더 많은 애플리케이션에 대한 24시간 운영 지원의 중요성이 커지면서 **운영 엔지니어링**(operations engineering) 팀이 성장했다. 이 팀은 주로 초기 경력(early-career) 시스템 관리자들로 구성되었는데, 더 높은 직책으로 승진하기 전 거쳐야 할 관문에 해당했다.

요즘도 여러 기업에서 운영 엔지니어링의 흔적이 남아 있지만, 이 역할은 감소 추세이다. 2000년대에 접어들면서 소프트웨어 개발자들은 더 나은 피드백을 얻고 더 좋은 제품을 출시하기 위해 애자일Agile 방식의 정기적 증분(incremental) 기능성 릴리스 정책을 채택했다. 애자일은 운영 엔지니어링 모델에 과제를 안겨주었다. 한 팀은 코드 변경과 빠른 릴리스 주기를 책임지고, 다른 팀은 코드에 문제가 생겼을 때 최전선에서 책임을 져야 했기 때문에 긴장이 발생했다. 경험해 본 사람이라면 알겠지만, '긴장(tension)'이라는 표현은 너무 순화된 것이다. 특히 다른 팀이 '담벼락 너머로 던진' 무언가 때문에 장애가 발생하면 서로에게 책임을 전가하는 일이 빈번했다. 애자일 때문에 책임 소재가 모호해졌기 때문에 명확한 답을 찾기 어려웠다.

이러한 상황은 현재 업계에서 데브옵스DevOps라 부르는 방식의 탄생과 광범위한 도입으로 이어졌다. 데브옵스는 애플리케이션 개발과 운영 활동을 통합하는 모델로 제시되었으며, 특정 기술이나 역할 도입 못지않게 문화적 변화와 밀접하게 연관되었다. 하지만 운영 업무가 사라진 것은 아니었고, 현장의 팀들은 이를 다음 두 가지 방식으로 구현했다.

분리형

운영팀과 개발팀의 분리는 유지하되, 운영팀이 프로덕션 배포를 위해 코드를 푸시push하는 등 일정 수준의 개발 업무를 수행한다. 이전의 운영 엔지니어가 있던 운영팀이 이제는 데브옵스 엔지니어가 있는 데브옵스 팀이 되었다.

통합형

운영팀과 개발팀을 하나로 통합한다. "만든 사람이 운영한다"라는 이 접근 방식에서는 시스템 관련 업무를 하는 모든 사람이 같은 팀에 속하며, 온콜on-call 당번 등 운영 업무를 공유한다. 순수하게 소프트웨어 개발자들로만 구성된 팀도 많았지만, 프로덕션 배포와 인프라 통합을 위한 코드 푸시를 담당하는 전문가가 포함된 교차 기능(cross-functional) 팀도 있었다. 일부 기업은 이런 엔지니어도 데브옵스 엔지니어라고 불렀다.[13]

비슷한 시기인 2004년경, 구글은 운영 엔지니어링에서 벗어나 사이트 신뢰성 엔지니어링(site reliability engineering, SRE)이라 부르는 방식으로 전환했다. 데브옵스의 인기가 한창이던 2015년에 구글은 자사의 운영 방식을 담은 책 『사이트 신뢰성 엔지니어링: 구글이 공개하는 서비스 개발과 운영 노하우』(제이펍, 2018)[14]을 출간했다. 많은 기업이 데브옵스를 도입했지만 실제 적용의 복잡성 때문에 어려움을 겪는 시기였기에 이 책이 큰 반향을 일으켰다. 신뢰성 중심의 프로세스와 조직 책임을 강조한 SRE가 운영과 개발의 요구사항을 균형 있게 조율하고 훨씬 더 안정적인 시스템을 만들 수 있게 해주는 '은탄환(silver bullet; 특효약)'이라고 생각하는 사람들도 있었다.

하지만 원래 제시된 형태의 SRE는 구글 외부에서 널리 성공하지 못했다고 볼 수 있다. 프로세스가 너무 무거웠고, 세계 최대 검색 기업인 구글만의 특수한 문화적 자산과 조직적 초점에 크게 의존했기 때문이다. 이 점을 구글의 전 SRE 디렉터였던 데이브 오코너Dave O'Connor가 잘 정리했다. 그는 구글을 떠난 뒤 몇 차례 다른 곳에서 일한 경험을 바탕으로 2023년 '6 Reasons You Don't Need an SRE Team(SRE 팀이 필요 없는 6가지 이유)'(`https://oreil.ly/F02Zg`)라는 글을 작성했다. 이 글은 '업계가 프로덕션 훈련용 보조 바퀴를 벗어나기 위한 다음 단계는 SRE와 제품 엔지니어링 사이의 장벽을 허물고, 구체적인 필요에 기반해서 합리적으로 신뢰성에 투자하는 것'이라는 결론을 내렸다.

---

13 다른 기업들에서는 시스템 엔지니어 또는 시스템 개발 엔지니어라고 부른다.

14 옮긴이_ 원서는 Betsy Beyer, Liz Porter, Chris Jones, Jennifer Petoff, Niall Richard Murphy, 『*Site Reliability Engineering: How Google Runs Production Systems*』(O'Reilly, 2021)이고 번역서는 장현희가 번역했다.

소프트웨어 운영의 여러 요구사항을 아예 없앨 수는 없다. 온라인 소프트웨어 시스템을 제공하는 모든 기업은 해당 시스템이 사용되는 시간대(업무 시간, 24시간 연중무휴, 또는 그 중간)에 맞춰 운영 지원을 제공해야 한다. 그렇다면 이를 가장 비용 효율적이면서도 지속 가능한 방식으로 관리하려면 어떻게 해야 할까? 전담 운영팀(앞에서 언급한 용어로는 '분리형' 데브옵스/SRE 팀)이 필요한 영역을 제한하고, 소프트웨어 개발자들이 직접 배포하고 운영하기 쉽게 만들어야 한다. 그것이 데브옵스의 초기 비전을 실현하는 방책이다.

1.3.3 결과: 늪에 빠지다

정리하자면, 애플리케이션 팀이 늘어났고, OSS와 클라우드 기본요소들도 늘어났고, 이들을 선택하는 문제도 더욱더 복잡해졌다. 애플리케이션 팀들이 이런 상황에 처하게 된 것은 빠른 전달을 원했기 때문이다. 그러자면 문제 해결에 적합한 최신 시스템(또는 자신이 가장 잘 아는 시스템)을 활용해야 했다. 게다가, 어차피 애플리케이션 팀이 시스템 운영에 대한 모든 책임을 져야 한다면, 어떤 독(毒)을 마실지를 스스로 고르는 게 낫지 않겠는가!

그리고 신속한 배포는 새 기능을 개발하는 애플리케이션 엔지니어들만 원한 것이 아니었다. 인터넷 접근이 가능한 시스템이 늘어나면서 사이버 공격과 취약점 발견이 급증했고, 이로 인해 인프라와 OSS도 이러한 위험에 대응하기 위해 더 빠르게 변화하고 있다. 시스템과 구성요소의 업그레이드 주기가 수년에서 수개월로 단축됐다. 이러한 변화는 애플리케이션 팀에게 '접착제'를 수정하고 다시 테스트하거나 심지어 소프트웨어를 마이그레이션해야 하는 작업을 요구한다.

변화에 대한 압박은 개별 팀의 의사결정이 가져온 장기적 결과물이 접착제와 뒤섞인, 마치 늪과도 같은 엉망진창의 상황을 만들었다. 새로운 그린필드 프로젝트[15]마다 이 복잡성의 늪에 더 많은 선택지와 접착제가 추가되고, 시간이 지날수록 개발자들은 늪에 더 깊이 빠져든다. 이동하기도 어렵고 속도도 더디며, 운영상의 악어들(앨리게이터보다도 더 무서운 크로커다일![16])이 우글거린다. 이 수렁에서 어떻게 빠져나올 수 있을까? 당연한 말이지만 우리는 그 답이 플

---

15 옮긴이_ 그린필드 프로젝트Greenfield Project는 기존 시스템이나 제약 없이 처음부터 새롭게 시작하는 소프트웨어 개발 프로젝트를 가리킨다. 텅 빈 초지(그린필드)에 무언가를 처음으로 짓는다는 비유에서 유래한 용어이다. 반대되는 개념으로는 기존 시스템을 수정하거나 개선하는 브라운필드 프로젝트Brownfield Project가 있다.

16 옮긴이_ 앨리게이터는 아메리카 대륙과 중국에 서식하는 악어이고 크로커다일은 호주와 아프리카 대륙을 비롯해 전 세계에서 발견되는 악어이다. 대체로 크로커다일이 더 크고 사납다고 한다.

랫폼 엔지니어링이라고 생각한다. 그럼 플랫폼 엔지니어링이 어떻게 이 문제를 해결하는지 살펴보자.

1.4 플랫폼 엔지니어링은 어떻게 늪을 정화하는가

독자가 과도한 일반화의 늪에 빠져 있다면, 플랫폼 엔지니어링에 깔린 이론에 매력을 느낄 것이다. 조직이 인프라, 데브툴스, 데브옵스, SRE 엔지니어[17] 등의 인력을 더 많이 채용한다고 해도, OSS와 클라우드 시스템에서 발생하는 새로운 복잡성을 따라잡을 수 없다. 애플리케이션은 복잡해지고 개발자의 생산성은 떨어진다. 이제 돌파구가 필요하다. 이런 상황이라면, 플랫폼을 구축해서 이러한 복잡성을 관리한다는 생각이 훌륭한 해결책으로 보일 것이다.

하지만 플랫폼 구축에는 상당한 투자가 필요하다. 여기에는 구축과 지원 비용뿐만 아니라, 애플리케이션 팀의 OSS와 클라우드 기본요소 선택을 제한하는 데 따른 간접비용도 포함된다. 또한 플랫폼 엔지니어링 팀의 설립은 조직 개편, 역할 변경, 회사의 새로운 주력 분야 도입에 따른 추가부담을 수반할 수 있다. 이번 절에서는 플랫폼과 플랫폼 엔지니어링이 어떻게 이러한 투자를 정당화하고 장기적 가치를 전달하는지 설명한다.

1.4.1 간접비용을 최소화하면서 기본요소 제한하기

선택의 폭발적 증가가 전적으로 나쁜 것은 아니었다. 그린필드 애플리케이션을 과거보다 훨씬 빠르게 출시할 수 있게 됐고, 애플리케이션 개발자들은 자신이 좋아하는 시스템을 사용할 때 더 큰 자율성과 주인의식을 느낀다. 하지만 기업이 다양한 선택으로 인한 지원 부담과 장기 비용 절감에 초점을 맞추기 시작하면 이러한 이점은 종종 잊힌다. 이런 상황에서 지도층(leadership)[18]의 본능적인 첫 반응은 권위에 호소하여 표준을 규정하는 것이다. "내가 데이터베이스 전문가이니 애플리케이션 팀이 사용할 데이터베이스를 내가 선택하겠다", "내가 아키

17 옮긴이_ 이 책에서 SRE는 사이트 신뢰성 '엔지니어'를 뜻하기도 한다. 불필요한 혼란을 피하기 위해, SRE가 직함으로 쓰인 경우에는 동어 반복이지만 'SRE 엔지니어'로 표기하기로 한다. 실제로 원서에도 SRE engineer라는 표현이 종종 나온다.

18 옮긴이_ leadership은 흔히 리더로서의 자질이나 능력, 특성 등을 뜻하지만, 리더 자격이나 지위를 갖춘 '사람'을 가리키기도 한다. 변별력을 위해 전자는 리더십, 후자는 문맥에 따라 '지도층' 혹은 '리더급'으로 옮기기로 한다.

텍트니까 모든 소프트웨어 도구와 패키지를 내가 결정한다", "내가 CTO니까 모든 것을 내가 결정한다" 등등이다. 하지만 이런 전문가들도 최적의 선택을 하기에는 비즈니스 요구사항을 충분히 이해하기 어렵고, 결국 애플리케이션 팀이 고통을 겪게 된다. 권위에 의한 표준화만으로는 부족하다.

플랫폼 엔지니어링은 현대적인 엔지니어링 팀에게 그들이 즐겨 사용할 수 있는 시스템이 필요하다는 점을 인정한다. 이러한 시스템은 단순히 비용 절감이나 자체 지원 부담에만 초점을 맞추지 않고, '고객으로서의 팀'을 배려하는 팀들이 제공해야 한다. 권위에 호소하는 표준 규정 대신, 플랫폼 엔지니어링은 광범위한 요구사항을 충족할 수 있는 소수의 기본요소를 큐레이션하는 고객 중심의 제품 접근 방식을 취한다. 이를 위해서는 비즈니스 현실을 고려한 타협과 좋은 플랫폼 아키텍처의 증분 전달(incremental delivery), 그리고 애플리케이션 팀과 직접 협력하여 그들의 요구를 경청하려는 자세가 필요하다. 이것이 잘 이루어지면, 아키텍트나 데이터베이스 관리자, CTO, 플랫폼 부사장(VP)의 권위에 호소하는 대신 플랫폼이 제공하는 서비스를 활용하는 파트너십의 효과를 입증할 수 있다. 이러한 방식을 잘 적용한다면, 하향식 명령으로 인한 최악의 결과를 피하면서도 사용되는 OSS와 클라우드 기본요소의 수를 줄이는 것이 가능하다.

1.4.2 애플리케이션별 접착제 줄이기

플랫폼 엔지니어링은 사용 중인 기본요소의 수를 줄이는 것에서 한 걸음 더 나아가 남은 요소들과의 '접착제'를 줄이는 것을 목표로 한다. 기본요소들을 더 광범위한 요구를 충족할 수 있는 체계적인 플랫폼 역량(capability)[19]들로 추상화함으로써 애플리케이션 수준의 접착제를 대부분 제거할 수 있다. 이를 설명하기 위해 테라폼 관리라는 일반적인 과제를 살펴보겠다.

OSS와 클라우드 서비스는 여러 면에서 복잡하다. 그중 가장 비용이 많이 드는 것이 구성(configuration)이다. 끝없는 매개변수(parameter) 목록들을 정확하게 지정하지 않으면 결국에는 프로덕션 환경에서 문제가 발생한다. 이는 클라우드 구성에서 특히 두드러진다. 2024년에는 이 분야의 최첨단 도구로 테라폼이라는 오픈소스 IaC(Infrastructure as Code; 코드형 인프라) 시스템이 자리잡고 있었다. 테라폼은 플랫폼 엔지니어링이 접착제의 단점을 어떻

19 옮긴이_ capability는 ability나 function, feature보다 광범위한 뜻을 가진 용어로, 어떤 일을 "할 수 있는가?"뿐만 아니라 "얼마나 잘 할 수 있는가?"도 포함한다. 이 책에서는 주로 '역량'으로 옮긴다. 역량의 '역'은 전자(능력), '량'은 후자(용량, 수용력 등)를 암시한다.

게 해결하는지 보여주는 데 아주 적합한 예이다.

애플리케이션 엔지니어링 팀들이 IaaS 클라우드의 다양한 서비스를 적극적으로 활용하기 시작했을 때, 대부분의 기업은 각 팀에게 자체 구성으로 개별 클라우드 인프라를 프로비저닝할 수 있는 권한과 책임을 부여하는 것이 가장 마찰이 적은 경로라고 판단했다. 하지만 현실적으로 이는 팀들이 구성 관리와 인프라 프로비저닝에 숙달된 '파트타임' 클라우드 엔지니어링 팀이 되었음을 의미한다. 재현 가능하고 재구축 가능하며 보안과 검증이 가능한 인프라를 원한다면, 테라폼과 같은 구성 관리 및 프로비저닝 템플릿이 필요하다. 따라서 일반적인 접근 방식은 애플리케이션 개발팀이 테라폼을 배우는 것이었다. 우리가 겪은 바로는, 결과적으로 다음과 같은 일이 벌어졌다.

1 대부분의 엔지니어는 생소한 작업을 위해 새로운 도구들을 처음부터 전부 배우길 좋아하지 않는다. 인프라 설정과 프로비저닝은 일상적인 핵심 업무가 아니다. 심지어 성숙한 회복탄력성 테스트(resiliency test)를 수행하고 시스템을 정기적으로 처음부터 재구축하는 팀이라도 그렇다. 그러다 보니, 시간이 지나면서 이 작업은 데브옵스에 관심이 있는 소수의 엔지니어나 주어진 업무를 군소리 없이 받아들이는 신규 직원들에게 떠넘겨지게 된다. 그중 한두 명이 인프라 프로비저닝 전문가로 성장해서 팀의 테라폼 작성과 관리를 담당하게 된다면 그나마 다행이다. 하지만 대부분의 경우 이러한 엔지니어들은 애플리케이션 팀에 오래 머물지 않았고, 결국 작업은 다시 신규 직원들에게 넘어갔다. 그리고 그 신규 직원들은 대체로 일을 엉망으로 만들었다.

2 이러한 인력 부족과 회사 전체에 걸쳐 각자 테라폼을 짜깁기하는 상황이 겹치면서, 지도층은 종종 여러 팀(때로는 회사 전체)의 테라폼 구성 관리 작업을 중앙집중화했다. 하지만 플랫폼 구축을 목표로 중앙집중화한 것이 아니었다. 그냥 모든 테라폼 엔지니어들은 모아서 단순히 테라폼 작성 서비스를 제공하는 팀을 만들었을 뿐이다.

3 이렇게 중앙화(중앙집중화)된 테라폼 작성 팀들은 작업 요청을 받아 처리하는 '기능 공장(feature shop)' 사고방식에 갇혀버렸다. 그러다 보니 더 나은 추상화를 제공하기 위해 테라폼의 구조를 변경할 수 있는 유능한 개발자들이 이 팀의 일원이 되기를 꺼리게 되었다. 시간이 지나면서 코드베이스는 스파게티처럼 엉망진창이 되었고, 그래서 표준에서 약간 벗어난 것을 원하는 애플리케이션 팀의 속도를 늦췄으며, 결국에는 보안상의 악몽을 만들어냈다.

중앙화된 테라폼 작성 지원보다 더 체계적인 접근이 필요한 것은 분명하다. 전문가 그룹을 단순한 '접착제' 유지보수 센터에서 실제로 무언가를 구축하는 엔지니어링 센터로 발전시켜야 한다. 그런 엔지니어링 센터가 곧 플랫폼이다. 이를 위해서는 고객의 요구사항을 한 단계 더 깊이 이해해야 한다. 또한 사용자가 원하는 모든 것에 대한 접근성을 높여야 할 뿐만 아니라, 어떤 솔루션을 제공할지에 대한 관점을 정립해야 한다. 더 나아가 프로비저닝 단계에서 머무르지 않고 그 이상의 무언가를 구축할 수 있을지도 생각해 보아야 한다.

기반 인프라를 제공하는 새로운 모델로 전환할 때는 전문성을 중앙화하고 효율성을 창출하는 것이 중요하다. 각 엔지니어링 팀이 인프라 지원을 위해 개별적으로 데브옵스 엔지니어와 SRE 엔지니어를 고용하는 대신, 플랫폼 팀이 이러한 전문가들을 한데 모아 더 광범위한 기업 솔루션을 찾는 역할을 맡을 수 있다. 이는 일회성 변경 지원에 그치지 않고 바탕 복잡성을 추상화하는 플랫폼 구축으로 이어진다. 바로 그 지점에서 마법이 시작된다.

1.4.3 마이그레이션 비용의 중앙화

이 책에서는 마이그레이션을 자주 언급할 것이다. 마이그레이션 관리가 플랫폼의 가치에서 중요한 부분을 차지하기 때문이다. 애플리케이션과 기본요소들의 수명(lifetime)은 길다. 그리고 그 수명들은 각각 독립적이다. 긴 수명 동안 이들은 수많은 변화를 겪는다. 그러한 변화들이 모여 높은 유지보수 비용이 발생한다. 플랫폼 엔지니어링은 다음과 같은 방식으로 이러한 비용을 절감한다.

사용 중인 OSS 및 클라우드 시스템의 다양성 감소

기본요소의 수가 적을수록 마이그레이션이 필요할 가능성도 작아진다.

API를 통한 OSS 및 벤더 시스템의 캡슐화

플랫폼 API가 OSS와 벤더 시스템의 모든 측면을 완벽하게 캡슐화하지는 못하더라도, '충분히 좋은' API라면 구현의 상당 부분을 추상화할 수 있다. 그러면 바탕 시스템이 변경되더라도 플랫폼의 보호 덕분에 애플리케이션은 바꿀 필요가 없다.

플랫폼 사용에 대한 관측성 확보

플랫폼은 자신의 운영에 관한 메타데이터뿐만 아니라 바탕 OSS 및 벤더 시스템 사용에 대한 메타데이터 수집을 표준화하는 다양한 메커니즘을 제공할 수 있다. 플랫폼을 사용하는 애플리케이션의 의존성 상태에 대한 이러한 가시성(visibility) 혹은 관측성(observability; 관찰 가능성)은 의존성 업그레이드가 필요할 때 그 부담을 줄여준다.

소프트웨어 개발자가 있는 팀에 OSS 및 클라우드 시스템 소유권 부여

나중에 API가 불완전하다고 판명되어도, 전통적인 인프라 조직과 달리 플랫폼 팀에는 소프트웨어 개발자들이 있기 때문에 대부분의 애플리케이션 팀에게 투명한 마이그레이션을 가능케 하는 복잡한 마이그레이션 도구를 작성할 수 있다.

1.4.4 애플리케이션 개발자의 자체 운영 권한

성숙한 데브옵스의 목표는 "만든 사람이 소유한다(you built it, you own it)"라는 접근 방식을 통해 책임 소재를 단순화하는 것이다. 이 개념이 10년 넘게 인기를 끌었지만, 실제로 모델을 실현한 기업은 많지 않다. 실현에 성공한 기업들의 경우, 우리는 플랫폼이 바탕 의존성의 운영 복잡성을 추상화해서 제공한 '레버리지'가 주된 성공 요인이라고 믿는다.

온콜on-call 근무를 좋아하는 사람은 없다. 하지만 팀이 자체 애플리케이션으로 인한 문제에만 대응하게 된다면, 놀랍게도 많은 이들이 운영상의 책임을 기꺼이 받아들인다. 자신들이 매일 만드는 비즈니스 핵심 시스템을 스스로 책임지길 꺼릴 이유가 있겠는가? 그러나 대다수의 기업에서는 인프라, OSS, 그리고 이들을 연결하는 접착제로 인한 운영 문제가 애플리케이션 코드 자체의 문제를 압도하고 있다.

이러한 예는 더 높은 수준의 회복탄력성을 추구하는 애플리케이션이 여러 가용 영역(availability zone), 클라우드 지역(region), 또는 데이터센터에 걸쳐 배포될 때 볼 수 있다. 이 경우 애플리케이션 팀은 네트워킹 문제와 같은 간헐적인 클라우드 제공업체 이슈에 노출되며, 필연적으로 새벽 2시에 알림을 받게 된다. 플랫폼 엔지니어링은 애플리케이션 팀을 대신해 장애 조치(failover)를 처리할 수 있는 탄력적인 추상화를 구축함으로써 이 문제를 해결하고 심야 긴급 호출을 줄인다.

바탕 시스템의 운영 복잡성 대부분을 플랫폼 추상화 뒤로 숨기면, 그러한 복잡성을 플랫폼 팀이 소유하고 관리하는 것이 가능해진다. 이를 위해서는 지원하는 옵션을 제한해야 한다. 그래야 추상화 경계선(abstraction boundary)을 핵심 서비스 집합으로 상향 이동할 수 있으며, 각 서비스는 광범위한 애플리케이션 용례(use case; 사용 사례)를 처리할 수 있다. 또한 플랫폼 팀 내에서 높은 운영 표준을 유지해서 애플리케이션 팀이 안심하고 의존할 수 있도록 하는 것도 중요하다.

지금까지 이야기한 문제점들을 처리하고 감당하는 운영 플랫폼을 구축하는 것이 쉬운 일은 아니다. 특히, 애플리케이션 팀이 선택의 제한을 수용하게 만들기가 어렵다. 하지만 이런 플랫폼이 없으면 조직 전체가 이러한 문제에 직접 노출되거나, 기존의 운영팀(구체적인 이름이 무엇이든)을 계속 돌릴 수밖에 없다. 이는 곧 책임소재 문제, 애자일 개발에 대한 부정적 영향, 그리고 책임 전가의 지속을 의미한다.

1.5 플랫폼 구축에 필요한 권한 부여

OSS와 벤더 기본요소를 활용하면서도 향후 진행을 늦추는 복잡성을 줄이려면, 기본요소들과 그 복잡성을 관리할 플랫폼을 구축할 수 있는 팀이 필요하다. 현재 인기 있는 플랫폼 인접(platform-adjacent) 접근 방식은 네 가지이다. 이들은 모두 조직에 가치 있는 기술을 제공하지만, 플랫폼 구축에 필요한 초점과 기술의 조합을 갖추지는 못했다. 어떤 접근 방식들인지, 그리고 이들이 플랫폼 구축 과제에 적합하지 않은 이유는 무엇인지가 [표 1-1]에 정리되어 있다.

표 1-1 네 가지 플랫폼 인접 접근 방식과 이들이 플랫폼 구축에 적합하지 않은 이유.

접근 방식	초점	플랫폼 구축에 적합하지 않은 이유
인프라	바탕 인프라의 안정적 운영	애플리케이션 간소화를 위한 인프라 추상화(특히 다수의 인프라 구성요소에 걸친 추상화)에는 거의 초점을 두지 않는다.
데브툴스	프로덕션 전달을 위한 개발자 생산성 향상	복잡한 인프라에서 실행되는 프로덕션 시스템과 관련한 개발자 생산성 문제에는 거의 초점을 두지 않는다.
데브옵스	프로덕션으로의 애플리케이션 전달	최대한 광범위한 대상에게 유용한 자동화/도구를 보장하는 문제에는 거의 초점을 두지 않는다.
SRE	시스템 신뢰성	신뢰성 이외의 시스템 문제에는 거의 초점을 두지 않는다. 더 나은 시스템을 개발하는 대신 조직 관행을 통해 영향을 미치는 경우가 많다.

표에서 언급한 각각의 배경을 가진 개인들은 자신이 접착제보다 더 많은 플랫폼을 구축하고 싶지만 조직이 허락하지 않는다고 주장할 수 있다. 우리도 공감한다. 하지만 지금 우리는 개인을 설명하려는 것이 아니다. 이러한 접근 방식들이 조직 내에서 어떻게 발전해 왔으며 조직이 일반적으로 각 팀의 임무를 어떻게 정의하는지 설명하고자 할 뿐이다. 그래도 문제는 여전히 남아 있다. 개인의 역할은 팀의 임무에 의해 제한되며, 상위 조직이 늘 해오던 일만 하기를 기대하는 상황에서 팀의 임무를 바꾸는 것은 쉽지 않다.

플랫폼 엔지니어링은 이러한 엔지니어 그룹들이 각자의 사일로silo에서 벗어나 균형 잡힌 플랫폼을 만드는 더 광범위한 임무를 가진 팀에서 일할 것을 요구한다. 여기에는 다음과 같은 균형이 포함된다.

- **인프라 팀:** 인프라 역량과 개발자 중심의 단순성 사이의 균형
- **개발 도구 팀:** 개발 경험과 프로덕션 지원 경험 사이의 균형
- **데브옵스 팀:** 애플리케이션별 최적의 접착제와 더 많은 애플리케이션을 지원하는 범용 소프트웨어 사이의 균형

- **SRE 팀:** 신뢰성과 기능 민첩성, 비용 효율성, 보안, 성능 등 다른 시스템 특성 사이의 균형

조직의 기대를 의도적으로 재설정함으로써, 플랫폼 엔지니어링은 마침내 늪을 정리할 기술을 구축하는 데 집중하는 팀을 만들 수 있게 한다.

플랫폼이 혁신을 지원하는가?

플랫폼이 개발자의 모든 고충을 해결하고 시스템을 더 빠르고 안전하게 만들며 개발자의 생산성을 높이고 마이그레이션을 자동으로 처리하며 작업 완료를 위한 피드백 루프를 단축할 수 있다는 점을 이제는 독자도 납득하기 시작했길 바란다. 이러한 모든 결과를 달성하는 데 상당한 시간이 걸릴 수 있음을 인정하지만, 우리는 이것이 추구할 가치가 있는 이상이라고 믿는다.

그런데 플랫폼이 주는 이득이 이것이 전부는 아닐 것이다. 우리는 결국 엔지니어이므로, 플랫폼이 혁신(innovation)과 실험(experimentation)도 지원할 것이라고 기대하는 것이 자연스럽다. 혁신이 회사들의 성장 동력임을 알기 때문이다. 실제로 플랫폼은 혁신을 지원한다. 하지만 플랫폼이 혁신과 실험을 방해할 수도 있는 만큼, 이 논점을 좀 더 명확히 짚고 넘어가는 것이 좋겠다.

지금 말하는 혁신이 순수하게 기존 기술 제공 범위 내에서 개발할 수 있는 비즈니스 혁신을 말한다면, 그렇다. 플랫폼은 그러한 혁신을 지원한다. 궁극적으로 플랫폼은 개발자의 생산성을 높이며, 특히 기능 플래그(feature flag)와 A/B 테스트를 통해 새로운 기능을 안전하게 프로덕션에 배포할 수 있게 한다(더 빠른 구축을 가능하게 함으로써). 따라서 플랫폼은 기존 기술을 사용한 비즈니스 아이디어의 빠른 실험을 지원한다.

하지만 본질적으로 플랫폼이 지원하지 않는, 심지어는 플랫폼이 방해 요인이 되는 혁신도 항상 존재한다. 기술과 관련된 대부분의 중요한 혁신의 경우, 아직 기업에 존재하지 않는 도구를 문제 해결에 도입할 필요가 있다. 매우 빠르게 변화하는 데이터 영역이 좋은 예시이다. 관계형 데이터베이스에 쉽게 접근할 수 있는, 그리고 대부분의 엔지니어가 업무를 잘 수행할 수 있게 하는 우수한 플랫폼을 만드는 것은 가능한 일이다. 하지만 어떤 팀이 새로운 혁신적 비즈니스 기회를 위해 관계형 데이터베이스와는 매우 다른 성능 특성을 가진 저장소 옵션이 필요하다는 것을 깨달았다고 하자. 그 아이디어를 구현하기 위해 그 팀은 적어도 부분적으로는 플랫폼을 떠나게 될 것이다. 그런 일탈이 열매를 맺어서, 새로운 저장소 시스템을 위한 기능을 플랫폼이 제공하게 된다면 좋을 것이다. 하지만 이런 성격의 혁신은 플랫폼이 가능하게 한 것이 아니다! 그렇다고 모든 새로운 아이디어를 플랫폼에 끼워 맞춰야 한다고 주장하는 것은 아니다. 오히려, 이러한 아이디어가 독립적으로 발전하도록 두고, 성공적이고 광범위한 수요가 있는 것만 통합하는 것이 최선의 방법일 때가 많다.

플랫폼 팀은 사람들을 플랫폼에서 멀어지게 할 혁신과 실험을 억제하고 싶은 유혹을 받는다. 대부분의 경우 그런 아이디어들은 모든 소프트웨어 엔지니어가 자신만의 문제 해결책을 만들도록 하는 '여기서 발명하지 않음(Not Invented Here, NIH)' 편향에 의해 주도된 것이며, 결국은 엔지니어링 노력의 낭비로 결론이 날 뿐이다. 하지만 규범을 벗어나야 한다는 팀의 판단이 옳을 때도 종종 있다. 플랫폼 팀이 자신들의 제공 항목에 대한 모든 예외에 저항하거나 다른 팀들이 요구하는 모든 새로운 제공 항목을 자신들이 구축해야 한다고 주장한다면, 시스템이 너무 일반화될 뿐만 아니라 그 과정에서 건전한 혁신을 저해할 위험도 있다.

정리하자면, 플랫폼은 개발자의 생산성을 높이고 개발자가 애플리케이션 계층에 집중하게 함으로써 알려진 범위 내에서의 손쉬운 실험과 혁신을 지원해야 한다. 하지만 혁신을 전적으로 플랫폼 팀만이 지원할 수도 없다. 실제로 혁신을 지원하려면 일부 팀이 새로운 아이디어를 입증하기 위해 잠시 자신들의 길을 가도록 내버려둘 필요가 있다. 중앙 제공 항목으로 사람들을 유도할 시기와 자체적인 대안 '그림자 플랫폼(shadow platform)'[20]을 개발하도록 내버려둘 시기를 현명하게 선택하는 것은 플랫폼 엔지니어링 리더의 핵심 기술이다. 이 점은 제10장에서 더 자세히 논의할 것이다.

1.6 마무리

우리는 복잡성이 충돌하는 경로 위를 달리고 있으며, 이미 많은 이들이 한계에 부딪혔다. 데브옵스를 효과적으로 만드는 과제이든, 수백만 개의 '눈송이 결정(snowflake decision)'[21]을 다루는 것이든, 코드형 인프라의 증가하는 복잡성을 관리하는 것이든, 또는 단순히 모든 소프트웨어 제품에 따라오는 필수 업그레이드와 마이그레이션을 처리하는 것이든, 우리에게는 도움이 필요하다. 이것이 플랫폼 엔지니어링이 업계에서 점점 더 중요해지고 있다고 우리 저자들이 믿는 이유이다. 제품 중심 사고방식을 소프트웨어 및 시스템 엔지니어링 전문성과 결합함으로써, 기업의 이러한 복잡성을 관리할 수 있는 영향력을 제공하는 플랫폼을 구축할 수 있다.

20 이것은 '그림자 IT(shadow IT)'의 플랫폼 버전이다. 중앙 시스템이 부과한 제한과 제약을 우회하거나 격차를 메우기 위해 중앙 부서가 아닌 다른 부서가 배포한 시스템을 말한다.

21 옮긴이_ snowflake decision은 소프트웨어 개발 및 시스템 관리에서 어떤 고유하고 독특한 상황에 대한 임시적인 해결책을 의미한다. 마치 눈송이처럼 각각의 결정이 서로 다르고 예측 불가능하다는 의미에서 비롯된 용어이다.

CHAPTER 2

플랫폼 엔지니어링의 기둥들

다리의 하중 지지력은 교각들의 평균 강도가 아니라 가장 약한 교각의 강도가 결정한다.

—지그문트 바우만Zygmunt Bauman

제1장에서는 '왜?', 즉 플랫폼 엔지니어링이 필요한 '이유'를 살펴보았다. 이번 장에서는 '무엇을?'을 이야기한다. 제1장에서 언급한 플랫폼 엔지니어링의 정의를 다시 떠올려보자.

> 플랫폼 엔지니어링platform engineering은 플랫폼을 개발하고 운영하는 하나의 분야(discipline)이다. 이 분야의 목표는 비즈니스에 레버리지를 전달하기 위해 전체 시스템의 복잡성을 관리하는 것이다. 플랫폼 엔지니어링은 폭넓은 애플리케이션 개발자층을 위한 소프트웨어 기반 추상화(abstraction)로서의 플랫폼을 개발하고, 이를 비즈니스의 토대로 운영하는 큐레이션 제품(curated product)[1] 접근 방식을 통해서 그러한 목표를 달성한다.

이 정의에서 플랫폼 엔지니어링 실무의 4대 '기둥(pillar)'을 도출할 수 있다.

제품

큐레이션 제품 접근 방식을 따른다.

개발

소프트웨어 기반 추상화를 개발한다.

---

1 옮긴이_ 일반적으로 큐레이션은 대상의 요구나 취향을 분석해서 적절한 항목을 추천, 제안하는 것을 말한다. 잠시 후 §2.1의 설명에서 보겠지만 맞춤형이나 엄선, 선별보다는 좀 더 구체적인(적어도 이 책에서) 개념이라서 큐레이션이라는 표현을 그대로 사용하기로 한다. 수동태가 쓰인 curated product를 '큐레이션된 제품'이 아니라 간단히 '큐레이션 제품'으로 옮긴 것은, 이를테면 pre-trained model을 사전 훈련된 모델 대신 사전 훈련 모델이라고 부르는 것과 같은 방식이다.

범위

폭넓은 애플리케이션 개발자층을 지원한다.

운영

플랫폼을 비즈니스의 토대로 삼는다.

이 네 기둥이 플랫폼 엔지니어링 성공의 관건이다. 이들이 없다면 복잡성을 이리저리 떠넘기기만 할 뿐 실제로 관리하지는 못한다. 기존의 접근 방식들은 이 난제를 해결하지 못했다. 이는 당연한 일이다. 애초에 좋은 플랫폼을 구축하기란 어려운 일이기 때문이다. 이것이 바로 우리가 이 책을 쓴 이유이다. 이번 장에서는 우리가 이런 요소들을 플랫폼 엔지니어링의 기둥으로 간주하는 이유를 개괄하고, 이것들이 플랫폼 엔지니어링을 어떤 식으로 떠받치는지 살펴본다.

2.1 큐레이션 제품 접근 방식 채택

플랫폼 엔지니어링의 첫 기둥인 **큐레이션 제품 접근 방식**(curated product approach)은 다른 세 기둥의 균형을 잡는 역할을 한다. 여기서 **제품 접근 방식**이란 개발자들이 순수하게 기술적인 사고방식에서 벗어나 고객(customer)이 시스템에 대해 원하는 바와 시스템을 사용하는 경험에 초점을 맞추는 것을 의미한다. 그리고 **큐레이션**이란 특정한 상호작용 패턴과 사용 규칙이 존재할 뿐만 아니라 이 플랫폼의 범위에 무엇이 포함되고 제외되는지에 대한 나름의 관점(opinion)을 가지고 그에 따라 제공 사항들을 엄선한다는 뜻이다.

큐레이션 접근 방식이나 제품 접근 방식 중 하나만으로는 성공적인 플랫폼 팀을 만들기에 부족하다. 첫 기둥이 큐레이션 제품 접근 방식이라고 부르는 이유가 그것이다. 큐레이션이 없는 제품 접근 방식은 고객 대응력이 뛰어나지만 일관된 전략이 없어 팀이 단순한 서비스 센터가 되어버린다. 한편, 제품을 고려하지 않고 큐레이션만 강조하면 팀의 실제 요구를 충족시키지 못하는 경직된 서비스가 만들어진다.

큐레이션 제품 접근 방식이 성공하면 두 가지 유형의 플랫폼 제품이 만들어진다.

포장도로

큐레이션 플랫폼의 가장 일반적인 유형으로, 여러 서비스를 층층이 쌓아서 사용하기 쉬운 작업흐름(workflow)을 만든다(그림 2-1). 종종 이 플랫폼을 '포장도로(paved path)'라고 부른다. 이런 플랫폼은 좋은 인프라 조직이 서비스를 체계화해서 서로 잘 연동되게 만든 토대에 기반한다. 제품의 성공은 이러한 일반적인 다중 시스템 작업흐름의 복잡성 대부분을 숨겨서, 애플리케이션 팀이 작업흐름을 편하게 따르게 만드는 데에서 온다. 이는 사용성(usability) 측면의 지원 활동에 해당한다. 플랫폼 팀은 파레토 원칙을 따라 필요의 80%를 충족시키는 20%의 용례를 찾아내고, 그 20%를 매우 잘 작동하도록 하는 데 중점을 두는 것이 바람직하다. 이는 또한 애플리케이션 팀의 예외적인 요구사항은 거절해야 한다는 뜻이기도 하다. 이것은 포장도로이지 강제된 서비스가 아니므로, 특수한 요구사항이 있는 팀은 언제든 도로에서 벗어나 자신의 길을 갈 수 있다.

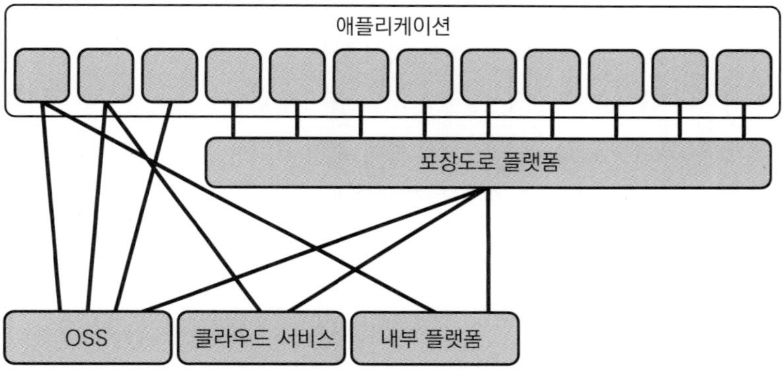

그림 2-1 포장도로 플랫폼의 아키텍처.

철도

둘째 유형의 큐레이션 플랫폼은 포장도로형과는 아주 다른 모습이다. 이 유형은 기존 제품으로는 해결되지 않지만 여러 애플리케이션 팀에게 필요한, 유의미한 틈(gap)을 발견한 경우에 적합하다. 이 플랫폼은 애플리케이션 팀들의 공통된 요구사항 패턴을 찾고, 팀들이 이러한 플랫폼의 부재를 어떻게 해결하고 있는지 조사하는 제품 발견 과정의 결과물이다.

이 유형은 흔히 애플리케이션 팀이 특정 요구사항을 충족하기 위해 만든 프로토타입에 기반한다. 그러한 프로토타입을 일반화하여 더 폭넓게 사용할 수 있는 서비스를 만든 것이 이 유형의 플랫폼이라고 할 수 있다. 하지만 이 유형의 플랫폼을 만드는 목표는 단순히 일반적인 프로세스를 원활하게 하는 것이 아니다. 대개는 특정 기능을 회사에 도입하기 위한 대규모 인프라 투자가 관여한다. 우리는 이러한 플랫폼을 '철도'라고 부른다(그림 2-2). 우리는 배치batch 작업 플랫폼, 알림 시스템, 글로벌 애플리케이션 구성 플랫폼 등을 철도 플랫폼 형태로 구현한 경험이 있다.

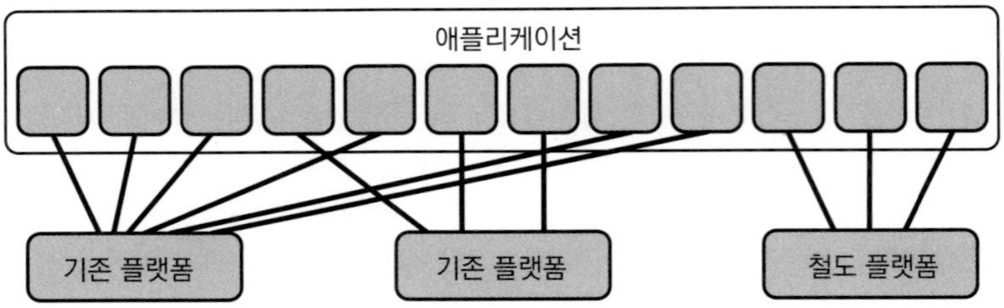

그림 2-2 철도 플랫폼의 아키텍처.

그렇다고 플랫폼 구축에서 제품 접근 방식을 취하는 것이 사용자 경험을 고려하고 명백한 공백을 찾아내는 것에만 국한되지는 않는다. 팀 전체가 모든 구축 과정에서 고객 중심의 사고방식을 도입해야 한다. 무엇이 고객의 삶을 더 나아지게 할지 깊이 고민하고, 단순히 일을 쉽게 만드는 것을 넘어 어떤 작업을 완전히 덜어줄 수 있을지 고려해야 한다.

2.2 소프트웨어 기반 추상화 개발

소프트웨어를 구축하지 않은 플랫폼 엔지니어링은 플랫폼 엔지니어링이 아니다.

오늘날 가장 흔한 형태의 플랫폼 엔지니어링은 인프라나 개발자 도구 수준에서 일어나지 않는다. 그보다는, 다수의 제품 라인을 가진 대규모 소프트웨어 조직의 맥락에서 작용한다. 이러한 제품 라인들은 보통 사내에서(in-house) 구축한, 그리고 다른 모든 제품 라인과 공유해야 하는 핵심 역량을 갖추고 있다. 결제 시스템이 대표적인 예이다. 이에 대한 자연스러운 해법은 그런 기능들을 분리해서 플랫폼으로 제공하는 것이다. 이를 통해 하나의 팀이 여러 제품 라인을 지원할 수 있다. 회사가 성장하면서 소프트웨어 엔지니어들이 이러한 시스템을 만들었고 이를 계속 유지하는 것이 핵심이므로, 당연히 이 팀에는 소프트웨어 엔지니어가 포함될 것이다. 사내 로직과 SaaS 제품을 통합하는 방향으로 플랫폼이 발전할 수도 있지만, 소프트웨어 개발 역량 없이 그런 팀을 운영한다는 것은 말이 안 된다.

우리는 이것이 앞에서 언급한 사내 시스템에서 분리된 플랫폼을 담당하는 팀뿐만 아니라 모든 플랫폼 엔지니어링 팀에게도 해당한다고 믿는다. 따라서 아직 소프트웨어를 작성할 필요가 없다면 '플랫폼 엔지니어링'을 시작할 준비가 되지 않은 것일 수 있다. 그냥 승인된 클라우드 제공업체 서비스에 대한 안내와 온보딩 방법을 담은 위키를 만드는 것이 여러분 조직의 엔지니어링 팀에게 충분한 플랫폼 투자일 수도 있다. 그것도 좋다. 물론 우리가 생각하는 '플랫폼 엔지니어링'은 아닐지라도, 회사나 당면한 특정 문제에 대해 플랫폼 엔지니어링 팀에 투자할 시기가 아직 오지 않은 것이라면 그 정도로 충분하다.

플랫폼 엔지니어링 계획을 시작할 때, 처음부터 소프트웨어 엔지니어를 참여시키는 것이 중요하다는 점을 명심하기 바란다. 내부 결제 플랫폼이든 인프라 수준의 컴퓨트 플랫폼이든, 플랫폼 엔지니어링은 사내에서 개발한 소프트웨어 로직을 사용하여 바탕 시스템을 추상화함으로써 레버리지를 만든다. 다른 말로 하면, 그러한 추상화 없이는 복잡성을 관리하는 플랫폼을 만들 수 없다. 추상화 없이는, 단지 인프라를 공급하고 모든 복잡성을 사용자에게 떠넘기는 것에 불과하다.

이 엔지니어들이 무엇을 구축할 수 있는지 여러분이 감을 잡을 수 있도록, 플랫폼의 일부로 필요할 수 있는 몇 가지 추상화들을 살펴보겠다. 플랫폼 서비스와 그 API들, 리치 클라이언트rich client[2], OSS 커스텀화, 메타데이터 서비스와의 통합을 이야기할 것이다.

2.2.1 주요 추상화: 플랫폼 서비스와 API

이것은 2024년 업계의 모든 사람이 알고 있을 마이크로서비스나 서비스 지향 아키텍처(SOA)에서 그대로 이어지는 추상화이다. 간단히 말해서 서비스는 플랫폼의 주된 구성요소이다. 플랫폼 서비스는 바탕 OSS, 벤더, 사내 시스템들의 동작을 조정하는 로직을 구현해서, 애플리케이션 시스템이 사용할 수 있는 추상화된 API를 제공한다(그림 2-3). 좀 더 자세히 말하자면, 한 플랫폼의 구현을 다수의 서비스 구성요소로 나눌 수 있다. 또한, 'API'가 꼭 전통적인 동기적 요청/응답일 필요는 없다. 양쪽에서 대기열(queue) 처리가 있을 수도 있고, 플랫폼 서비스가 특정한 요청과 완전히 분리된 메시지를 애플리케이션에 보낼 수도 있다.

2 옮긴이_ 원문은 thick client이지만 국내 개발자들에게 좀 더 익숙한 리치 클라이언트로 바꾸어 옮겼다.

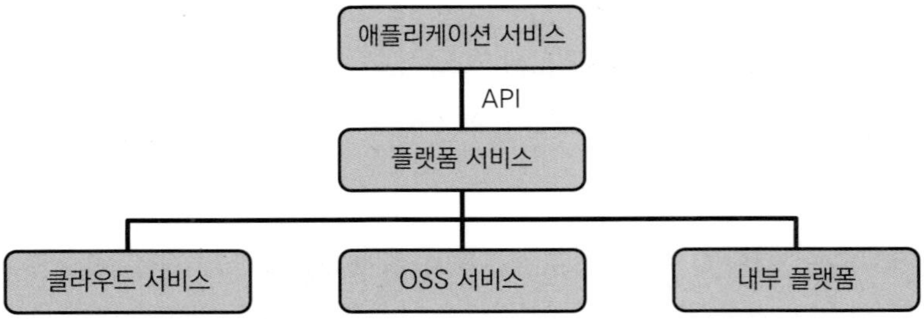

그림 2-3 플랫폼의 서비스 및 API 구성요소들의 아키텍처.

서비스와 그 API는 플랫폼의 중요한 부분이며, 처음부터 소프트웨어 엔지니어가 참여해야 하는 이유이다. 소프트웨어 엔지니어들 없이는, 애플리케이션과 그 엔지니어들을 위해 복잡성을 단순화하는 추상화를 만들기가 매우 어렵다.

API는 중요하다. 그런 만큼 몇 가지 주의 사항이 있다. 특히 인프라 플랫폼에 관련해서 주의할 점이 존재한다. 소프트웨어 쪽만 경험한 사람들은 API와 그 서비스가 바탕 OSS, 벤더, 사내 시스템을 반드시 캡슐화해야 한다고 믿는 경향이 있다. 예를 들어 우리는 PostgreSQL 같은 OSS 시스템이 핵심인 한 플랫폼에서, 변경과 마이그레이션에 대한 운명을 통제할 수 있는 유일한 방법은 이를 완전히 캡슐화한 API 계층을 만들어서 클라이언트가 SQL 질의문 대신 API 요청을 보내도록 하는 것이라고 제안하는 플랫폼 팀을 본 적이 있다.

완전한 캡슐화가 적절한 수준의 추상화인지 판단하는 핵심 기준은 애플리케이션 엔지니어의 관점에서 바라보는 것이다. 즉, 표면적을 줄이고 바탕 OSS 및 벤더 시스템과 관련된 자원(공개 문서 등 포함)들과 그들을 분리했을 때 과연 생산성이 높아졌는지, 아니면 단지 플랫폼 팀이 관리하기 쉽게 만든 것일 뿐인지는 아닌지 점검해야 한다. 실제로 생산성이 높아졌음을 확신할 수 있을 때까지는 바탕 시스템에 대한 직접 접근을 허용하고, 그로부터 배우는 것이 낫다. 사용자를 더 넓은 생태계로부터 분리하는 API를 강요하는 것은 바람직하지 않다. [그림 2-4]는 대부분의 플랫폼 의존성을 캡슐화했지만 하나는 노출된 채르 남긴 아키텍처를 보여준다.

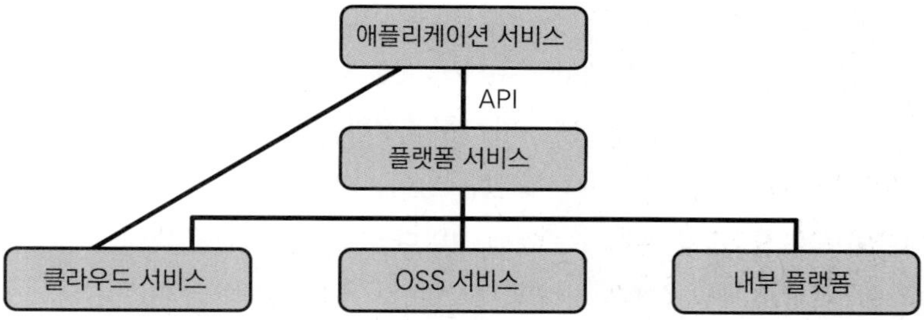

그림 2-4 완전한 캡슐화를 피한 플랫폼의 아키텍처.

2.2.2 리치 클라이언트

앞 절에서 이어지는 내용으로, 애플리케이션을 전적으로 서비스 아키텍처의 '얇은 심(thin shim)'[3] 형태로 구현하는 대신 좀 더 복잡한 클라이언트 쪽 코드로 구현했을 때 더 잘 작동하는 경우가 많다. 그런 클라이언트 쪽 코드는 리치 클라이언트(thick client) 라이브러리(그림 2-5 참조) 형태일 수도 있고 실행 가능한 이진 파일 형태일 수도 있다. 후자는 예전에는 '데몬daemon'이라고 불렀지만, 요즘은 주로 '사이드카sidecar'라고 부른다. 주요 로직을 클라이언트에 두면 샤딩sharding, 지역 캐싱(local caching), 부하 분산(load balancing)과 관련된 신뢰성 및 성능 향상 등 상당한 이점을 얻을 때가 있다. 특히 구형(legacy) 애플리케이션을 지원할 때 그렇다. 예를 들어 우리는 여러 저장 플랫폼이 구형 애플리케이션 사용자를 위해 FUSE[4] 마운트를 구현해서 자신의 시스템을 통상적인 파일시스템처럼 보이게 만든 사례를 본 적이 있다.

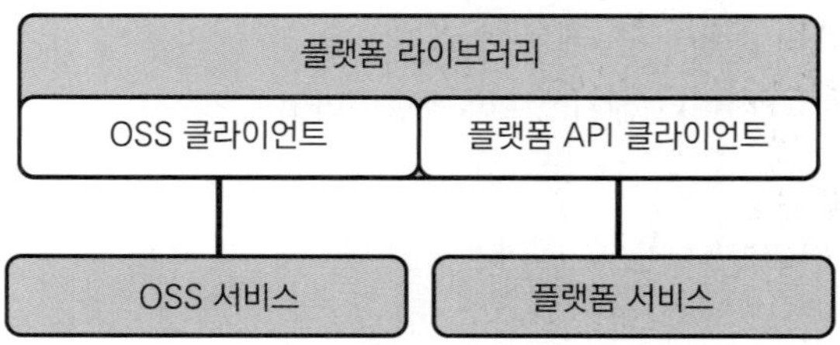

그림 2-5 플랫폼의 리치 클라이언트 구성요소 아키텍처.

3 옮긴이_ 원래 shim은 목공이나 금속 공예에서 틈새를 메우거나 수평을 맞추는 데 사용하는 작은 조각을 뜻하는 단어이다. 지금 맥락에서는 두 구성요소 사이에서 단순히 요청과 응답을 전송하는 가벼운 계층을 의미한다.

4 FUSE는 비특권(non-privileged; 루트 권한이 아닌 권한) 사용자가 마운트하는 사용자 공간 파일시스템이다.

하지만 플랫폼 엔지니어링에서는 플랫폼 소프트웨어가 고객의 애플리케이션 안에서 실행되므로, 리치 클라이언트는 관측성, 디버깅, 업그레이드 주기(플랫폼 팀이 통제할 수 없는)와 관련해서 상당한 비용을 유발한다. 따라서 여러 바탕 서비스를 조정하는 것과 같은 복잡한 로직은 서비스에 두는 쪽이 훨씬 낫다. 하지만 우리는 너무 많은 팀이 아키텍처나 운영의 순수성만을 이유로 더 리치 클라이언트의 가능성을 무시하는 것을 보았다. 그들은 각 접근 방식의 장단점을 따져서 자신의 선택이 플랫폼 사용자에게 최선의 추상화인지를 구체적으로 판단하는 과정을 생략했다.

2.2.3 OSS 커스텀화

애플리케이션 엔지니어가 필요로 하는 추상화를 이미 OSS가 거의 다 제공하는 경우도 있다. 그러면 회사는 당면한 특정 문제에 맞게 OSS를 약간 커스텀화(customization)하기만 하면 된다. 커스텀화가 OSS용 플러그인의 형태로 이루어지기도 하는데, 그런 경우 플랫폼 팀은 필요한 플러그인을 구축해서 전체 시스템을 운영한다. 한편, 특정한 비즈니스 요구를 충족하기 위해 플랫폼 팀이 OSS를 좀 더 본격적으로 커스텀화해야 하는 경우도 있다. 이러한 커스텀화의 일환으로 플랫폼 팀이 해당 OSS 프로젝트의 기여자나 관리자가 되기도 하지만, 그냥 회사를 위한 포크fork를 만드는 것으로 그칠 수도 있다. OSS 코드 자체를 다루고 수정할 수 있는 능력은 플랫폼 엔지니어링의 가치 창출 요소 중 하나이다.

2.2.4 메타데이터 레지스트리 통합

이 책에서 특히나 주목하는 통합이다. 플랫폼 엔지니어링에 관한 논의에서 계속 등장하는 주제로, 플랫폼 엔지니어링의 핵심이 바로 이 메타데이터 레지스트리 통합이라고 주장하는 사람도 있다. 앞에서 언급했듯이 플랫폼 엔지니어링이 주는 기회 중 하나는 바탕 OSS와 클라우드 기본요소의 문제점과 변경을 플랫폼이 사용자 대신 다룰 수 있다는 점이다. 하지만 이를 위해서는 각 기본요소가 어디에 어떻게 쓰이는지, 누가 쓰는지 추론할 수 있게 하는 메타데이터가 필요하다. 플랫폼 팀이 답해야 할 질문의 예는 다음과 같다.

소유권

이 서비스의 소유자는 누구인가?

접근 제어

이 서비스가 이 블롭 저장소 버킷(blob store bucket)에 그렇게 광범위한 접근 권한을 가져야 하는가?

비용 효율성

이 블롭 저장소 사용에 대한 비용을 어느 조직에 청구해야 하는가?

마이그레이션

어느 팀이 블롭 저장소를 비표준 방식으로 사용하고 있으며, 다른 벤더로 마이그레이션할 때 어떻게 심shim을 넣을지 누구와 이야기해야 하는가?

이러한 정보를 추적하기 위한 여러 종류의 시스템이 등장했다. 다음은 그중 몇 가지이다.

태그 관리 시스템

모든 주요 클라우드 제공업체와 관측성 플랫폼은 이제 개별 자원(resource)에 메타데이터를 '태그tag(꼬리표)'로 붙일 수 있는 방법을 제공한다. 또한 플랫폼 팀이 스키마를 강제하고 풍부한 탐색형 질의(쿼리)를 실행할 수 있는 관리 도구도 제공하기 시작했다.

API/스키마 레지스트리

플랫폼과 애플리케이션 API에 대한 컴파일 시점 정보의 취합에 중점을 두는 시스템이다. 데이터의 관리, 거버넌스, 탐색을 위해 관련 정보를 한곳에 모은다.

내부 개발자 포털(IDP)

앞의 레지스트리를 한 단계 더 발전시킨 형태로, API와 자원 메타데이터뿐만 아니라 플랫폼 구성까지 중앙집중화된 카탈로그로 제공한다. 핵심 측면은 각 플랫폼 팀이 자신의 서비스를 '플러그인'할 수 있는 프로그래밍 가능한 UI이다. 이 덕분에 모든 플랫폼에 걸쳐 일관된 중앙집중식 사용자 경험이 보장된다.

각 접근 방식마다 해당 접근 방식으로 큰 성공을 거뒀다고 주장하는 회사가 존재한다. 하지만 이 모든 것이 앞으로 어떻게 전개될지 말하기는 아직 이르다. 우리는 레지스트리를 만든 팀이 사용자가 수동으로 정보를 채울 것이라고 생각하거나, 기계적인 스크레이핑scraping 후 '그냥' 정리만 하면 될 거라고 생각했을 때 레지스트리가 잘 자리 잡지 못하는 사례를 목격했다. 광범위한 성공은 플랫폼이 이러한 레지스트리와 얼마나 잘 통합되어 메타데이터를 지속적으로 자동 캡처하고 레이블링할 수 있느냐에 달려 있다고 믿는다. 엔지니어들이 큐레이터 역할을 하는 것만큼 싫어하는 것은 없기 때문이다.

> **내부 개발자 포털(IDP)이 플랫폼 엔지니어링의 필수 구성요소일까?**
>
> 이 글을 쓰는 2024년, 내부 개발자 포털에 관한 논란이 한창이다. 내부 개발자 포털(internal developer portal, IDP)을 플랫폼의 핵심 구성요소로 보는 사람이 많다(내부 개발자 플랫폼이라는 헷갈리는 용어를 사용하기도 한다). 심지어는 플랫폼 엔지니어링 전략의 가장 중요한 필수 요소라고 주장하기도 한다.
>
> 우리는 그런 시스템들에 반대하지 않는다. 플랫폼 자원의 소유권과 모든 셀프서비스 UI 및 문서를 엮은 하나의 통합된 포탈이야말로 오늘날 고객에게 꼭 필요한 고효율 도구일지도 모른다. 하지만 그렇지 않을 수도 있다. 이를 가치 있게 만들 대부분의 플랫폼 활용 사례를 통합하려면 많은 노력이 필요하다. "화려한 UI가 앞으로 할 수 있는 일을 생각해 보라"라는 주장만으로는 그 노력을 줄일 수 없다.
>
> 고객이 플랫폼 사용을 위한 적절한 UI나 문서를 찾는 것이 아주 큰 문제라면 IDP 도입이 필요할 것이다. 그러나 그것이 우선순위가 낮은 요구사항이라면, 당분간 IDP 구축은 미루고 위키 같은 도구로 문서를 관리하고 API 링크를 제공하는 것으로 충분하다. 우수한 플랫폼을 구축하는 데 IDP가 반드시 필요한 것은 아니다.

2.3 폭넓은 애플리케이션 개발자층 지원

플랫폼의 대상 사용자는 애플리케이션 개발자이다. 단지 한두 팀이 아니라 폭넓은 개발팀들을 대상으로 한다. 때로는 애플리케이션 팀이 중앙 플랫폼의 사용성 문제로 고통을 겪기도 한다. 컴퓨터에 직접 접근해서 원하는 것을 마음대로 설치하는 데 익숙한 개발자라면, 그 모든 것을 추상화하는 중앙 플랫폼을 거쳐야 한다는 게 부담이 될 수 있다. 기본요소들에 직접 접근하려는 전문가를 위해 모든 작업을 최대한 쉽게 만드는 것 자체가 플랫폼의 목적은 아니다. 하지만 플랫폼 팀은 모든 사용자에게 최고의 개발 및 운영 경험을 제공하는 요소에 투자해야 한다.

그래서 우리는 다소 모호하지만 '폭넓은 ~층(broad base; 또는 '폭넓은 ~ 기반')' 같은 표현을 사용한다. 현대적인 마이크로서비스microservice나 서비스 지향 아키텍처(SOA) 시스템은 추상화와 API를 이용해서 구축되는데, 그런 추상화와 API는 해당 시스템을 만든 팀 이외의 다른 여러 팀도 사용하기 마련이다. 우리는 그런 시스템들까지 모두 '플랫폼'이라고 부르는 것이 유용한 일이라고는 생각하지 않는다. 하지만 사용자가 늘어나고 용례가 다양해질수록, 단순히 기능(feature)을 개발하는 것에서 벗어나 시스템을 더 저렴하고, 안전하며, 사용하기 쉽게 만드는 역량(capability)을 개발해야 한다. 이러한 역량에는 다음이 포함된다.

셀프서비스 인터페이스

셀프서비스self-service는 플랫폼이 제공하는 핵심 요소의 하나이다. 대규모 고객층을 효율적으로 지원하려면 셀프서비스가 필요하다. 새 고객이 온보딩onboarding할 때마다 플랫폼 팀이 수작업을 해야 하거나, 더 나쁘게는 팀의 여러 부서가 수작업을 조율해야 한다면 확장성을 잃게 된다. 따라서 접근, 프로비저닝, 설정 기능들을 셀프서비스 방식으로 제공하는 것이 필수적이다. 이러한 셀프서비스 기능은 그래픽/웹 기반 사용자 인터페이스나 명령줄 도구로 구현할 수 있으며, 흔히 CI/CD(continuous integration/continuous deployment; 지속적 통합/지속적 배포) 플랫폼과 통합된다(그림 2-6). 최상의 플랫폼은 초보자를 위한 사용하기 쉬운 기본 설정을 갖추면서도, 고급 사용자가 필요에 따라 기본 구성요소에 직접 접근할 수 있는 기능도 제공한다.

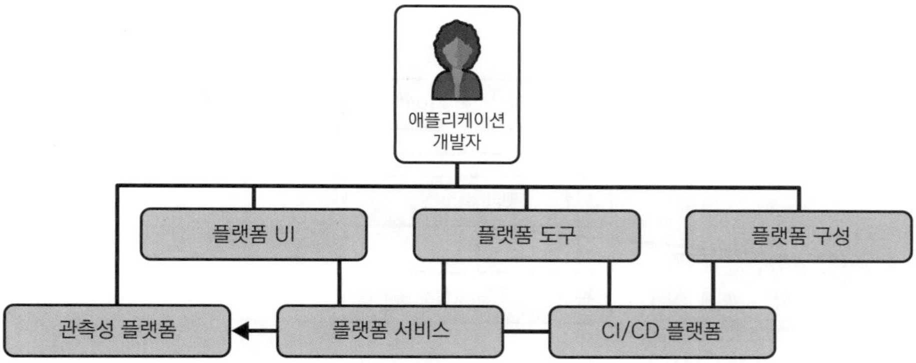

그림 2-6 플랫폼의 셀프서비스 구성요소들의 아키텍처.

사용자 관측성

플랫폼에서 덜 이야기되지만 중요한 또 다른 셀프서비스 유형이 사용자 관측성(user observability)이다. 개발자가 플랫폼을 이용해서 애플리케이션을 개발하고 운영하는 전체 수명 주기 동안 개발자 스스로 문제를 디버깅할 수 있도록 원격 측정 기능을 구축해야 한다. 『개발자를 넘어 기술 리더로 가는 길』(디코딩, 2023)[5]의 저자이자 수석 엔지니어인 타냐 라일리Tanya Reilly는 이렇게 말한다. "우리가 플랫폼 팀에게 요구하는 목표 중 하나는 플랫폼 사용자가 자신의 실수인지 플랫폼의 문제인지 구분할 수 있어야 한다는 것이다. 물론 이는 완벽히 달성할 수 없는 이상적인 목표지만, 좋은 사고방식이다."

가드레일

폭넓은 사용자층을 지원할 때, 모든 사용자가 바탕 시스템에 통달하리라고 기대할 수는 없다. 특히, 보안이나 규정 준수, 안정성, 비용 통제와 같은 세부사항에 전문가가 되기를 기대하는 것은 무리이다. 그런 단순한 설정 오류가 막대한 비용을 초래할 수 있다. 그래서 가드레일guardrail 구현이 플랫폼 구축의 중요한 일부가 된

5 옮긴이_ 원서는 Tanya Reilly, 『*The Staff Engineer's Path*』(O'Reilly, 2022)이고 번역서는 김그레이스가 번역했다.

다. 여기서 가드레일은 값비싼 설정 오류가 발생할 가능성을 크게 낮추는 보호 장치와 기본 한곗값들을 말한다. 구체적인 요구사항은 회사마다, 그리고 회사의 수명 주기에 따라 크게 다르므로, 변화하는 요구에 대응할 수 있는 사내 플랫폼을 보유하면 시간이 지남에 따라 애플리케이션 개발자의 생산성 측면에서 큰 이점을 얻을 수 있다.

다중 테넌트

널리 사용되는 플랫폼의 핵심적인 측면 하나는 플랫폼이 다중 테넌트(multitenant)를 지원해야만, 즉 동일한 런타임 구성요소 내에서 서로 다른 애플리케이션을 돌릴 수 있어야만 효율적이라는 점이다. 대형 클라우드 제공업체들은 바탕 하드웨어와 관련된 효율적 경제성을 확보하기 위해 이러한 접근 방식을 사용한다. 반면에 여러분의 플랫폼에서 다중 테넌트의 목적은 엔지니어링 시간의 경제적 효율성을 확보하는 것이다. 즉, 애플리케이션별로 하나의 시스템을 운영하는 대신 중앙 팀이 여러 애플리케이션을 지원하는 공유 시스템을 제공함으로써 경제적 효율성을 높일 수 있다(그림 2-7).

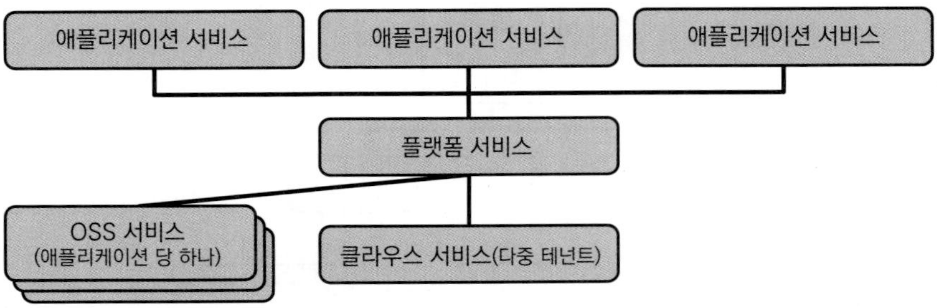

그림 2-7 혼합 다중 테넌트를 지원하는 플랫폼의 아키텍처.

그런데 다중 테넌트를 지원하기 시작하면 까다로운 엔지니어링 문제가 많이 발생한다. 이는 플랫폼 팀에 소프트웨어 및 시스템 엔지니어가 필요한 또 다른 이유이다. 특정 구성요소나 고객의 경우 다중 테넌트가 아닌 혼합(하이브리드) 방식을 선택할 수 있다. 하지만 플랫폼의 구성요소나 배포에서 애플리케이션들과 사용자들이 (적어도 그 일부라도) 섞이지 않는다면, 그것은 아마도 플랫폼이 아닐 것이다.

2.4 비즈니스의 토대로서 운영

플랫폼 엔지니어링 실천의 마지막 기둥은 플랫폼을 하나의 토대(foundation; 기반)로서 운영하는 것이다. 플랫폼은 애플리케이션 엔지니어가 자신의 비즈니스를 믿고 맡길 수 있는 튼튼한 토대가 되어야 한다. 플랫폼이 불안정하다면(플랫폼 자체의 구성요소 때문이든 플랫폼을 사용하는 코드의 문제 때문이든), 고객이 어쩔 수 없이 플랫폼 운영 전문가가 되어야 한다. 그러면 플랫폼은 레버리지를 제공하지 못할 뿐만 아니라, 고객이 플랫폼으로 인한 새로운 운영 문제를 겪으면서 반응적으로만 전문성을 쌓을 수밖에 없다. 이는 최악의 플랫폼 운영 시나리오에 해당한다.

일부 기업은 개발자 경험에 중점을 두고 플랫폼 엔지니어링에 접근하지만, 운영 측면에서는 어려움을 겪는다. 여러분이 완전히 통제할 수 없는 외부 오픈소스와 벤더 시스템을 바탕으로 운영되는 플랫폼을 점점 더 다양해지는 애플리케이션 요구사항을 지원하는 토대로서 사용하는 경우, 비즈니스가 요구하는 수준은 품질로 플랫폼을 운영할 수 없는 '운영 지옥(operational hell)'을 피하려면 많은 노력이 필요하다.

플랫폼이 토대로 작용하려면 세 가지 측면이 중요하다. 플랫폼 엔지니어링 팀이 전체 플랫폼에 대한 운영 책임을 지는 것, 플랫폼 지원을 보장하는 것, 그리고 운영 실무에서 규율을 지키는 것이다. 이 셋을 차례로 살펴보자.

2.4.1 전체 플랫폼에 대한 책임

플랫폼 엔지니어링 팀은 사내 개발 소프트웨어뿐만 아니라 전체 플랫폼을 운영해야 한다(그림 2-8). 다른 구성요소들의 운영을 고객에게 맡기면 플랫폼의 레버리지가 크게 감소한다. 애플리케이션 팀이 쉽게 시작할 수 있는 무언가를 플랫폼 엔지니어링 팀이 만들어 낸다고 해도, 실제 프로덕션에서 문제가 발생하면 애플리케이션 팀은 바탕 기본요소들에 관한, 그리고 플랫폼 서비스가 이들을 연결하는 방식에 대한 전문가가 되어서 스스로 문제를 해결해야 하는 처지에 놓인다.

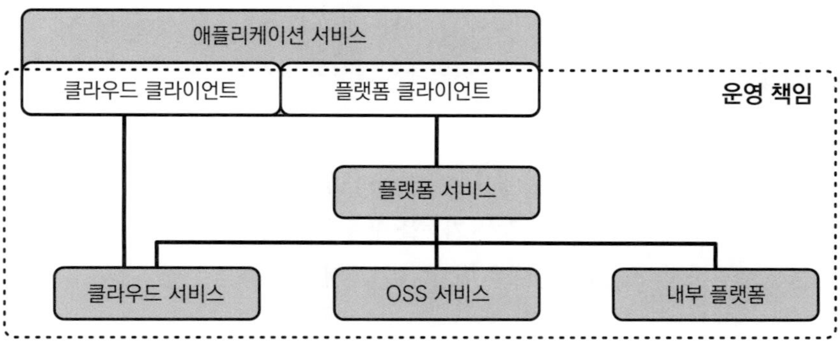

그림 2-8 모든 구성요소와 의존성의 운영을 플랫폼이 완전하게 책임져야 함을 보여주는 아키텍처.

우리는 벤더와 OSS에 대한 운영 책임을 회피하는 플랫폼 팀들을 보아왔다. 그런 팀은 개발 시점의 레버리지를 제공하지만 운영 시점의 레버리지는 제공하지 않는 플랫폼을 제공한다. 다음은 그런 플랫폼의 몇 가지 유형이다.

프로비저닝 플랫폼
플랫폼은 OSS/벤더 시스템의 새 인스턴스를 프로비저닝하기만 한다. 그 이후의 운영 책임은 애플리케이션 팀이 맡는다.

프레임워크 플랫폼
플랫폼은 OSS와 벤더 라이브러리 버전들을 취합한다. 경우에 따라서는 약간의 사내 로직을 추가하기도 한다. 하지만 모든 운영 책임은 애플리케이션 팀에 있다.

도구 플랫폼
플랫폼은 오픈소스와 벤더 시스템을 쉽게 다룰 수 있는 도구와 UI를 제공한다. 하지만 해당 시스템의 모든 운영은 여전히 애플리케이션 팀이 책임진다.

우리 저자들은 프로비저닝, 프레임워크, 도구가 플랫폼 엔지니어링 팀의 관할이라는 점에 동의한다. 그리고 시기에 따라서는 이 사항들에만 투자하는 것이 합리적일 때도 분명히 있다. 하지만 사용자에게 너무나 많은 운영 복잡성을 노출한다는 점에서, 이런 좁은 접근 방식은 확장성이 아주 나쁘다. 따라서 이런 노력들을 진정한 플랫폼 엔지니어링이라고 보기는 어렵다.

2.4.2 플랫폼 지원

많은 애플리케이션 팀에게 사용자 지원 상향 위임(user support escalation)[6]은 드문 문제이다. 외부 고객을 위한 애플리케이션의 경우에는 대규모 지원 엔지니어링 조직이 있기 마련이므로, 운영 문제로서 처리할 수 있는 상향 위임이 발생하는 것이 보통이다. 플랫폼이 아닌 내부 서비스의 경우, 사용자 수가 제한적이거나 사용 범위나 복잡성이 낮기 때문에 마찬가지로 지원 요청이 많지 않다.

하지만 플랫폼 팀은 상황이 매우 다르다. 앞에서 논의했듯이 플랫폼 팀은 셀프서비스 인터페이스, 사용자 관측성, 가드레일, 다중 테넌트 같은 기능을 구축해야 하지만, 폭넓은 용례 기반에서 이러한 기능들을 완벽하게 구현하기란 매우 어렵다. 그래서 플랫폼 팀은 끊임없이 고객 문

6 옮긴이_ 상향 위임은 주어진 문제점을 해당 단위에서 해결할 수 없어서 상급 단위로 올려보내는 것을 말한다.

의를 받게 된다. 이런 문의들은 주로 온보딩 과정의 예외적인 상황이나 애플리케이션별 프로덕션 문제점에 관한 것으로, 애플리케이션, 플랫폼, 또는 기반 시스템의 변경이나 장애로 인해 발생한다. 이를 전담해서 처리할 고객 지원 전문가를 고용할 만큼 큰 규모의 내부 플랫폼 팀은 드물다.

이 모든 것은, 사용자 지원은 지원 실무 측면뿐만 아니라 전체 팀에 걸쳐 고객 공감 문화를 조성하는 측면에서도 플랫폼 엔지니어링의 중요한 일부임을 뜻한다.

2.4.3 운영 규율

여기서 운영 규율(operational discipline)은 운영 실무를 일상적으로 꾸준히 수행하는 데 집중하는 것을 말한다. 이러한 운영 규율은 주로 애플리케이션 소프트웨어 개발에만 경험이 있는 사람들이 흔히 간과하는 영역이다. 시스템 담당자들이 운영 실무에 그토록 집중해야 하는 이유가 단지 API를 제대로 설계하지 못했기 때문이라고 생각하는 사람들도 있다.

물론 API에 뭔가 개선할 점이 있긴 할 것이다(물론, 앞에서 설명했듯이 개선에는 비용이 따른다). 하지만 더 큰 문제는, OSS나 벤더 시스템, 또는 다른 사내 시스템 등등 그 주요 기능이 주로 타인의 코드로 만들어진 시스템을 운영하는 것은 애초에 어려운 일이라는 점이다. 알려지지 않은 운영상의 문제들('미지의 미지'[7])이 끊임없이 위협이 되므로 복잡성이 한층 가중된다. 이러한 위협을 관리하는 유일한 방법은 모든 이상 징후를 심각한 문제가 되기 전에 파악하고 해결하려는 규율을 갖추는 것이다.

플랫폼이 더 적합한 기업에서조차도 인프라 엔지니어링 스타일의 문화가 지속되는 주된 이유는 그러한 플랫폼을 구축할 소프트웨어 개발자들이 타인의 시스템을 제대로 운영하는 데 필요한 실무에 관여하기를 꺼리기 때문이다. 플랫폼 엔지니어링 팀은 운영 실무를 적극적으로 활용해야 한다. 플랫폼이 기업이 신뢰할 수 있는 토대로 자리 잡게 하는 핵심 요소가 그것이기 때문이다.

---

7 옮긴이_ '미지의 미지(unknown unknown)' 혹은 '무지의 무지'는 도널드 럼즈펠드 전 미국 국방장관이 사용해서 유명해진 표현으로, '모른다는 점조차도 모르고 있는' 사항을 말한다. 관련 개념으로는 '기지의 기지(known known)', '기지의 미지(known unknown)', '미지의 기지(unknown known)'가 있다.

생성형 AI가 플랫폼 엔지니어링에 미치는 영향

플랫폼 엔지니어링이 데브옵스/SRE, OSS, 클라우드의 결합된 힘 덕분에 인기를 얻었다면, 최신 생성형 AI는 이 분야에 어떤 의미가 있을까? 우리 저자들이 생성형 AI 전문가는 아니지만, 이 기술이 더욱 보편화됨에 따라 플랫폼 개발자들이 고려해야 할 몇 가지 영역이 있음은 분명하다.

모델 경험을 위한 도구가 중요해질 것이다.

MLOps(기계학습 운영)는 기계학습(machine learning, ML) 모델의 구축, 훈련, 배포, 운영을 통칭하는 업계 용어이다. MLOps 프로세스는 통상적인 개발자들이 소프트웨어를 전달할 때 사용하는 SDLC(소프트웨어 개발 수명 주기) 프로세스와 크게 다르지 않다. 다만 사용자가 엔지니어가 아닌 연구원이라는(그리고 향후에는 아마도 비기술직 인력일) 점이 다를 뿐이다.

이러한 고객층에게는 원하는 맥락에서 잘 작동하는 일관된 도구 모음이 필요하다. 우수한 개발자 도구들은 개발자들이 선호하는 통합 개발 환경이나 명령줄 또는 잘 연결된 대시보드 내에서의 원활한 작동을 지원한다. 그와 마찬가지로, 연구원들의 생산성을 지원하려면 그들이 플랫폼을 옮겨 다니지 않고도 노트북과 같은 친숙한 환경에서 작업할 수 있도록 하는 방안을 고민해야 한다.

기반 인프라 효율성을 최적화하는 플랫폼이 주목받을 것이다.

ML 모델은 훈련 비용이 높다. 따라서 관련 서비스/플랫폼 제공업체들은 연구원들에게 투명한 방식으로 바탕 컴퓨트 및 저장 자원을 효율화하고, 작업부하(workload)의 배치를 최적화하고, 네트워크 비용을 최소화하는 쪽으로 경쟁을 벌일 것이다. 현재는 많은 이들이 OpenAI 같은 주요 제공업체의 API를 사용하고 있지만, 사용량에 따라 비용이 증가한다는 점을 생각하면 점차 가장 가치 있고 집약적인 용례를 위한 자체 플랫폼을 개발하려는 흐름이 나타날 것이다. 이 분야에서는 바탕 분산 시스템과 인프라에 상당한 R&D가 적용될 것으로 예상된다.

기업 데이터를 사용하는 기계학습 플랫폼은 제어와 데이터 권한에 특별한 주의가 필요할 것이다.

변화하는 규제와 소비자 요구에 따라, 데이터 출처를 파악하는 능력과 모델 결과를 설명하는 능력, 그리고 누가 어떤 데이터에 접근할 수 있는지를 파악하는 능력의 필요성이 높아질 것으로 예상된다. 이러한 문제들은 개별적으로도 해결하기 어렵다. 기업의 ML 시스템 전반에서 이를 종합적으로 해결하려면 모든 사람을 경직된 작업흐름에 밀어 넣지 않으면서도 이러한 제어를 충족할 수 있는 플랫폼 솔루션이 필요할 것이다.

AI가 운영 개선에 도움이 되겠지만, 데이터가 있어야 가능하다.

ML 모델이 의사결정을 하려면 데이터가 필요하다. 특히 자체 플랫폼의 경우 필요한 데이터를 생성할 수 있는 계측 장치(instrumentation)가 있어야만 도움이 될 것이다. 현대적인 시스템의 경우 이는 충분히 쉬울 수 있지만, 구형 애플리케이션과 플랫폼을 보유한 조직에서 운영 개선을 위해 ML 적용하려면 원격 측정(telemetry) 능력을 갖추는 것이 최우선 과제일 것이다.

기업의 대규모 언어 모델(LLM) 도구 생태계를 큐레이션하고 모든 구성요소가 원활하게 작동하도록 보장하는 플랫폼이 구축될 것이다.

이는 플랫폼 엔지니어들이 전문성과 기업에 대한 가치를 확장할 수 있는 기회가 아닐까 한다. 지금까지 연구와 모델 생성을 지원하는 도구의 세계는 구글 같은 대기업이나, 지금 부족이나 관심 부족으로 인해 플랫폼의 사용성과 운영성에 제대로 투자하지 못한 인력 부족의 데이터 엔지니어링 팀의 영역이었다. 자체 AI 인프라를 구축하는 많은 기업은 대규모 분산 인프라를 다룰 때 늘 보았던 것과 같은 문제에 부딪히고 있다. 소프트웨어와 하드웨어 장애 처리, 작업의 효율적인 조율(오케스트레이션), 문제 발생 시 디버깅 등이 그것이다.

2.5 마무리

이번 장에서는 성공적인 플랫폼 엔지니어링의 4대 기둥을 설명하고 실제 적용 사례를 살펴보았다. 정리하자면, 플랫폼 엔지니어링 팀이 튼튼히 세워야 할 네 기둥은 다음과 같다.

1 고객의 공통된 요구사항을 파악하여 포장도로와 철도를 구축하는 등 큐레이션 제품 접근 방식을 취해야 한다.

2 소프트웨어 기반 추상화를 개발해야 한다. 여기에는 서비스, API, 라이브러리, OSS 커스텀화, 메타데이터 통합 등이 포함된다.

3 폭넓은 애플리케이션 개발자층을 지원해야 한다. 플랫폼은 다중 테넌트를 지원해야 하며, 각 테넌트는 적절한 가드레일을 통해 대규모 운영 시 발생할 수 있는 실수를 방지하면서도 셀프서비스 역량을 활용할 수 있어야 한다.

4 토대가 되는 서비스들을 운영해야 한다. 이는 높은 수준의 운영 규율을 적용하고 플랫폼 전반에 대한 지원을 제공하는 것을 의미한다.

이 모든 것을 실천한다면, 그것이 바로 플랫폼 엔지니어링이다. 때로는 이보다 적은 것을 수행하는 것이 합리적일 수도 있지만, 장기적인 결과를 주의해야 한다. 범위에 대한 명확한 관점이 없다면 전반적인 복잡성을 관리하지 못할 것이며, 고객 중심의 제품 접근 방식이 없다면 잘못된 시스템을 구축하게 될 가능성이 높다. 소프트웨어 엔지니어링을 전혀 하지 않는다면 그저 운영에 대한 고객 공감도만 높아진다. 소수의 애플리케이션 팀만을 위해 플랫폼을 구축한다면, 그것은 진정한 의미의 확장 가능한 플랫폼을 만드는 것이 아니다. 그리고 운영 성숙도가 없다면 아무도 여러분이 제공하는 서비스를 신뢰하지 않을 것이다.

이제 플랫폼에 관심을 가져야 하는 이유와 플랫폼 엔지니어링이 구체적으로 무엇을 의미하는지 설명했으니, 어려운 부분으로 넘어가자. 실제로 이를 어떻게 실현할 수 있을까?

PART 02

플랫폼 엔지니어링 실무

PART 02

플랫폼 엔지니어링 실무

알이 새가 되기가 쉽지는 않겠지요. 하지만 알이 나는 법을 배우려 드는 것은 더 어렵고 우스꽝스러운 일일 것입니다.

— *C.S. 루이스*C. S. Lewis

제1부에서는 플랫폼 엔지니어링의 '왜'와 '무엇'을 다루었다. 여러분의 회사에 플랫폼 엔지니어링을 좀 더 많이 도입하는 것이 어떤 가치가 있는지 납득했길 바랄 뿐이다. 하지만 여전히 회의적인 시각을 가진 독자들도 있을 것이다. 이 모든 노력이 단순히 인프라 엔지니어링, 데브옵스, SRE를 재포장한 것에 불과한 것은 아닌지, 팀이 고객 중심의 제품을 개발하겠다고 약속하고는 실제로는 분절된 OSS와 벤더 시스템을 운영하는 데만 몰두하는 것은 아닌지 의문을 품을 수 있다. 또는 다른 이유로 회의적일 수도 있다. 애플리케이션/제품 엔지니어링 쪽의 배경을 가진 새로운 리더들이 들어와서 새로운 소프트웨어로 확장형 플랫폼의 모든 어려운 문제를 해결할 수 있다고 주장했지만, 그들이 중요하고 복잡한 시스템을 운영하는 데 무엇이 필요한지 깊이 이해하지 못해서 조직이 실패하는 사태를 체험한 독자라면 회의적으로 되는 것도 당연하겠다.

사실 우리도 그런 일을 겪었다. 제2부의 목표는 그런 결과를 피하고 알에서 깨어나 결국에는 하늘을 나는 방법을 가르치는 것이다. 이를 위해, 제2부의 여덟 장(이 책의 대부분에 해당한다)에 걸쳐 훌륭한 플랫폼 엔지니어링 조직을 만드는 방법('어떻게')을 이야기할 것이다. 먼저 착수(getting-started) 방법, 적합한 인재 선택, 제품 중심 사고방식 도입, 플랫폼의 성공적인 운영을 논의한다. 그런 다음 계획 수립, 아키텍처 재구축(rearchitecture), 마이그레이션, 이해관계자(stakeholder) 참여와 같은 더 복잡한 작업으로 넘어갈 것이다.

제2부에서는 우리 저자들이 목격한 주요 실패 사례들을 살펴보고 이를 해결하는 방법을 안내한다. 다음은 제2부에 등장하는 실패 사례의 원인들이다.

- 너무 일찍 시작하거나, 적절한 시기에 필요한 변화의 규모를 과소평가한다.
- 인재 구성이 적절치 않다.
- 플랫폼에 제품 관리가 필요하다고 생각하지 않는다.
- 플랫폼을 제대로 운영하지 못한다.
- 지속적으로 새로운 가치를 계획하고 전달하는 데 어려움을 겪는다.

- 단순한 아키텍처에서 벗어나지 못한다.
- 비용이 많이 드는 마이그레이션 때문에 영업권(goodwill)이 소진된다.
- 동료 리더들(즉 이해관계자들)에게 가치를 제대로 전하지 못한다.

각 사례를 미리 간단히 소개하자면 다음과 같다.

너무 일찍 시작하거나, 적절한 시기에 필요한 변화의 규모를 과소평가한다.

제1부에서 논의했듯이 플랫폼 엔지니어링에는 비용이 든다. 엔지니어링 시간 투자라는 직접 비용뿐만 아니라 고객과 협력해서 진행하는 개발 작업도 있다. 플랫폼이 작을 때는 이것이 자유롭게 진행되지만, 플랫폼이 확장되면서 점차 어려워진다. 따라서 좀 더 공식적인 관리 메커니즘이 필요하다.

제3장 '착수 시기와 방법'에서는 먼저 규모가 작고 협력이 원활할 때 해야 할 일을 살펴보고, 그것을 점차 성숙시켜서 플랫폼 접근 방식에 이르게 하는 방법을 설명한다. 그런 다음 공통 문제가 커져서 협력을 공식 플랫폼 팀으로 대체해야 할 때 고려해야 할 사항을 살펴본다. 마지막으로는 착수 문제의 또 다른 측면으로, 전통적인 인프라 중심 조직의 문화를 바꿔야 하는 등의 문제를 논의한다.

인재 구성이 적절치 않다.

의욕 넘치는 엔지니어들을 모으면 성공적인 플랫폼 엔지니어링 팀이 될 것이라고 생각하기 쉽지만, 좋은 팀에 필요한 기술 조합을 얻기에 상당히 어려울 때가 많다. 플랫폼 팀에는 다량의 코드를 개발할 준비가 된 소프트웨어 엔지니어들이 필요한데, 이들은 개발 능력뿐만 아니라 하위 수준 시스템에 대한 관심, 모든 것을 처음부터 구축하지 않으려는 의지, 장기 프로젝트에서 일할 수 있는 능력도 갖추어야 한다. 보통은 플랫폼을 OSS와 벤더 시스템을 바탕으로 구축하므로, 그런 기술을 깊이 이해하고 인프라와 함께 오는 근본적인 복잡성을 다룰 준비가 된 사람들도 필요하다. 하지만 팀원 모두가 이러한 배경을 가질 필요는 없다. 플랫폼 구축은 다른 사람의 소프트웨어를 운영하고 확장하고 지원하는 것 이상이기 때문이다.

훌륭한 팀과 팀 문화를 만드는 것은 종종 어려운 과제이다. 팀을 하나로 모으는 사람이 앞에서 언급한 배경을 모두 갖추기보다는 그중 하나만 갖추었을 가능성이 높기 때문이다. 원칙적으로는 다른 배경을 가진 사람들을 채용해야 한다는 것을 알지만, 실제로는 자신과 크게 다른 장점을 가진 사람들을 관리하기 어려울 수 있다. 이 문제에 대한 몇 가지 지침을 제4장 '훌륭한 플랫폼 팀 만들기'에서 제시한다. 제4장에서 모든 플랫폼 팀이 갖추어야 할 다양한 유형의 인재들과 그들이 잘하는 일, 그리고 모든 인재가 인정받는 문화를 만드는 방법을 설명할 것이다.

플랫폼에 제품 관리가 필요하다고 생각하지 않는다.

우리는 모두 좋은 의도와 훌륭한 아이디어를 가지고 플랫폼 구축을 시작한다. 하지만 현실은 냉혹하다. 계획 단계에서 고려하지 못했던 갖가지 예외 상황이 발목을 잡는다. 고객들은 즉시 해결해 달라며 수많은 문제점을 제기한다. 모두가 화가 나 있고 답답해한다. 플랫폼이 고객들의 발목을 잡고 있지만, 팀이 산적한 문제들을 해결하려 아무리 노력해도 수요를 따라잡을 수 없는 것처럼 보인다. 이런 상황에서 어떻게 해야 할까?

'현재의 상태'와 '가능한 미래'를 조율하는 데 어려움을 겪는 것은 성공으로 가는 길에서 흔히 나타나는 자연스러운 일이다. SaaS 기업이든 플랫폼 팀이든 마찬가지이다. 성공적인 SaaS 기업들은 제품 관리(product management) 기법을 활용해 이러한 상충 관계를 관리하고 균형을 찾는다. 이를 통해 엔지니어링 팀은 시스템 운영상의 요구사항과 고객 요청 사이에서 전략적 균형을 맞출 수 있다. 또한 복잡성을 그대로 고객에게 전가하지 않고 관리할 수 있는 훌륭한 제품을 만들 수 있다. 제5장 '제품으로서의 플랫폼'에서는 제품 중심 사고방식을 도입하고 이를 활용해 플랫폼의 필요 요소를 정의하는 방법을 다룬다.

플랫폼을 제대로 운영하지 못한다.

훌륭한 플랫폼에는 안정성(stability) 이외의 요소들도 필요하다. 하지만 안정성이 없다면 동료들이 여러분의 시스템을 신뢰하기 어렵다. 플랫폼 팀 이외의 팀이 구성요소들의 운영 문제를 기꺼이 책임지려고 들지는 않을 것이다. 대부분의 플랫폼은 OSS와 벤더 시스템에 크게 의존한다. 인프라, SRE, DevOps 팀은 이러한 시스템들을 잘 운영한다. 그런 팀들이 하지만 회사 전반의 여러 애플리케이션 팀과 엔지니어가 사용할 소프트웨어 추상화 개발까지 책임지면서 운영하는 경우는 드물다.

플랫폼 기능 개발과 운영 사이의 균형을 맞추려면 수정된 접근 방식이 필요하다. 제6장 '플랫폼 운영'에서는 온콜 대응부터 사용자 지원, 운영 피드백에 이르기까지 규율적인 일상 업무로 다뤄야 할 다양한 실무 사항을 논의한다.

지속적으로 새로운 가치를 계획하고 전달하는 데 어려움을 겪는다.

비즈니스의 토대가 되는 플랫폼 시스템에 기능을 전달하는 데는 시간이 걸린다. 전달이 늦어서 일부 고객이 자체 그림자 플랫폼(shadow platform)을 구축하는 게 낫다고 판단할 정도라면, 아무리 좋은 로드맵도 무의미해진다. 상황이 잘못되는 방식은 여러 가지이다. 우리는 프로젝트 수준에서 계획이 불충분하다 보니 팀이 '빅뱅big bang' 수준의 변경을 시도하게 되고, 그래서 구현에 너무 오래 걸리는 경우도 보았다. 운영 부하(operational load)를 로드맵에 반영하지 않았다가, 대대적으로 홍보했던 새 기능이 '비즈니스 유지' 활동을 위해 뒷순위로 밀리면서 모두를 실망시키는 팀도 있었다. 마지막으로, 모든 일을 제대로 하고 있으면서도 소통에 실패하는 팀도 보았다. 고객들에게 지나치게 상세한 정보를 제공하거나, 반대로 너무 조용히 있어서 엔지니어들이 가치 있는 일을 하지 않는다고 오해받는 경우이다.

제7장 '계획과 전달'에서는 이런 유형의 실패 사례를 살펴보고, 팀에서 그런 문제가 발생하지 않도록 하는 전략들을 설명한다.

단순한 아키텍처에서 벗어나지 못한다.

제품 주도 접근 방식으로 새로운 플랫폼을 구축한다는 것은, 애초에 지속적인 성공에 따른 규모를 감당하기에는 아키텍처가 부실했다는 뜻일 때가 많다. 그런 플랫폼은 시간이 멈춘 것처럼 되기 쉽다. 비즈니스의 토대로 작용하긴 하지만 기대치를 충족하는 데만도 상당한 운영 작업이 필요하며 새로운 기능을 추가할 엔지니어링 시간도 없고, 그에 따른 위험을 감수할 여유도 없는 유형의 플랫폼이 되어 버린다.

이런 결과를 피하려면 시스템 아키텍처 재구축(rearchitecture)에 지속적인 투자가 필요하다. 이때 제7장에서 다루는 결함 많은 '빅뱅' 방식을 피하는 것이 중요하다. 제8장 '플랫폼 아키텍처 재구축'에서는 비즈니스 가치를 점진적이고 지속적으로 전달함으로써 아키텍처 재구축을 가능하게 하는 프레임워크를 제시한다.

비용이 많이 드는 마이그레이션 때문에 영업권(goodwill)[1]이 소진된다.

아키텍처 재구축이나 기타 대형 프로젝트를 아무리 잘 계획해도, 어떤 시점에서는 시스템 간 마이그레이션을 위해 고객이 뭔가를 수행해야 하는 작업부하가 발생한다. 조직 전체에 강제되는 마이그레이션은 애플리케이션 엔지니어링 팀에게 큰 부담이 된다. 핵심 기능의 전달에 투입할 시간을 빼앗기는 것은 물론, 애플리케이션 엔지니어가 플랫폼을 위해 존재하는 것 같은(플랫폼이 애플리케이션 엔지니어를 위해 존재하는 것이 아니라) 느낌을 주어 사기를 저하한다.

제1장에서는 플랫폼 팀이 이러한 비용의 대부분을 없앨 수 있는 플랫폼을 구축하는 방법을 다루었다. 제9장 '플랫폼 마이그레이션과 폐지 처리'에서는 그 구체적인 메커니즘을 설명한다.

동료 리더들(즉 이해관계자들)에게 가치를 제대로 전하지 못한다.

마지막으로, 다른 모든 것을 제대로 하고 있어도 때로는 '정치'의 함정에 빠질 수 있다. 아무리 '전체적으로 옳은' 최적화를 이뤄냈더라도, 일부 애플리케이션 팀이 필요로 하는 것을 정확히 전달하지 않으면 해당 팀의 리더는 플랫폼 팀이 일을 제대로 못 했다고 비난할 것이다. 리더십 경력이 짧은 독자는 이런 사람들을 CTO가 바로잡아야 할 나쁜 행위자로 여기기 쉽다. 안타깝게도 현실은 그리 단순하지 않다. 그런 팀 리더들이 항상 틀린 것은 아니다. 그들은 단지 비즈니스에서 자신들이 맡은 부분의 가치를 당신의 의사결정 기준과는 매우 다르게 평가할 뿐이다. 때로는 '공통 상급자'조차도 어려운 판단을 내려서 여러분의 결정을 쉽게 만들어 주지는 않는다. 결국 소통하고 때로는 타협하는 것은 여러분의 몫이 된다.

그래서 제2부의 마지막 장인 제10장 '이해관계자 관리'에서는 모든 사람을 여러분의 편으로 만들이지는 못하더라도 여러분의 임무를 계속 수행할 수 있을 정도의 호의(goodwill; 또는 '영업권')을 얻는 방법들을 논의한다.

---

1 옮긴이_ 영업권은 경영 분야의 용어로, 간단히 말하면 기업을 인수할 때 따라오는 무형자산으로, '권리금'과 비슷하다. 여기서는 조직 안에서 플랫폼 구축 계획을 밀어붙일 수 있는 근거나 동력, 정당성 등을 뜻한다.

CHAPTER 3

착수 시기와 방법

옛날 옛적에 아기 돼지 삼 형제가 살았어요. 첫 돼지는 짚으로 집을 지었고, 둘째 돼지는 나뭇가지로 집을 지었지요. 게으른 이 돼지들은 집을 후딱 짓고는 하루 종일 노래하고 춤추며 놀았어요. 하지만 막내 돼지는 하루 종일 열심히 일해서 벽돌로 집을 지었죠.

— '아기 돼지 삼 형제'

이번 장은 아직 플랫폼 엔지니어링을 도입하지 않은 리더들을 위한 내용이다. (이미 플랫폼 엔지니어링을 실천하고 있는 사람들은 제4장으로 바로 넘어가도 좋다.) 이번 장은 세 가지 구체적인 시작점에 초점을 둔다.

- 첫째 절(§3.1)에서는 작은 스타트업에서 플랫폼 엔지니어링이 무엇을 의미하는지 다룬다. 일반적으로 작은 스타트업에서는 공유 코드에 대한 협력(cooperation)[2] 체계를 구축하는 것부터 시작하는 게 좋다.
- 둘째 절(§3.2)에서는 초기의 협력 메커니즘이 한계에 부딪히기 시작하는 시점에서 정식 플랫폼 엔지니어링 조직으로 전환(transition)하는 방법을 다룬다.
- 마지막 절(§3.3)에서는 앞의 논의와는 다소 성격이 다른, 오래된 대기업에서 주로 발생하는 문제들을 다룬다. 전통적인 인프라 엔지니어링 팀을 플랫폼 엔지니어링 문화로 전환하는 방법을 논의한다.

경우에 따라서는 플랫폼을 짚과 나뭇가지로 빠르게 만들고, 남은 시간에 비즈니스에 더 중요한

2 **옮긴이_** collaboration과 cooperation은 비슷하지만 다른 개념이다. 구체적인 기준은 조직마다, 사람마다 다를 수 있지만, 대체로 collaboration 쪽이 결합도가 더 높다. 예를 들어 두 팀이 하나의 제품을 함께 만들고 함께 책임진다면 collaboration이고, 각자 부품들을 만들어서 나중에 하나의 제품으로 통합한다면 cooperation이다. 이 번역서에서 collaboration은 일관되게 '협업'으로 옮기고, cooperation은 주로 '협력'으로 옮기되 문맥에 따라 '협조' 등으로도 표현한다.

것들을 구축하는 게 나을 수도 있다.[3] 하지만 언제 벽돌을 쌓기 시작해야 하는지, 그리고 오래된 돌성을 어떻게 현대적인 건축물로 개조할지 아는 것이 중요하다.

3.1 소규모 조직의 플랫폼 협력 촉진

우리 저자들은 플랫폼 팀 운영에 경험이 많다. 하지만 대부분은 어느 정도 규모가 있는 스타트업이나 대기업에서의 경험이다. 그래도 우리는 작은 스타트업들이 이 주제에 대해 몇 가지 중요한 의문을 가지고 있음을 안다. 플랫폼 엔지니어링을 해야 하는가? 언제 시작해야 하는가? 어떻게 접근해야 하는가? 이런 질문들에 답하기 위해 우리는 친구인 제임스 턴불James Turnbull에 자문했다. 제임스는 데브옵스 분야가 시작된 이래로 이 분야의 리더였다. 퍼펫Puppet, 도커Docker, 프로메테우스Prometheus 등 인기 있는 기술들에 관한 책을 저술했고, 2014년에는 The Art of Monitoring을 집필했다. 제임스는 경력의 대부분을 초기 단계 스타트업 팀의 리더십에 중점을 둔 스타트업 임원으로 보냈는데, 그 과정에서 스타트업 팀을 시작하고 성장시키는 데 관한 많은 교훈을 얻었다. 특히 가벼운 프로세스, 합리적인 자동화, 협업적 의사결정을 통해 협력 문화를 조성하는 것이 팀이 성장하면서도 응집력과 생산성을 유지하는 데 도움이 된다는 것을 배웠다. 다음의 '플랫폼 관점' 글상자는 제임스가 쓴 것이다.

> **플랫폼 관점**
>
> 플랫폼 엔지니어링의 결과물이라고 한다면, 아마도 먼저 생각나는 것은 엔지니어가 최소한의 마찰로 코딩, 빌드, 테스트, 배포할 수 있게 하는 성숙하고 효율적인 플랫폼일 것이다. 플랫폼 팀의 존재는 성숙도와 안정성의 수준을 시사한다.
>
> 초기 단계 기업에게는 그 두 개념이 아직 멀리 있는 목표다. 하지만 이런 플랫폼들과 그 팀들도 처음부터 완성된 형태로 존재한 것은 아니다. 그들도 자동화와 프로세스라는 '원시 수프'에서 시작해서 태동기를 거쳐 진화해 왔다. 초기 단계 기업이나 스타트업이라면, 이런 진화를 어떻게 시작하고 가능한 한 많은 함정을 피할 수 있을까?
>
> 나쁜 소식부터 전하자면, 그 과정에서 많은 실수를 저지를 것이다. 이 과정은 보통 기술 스택과 도구를 합리적으로 선택해서 완전히 성숙한 플랫폼으로 우아하게 진화하는 이야기가 아니다. 확장 부족(underscaling) 문제와 섣부른 최적화(premature optimization) 문제를 동시에 겪게 될 것이다. 진화의 막다른 길, 후퇴, 재앙

3 인정하고 싶지는 않지만, 이것은 단순히 '노래하고 춤추는' 것보다는 어렵다. 그리고 부정적인 의미의 '게으른'과도 거리가 멀다.

도 있을 것이다. 여기서 중요한 것은 이런 우회와 좌절에서 교훈을 얻는 것이다. 같은 실수를 두 번 반복하지 말고 새로운 실수를 하도록 노력해야 한다.

이 여정을 이해하기 위해, 약간의 소프트웨어 엔지니어링™과 성숙도 모델을 동원해서 플랫폼의 진화 과정을 따라가 보기로 하자. (다음 내용에 나오는 대략적인 성숙도 모델은 CMM/CMMI(`https://oreil.ly/JwZjQ`)을 무단 참조했음을 밝혀둔다. 관련자에게 사과드린다.) 조직의 엔지니어가 (명목상) 약 50명이 될 때까지의, 플랫폼 진화의 처음 두 단계를 살펴볼 것이다.[4]

- **단계 1 :** 임시방편(Ad hoc) – 지금 당장 작동하는 것을 최대한 활용한다.
- **단계 2 :** 어느 정도 관리됨 – 좀 더 원칙적인 접근 방식을 따르기 시작한다.

조직이나 스타트업이 성장하면서 단계 3, 단계 4 등으로 진화가 이어지겠지만, 여기서는 작은 조직과 스타트업의 초기 단계들에 초점을 두겠다.

단계 1 임시방편, 물 밖으로 기어 나와 숨쉬기를 막 배운 상태

대부분의 초기 스타트업 엔지니어링 팀은 테이블 하나에 둘러앉아서(또는 화상 통화로 이야기하면서) 제품을 만들고 제품–시장 적합성(product–market fit)을 탐색하는 몇 명의 사람들로 이루어진다. 이들은 짧은 반복(iteration), MVP(minimum viable product; 최소 기능 제품), 그리고 코드 작성부터 제품 사용까지의 가능한 한 빠른 사이클 타임에 초점을 둔다.

그런 사항들에 초점을 두다 보면 정형화된 프로세스나 도구를 갖추지 못하는 결과로 이어지기 쉽다. 스택과 도구(경우에 따라서는 몇 가지 프로세스)는 개별 개발자의 선호도에 따라 선택된다. 코드는 빠르게 작성된다. 테스트가 있을 때도 있지만 없을 때가 많다. 코드 리뷰는 제한적으로만 이루어지며, 코드가 빠르게 병합되고 수동으로 배포되는 경우가 많다. 대부분의 진단과 관측성 지표는 대충 눈으로 확인하고, 문제 해결은 반응적이고 지엽적이다. 팀이 작고 긴밀하기 때문에 지식은 자연스럽게 공유되며, 문서화나 지식 공유 프로세스는 존재하지 않는다.

이런 상황에서는 플랫폼 팀이 필요하지 않다. 가장 기본적인 것부터 시작해서 빠르게 움직여야 한다. 코드 작성과 배포 사이의 마찰을 줄이는 데 초점을 맞춰야 한다. 이런 초점이 언젠가는 플랫폼 팀의 토대가 될 수 있지만, 당장은 제품–시장 적합성을 찾으면서 일을 처리하는 것이 중요하다.

여러분이 원하는 대로 결정을 내리는 것은 좋지만, 어떤 결정을 내렸고 어떤 근거로 그랬는지를 공유해야 한다. 기본적인 근거들이 곧 저장소 README 파일의 초기 내용이 된다. 다음은 단계 1을 위한 몇 가지 구체적인 권장 사항이다.

소스 관리

깃허브GitHub와 깃랩GitLab이 보편화된 현 시점에서 소스 관리의 중요성을 굳이 강조할 필요가 있나 싶다. 하지만 소스 관리를 생각보다 늦게 시작하는 스타트업이 많은 만큼, 소스 관리가 매우 중요하다는 점을 언급하

---

4 이 논의는 대체로 던바의 모델(잠시 후에 논의한다)에 기반한 것이다. 그 모델에 따르면, 우리가 가질 수 있는 '친구'는 약 50명이다.

고 넘어가겠다.

CD(지속적 배포) 자동화

코드를 빠르게 배포하고 사용자의 눈길을 끌 수 있는 가장 쉬운 방법은 CD(continuous deployment; 지속적 배포)를 자동화하는 것이다. 설정이 거의 또는 전혀 필요 없는 기성 배포 도구와 스택을 활용하면 CD 자동화가 어렵지 않다. 첫날부터 쿠버네티스Kubernetes가 필요할까? 그렇지 않다. 절대로 필요하지 않다. 미래의 확장 요구사항을 지나치게 고민하지 말자. 현재 상황에 맞는 단순하고 비용 효율적인 해결책에 집중하는 것이 좋다. 확장성은 수십 명 수준의 사용자가 수십만 명으로 늘어나서 문제가 될 때부터 고민해도 된다.

다수의 플랫폼이 코드가 메인 브랜치에 병합될 때 산출물(artifact)을 빌드해서 최소한의 수동 개입으로 배포하는 기능을 지원한다. 오래된 PaaS인 헤로쿠Heroku부터 클라우드 제공업체와 CDN(콘텐츠 전송 네트워크) 업체가 제공하는 도구, 그리고 네트리파이Netlify, 버셀Vercel, 클라우드플레인Cloudplane, 노스플랭크Northflank[5] 같은 호스팅 애플리케이션 플랫폼까지 다양한 선택지가 있다. 플랫폼 선택은 상황에 따라 크게 달라진다. 다음 요소들의 균형을 맞추는 것이 중요하다.

- 복잡성
- 비용
- 규모
- 수명

테라폼Terraform 같은 도구로 이러한 플랫폼의 배포와 관리를 코드로 자동화해도 좋을 것이다. 그런 자동화는 향후 인프라 자동화 및 관리의 기반이 된다. 이 단계에서는 항상 이런 질문을 던져봐야 한다. "이 도구가 우리 비즈니스의 차별화 요소인가? 핵심 비즈니스인가?" 그렇지 않다면 외부로 넘기자. 기존 플랫폼이나 서비스를 이용하면 된다.

경량 프로세스

작업을 기록하고 추적하기 위한 경량 프로세스(lightweight process)를 구축해야 한다. 어떤 프로세스를 도입할지 결정할 때는 마이클 폴란Michael Pollan의 음식 법칙(food laws)을 케빈 스튜어트Kevin Stewart가 각색한 다음 원칙을 참고하면 좋다.[6]

- **프로세스를 사용하되,**
- **과하지 않게,**
- **주로는 애자일하게 사용하라.**

작업 추적(tracking)을 위한 간단한 티켓 시스템부터 시작하자. 견적, 스프린트, 또는 애자일의 형식적인 측면

---

5 옮긴이_ 이 번역서에서 회사명이나 제품명 등 고유명사는 공식 웹사이트 한국어판이나 위키백과, 기타 한국어 웹 문서를 참고해서 한글로 표기하되, PostgreSQL 등 영문 표기가 널리 통용되는 경우는 예외로 한다.

6 옮긴이_ 참고로 마이클 폴란의 음식 법칙을 간단히 요약하면, 음식을 먹되 주로 채소를 먹고 과식하지는 말라는 것이다.

에 너무 신경 쓰지 말아야 한다. 제품의 속도와 초기에 필요한 최소 세분화 수준을 파악하기 위해, 새로운 기능 개발과 지원/기술 부채의 비율을 추적하는 문제를 고려해 보자. 팀이 작다면, 결국은 제품을 출시하느냐 마느냐의 문제가 된다.

이게 전부이다. 너무 깊이 생각하지 말자. 플랫폼 담당 팀을 서둘러 만들지도 말자. 소규모 조직에서는 이 임무를 위해 인력을 투입할 자원이 부족할 뿐만 아니라, 필요한 빠른 반복 작업이 늦춰질 위험도 있다. 파트타임으로 협력하는 것이 훨씬 낫다. 이 문제의 해결에 모든 구성원을 참여시키자. 이것은 엔지니어들이 직접 겪는 문제이므로, 바로 그들이 최고의 해결사가 될 것이다.

단계 2 어느 정도 관리되는 단계, 또는 수렴과 채집 단계

스타트업이 제품–시장 적합성(product–market fit)을 찾아내고, 팀이 성장하고, 사용자가 늘어나면서 엔지니어링 도구와 프로세스에 대한 부담이 커진다. 팀이 커지면 의사소통이 복잡해진다. 코드베이스를 다루는 사람이 많아지면서 코드 작성, 검토(리뷰), 병합, 배포가 복잡해진다.

이 단계에서는 우리가 말하는 플랫폼의 구성요소들이 나타나기 시작하고, 환경이 관리되기 시작한다. 하지만 이것이 곧 플랫폼 팀을 만들어야 한다는 뜻은 아니다. 이 시점에서 팀에는 인프라와 자동화에 집중하는 소규모 그룹이 있을 것이다. 전담 인력도 있겠지만 다른 업무도 함께 맡은 인력이 있을 것이다. 이들이 향후 플랫폼 팀의 핵심이 될 수 있지만, 현재로서는 플랫폼 엔지니어링이 여전히 공동의 책임으로 남아있다.

이 단계에서는 초기에 선택했던 일부 도구가 한계를 드러낸다. 성장을 뒷받침하려면, 개발자 5~25명 규모에서는 잘 작동했던 도구를 성능과 역량이 더 나은, 또는 최적화된 가격을 제공하는 다른 도구로 교체해야 할 수도 있다. 또한 초기에 개별 개발자의 선호도에 따라 선택한, 그리고 팀의 일부 엔지니어만이 공유하는 틈새 지식이나 기술을 요구하는 도구들과 스택도 재고해 봐야 한다.

이 단계에서 도구와 솔루션을 선택할 때도 여전히 핵심 질문은 "이것이 핵심 비즈니스인가?"가 된다. 핵심이 아니라면 해당 기능을 제공하는 외부 플랫폼이나 서비스, 또는 도구에 맡기는 것이 좋다.

한편, 이때는 "무슨 무슨 언어/라이브러리 등으로 처음부터 다시 작성하자"라는 제안을 고려할 수 있는 마지막 시기이다. 보통 그런 제안은 "절대로, 어떤 상황에서도 안 된다"는 반응을 부르기 마련이다. 하지만 이 단계 2는 재작성 충동이 크게 해가 되지 않는 유일한 시기일 수 있다. 단계 2의 구체적인 권장 사항은 다음과 같다.

지역 개발

이 단계에서는 지역(local) 개발 환경의 자동화를 시작해야 한다. 처음에는 컨테이너 도구를 감싼 셸 스크립트('래퍼 스크립트wrapper script') 같은 단순한 형태로 시작할 것이다. 하지만 이런 방식은 금방 한계에 부딪힌다. 관리가 어렵고, 팀이 커지면서 설정이 달라지며, 업그레이드나 업데이트 시 자주 깨지기도 한다.

이를 완화할 수 있는 몇 가지 방법이 있다. 개발 환경 설정을 소스 코드와 같은 저장소에 두면 된다. 프로덕션 환경에 배포할 부산물들을 빌드할 때 지역 개발 스택의 요소를 포함하는 컨테이너 이미지를 배포하는 것도 좋은 방법이다. 그렇게 하면 래퍼 스크립트는 컨테이너 도구를 설치하고 필요한 이미지를 다운로드해 실행하는 정도로 단순화할 수 있다. 깃 훅Git hook을 이용하면 개발자들이 커밋을 풀/푸시하는 일상적인 작업 과정에서 개발 환경 업데이트 시점을 통지하거나 자동으로 업데이트되게 만들 수 있다. 이렇게 하면 개발 환경이 프로덕션 및 팀 전체와 동기화될 가능성이 크게 높아진다. 이런 유형의 자동화는 관리하기가 훨씬 쉬울 뿐만 아니라, 변경 사항을 최신 상태로 유지하는 데도 도움이 된다.

온 세상이 무대이다

제품의 테스트 및 배포 프로세스를 더욱 강화하는 문제도 고려할 필요가 있다. 이전 단계에서는 대부분의 개발을 지역 환경에서 진행한 후에 자동으로 프로덕션이나 빌드로 푸시하는 방식을 사용했을 것이다. 그러나 팀이 커지고 복잡성이 증가하면, 그런 식으로 프로덕션에 직접 배포하는 것은 위험할 수 있다.

다음은 개발 환경에서 증가하는 변경과 교차 트래픽의 위험을 완화하는 데 도움이 될 세 가지 진화 영역 또는 분기 방향이다. 이들은 상호 보완적임을 기억하자.

- **더 강건한 테스트와 지속적 통합:** 테스트 포괄도(test coverage)를 하나의 지표(metric)로 측정하는 것으로 시작한다. 테스트 포괄도가 충분하며 모든 테스트를 통과한 코드만 병합하도록 해서 포괄도를 높여 나가야 한다. 테스트 포괄도가 완벽한 지표는 아니다. 예를 들어 이 지표는 개별 코드의 중요도는 고려하지 않는다. 고객 청구 플랫폼 같은 중요한 부분의 포괄도와 문제가 생겨도 영향이 적은 부분의 포괄도를 구분하지 않는다. 하지만 테스트를 도입하고 "테스트 없이 병합 없다"는 습관을 들이기 시작하는 이 초기 단계에서는 좋은 동기부여가 된다. 환경을 일종의 '히트맵heatmap'으로 보고 기반을 다져나가는 것이 바람직하다. 특히, 고객에게 영향을 미치는 버그가 가장 자주 발생하는 영역을 파악하고, 그 영역의 테스트에 더 큰 노력을 투자해야 할 것이다.
- **브랜치 기반 배포:** 엔지니어가 특정 브랜치branch의 코드를 빌드하고 배포할 수 있는 솔루션을 구축해야 한다. 이를 지역 개발의 일부로 둘 수도 있고, 온디맨드나 임시 환경을 위한 브랜치 배포로 확장할 수도 있다.
- **기능 플래그:** 개발 중인 기능을 플래그들 뒤에 숨기면, 버그가 있거나 불안정한 경우의 그 피해가 제한된다. 단, 기능 플래그(feature flag) 시스템이 핵심 비즈니스인 경우는 거의 없다는 점을 기억해야 한다. 앞에서 제안했듯이, 핵심 비즈니스가 아닌 요소는 외부 솔루션을 활용하는 것이 바람직하다.

관측성

이제는 플랫폼과 작업흐름에 대한 기본적인 관측성(observability; 또는 관측 가능성, 관찰 가능성)을 갖추어야 한다. 빌드가 성공적으로 완료되는지 알 수 있어야 하고, 실패 시 알림을 받아야 하며, 환경의 상태와 성능을 파악할 수 있어야 한다. 이를 위해서는 플랫폼과 작업흐름에 관한 지표, 예외 처리, 애플리케이션 로깅이 필요하다. 이런 것이 없다면 이 단계에서 구축을 시작해야 한다. 다행히도 지름길이 있을 수 있다. 제품에 대한 관측성은 이미 갖추고 있을 것이다(그렇지 않다면 지금이라도 갖추기 바란다). 그렇다면 플랫폼과 작업흐름을 포함하도록 기존 관측성 도구들을 확장하면 된다.

적정 기술 확보

지역 개발, 브랜치 기반 배포, 임시 환경(ephemeral environment), 기능 플래그, 관측성 강화, CI/CD를 위해서는 인프라의 자동화가 필요하다. 단계 1에서 배포를 위한 인프라를 자동화했다면 기반은 이미 마련된 셈이다. 이를 바탕으로 프로덕션 환경을 완전히 관리할 수 있도록 해야 한다. 그런 다음에는 그러한 작업의 결과를 활용하고 확장해서, 지속적 통합과 개발 및 테스트를 위한 임시 환경 등의 역량을 관리하면 된다.

변경과 의사결정의 사회화

환경 스택과 아키텍처의 변경을 관리하기 위한 좀 더 공식적인 프로세스를 이 단계에서부터 고려해야 한다. 이제는 변경 사항이 훨씬 더 큰 영향을 미치며, 개별 개발자의 선택도 조직의 더 큰 필요성이라는 맥락에서 고려되어야 한다. 결정을 내리고 변경 사항을 검토하는 데 도움이 되는 프레임워크를 선택하자. 리액트React나 스위프트Swift, 러스트Rust 같은 오픈소스 프로젝트들이 사용하는 RFC(Request for Comments) 기반 프로세스와 비슷한 형태의 프로세스가 좋은 출발점이 될 수 있다. 아키텍처 설계 기록(architectural design record, ADR)을 사용하는 것도 한 방법이다. 기술/물류/운영/예산 관련 고려 사항을 포함하여 해결책의 장단점을 검토하는 접근 방식이라면 어떤 것이든 좋다. 단, 가볍게 유지해야 한다.

다음 단계로의 이동 시기 파악

안타깝게도 단계 이동을 계획하고 예측하기는 어렵다. 대부분의 경우 도구나 프로세스가 한계에 도달했다는 걸 처음 알게 되는 건 이미 고장 났을 때이다. 한 번의 실패가 연쇄적인 실패로 이어지는 경우가 많다. 이것이 전적으로 나쁜 것은 아니다. 언제 어떤 부분에 투자해야 할지 알 수 있기 때문이다. 다만 혼란스럽고 스트레스를 받는 환경이 만들어질 여지가 있다. 어느 단계에 있든 결코 순탄치만은 않을 것이라는 점을 받아들여야 한다.

여러분의 경험과 완벽히 일치하지 않더라도, 진화의 초기 단계들을 전반적으로 알아 두면 진화의 여정과 위험 영역, 초점을 맞추어야 할 부분들에 대한 감을 잡는 데 도움이 될 것이다. 도구나 프로세스에 뭔가 불편한 점이 생기거나 실제로 고장이 나서 다음 단계로 진화할 때가 왔다는 생각이 든다면, 일단은 현재 상황을 검토하고 어느 정도의 변화가 필요한지 파악하자. 기존 도구나 프로세스가 완전히 소용없는 것인지, 아니면 확장하거나 적응할 수 있는 것인지 결정할 필요가 있다. 또한 구체적인 변화 계획을 수립하고, 무엇보다도 동료 엔지니어들의 동의를 얻어야 한다. 이 시점에서 플랫폼은 이미 협력의 산물이기 때문이다. 개별 엔지니어들이 개인적 선호나 경험에 따라 도구를 선택하는 경우가 많으므로, 공유 플랫폼의 변화를 원한다면 그들이 동의를 받아야 한다.

마지막으로, 인내심이 필요함을 명심해야 한다. 이 과정은 시간이 걸리고 타협이 필요할 것이다. 결과가 즉시 나타나거나 일관되지 않을 수 있다.

3.2 협력을 대체하는 플랫폼 팀 만들기

조직이 성장하면 업무 관행(practice)도 진화하고 성장해야 한다. 20명이 사용할 때는 완벽히 작동했던 부담 없는 임시방편적인 협력 방식이 직원 수가 수십 배 늘어나면서 문제를 일으키기 시작한다. 낙타 등을 부러뜨린 것이 마지막으로 얹은 지푸라기가 아니라 실제로는 그동안 쌓인

짚단 전체인 것처럼, 아주 사소한 문제 때문에 사람들이 기존 관행의 단점을 깨닫게 된다고 해도 실제로는 여러 가지 문제가 누적해 있을 수 있다. 기술 부채(technical debt)가 서서히 누적되어서 신뢰성이나 개발자 생산성 문제가 발생한 것일 수도 있고, 근본적인 복잡성이 인수합병이나 다른 벤더로의 마이그레이션 같은 급작스러운 사업 변화 때문에 노출되는 것일 수도 있다. 계기가 무엇이든, 그동안 올바른 조치가 이뤄지지 않았고 미래에 올바른 일이 일어나도록 책임질 주체가 없다는 점은 명확하다. 이로부터 플랫폼에 대한 요구가 생겨난다.

이와 관련해서 '던바의 수(Dunbar's number)'가 유용할 것이다. 협력 그룹이 50~250명 정도이면 모든 사람이 다른 모든 사람을 알게 되기 힘들다. 이 점에서는 좀 더 공식적인 프로세스로 소유권과 책임을 정의할 필요가 있다. 이 규칙은 회사의 각 협력 그룹 크기에 적용되므로, 이런 일이 일어나는 시기는 다양할 수 있다. 엔지니어링 전체에 필수적인 인프라와 백엔드 개발자 플랫폼의 경우에는 좀 더 일찍 일어나고, 데이터나 프런트엔드, 외부 고객 API의 경우에는 더 나중에 일어난다.

이미 플랫폼들을 갖춘 회사에서도, 각각의 새로운 플랫폼 팀은 초반에 어려움을 겪는다. 결함이 있었음에도 오랫동안 잘 작동했던 협력 메커니즘을 중앙화된 팀이 당장 대체할 수 없기 때문이다. 더 나쁜 것은 중앙화된 팀이 새로운 갈등을 만들어낸다는 점이다. 문제 해결을 위해 협력했던 엔지니어들이 이제 플랫폼 팀이 플랫폼 수정을 해야 하는지, 아니면 고객 팀[7]이 플랫폼 사용 방식을 수정해야 하는지를 두고 논쟁한다.

이번 절의 나머지 부분에서는 협력을 공식 플랫폼과 공식 플랫폼 엔지니어링으로 대체하고자 할 때 고려해야 할 점을 설명한다.

3.2.1 소유권 중앙화의 이점이 관련 비용을 보상할 정도인가?

여러 애플리케이션 팀이 비슷비슷한 소프트웨어를 구축하는 조직이라면 공통의 중앙 플랫폼을 두는 것이 더 효율적일 것이라고 생각하기 쉽다. 그러나 중앙화된 플랫폼이 제공하는 기능 혹은 서비스 각각은 애플리케이션 팀들이 새롭게 조정해야 할 지점(coordination point)이 된다. 그리고 애플리케이션 팀이 제품을 출시하기 위해 거쳐야 할 조정 지점이 많을수록 업무가

7 옮긴이_ 이 책에서 '고객 팀'은 플랫폼 팀의 고객이 되는 다른 팀을 뜻한다. 조직 전체의 고객(외부 사용자)를 대상으로 하는 고객 지원 팀이 아님을 주의하자.

더 어려워진다. 이는 플랫폼이 새로운 기능을 제공하는 이유는 단순한 효율성이 아니라 레버리지여야 함을 의미한다. “공동 플랫폼을 위해 2명의 엔지니어를 투입하는 것이 5명의 엔지니어가 비슷한 코드를 작업하는 것보다 낫다”라는 논거는 충분하지 않다.

공통의 문제를 해결하는 방식이 너무 다양해도 레버리지 비용이 커질 수 있다. 대금 청구 플랫폼을 생각해 보자. 고객은 거래 상대에 따라 임의로 대금이 청구되는 것보다는 일관된 방식으로 청구되기를 원할 것이다. 하지만 때로는 의미 있는 가치를 창출하지 못하면서 그저 애플리케이션 팀의 속도만 늦추는 수준의 표준화를 기업이 고집하는 경우도 있다. 캐싱 솔루션을 정말로 딱 하나만 두어야 할까? 모든 팀이 동일한 표준화된 웹 프레임워크를 사용해야 할까? 표준 플랫폼이 어려운 점을 극복할 만한 레버리지가 큰 가치를 가져올 수 있는지 확실히 해야 한다.

간단하게나마 총소유비용(total cost of ownership, TCO)을 추정해 보는 것도 도움이 된다. 만일 이 시스템을 구축하고 유지하려면 규모가 큰 팀이 필요하긴 하지만 개별 팀의 별도 구성이나 로직 변경 없이도 여러 팀을 지원할 수 있다면, 여러 문제를 한꺼번에 해결할 수 있는 좋은 기회가 된다. 하지만 개별 시스템을 구축하고 유지보수하는 데 비용이 많이 들지 않는다면, 그리고 특히 각 애플리케이션 팀이 로직을 직접 구성하거나 확장하고 싶어 한다면, 중앙화가 적합한 상황은 아닐 것이다.

3.2.2 집단역학[8]이 사라짐을 깨달아야 한다

이것이 당연한 말 같겠지만(애초에 변화가 필요하지 않다면 바꾸지 않았을 것이므로), 실제로는 다소 인간적인 측면 때문에 변화가 필요한 시기가 왔음을 모든 사람이 깨닫지 못하고 지나칠 수 있다. 그러다 보니, 플랫폼 코드베이스에 언제든 PR(pull request; 풀 요청)을 열 수 있었던 좋은 시절을 떠올리면서, 어떤 프로세스를 제안하든 ‘대기업에서나 가능한 아이디어’라거나 ‘문제 있는 신참자’, ‘프로세스를 위한 프로세스’라고 주장하는 고객들이 나온다. 이들의 의도는 순수할 수 있지만, 우리의 경험상 일부는 변화에 대해 불평을 멈추지 않을 것이다. 심지어 직속 상사가 진정하라고 명령해도 말이다. 이런 비판을 감당해야 한다는 것이, 이 책에서 나중에 플랫폼 팀 채용 요건으로 ‘고객에 대한 공감’을 강조하는 이유이다.

8 옮긴이_ 원문은 흔히 ‘집단 동역학’으로 번역되는 collective dynamics지만, 문맥상 사회심리학적 측면이 좀 더 강조된 group dynamics가 더 적합하다고 판단해서 흔히 통용되는 ‘집단역학’으로 옮겼다.

그런 실수를 저지르는 것이 고객 엔지니어들만은 아니다. 플랫폼 팀 자체도 그러는 경우가 많다. 그런 플랫폼 팀은 50명의 사용자를 위한 공유 코드베이스에서 1개월 만에 이뤄졌던 주요 변경을 떠올리며, 500명의 사용자를 위한 플랫폼에서도 유사한 방식으로 유사한 변경을 할 수 있을 거라고 생각한다. 사용자 수가 늘었다는 건 알지만, 전담 플랫폼 팀이 있으니 이제 더 쉬울 것 아닌가? 하지만 플랫폼의 성장이 변경 방식에도 영향을 미친다는 점은 간과한다. 용례의 범위가 넓어졌고, 그 용례를 구현하고 사용하는 사람 수도 늘었다. 더 이상은 '한 방에 있는 능력 있는 엔지니어 다섯 명'이 모든 이의 의견을 대변하지 못한다. 그래서 의사결정에 도달하는 과정에서 의견이 훨씬 더 많고 갈등도 늘어날 것이다. 이 모든 것은 변화가 이제 훨씬 더 느려질 것이라는 뜻이다.

3.2.3 새로운 기술이나 아키텍처가 아니라 문제 해결에 집중해야 한다

레버리지가 협력 비용을 확실히 능가하는 시점까지 플랫폼 팀 구성을 미루었다면, 시스템 초기 상태는 플랫폼과는 거리가 멀 경우가 많다. 그 시점에서는 API와 서비스 경계가 형편없거나 존재하지 않을 수 있다. 다양한 애플리케이션 팀에서 중복 구현이 이뤄졌을 가능성이 크다. 이제 중앙화된 팀이 생겨났으니 고객들은 이 모든 것에 '엔지니어링'을 좀 더 적용해서 자신들이 사용하기 쉽게 해달라고 요구할 것이다.

이런 다양하고 복잡한 요구에 압도당한 플랫폼 팀은 새로운 아키텍처나 기술을 도입하여 상황을 잘 정돈하고 싶은 유혹에 빠질 수 있다. 그러나 앞에서 살펴봤듯이 이제는 변화가 훨씬 더 더딜 것이다. 이 시점에서 기존 플랫폼을 새로운 기술로 전면 마이그레이션하려면 수년이 걸릴 수 있다. 이는 새로운 기술이나 아키텍처가 시급한 문제에 직면한 해당 애플리케이션 팀에 도움이 되지 않는다는 뜻이다. 오히려, 현재 시스템을 좀 더 빠르게 수정해서 문제를 해결하는 데 사용했을 자원을 그 팀에게서 빼앗는 것이 될 수 있다.

이 시점에서 플랫폼 팀은 신뢰를 전혀 쌓지 못했다. 단지 호의를 얻었을 뿐이다. 팀이 만든 것은 그저 조직의 새로운 사일로silo이다. 이제 팀의 당면 목표는 엔지니어링 팀과의 협업을 최대한 유지하는 방법을 찾는 것이다. 신속한 가치 전달로 신뢰를 쌓아야 한다. 아키텍처상의 어떤 결정이 (나중에 보기에) 완벽하다고 해도, 그 가치를 체감하기 전까지는 사용자들이 회의적일 것이다. 그러므로 초기에는 라이브러리나 모노리스monolith 같은 지저분한 공통 코드에 있는 가장 시급한 문제에 집중하고, 가능한 한 빠르게 가치를 전달할 수 있는 해결책을 찾아야 한다.

지금의 임무는 재구축이 아니라 뒤엉킨 것을 풀어내는 것이라고 생각하고, 계속해서 점진적 가치를 전달하도록 해야 한다.

3.2.4 대기업에서 온 신규 엔지니어들을 주의하라

플랫폼 팀 구성 전략은 제4장에서 자세히 다루겠지만, 관련해서 주의할 점을 하나 여기서 언급하는 것이 좋겠다. 플랫폼 엔지니어링 팀 구성 과정에서 큰 기술 기업 출신의 시니어 엔지니어나 엔지니어링 관리자를 채용할 때는 신중해야 한다. 더 크고 복잡한 플랫폼을 경험한 사람들이니 매력적으로 보이겠지만, 그들이 이전 직장에서 다뤘던 플랫폼이 지금 여러분 회사의 규모에는 적합하지 않을 가능성이 크다. 이런 경력자들은 어떤 문제든 해결할 수 있다는 과도한 자신감을 가지기 쉽다. 그러나 실제로 이들이 아는 것은 과거에 유사한 문제를 겪었던 다른 회사의 완성된 솔루션일 뿐일 수 있다.

그렇다고 이런 엔지니어들을 절대 채용하지 말라는 뜻은 아니다. 우리 팀에서도 대기업 출신의 뛰어난 엔지니어가 많다. 이들 중 일부는 이 세상에 뭔가 더 큰 영향을 미칠 수 있는 환경을 찾아서 우리 팀에 합류했다. 다만 주의가 필요하다. 그들의 기술과 태도를 면밀히 검토해야 한다. 단순히 대기업에서 일했다고 해서 해당 경험이 가치 있다고 생각해서는 안 된다. 면접 과정의 '설계' 분야 인터뷰가 이런 편향을 감지할 좋은 기회다. 만약 이들이 어떤 문제에 대해 '대기업 X의 기술 Y'만 해결책으로 제시할 뿐 그 기술의 장단점을 충분히 고려하지 못한다면, 실제 업무에서도 상황에 맞는 판단을 내리기 어려울 것이다.

3.2.5 제품 관리자 채용은 신중하게(그리고 프로젝트 관리자는 피하라)

앞의 내용과 이어서, 플랫폼 엔지니어링 팀이 충분히 구성되고 안정적인 운영 모델을 갖추기 전에는 제품 관리자(product manager, PM)를 채용하지 말아야 한다. 그리고 프로젝트 관리자(project manager)는 그보다 늦게 채용하는 것이 좋다.

이유는 세 가지이다.

- 아직 엔지니어링 팀의 규모가 작고 전달 능력을 입증하지 못한 상황에서 비엔지니어 직군을 먼저 채용하면 고객들에게 부정적인 인상을 줄 수 있다. 플랫폼 팀이 고객과 소통하는 데 어려움을 겪고 있다는 신호로 해석될 수 있기 때문이다.

- 플랫폼 초기 1~2년 동안은 기술적 문제 해결이 주된 과제이다. 이 시기에는 고객 팀의 수도 적기 때문에, 간단한 비공식적 요구사항 수집 정도는 엔지니어와 엔지니어링 관리자도 충분히 할 수 있다.
- 팀 결성 초기의 시니어 엔지니어와 엔지니어링 관리자들은 팀이 성장해도 계속 유지해야 할 고객 중심 사고방식을 팀에 정착시켜야 한다. 제품 관리자를 너무 일찍 채용하면 그 역할이 제품 관리자에게 넘어간다. 그러면 엔지니어들은 고객과 직접 소통하며 공감을 쌓을 기회를 잃게 된다.

물론 제품 관리자와 프로젝트 관리자가 필요해질 때가 올 것이다. 하지만 몇 명을 채용할지는 기업의 문화 및 당면 문제에 따라 다르다. 일반적으로, 성숙한 조직에서는 제품 관리자 수가 팀 관리자보다는 많고 상위 관리자보다는 적은 것이 적절하다. 프로젝트 관리자는 그보다 훨씬 적게 필요하다. 플랫폼 팀이 약 50명 정도로 성장하면 비로소 첫 번째 프로젝트 관리자를 두어야 할 것이다. 가능한 한 이 비율을 넘기지 말아야 한다. 프로젝트 관리자가 더 많아야 한다고 느낀다면, 이는 플랫폼의 추상화를 더 명확하게 정의해야 한다는 신호일 수 있다.

마지막으로, 제4장에서 더 자세히 다루겠지만 이 시점에서는 '프로세스 적합성(process fit)'을 철저히 평가해야 한다. 대기업에서 뛰어난 성과를 낸 제품 관리자나 프로젝트 관리자라도, 엄격한 가이드라인이나 확립된 프로세스가 없는 환경에서는 일을 해내지 못할 수 있다. 그러므로 확립된 프로세스 없이도 제대로 일할 수 있는 사람을 채용해야 한다. 그리고 첫해를 기존 프로세스를 재구축하는 데에만 허비하지 않을 만한 인재를 구해야 한다.

3.2.6 통합/공유 서비스 플랫폼과 관련한 추가적인 문제점

또 다른 유형의 플랫폼 팀으로, 대규모 기업에서는 여러 (외부) 제품을 수평적으로 지원하는 플랫폼 팀을 흔히 볼 수 있다. 그럼 이런 팀이 직면하는 특수한 문제들을 살펴보자. 이들은 흔히 다음과 같은 공통의 요소들을 처리한다.

- 과금/결제
- 사용자 로그인, 신원 확인 및 접근 관리
- 모바일 및 웹 애플리케이션 플랫폼
- 수익 시스템(revenue system)
- 공유 애플리케이션 서비스(알림, 검색, 분석, 메시징)

이런 유형의 통합 플랫폼(integration platform)들은 순수한 '인프라' 플랫폼이나 '개발자' 플랫폼보다 다루기가 까다롭다. 외부 고객에게 직접 노출되는 부분이 있기 때문이다. 이런 팀을 만들 때는 다음과 같은 사항들을 고려해야 한다.

외부 제품 관리자들과 어떻게 협력할 것인가?

비즈니스와 접하는 표면 영역(surface area)을 가진 제품을 만들 때는 비즈니스 중심의 제품 관리자가 필수이다. 따라서 이 경우에는 제품 관리자(PM)를 일찍 두는 것이 좋다. 어쩌면 플랫폼 팀을 구성할 때 함께 둘 수도 있다. 그러나 비즈니스 중심의 성공적인 제품 관리자라고 해서 모두 내부 플랫폼으로의 전환에 성공하리라고 생각하는 것은 오산이다. 이들은 회사의 매출과 수익 창출 능력으로 평가받는 데 익숙하므로 비즈니스와 고객의 요구에만 집중하게 된다. 그러다 보면 '신뢰성(reliability)'이나 '개발자 생산성' 같은 플랫폼 관련 사항들을 엔지니어링 관리자에게 맡기려 하고, 고객에게 실제로 영향이 있을 때까지는 그런 문제들을 2순위로 미루게 된다. 하지만 그 시점이 되면 보통 값싸고 간단한 해결책으로는 해결하기가 너무 늦은 경우가 많다.

또한 비즈니스 중심의 의사결정에는 '자전거 보관소와 원자력 발전소'[9] 현상이 나타난다. UI 디자인 같은 작은 측면(자전거 보관소)이 기반 코드나 아키텍처(원자력 발전소)보다 제품에서 더 눈에 띄기 때문에, 실제로는 후자가 비즈니스에 더 큰 영향력을 미침에도 전자에 필요 이상으로 많은 자원을 투자하게 되는 것이다. 플랫폼에 따라서는, 이 문제 때문에 CEO나 프로젝트 관리 책임자와 같은 임원들이 고객에게 보이는 모든 플랫폼 결정에 관심을 갖게 된다. 제품 관리자가 일을 제대로 하지 못하면 엔지니어들이 핵심 기술을 등한시한 채 UI 디자인이나 다른 최종 사용자 인터페이스의 사소한 세부사항을 다듬느라 너무 많은 시간을 허비한다. 단지 'CEO 만족시키기' 위해서 말이다. 결국 이는 신뢰성 문제뿐만 아니라 내부 고객의 사용성도 소홀히 하게 되는 결과를 초래한다.

물론 비즈니스 중심의 제품 관리자 중에서도 전환에 성공하는 이들이 있다. 더 폭넓은 성공 기준을 포용하는 다른 역할을 받아들일 수만 있다면, 전환에 성공하기가 어렵지 않을 것이다. 제품 관리자 채용과 관련한 구체적인 조언은 제4장에서 이야기하겠다.

플랫폼 팀이 제공하는 기능을 어떻게 알리고 찾게 할 것인가?

통합 플랫폼을 구축할 때 간과되는 중요한 요소 중 하나는 발견성(discoverability; 또는 발견 가능성)이다. 기업의 규모가 클수록, 플랫폼 팀이 제공하는 기능이 자신에게 필요할 수 있다는 사실을 사람들이 인지하기가 더 어려워진다. 특히 모든 사람에게 필요하지는 않은 선택적 시스템의 경우에 그렇다. 예를 들어 회사의 모든 제품이 플랫폼의 검색 서비스를 사용하도록 강제할 필요는 없을 수 있다. 하지만 외부 고객이 비즈니스 제품군의 여러 제품을 이용하는 과정에서 검색 방식이 제품마다 다르다는 점을 경험하게 되면 마찰이 생기기 시작한다. 애플리케이션 팀이 뭔가를 신속하게 시작하려 할 때는 이미 갖추어져 있는 것을 찾아보는 데 시간을 들이기보다는 그냥 자신들이 선호하는 벤더, OSS, 팀 자체 개발 시스템을 사용할 가능성이 있다. 어느 선까지는 이 덕분에 빠른 출시가 가능하겠지만, 더 큰 그림과의 통합이 필요해지는 시점에 도달하면 모든 것이 매우 복잡해진다.

통합 플랫폼의 덜 필수적인 기능들은 잊히기 쉽다. 제품 X가 플랫폼의 기능들을 사용하지 않았다는 사실이 드러나서 모든 사람이 화를 내는 사태가 벌어져야 비로소 발견될 정도이다. 플랫폼 엔지니어들도 여기에 일

---

9 `https://bikeshed.com`을 보라. 옮긴이_ 자전거 보관소와 원자력 발전소 현상은 사소한 사항을 결정하는 데 필요 이상으로 많은 시간을 들이는 것을 말한다. 좀 더 자세한 사항은 '사소함의 법칙'으로 웹을 검색해 보기 바란다.

조한다. 내부 플랫폼에 귀엽지만 헷갈리는 이름을 붙여서 말이다. 결제 플랫폼을 '결제 플랫폼' 대신 '글렌게리Glengarry'[10]라고 부르는 것은 발견성 문제 해결에 전혀 도움이 되지 않는다. 플랫폼 팀은 자신이 제공하는 기능과 서비스를 조직 전체에 알릴 계획을 반드시 세워야 한다. 이해하기 쉬운 이름을 짓는 것으로 시작해서, 사내 인트라넷에서 검색 가능한 문서를 작성해 나가자. 이메일로 공지하거나, 학습 세션을 운영하거나, 사내 회의에서 발표하여 플랫폼에 대한 지식과 인식을 높여야 한다. 어떤 방법을 선택하든 상관없다. 중요한 것은 실천하는 것이다. 홍보 계획이 없다면 결국 잊힐 가능성이 높다.

중간자의 딜레마

통합 플랫폼 팀은 본질적으로 중간자 위치에 갇혀 있다는 점을 짚고 넘어갈 필요가 있다. 일반적으로 통합 플랫폼 팀은 바탕 컴퓨트, 저장, 네트워킹을(그리고 종종 보안과 신원 인증 서비스도) 관리하는 핵심/인프라 플랫폼 조직의 일부가 아니다. 통합 플랫폼의 기능은 애플리케이션 계층의 서비스로 간주되기 때문에, 통합 플랫폼 팀에게는 그런 핵심 조직의 팀들이 가진 슈퍼유저 접근 권한이 주어지지 않을 수 있다. 이는 공유 플랫폼 구축을 어렵게 만드는 요인이 된다. 통합 플랫폼 팀이 애플리케이션과 핵심 플랫폼 팀들 사이에 위치한다는 것은 스택의 양쪽에서 발생하는 오류의 영향을 받는다는 뜻이기도 하다. 이로 인해 디버깅과 운영이 한층 더 까다로워진다.

이러한 기술적 세부사항 때문에, 비록 핵심/인프라 플랫폼 팀과 같은 조직도(organization chart)에 있지 않더라도 통합 플랫폼 팀이 핵심 플랫폼 팀들과의 연계를 유지하는 것이 중요하다. 특히 양쪽 영역에 걸친 이니셔티브(고객의 API 호출에 노출되면서 동시에 핵심 네트워킹 인프라이기도 한 API 게이트웨이가 대표적인 예이다)의 경우, 팀 간의 갈등을 주의해야 한다. 가치 평가에 대한 관점이 다르기 때문에 이러한 갈등은 불가피하다. 이 갈등은 엔지니어링 수준에서 동료애를 쌓음으로써 완화할 수 있다. 사교적인 팀 강화 행사와 공통의 콘퍼런스를 통해서, 그리고 가능할 때마다 양측 엔지니어들이 함께 프로젝트를 수행하게 함으로써 이를 달성할 수 있다.

3.3 전통적 인프라 조직의 변혁

마지막으로 오랜 역사를 가진 기업들을 살펴보자. 이들에게 플랫폼 엔지니어링으로의 전환은 기존 인프라 엔지니어링 조직에 제품 관리와 소프트웨어적 감각을 더하는 하나의 변혁(transforming) 계획이라고 할 수 있다. 그러한 변혁에는 조직 구성을 위한 역량(skill set)의 변화뿐만 아니라 커다란 문화적 변화도 필요하다. 분리되어 있고 프로세스와 기술에 중점을 둔

10 옮긴이_ 참고로 글렌게리는 스코틀랜드의 양모 모자로, 챙이 없고 다소 납작하다. 스커트를 입고 백파이프를 연주하는 스코틀랜드 전통 군악대에서 흔히 볼 수 있다.

통상적인 사고방식을 포트폴리오, 사용성, 그리고 고객 중심의 사고방식으로 전환해야 하는 것이다. 이는 어려운 변혁이며, 전체 경력을 인프라 구축에 바친 사람들은 '제품'과 '플랫폼'의 진정한 의미를 오해하기 쉽다.

3.3.1 전체 엔지니어링 문화가 바뀌어야 한다

진지하게 하는 말이다. 정말로 바뀌어야 한다.

대체로 인프라 조직은 여러 업무에 뛰어나다. 비용 관리, 벤더 협상, 대규모 시스템 운영 등을 능숙하게 처리해 낸다. 그런 조직에는 데이터베이스의 깊은 내막을 아는 전문가, 네트워킹의 미묘한 차이를 이해하는 전문가, 까다로운 커널 문제를 디버깅할 수 있는 전문가가 포진되어 있다. 수십 또는 수백 개 팀의 버그 리포트를 분류하고, 대규모 장애 테스트를 계획하며, 대규모 마이그레이션을 조율하는 까다로운 과제도 너끈히 쳐낸다.

하지만 안타깝게도 그런 조직은 시스템을 사용할 사람들을 고려하고, 그들의 선호도를 반영하며, 이들을 유지하려 노력해야 할 고객으로 대하는 데는 대체로 서툴다. (당연하지 않은가? 그들의 시스템을 사용하는 사람들은 보통 선택의 여지가 없는 '포로(captive)' 고객이다![11]) 플랫폼 엔지니어링 담당자로서 여러분은 이 팀을 핵심 기술의 주된 제공자로 지정할 수도 있고 그렇지 않을 수도 있다. 어떻게 선택하든, 제1부에서 논의했던 큐레이션 제품 접근 방식을 도입하려면 변화가 필요하다.

사람과 사용성보다 비용, 규모, 프로세스에 중점을 두는 문화는 뿌리 뽑기가 매우 어렵다. 그리고 변혁 과정에서 기존 조직이 보유한 희귀한 능력과 기술을 모두 잃어버리는 것도 좋은 일이 아니다. 그렇다면 어떻게 해야 할까?

3.3.2 가장 유망한 영역부터 시작한다

전체 팀을 한꺼번에 바꿀 필요는 없다! 조직의 가장 보수적인 부분에 이러한 변혁을 강요하면, 변화를 받아들일 준비가 되어 있고 열망하는 팀들을 성공적으로 전환할 기회를 잃을 위험이 있

11 우리가 파악한 바로는, 비록 모든 애플리케이션 팀이 인프라 조직이 제공하는 기능들을 사용해야 한다는 공식적인 의무 규정이 없더라도, 실제로 대부분의 엔지니어링 지도층은 자체적인 그림자 인프라를 구축하는 데 따르는 위험과 부담을 최소화하기 위해 자신의 팀들에게 인프라 조직의 기능들을 도입하라고 요구하는 것이 일반적이다.

다. '플랫폼 엔지니어링'과 이미 가까이 있는 영역부터 시작해서, 거기서 효과적인 방법을 배우고 그것을 더욱 확대 적용하는 것이 더 낫다.

일단은 현대적인 기능과 서비스를 전달하는 팀을 찾아보자. 그런 팀은 전환을 시작하는 데 필요한 요소들을 가장 많이 갖추고 있을 가능성이 크다. 유망한 팀의 특징으로는 소프트웨어 엔지니어의 집중도가 높고, 맞춤형 소프트웨어를(패키지형 벤더 시스템이나 물리적 하드웨어가 아니라) 다루며, 변경과 새로운 기능 전달이 활발하다는 점을 들 수 있다. 또한 물리적 인프라나 가상 머신에서 탄력적인 컨테이너 기반 컴퓨트 서비스로의 전환 등, 현대화에 대한 큰 잠재 수요가 있는 곳을 찾아보는 것도 좋다. 제4장에서 논의하겠지만, 성공적인 플랫폼 팀은 소프트웨어 엔지니어와 시스템 엔지니어의 혼합으로 구성된다. 이러한 조합이 이미 있거나 만들어가는 중이라면, 전환할 준비가 된 것이다.

3.3.3 제품 관리자 영입으로는 부족하다는 점을 주의하자

제품 관리자를 영입한다는 해결책이 언뜻 매력적으로 보이겠지만, 그것만으로는 성공을 보장할 수 없다. 이런 유형의 직무를 원하는 유능한 제품 관리자를 구했다고 해도, 그 제품 관리자가 엔지니어링 팀과 짝을 이루어 잘 협력하는 경우에만 효과를 볼 수 있다. 엔지니어링 팀이 고객에게 훌륭한 제품을 전달한다는 주인의식(sense of ownership)을 느끼지 못한다면, 제품 관리자들이 그 간극을 메우기는 어려울 것이다. 오히려 진정한 제품 리더가 아닌, 허울만 좋은 '백로그 양성자(backlog groomer)'로 전락하기 쉽다.

이미 고객 중심적인 영역을 찾아 그곳부터 제품 지향적 접근 방식을 도입해 보기 바란다.

3.3.4 제품 지원 방식의 변화

티켓 시스템ticket system이라는 블랙홀은 고객을 초점이 아닌 부담으로 느끼게 만드는 훌륭한 방법이다. 팀에 들어오는 모든 요청을 관리하기가 쉽지 않다는 점은 이해한다. 하지만 지원을 제공하는 방식, 질문에 대한 응답 시간, 들어오는 문제의 분류 방식을 면밀히 살피는 것이 이 전환의 관건임을 명심할 필요가 있다. 엔지니어들은 자신의 제품을 지원하는 데 시간을 써야 한다. 엔지니어의 질문에 정기적으로 답하지 않는다면, 고객이 시스템을 사용하려 할 때 겪는 어려움을 이해할 기회를 놓치게 된다.

이를 선택 사항으로 만들거나 주니어 엔지니어에게만 맡기지 않도록 주의하자. 아무리 뛰어난 것처럼 보이는 시니어라도, 공손하고 도움이 되는 방식으로 사용자와 상호작용하지 못하는 팀원은 팀이 요구하는 종류의 인간적인 제품을 만들지 못할 것이다. 다른 엔지니어를 생산적으로 지원하고, 능력을 키우며, 돕는 작업을 제대로 해내지 못하는 팀원에게 주의를 기울여야 한다. 그런 사람은 아마도 다른 사람이 사용하기 쉬운 제품을 만들지 못할 것이다. 그런 사람의 제품은 시간이 지나면서 지원이 어렵다는 점이 판명되어서 불만 사항이 많이 발생하게 되며, 결국에는 여러분이 그들의 작업을 다시 해야 할 수도 있다. 이런 문제를 다루는 여러 전략을 제6장에서 제시한다.

3.3.5 면접 과정 개선

플랫폼 엔지니어링 팀에 필요한 인재상은 다음 장인 제4장에서 좀 더 자세히 다룰 것이다. 여기서 한 가지만 미리 이야기하자면, 이 변혁을 시작하기 위해서는 모든 면접에 우리가 '고객 공감 심사(customer empathy screening)'라고 부르는 요소를 추가하는 것이 바람직하다. 이 심사가 특별히 복잡할 필요는 없다. 다른 개발자들이 이해할 수 있도록 코드를 작성하는 방법에 대한 의견이나, 자신이 만든 시스템에 대한 질문에 답변하는 접근 방식을 물어보는 정도로 간단히 시작하면 된다. 핵심은, 조직이 원하는 인재는 개발자들이 시스템을 구축하는 방법뿐만 아니라 그것을 사용하거나 함께 일할 사람들에 대해서도 생각할 줄 아는 사람임을 면접 대상이 눈치채게 하는 것이다.

3.3.6 인정과 보상 체계의 개선

큰 기술적 문제를 해결하는 사람만 승진시킨다면, 사용성을 개선하고 고객 팀의 의견을 경청하며 가장 시급한 문제 해결을 위해 업무 우선순위를 조정하는 인재들은 조직을 붙잡아두기 어렵다. 따라서 무엇을 칭찬하고 보상하는지, 어떤 사람을 승진시키는지 면밀히 살펴봐야 한다. 기술적으로 가장 어려운 부분은 아니더라도 제품 개선에 도움이 된다면 어떤 업무이든 중요하게 평가해야 한다. 각 직급에서 요구되는 기대치가 새롭게 필요한 모든 기술을 반영하도록 엔지니어링 직급체계(ladder)를 재검토할 필요도 있다. 이것이 문화적인 변화라는 점과 인정(recognition)과 보상(reward)으로 입증되는 가치의 변화 없이는 성공할 수 없다는 점을 명심해야 한다.

3.3.7 프로젝트 관리자가 너무 많으면 안 된다

프로젝트 관리자가 어느 정도 필요할 수는 있으나, 이들에게 과도하게 의존하는 인프라 조직은 마이그레이션 같은 핵심 업무에 대한 기술적 계획이 미흡할 수 있다. 플랫폼 팀과 고객 팀이 의존성을 파악하고 진행 상황을 추적하기 위해 프로젝트 관리자가 필요할 정도로 마이그레이션이 고통스럽다면, 플랫폼 팀이 소프트웨어의 사용자 경험에 대한 책임을 제대로 지고 있지 않은 것이다. 마이그레이션 역시 UX의 일부이다! 기존 시스템과 호환되지 않는 새로운 시스템을 도입하는 경우가 많은 조직이라면, 그리고 고객들의 다른 의구는 고려하지 않은 채 해당 마이그레이션을 정해진 일정에 맞추어서 진행하라고 강요하는 것이 일상적인 조직이라면, 여러분이 할 일이 많은 것이다.

플랫폼 모델로 전환하는 과정에서 여러분은 마이그레이션 과정에 대해 지금보다 더 많은 책임을 져야 한다. 플랫폼의 가치에는 고객의 마이그레이션 부담 경감이 반드시 포함되어야 한다. 프로젝트 관리자 수를 제한하면, 플랫폼 엔지니어가 평소 회피하던 프로젝트 관리 업무를 맡게 되는 효과가 생긴다. 우수한 플랫폼 엔지니어라면 마이그레이션 작업(의존성이나 호환성 연동 라이브러리(compatibility-bridging library)의 검출이든, 내부 변경 없이도 클라이언트 라이브러리를 수정할 수 있는 추상화든)을 자동화함으로써 지루한 프로젝트 관리 작업을 줄일 수 있음을 깨달을 것이다. 이는 자신의 시간을 절약할 뿐만 아니라 고객의 시간도 절약하게 되는 일거양득이다. 그런 만큼 프로젝트 관리자 수 제한은 좋은 강제 수단이 된다. 단, 엔지니어에게 이러한 작업을 할 시간을 충분히 주어야 한다.

3.3.8 팀이 코드를 작성할 시간은 줄고 고객과의 대화는 늘어남을 받아들이자

엔지니어링 팀을 제품 중심 사고방식으로 전환하는 데 있어 지름길 같은 것은 없다. 앞에서 설명했듯이 제품 관리자를 추가하거나 분기별 고객 자문 위원회 회의를 한다고 해서 끝나는 것이 아니다. 팀은 고객과 더 많은 시간을 보내야 하며, 단순히 최근 고객 불만을 해결하는 것이 아니라 전체적인 문제를 해결하기 위한 전략적 계획에 더 많은 시간을 투자해야 한다. 업무 방식을 바꾸면 초기 비용이 발생할 수밖에 없다. 처리하는 티켓 수가 줄거나 생산성 지표가 저하될 수 있으며, 끝없이 백로그를 처리하던 때보다도 작업 속도가 더딜 수 있다. 하지만 시간이 지나면서 고객 설문, 도입률, 마이그레이션 일정, 그리고 궁극적으로는 엔지니어링 생산성 같은 지표를 기준으로 더 나은 성과를 얻게 될 것이다.

3.3.9 필요한 구조 조정이라면 강행하라

우리가 제안하는 모든 변화의 과정에서, 과거의 업무 방식에서 새로운 문화와 프로세스로 전환하는 데 실패하는 구성원도 있을 것이다. 변화를 수용하지 않는 리더들과 고급 개발자들은 전환을 좌초시킬 수 있으므로, 새로운 문화를 지원하기 위해 이들을 교체해야 할 수도 있다. 팀의 성공을 위해 필요한 구조 조정을 주저하지 말아야 한다.

3.3.10 그리고 즐겁게!

기업이 이러한 전환을 겪을 때, 인프라 조직과 다른 애플리케이션 엔지니어링 팀 사이에 깊이 뿌리박힌 '우리 대 그들' 사고방식이 표면으로 드러나기도 한다. 사용자나 동료와의 대립 관계가 기분 좋을 수는 없다. 이러한 전환이 어렵고 까다롭겠지만, 최대한 즐겁게 진행되도록 노력하자. 사용자들에게 제품의 어떤 점을 좋아하는지 피드백을 받고, 고객 만족 지표의 개선 사항을 공유하고 축하할 시간을 가지면 좋을 것이다. 그리고 여러분의 팀 덕분에 이전에 할 수 없었던 일이 가능해져서 축하의 자리를 가진다면, 거기에 여러분의 팀을 꼭 포함하기 바란다. 이는 배우고, 업무 접근 방식을 현대화하고, 더욱 긍정적인 문화를 만들 수 있는 좋은 기회이다. 긍정적인 태도로 전환을 이끈다면, 전환에 의한 변화를 모두가 즐거운 마음으로 받아들이게 될 것이다.

이러한 문화적 변화는 데브옵스/SRE 변혁 과정에서 일어났던 변화와 여러모로 유사하다. 데브옵스/SRE 조직의 엔지니어들은 운영팀의 업무를 방해하는 코드를 부주의하게 빌드하는 일이 없다. 마찬가지로 제품 중심 플랫폼 조직의 엔지니어들은 사용자를 고려하지 않는 인프라를 구축하는 우를 범하지 말아야 한다. 이러한 전환은 엔지니어링 팀에 더 많은 것을 요구하지만, 결과적으로 더 높은 품질의 성과를 전달한다. 비용이 많이 들고 시간이 걸리겠지만, 그만한 가치가 있다는 것이 우리 저자들의 주장이자 약속이다.

3.4 마무리

이번 장에서는 조직이 플랫폼 엔지니어링을 고려하게 할 만한 세 가지 주요 시나리오를 다루었다. 초기 스타트업에는 공식적인 플랫폼 엔지니어링이 굳이 필요하지 않다. 그렇다고 플랫폼 관련 작업이 전혀 없다는 뜻은 아니다. 대신, 팀이 빠르게 움직일 수 있도록 기본적인 활동에 투자하고 있는지 확인하는 것이 바람직하다.

공유 코드의 문제점들이 엔지니어들의 자발적인 노력만으로는 감당할 수 없을 정도로 커졌다면, 최초의 플랫폼 팀을 구성할 때이다. 이 팀이 즉시 사일로silo가 되지 않도록 주의해야 한다. 이 팀은 빠르게 가치를 전달하고 나머지 엔지니어링 조직과 강력한 연결을 유지해야 한다. 이 책을 계속 읽어나가면, 성숙한 플랫폼 엔지니어링 팀이 다루어야 할 여러 사항을 접하게 될 것이다. 확장된 고객 지원 모델, 제품으로서의 플랫폼 개발, 구형 시스템의 아키텍처 재구축 전략 등이 그것이다. 하지만 지금 단계에서는 그 모든 것에 힘을 너무 빼지 않는 것이 중요하다. 규모가 큰 회사에서만 필요한 수준의 플랫폼을 즉시 구축하려 한다면(프로젝트 관리자, 대기업 엔지니어, 첨단 기술 같은 허울 좋은 요소들을 동원해서 말이다), 뭔가 잘못된 것이 만들어질 가능성이 높다. 그러한 복잡성의 세계로 서둘러 뛰어들 필요는 없다. 앞으로 수년 후에 발생할 수 있는 문제가 아니라 오늘날의 문제에 집중하자.

이 시점에서 통합 플랫폼을 따로 분리하는 기업들도 있다. 통합 플랫폼은 인프라나 개발자 도구보다 상위 계층에서 공유 제품에 관한 요구를 충족하는 플랫폼이다. 이러한 플랫폼에서는 개발자 전용 플랫폼과 동일한 모든 작업을 수행해야 할 뿐만 아니라, 여러분의 필수 요구 사항을 정의하고, 플랫폼을 우회하는 경향이 있는 엔지니어들의 의견을 수렴해야 하며, 외부 제품 관리자와 협력하는 어려운 문제도 다뤄야 한다. 쉽지 않은 일이다!

마지막으로는 대기업에서 전통적인 인프라 엔지니어링 팀에서 플랫폼 엔지니어링으로 전환하는 문제도 살펴보았다. 이 경우 여러분은 조직 안에서 커다란 변화 관리 과제를 떠맡게 된다. 그러한 변화에 어떻게 조심스럽게 접근할지 신중히 고려할 필요가 있다. 한 번에 모든 것을 할 필요는 없으며, 그렇게 하는 것이 바람직하지도 않다. 플랫폼에 대응할 준비가 가장 잘 된 팀을 찾아 시작하고, 지원, 채용, 승진 프로세스를 개선하자. 제품 관리자는 천천히 추가해도 된다. 비용과 처리량 중심의 모델에서 모든 구성원이 고객과 대화할 수 있는 문화로 점진적으로 전환해 나가야 한다. 이 과정에서 어느 정도 구조 조정이 필요할 수도 있겠지만, 여러분의 목표는 회사의 **모든** 기술직(여러분의 팀도 포함해서)의 삶을 더 낫게 만드는 것임을 명심하고 가능한 한 긍정적인 측면에 집중해야 한다.

CHAPTER 4

훌륭한 플랫폼 팀 만들기

DNS는 아니다.

절대로 DNS일 리 없지.

DNS 맞네.

—SSBroski

인용구는 대부분의 플랫폼이 의존하는 근본적인 시스템인 DNS에 관한 푸념이다.[1] DNS가 여전히 복잡한 장애를 정기적으로 일으킨다는 점(40년이나 묵은 기술이니 이제는 다들 잘 알겠지만)을 강조하기 위해 인용해 보았다. DNS 장애를 디버깅하려면, 그리고 향후 같은 문제가 재발하지 않게 하려면 전문지식과 기술이 필요하다.[2] 플랫폼 팀 인력 구성이라는 난제도 이와 비슷하다. 플랫폼 팀은 복잡한 시스템 위에 추상화 계층을 개발해 사용자의 생산성을 높이지만, 해당 시스템을 이해하는 전문가들로 구성하지 않는다면 나중에 운영상 문제를 야기할 수 있다.

제1장에서 우리는 시스템 엔지니어(관리자)와 소프트웨어 엔지니어(개발자) 간의 명확한 구분을 이야기했다. 플랫폼 엔지니어링 팀을 구축하는 것뿐만 아니라 올바른 팀 문화를 만드는 데 그러한 이분법이 필수라고 생각했기 때문이다. 양쪽 모두에 능숙한 인재를 찾는 것이 해결

---

1 옮긴이_ 원문은 `https://itsnotdns.itwasdns.net/`에서 확인할 수 있다. SSBroski 링크를 클릭하면 출처인 reddit(`https://reddit.com`)의 2016년 답글로 이동하는데, 해당 게시물의 제목이 보여주듯이 이것은 일본의 전통 시 형식인 하이쿠를 흉내 낸 것이다.

2 이 주제에 관한 참고자료로는 예를 들어 로랑 베르네유Laurent Bernaille와 일라이자 앤드루스Elijah Andrews의 2022년 강연(`https://oreil.ly/HhYuR`)이 있다.

책이라고 주장하는 사람도 있지만, 너무 단순한 주장이다. 뛰어난 소프트웨어 개발자이면서 자신이 개발하지 않은 복잡한 시스템을 이해할 수 있는 엔지니어를 찾아보는 것은 여러분이 마땅히 해야 할 일이지만, 모든 엔지니어가 모든 것에 능숙하지는 않다는 점을 명심해야 한다. 따라서 훌륭한 플랫폼 팀을 만드는 방법은 다양한 강점을 가진 인재를 채용하고, 각자가 성공할 수 있는 문화를 조성하는 것이다.

이번 장에서 그 방법을 제시한다. 먼저 시스템과 소프트웨어 중 한쪽에만 초점을 두는 팀이 어떤 식으로 돌아가는지, 어떤 문제가 있는지 논의한다. 그런 다음에는 플랫폼 팀 엔지니어의 네 가지 주요 역할(role)을 소개하고, 네 가지 역할을 수용하기 위한 채용 및 평가(recognition) 프로세스를 살펴본다. 훌륭한 플랫폼 엔지니어링 관리자의 특성과 플랫폼 팀과 긴밀히 협업하는 특수 목적 역할도 이야기할 것이다. 마지막으로, 이 모든 것을 활용해 훌륭한 팀 문화를 만드는 방법에 대한 지침으로 이번 장을 마무리한다.

팀을 제대로 구성하는 것은 DNS를 올바르게 설정하는 것만큼 중요하다. 팀원 한 명을 잘못 채용한다고 해서 플랫폼 전체가 무너지지는 않겠지만, 장기적 성공을 위해서는 튼튼한 토대를 구축하는 데 시간을 투자해야 한다.

4.1 단일 초점 플랫폼 팀의 위험성

제1장에서 살펴보았듯이, 초점이 좁거나 적은 수의 기술들만 갖춘 팀이 플랫폼을 맡게 되면 '과도한 일반화의 늪'이 만들어져서 조직의 요구를 제대로 충족하지 못하게 된다. 해결책을 제시하기에 앞서 문제의 실체를 더 명확히 그려보고자 한다. 여기서 설명하는 팀 유형들은 극단적인 결과를 보여주기 위한 것일 뿐, 모든 엔지니어나 모든 팀을 지칭하는 것이 아니다. 핵심은 한 가지에만 초점을 둔 인력으로 팀을 구성하면 탁월한 플랫폼을 제공하지 못할 뿐만 아니라 변화에 저항하는 문화가 만들어진다는 점이다.

4.1.1 지나친 시스템 중심 접근

이 유형의 팀은 인프라, 데브옵스, SRE, 시스템 엔지니어링 쪽 배경을 가진 팀원들로만 구성된다. 팀원들은 대개 컴퓨터 과학이나 소프트웨어 공학 학위가 있지만, 대규모 소프트웨어 시스템 내에서 상당한 양의 코드를 작성한 경우는 거의 없다.

강점

이런 팀은 운영 면에서 뛰어나다. 플랫폼이 비즈니스의 원동력이라는 사실을 잘 알고 있으며 이를 자랑스럽게 여긴다. 바탕 시스템을 포함해 자신들의 시스템을 속속들이 파악하고 있다. 새벽 2시에 아시아 지역에서 장애가 발생하면 미국 기반 팀이 즉각 대응할 뿐만 아니라 해당 리더급 팀도 깨어나서 지원을 준비한다.

다음 날이면 사고 검토를 마친다. 게다가 임시 조치도 이미 프로덕션에 적용해 놓고, 장기적인 해결책을 위한 실무 작업도 계획한다. '잘못된' 것이 만들어지도록 내버려둔 지도층을 원망하고 불평하긴 하지만, 결국은 일을 해낸다. 이들을 기준으로 시계를 맞추어도 될 정도로 신뢰할 만하고 성실하며, 운영상의 세부사항에도 세심한 주의를 기울인다.

약점

이 팀이 실제로 개발하는 코드는 대부분 자동화, 템플릿, 일회성 도구들이다. 복잡성을 관리하기 위한 더 나은 플랫폼 추상화(platform abstraction)를 구축하거나 운영 문제를 근본적으로 해결하기 위한 더 나은 아키텍처 작업은 거의 하지 않는다.

직접 변경할 수 없는 시스템의 결함에 직면하면 이들은 규칙과 프로세스에 의존한다. 흔히 그런 규칙과 프로세스는 위키에 꼼꼼하게 정리되어 있다. 물론 사용자들은 그런 규칙을 계속해서 위반하며, 결과적으로 양측 모두 끝없이 불만을 가지게 된다. 상황을 타개하기 위해 팀 관리자들은 프로젝트 관리자들을 다그쳐서, 플랫폼 팀이 간소화할 수 없는 일회성 작업을 고객사의 엔지니어들이 맡도록 독촉한다.

정체된 이유

지도층과 엔지니어 모두, 이런 팀은 이미 뛰어난 운영자이자 관련 시스템 지식이 풍부한 경험자를 뽑는 쪽으로 크게 치우친다. 특히 시니어급 후보자의 면접에서는 매뉴얼이나 책 속 깊숙이 있는 세부사항들을 중요시한다. 차라리 면접실 문 위에 '소프트웨어 엔지니어 지원 불가'라는 팻말을 걸어두는 게 나을 정도이다.

이들은 "운영상 필요하다", "이 업무량으로는 누군가를 교육할 여유가 없다", 심지어는 "어떤 소프트웨어 엔지니어가 이 팀에서 행복할 수 있겠나?"라며 자신들의 입장을 정당화한다. 문제는 이러한 기술적 필터가 문화적 필터가 되어, 운영 부담을 덜어줄 더 나은 추상화를 만들 능력을 갖춘 '제너럴리스트' 시니어 소프트웨어 엔지니어들이 멀어진다는 점이다. 흔히 이런 팀이 채용하는 소프트웨어 엔지니어는 신입들뿐이며, 이들은 멘토링 부족으로 1~2년 후면 조직을 떠난다. 그런 인력 이탈이 발생해도, 팀의 문화에 문제가 있는 것이 아니라 그저 소프트웨어 엔지니어들이 자신들의 시스템을 그리 좋아하지 않기 때문이라는 헛된 믿음이 강화될 뿐이다.

4.1.2 과도한 개발 중심주의

이 유형의 팀은 소프트웨어 엔지니어와 소프트웨어 엔지니어링 관리자로서 경력을 쌓은 사람들로 가득 차 있다. 이들은 코드 작성을 좋아하며, 실제로 대량의 코드를 작성한다. 대개 컴퓨터 과학 학위를 가지고 있으며, 오랫동안 소프트웨어를 작성해 왔지만 플랫폼이나 인프라 개발 경험은 거의 없다.

강점

이런 팀은 '빌더builder'에 해당한다. 플랫폼 아키텍처와 기술에 열광하며, 새로운 기술이나 경향에 크게 주목한다. '황금 경로(Golden Path)[3]', 'vNext', '차세대' 플랫폼 등등 현재 플랫폼의 모든 결함을 해결해 주리라고 믿는 것들에 관해 이야기하기 좋아한다. 실제로 그런 것들이 문제를 해결해 줄 수는 있다. 전달에 무한한 시간이 걸리는 현실 세계가 아닌 다른 세상에서는 말이다.

약점

이런 유형의 팀은 소프트웨어 엔지니어들 사이에서 나도는, "다른 엔지니어가 작성한 코드는 모두 기술 부채이다"라는 격언을 반영한다. 이들은 더 새롭고 더 나은 시스템을 만드는 것이 아닌 작업에는 좌절감을 느낀다. 그런 작업을 기존 시스템을 개선하는 데 들이는 노력을 '허비하

---

3 옮긴이_ 이 책의 맥락에서 Golden Path는 잘 따르기만 하면 소프트웨어를 성공적으로 구축할 수 있는 잘 정의된 개발 과정을 말한다. 스포티파이의 성공 사례(https://engineering.atspotify.com/2020/08/how-we-use-golden-paths-to-solve-fragmentation-in-our-software-ecosystem/)로 널리 알려졌다. 한국어 자료로는 "클라우드 성공으로 가는 황금 경로"(https://news.broadcom.com/kr/technologies/golden-path-to-cloud-success)를 참고하자.

는' 작업으로 간주하는데, 새로운 시스템을 더 빨리 구축하는 데 방해가 된다고 여기기 때문이다. 이들이 간과하는 것은 현재 시스템 사용자들의 좌절감과 생산성 저하이다. (대부분의 소프트웨어 엔지니어처럼 이들도 프로젝트 추정치를 너무 낙관적으로 잡음으로써 이 문제를 악화시킨다.

한편 이들은 현재 제품 내 플랫폼(in-product platform)을 시스템 컨설턴트 칼라 가이서 Carla Geisser가 말하는 '귀신 들린 묘지(haunted graveyard; `https://oreil.ly/SrvDg`)'처럼 취급한다. 즉, 그런 플랫폼을 자신이 이해해야 할 시스템이 아니라 살짝 찔러볼 호기심 거리 정도로 본다는 뜻이다. 이는 운영상의 문제로 이어져 결국 비즈니스에 부정적인 영향을 미친다. 새벽 2시에 장애가 발생해도, 아마 당직 엔지니어에게 여러 번 호출해야 겨우 응답을 받을 수 있을 것이다. 관리자에게 연락하면, 자신을 깨워봤자 문제 해결에 도움이 되지 않는다며 화를 낼 가능성이 높다.

정체된 이유

지난 20년간 업계는 새 코드의 전달을 소프트웨어 엔지니어가 시간을 들일 수 있는 가장 가치 있는 일로 여겼다. 그래서 이를 보상과 승진에 크게 연관시켜 왔다. 이러한 편향은 소프트웨어 엔지니어링 관리자들에게도 퍼졌는데, 이들 역시 많은 코드를 작성하면서 현재의 위치에 오른 사람들이기 때문이다. 이들은 예를 들어 화이트보드에서 30분 안에 장난감 같은 알고리즘 문제를 풀지 못하는 사람은 실무 능력이 아무리 뛰어나다고 해도 '소프트웨어 엔지니어'라는 직함으로는 채용하지 않으려 한다.

코드 작성 능력이 떨어지는 엔지니어도 나름의 가치가 있음을 인정하는 관리자도 있을 것이다. 하지만 그런 관리자조차도 이들을 '진짜' 소프트웨어 엔지니어들과 같은 팀에 두는 것은 꺼릴 가능성이 크다. 아마도 소프트웨어를 개발하는 중요한 일을 하는 사람들의 방해가 되지 않는 다른 어떤 팀을 찾으려 할 것이다. 이상적으로 이런 팀은 소프트웨어 개발 속도를 높일 수 있는 일이라면 어떤 일이라도 할 수 있다. SRE/데브옵스 구분 모델의 관점에서 말하자면, '소프트웨어 엔지니어들이 코드 작성에 집중하는 것을 방해하는 모든 운영 부하, 지원, 잡무, 자동화 단순 작업'을 맡는 것이다. 그러나 문제는, 플랫폼의 규모가 매우 크지 않은 한 아무도 그런 일을 원하지 않는다는 점이다.

4.2 플랫폼 엔지니어의 다양한 역할

소프트웨어와 시스템 중 한쪽에만 지나치게 치우친 팀을 개선하려면 두 종류의 작업을 동등하게 평가해야 한다. 보통의 경우 그러려면 팀에 새로운 역할을 추가할 필요가 있다. 역할 추가를 위해서는 각 역할이 가져오는 가치를 이해해야 한다. 이번 절의 목표가 바로 그것이다. 관리자가 아닌 독자라도, 이번 절을 통해서 자신의 역할이 동료들의 역할과 어떻게 연관되는지 더 잘 이해하게 되길 바란다.

첫 단계는 소프트웨어 대 시스템이라는 기존 구분 방식의 한계를 깨닫는 것이다. 그러한 구분은 사람마다 초점이 다를 수 있다는 점은 잘 설명하지만, 각자의 역할이 서로 어떤 식으로 연관되는지는 잘 설명하지 못한다. 소프트웨어 측면에서 보면, '소프트웨어 엔지니어'라는 용어가 플랫폼 팀 외부의 다양한 역할을 설명하는 데 쓰이기 때문에 플랫폼 팀 안에서는 이 역할의 여러 측면이 어떻게 다른지를 놓칠 위험이 있음을 주의해야 한다. 이러한 차이점은 채용과 평가 과정에 있어 반드시 알아야 할 사항이다.

시스템 측면은 더 복잡하다. 여기에는 수많은 역할과 직책이 존재한다. 이 역할들 사이에 중복되는 작업도 많다. 하지만 역량뿐만 아니라 문화적으로도 전문화된 영역이 존재한다. 단순화하자면, 우리 저자들은 플랫폼 팀에 다음과 같은 세 가지 주요 시스템 중심 역할이 필요하다고 믿는다.

시스템 엔지니어

진정한 시스템 제너럴리스트이다. 데브옵스 엔지니어라고 부르는 게 적당하겠지만, 업계에는 그 밖에도 여러 이름이 있다.

신뢰성 엔지니어

시스템의 신뢰성에 깊이 집중한다. 시스템 엔지니어링의 다른 측면은 무시한다.

시스템 전문가

시스템 전문가(system specialist)는 특정 분야의 깊은 전문성에 기반한 여러 구체적인 역할을 아우르는 이름이다. 이를테면 리눅스 엔지니어, 성능 엔지니어, 네트워크 개발 엔지니어 등이 시스템 전문가에 속한다.

[그림 4-1]은 이 모든 역할이 팀 구성 측면에서 어떻게 연관되는지를 보여준다. 그럼 이 네 역할을 각각 자세히 살펴보자.

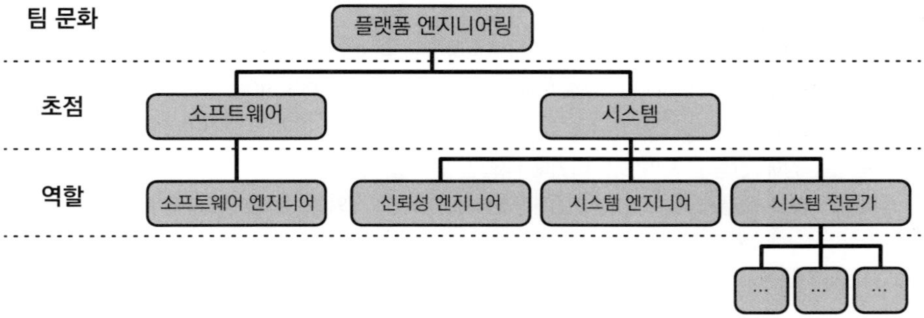

그림 4-1 플랫폼 엔지니어링 팀의 주요 엔지니어링 역할 분류.

4.2.1 소프트웨어 엔지니어

플랫폼 팀의 소프트웨어 엔지니어는 대량의 코드를 작성할 능력을 갖춘, 그리고 실제로 대량의 코드를 작성하는 사람들이다. 대부분의 플랫폼 팀은 서버 쪽 코드 작성에 익숙한 '백엔드 backend' 엔지니어가 주를 이루지만, '프런트엔드frontend' 엔지니어도 일부 있을 수 있다. 성공적인 플랫폼 팀에서는 특히 시니어급 소프트웨어 엔지니어들이 일반적인 애플리케이션 팀의 '백엔드' 엔지니어들과는 다소 다른 특징을 보인다. 다음은 대표적인 세 가지 특징이다.

시스템을 이해하려는 의지가 강하다.

이들은 자신이 작성한 코드와 그 코드가 실행되는 시스템의 상호작용을 깊게 이해하고자 한다. 단순히 최종 사용자를 위한 기능 구현에만 관심을 두지 않고, 코드가 실행되는 소프트웨어, 하드웨어, 네트워킹 생태계 전반에서 어떻게 작동하는지 세심하게 고려한다. 브라우저, 운영체제, 분산 시스템, 데이터베이스/저장소 등 모든 관련 영역을 깊이 있게 이해하려 든다.

이런 엔지니어들은 의존 라이브러리의 코드를 직접 읽어보려 하고, 애플리케이션의 경계에서 발생하는 장애 패턴에 대해 호기심을 보인다. 구현하는 기능을 넘어 시스템 전반을 고려하며, 코드 작성만이 아니라 운영과 지원 방법까지 파악하려 한다. 코드가 실제 프로덕션 환경에서 잘 작동함을 확인하기 전까지는 자신이 코드를 제대로 짰는지 알 수 없기 때문이다.

필수 비즈니스 시스템의 온콜 당직을 불편해하지 않는다.

제6장에서 다루겠지만, 대부분의 플랫폼은 인력이 넉넉지 않기 때문에 모든 전문가가 온콜 순환 근무에 참여하게 된다. 온콜on-call 근무에서 이들은 원인이 불분명한 비즈니스 핵심 장애에 대응한다. 온콜 근무를 좋아하는 사람은 없겠지만, 여기서 중요한 것은 단지 온콜 근무를 기꺼이 받아들이는 태도가 아니다. 실제로 효과적으로 대응할 수 있는 능력이 중요하다. 흔히 소프트웨어 엔지니어는 시스템의 세부사항을 파고들길

좋아하지만, 그것은 설계나 코딩 단계에서의 지적 호기심일 뿐이다. 새벽 2시에 실전에서 능력을 발휘하는 것은 다른 문제이다. 유닉스Unix를 다루는 기술이 부족하거나, 의사소통이 원활하지 않거나, 시간 압박하에서 일하는 것이 불편한 등 여러 이유가 있을 수 있지만, 대응 능력이 부족한 사람은 대부분의 플랫폼 팀에서 어려움을 겪게 된다.

회사 내에서는, 장애 상황을 지켜보면 여기에 적합한 인재를 찾을 수 있다. 담당자가 아닌데도 자발적으로 참여해서 장애 해결을 크게 앞당기는 사람들에게 주목하자. 외부 인력을 채용하기 위한 행동 면접(behavioral interview)[4]에서는 지원자가 참여했던 가장 큰 장애 사례를 물어보고, 실제로 해결에 중요한 역할을 했는지 확인해야 한다.

신중한 속도로 배포하는 것을 받아들인다.

시스템 세부사항을 좋아하고 사용자 문제를 즉시 해결하기 위해 자유롭게 코드를 작성하고 싶어 하는 뛰어난 인재는 많다. 하지만 플랫폼의 소프트웨어 엔지니어는 코드 작성 외에도 운영, 통합, 실험에 시간을 할애해야 한다. 게다가 플랫폼에서의 실수는 큰 비용을 유발한다. 운영상의 위험 측면에서 비용이 발생할 뿐만 아니라, 개발보다 유지보수 비용이 훨씬 더 큰 기능을 지원해야 하는 위험도 있다.

새로운 것을 추구하고 빠른 기능 개발에 강한 동기부여를 받는 엔지니어는 성숙한 플랫폼 팀에 적합하지 않을 수 있음을 주의하자. (제8장에서 다루겠지만, 이런 '개척자형' 엔지니어는 플랫폼 팀이 제품 팀과 협력해서 빠르게 반복해야 하는 초기 단계의 플랫폼에 더 적합하다.)

4.2.2 시스템 엔지니어

'시스템' 관련 역할은 너비(폭) 방향으로 특화되기도 하고 깊이 방향으로 특화되기도 한다. 잠시 후 살펴볼 신뢰성 엔지니어와 시스템 전문가는 깊이 방향으로의 전문화에 해당한다. 하지만 우리의 경험상 성공적인 플랫폼 팀에서는 폭 넓은 시스템 엔지니어가 더 일반적인 역할이므로, 이를 먼저 살펴보겠다.

소프트웨어 작성보다 시스템 이해에 중점을 두면서도 그 초점을 폭넓게 가져가 여러 전문 분야를 이해하는 인재는 거의 모든 플랫폼 팀에 도움이 된다. 이들이 성능이나 리눅스, 네트워킹 등 특정 개별 분야의 세계적 전문가는 아닐지라도, 서로 다른 유형의 시스템이 어떻게 작동하고 통합되는지에 대한 복잡성을 이해하려는 동기가 있기 때문에 대부분의 소프트웨어 엔지니어보다 더 많은 지식을 보유하고 있다. 또한 이들은 시스템에 까다롭고 복잡한 사항들이 많다고 해도 시스템을 다루는 작업에 더 큰 의욕을 보인다.

4 옮긴이_ 행동 면접은 한국의 '인성 면접'과 다소 비슷한 성격의 면접으로, 이러저러한 상황에서 후보자가 어떻게 행동했는지를 통해서 후보자의 인성이나 역량을 파악한다. 행동사건면접(behavioral event interview, BEI)이라고도 한다.

그렇다면 이들은 **실제로 하는 일**은 무엇일까? 이들은 주로 SRE와 데브옵스 관련 문헌에 나오는 작업을 수행한다. 특히 인프라 통합, 확장성, 신뢰성, 관측성(관찰 가능성)의 구성(configuration)과 관련한 자동화 작업이 많다. 하지만 자동화와 구성에만 그치지 않는다. 이들의 폭넓은 시스템 지식은 플랫폼 기능 구축에도 활용되는데, 특히 올바르게 구현하려면 많은 지식이 필요한 난해한 측면에서 더욱더 그렇다. 이들이 '데브옵스 엔지니어'나 'SRE 엔지니어'들과 겹치는 부분이 많아도 그런 이름 대신 시스템 엔지니어라고 부르는 이유가 그것이다. 플랫폼 엔지니어링 문화를 도입했다면, 팀의 모든 구성원은 단순히 자동화나 신뢰성이 아닌 플랫폼 제품의 기능이라는 관점에서 자신의 작업을 생각해야 한다.

시스템 엔지니어가 가장 빛을 발하는 부분은 플랫폼 코드베이스와 바탕 의존성 모두에 관련된 깊은 시스템 문제를 해결하는 것이다. 이러한 문제의 대부분은 운영과 관련이 있다. 우리는 여러 소프트웨어 엔지니어가 지식 부족으로 몇 달 동안 해결하지 못한 문제를 시스템 엔지니어 한 명이 와서 해결한 사례를 본 적이 있다(`https://oreil.ly/6gtnh`). 하지만 운영적 디버깅에만 초점을 두는 것은 이 역할의 가치를 너무 좁게 보는 것이다. 소프트웨어 엔지니어들이 코드를 몇 달간 다시 작성해야 한다고 말했던 문제를, 시스템 엔지니어가 OSS 구성의 간단한 최적화를 발견해 출시 기한을 구한 사례도 있다.

그렇다면 왜 특정 시스템 요소(사용 중인 OSS나 클라우드 공급업체 등)의 전문가를 구하는 대신 폭넓은 시스템 엔지니어 역할을 인식하고 채용해야 할까? 이유는 세 가지이다.

- 전문화에는 시간이 걸린다. 쓸 만한 시스템 엔지니어는 이미 '시니어' 수준의 경력을 갖춘 경우가 많아서, 그만한 경력이 아니면서도 능력 있는 시스템 엔지니어를 구하기가 어렵다.
- 유능한 시스템 엔지니어는 승진하려면 전문화가 필요하다고 느끼게 된다. 이들이 시스템 전문가로 변신하면, 팀으로서는 이들이 기여하는 폭넓은 지식(매우 중요함)을 잃게 된다.
- 전문가가 너무 많을 필요는 없지만, 폭넓은 시스템 엔지니어는 **반드시** 필요하다.

시간이 흐르면서 시스템 엔지니어가 자신이 작업한 특정 영역에 대한 전문성을 더욱 갈고 닦아야 하는 것은 사실이다. 하지만 회사에 정말 필요한 경우가 아니라면 이들을 특정 분야로 전문화하도록 밀어붙이는 것은 실수이다. 이러한 점을 염두에 두고, 전문가로 분류되는 두 가지 역할을 살펴보자.

4.2.3 신뢰성 엔지니어

SRE가 오늘날 업계 일부에서 인기를 끌고 있는 만큼, 신뢰성 엔지니어(reliability engineer)라는 역할이 기능 기반의 '소프트웨어 개발'을 제외한 모든 시스템 업무를 포괄한다고 생각하는 독자도 있을 것이다. 하지만 그런 관점에는 몇 가지 문제가 있다. 첫째로, 구글 자체도 SRE 직무를 소프트웨어 엔지니어와 시스템 엔지니어로 나누었다. 두 직무는 같은 문화를 공유하지만 서로 다른 역할을 수행한다. 둘째로, 제1장에서 언급했듯이 '데브옵스 엔지니어' 역할도 비슷한 기술을 다루지만 문화는 아주 다르다. 결국 이는 명칭이 중요하다는 점으로 귀결된다. 일반적인 시스템 엔지니어의 역할에는 지원, 효율성, 보안, 성능, 심지어 기능 추가까지 포함되지만, 신뢰성 엔지니어의 업무는 **전적으로** 신뢰성에 관한 것이라고 생각하는 사람이 많다(SRE 엔지니어들도 포함해서).

이 책에서도 '신뢰성 엔지니어'는 좀 더 일반적인 책무보다는 신뢰성에 초점을 두고자 하는 이들을 의미한다. 이 역할이 중요하지 않다는 뜻은 아니다. 많은 훌륭한 SRE 실천 관행들은 열정적인 실무 엔지니어들이 주도할 때 더 효과적으로 작동한다. 이들은 고영향 사고 관리(high-impact incident management), 서비스 수준 목표(service level objective, SLO) 및 카오스 엔지니어링 컨설팅, 게임데이 운영, 프로덕션 준비도(production readiness) 검토, 엄격한 사고 사후 분석, 주간 운영 회의 진행 등에서 뛰어난 성과를 보인다. 이들은 무엇이 중요한지 알 수 있는 기술적 깊이와 이를 뒷받침하는 기술적 요소들을 구현할 수 있는 역량을 갖추고 있어 조직의 시스템 전반에 걸쳐 신뢰성을 향상한다.

이론적으로는 다른 엔지니어들도 이 모든 일을 파트타임으로 할 수 있다. 하지만 실제로 그러길 원하는 사람은 거의 없다. 이런 일에 동기부여를 받는 사람들은 **시스템 사고**(systems thinking)에 익숙하기 때문에 해결책의 사회적 차원이 오히려 더 큰 동기가 된다. 이들은 주로 "모두가 조금씩 더 나아지려면 어떻게 해야 할까?"라는 질문을 던진다.

사고 관리를 예로 들어보자. 각 팀이 자체적으로 온콜 순환 근무를 운영하는 조직에서 SRE들은 사고 관리자로서 주제별 문제점(issue)들이 누락되지 않게 관리한다. 하나의 사고가 여러 시스템에 걸쳐 발생할 수 있는데, 팀이 그 모든 시스템을 담당하더라도 개별 담당자나 하위 팀은 자신의 영역만 생각하기 쉽다. 사고를 추적하고, 해결되지 않은 과제들을 고위 경영진에게 알리고, 이러한 과제들을 해결할 방법을 계획하고 실행할 누군가가 필요하다. 이는 복잡한 문제를 해결하길 좋아하고 프로젝트를 끝까지 완수할 인내심이 있는 사람이 가장 잘 수행할 수 있다.

이런 사람들은 주로 플랫폼 엔지니어링 팀에서 복잡한 기술 시스템을 다룬다. 대개는 자기 팀을 위해 파트타임으로 이 일을 시작한다. 이들의 업무 범위를 확대하고 더 넓은 권한을 주고 싶다면, 플랫폼 엔지니어링 팀과 긴밀히 협력하는 핵심 신뢰성 팀과 같은 전담팀에 배치하는 것이 좋다. 동료들은 때때로 이 역할의 사람들을 '실무 경험 없는 말만 잘하는 사람'으로 치부해서 그들의 영향력을 감소시키기도 한다. 우리는 신뢰성 전문가가 자신의 기술을 최신 상태로 유지할 수 있도록, 여러 플랫폼 팀을 드나들며 순환 근무할 것을 권장한다.

4.2.4 시스템 전문가

클라우드 네트워킹 엔지니어, 커널 엔지니어, 성능 엔지니어, 스토리지 엔지니어 등이 시스템 전문가에 해당한다. 조직이 어느 정도 규모가 되면 이러한 분야의 전문성을 갖춘 엔지니어는 '판도를 바꾸는' 인력으로 기능한다. 최고의 전문가는 실무를 수행할 뿐만 아니라 교육을 통해 조직 전체의 전문 분야 관련 업무 수준을 높이는 역할도 담당할 수 있다. 그렇다고 플랫폼 팀을 단순히 소프트웨어 엔지니어와 시스템 전문가의 조합으로만 구성할 수는 없다. 시스템 전문가는 꼭 필요해질 때까지 채용을 미루는 것이 좋다. 그리고 시스템 전문가가 필요해졌다면, 채용 시 높은 기준을 유지해야 한다. 첫 채용 인력의 긍정적인 영향이 분명히 보일 때까지 소수의 전문가만 채용하는 것이 바람직하다.

시스템 전문가를 정규직으로 고용하고 그들의 관심과 역량을 충분히 활용할 만한 문제를 제공하려면 조직의 규모가 상당히 커야 한다. 예를 들어 플랫폼이 제공하는 기능의 상당 부분이 네트워크 관리와 관련되어 있다면, 엔지니어링 팀 전체가 네트워크를 이해해야 한다. 하지만 이를 너무 강조하다 보면 자칫 특정 전문 분야의 최신 아이디어 구현에만 집중하고 실제로 필요한 것을 구축하는 데는 소홀해질 수 있다. 우리는 버전 관리 전문가들로만 구성된 개발자 도구 팀을 본 적이 있는데, 이들은 사용자 친화적인 도구의 부재는 무시한 채 버전 관리 시스템의 인터페이스 개선에만 시간을 쏟았다. 그런 작업도 중요하긴 하겠지만, 당면한 문제가 아닐 때는 과도하게 전문화된 팀이 실제로 필요한 것을 놓칠 수 있다.

또 다른 사례로, 우리는 일반적인 업무를 거부하는 시스템 전문가들도 보았다. 그런 사람들은 우리가 '내부 전도사(internal evangelist)로서의 전문가'라고 부르는 역할을 원한다. 이들은 회사에 당장 가치가 없는 오픈소스 프로젝트에 기여하거나, 컨퍼런스에서 발표하거나, 생소한 새로운 기술을 연구하는 데 열심이며, 자신의 전문 분야와 관련된 '있으면 좋을 법한' 내부 프로그램을 운영하는 데 시간을 보내고 싶어한다. 우리도 모든 엔지니어가 그런 활동을 하라고 장려한다. 단, **적절한 수준에서**만이다. 본격적인 에반젤리스트 활동은 플랫폼 팀이 아니라 SaaS 벤더들이 할 일이다. 엔지니어가 전문성을 보여줄 만한 실적 없이 이를 내부적인 전담 역할로 만들려고 오히려 신용을 잃기 쉽다. 결과적으로 조직 전체에 전파하려던 아이디어가 약해진다.

4.3 각종 엔지니어의 채용 및 식별 방법

앞 절의 내용을 읽고 조금 혼란을 느끼는 독자도 있을 것이다. 한 가지 역할의 인재를 구해야 할까, 아니면 두 가지나 네 가지, 혹은 그 이상의 역할을 찾아야 할까? 이에 대한 단일한 답은 없다. 답은 플랫폼 엔지니어링 팀의 필요성뿐만 아니라 회사의 직군과 채용 프로세스에도 달려 있기 때문이다. 현재 상황과 이를 변경할 수 있는 유연성 모두가 중요한 요소이다.

요즘 기술 업계는 채용과 승진 과정에서 프로덕션에 새로운 코드를 많이 배포하는 소프트웨어 엔지니어를 크게 선호한다. 이들이 조직에 미치는 영향을 평가하기가 쉽다고 보기 때문이다. 플랫폼을 다루는 소프트웨어 엔지니어들은 이 측면에서 다소 불리하다. 플랫폼 소프트웨어 엔지니어들이 다루는 시스템은 상대적으로 변화가 느리기 때문에, 그 성과를 전사적 프로세스에서 인정받기 어렵다. 플랫폼 팀의 다른 세 가지 역할은 상황이 더 안 좋다. 조직은 유능한 인재들을 너무 낮은 직급으로 채용하거나 승진을 거부하는 등의 방식으로 이들을 배척하곤 한다. 소프트웨어 배포에 비해 조직 기여도를 평가하기가 어렵다는 것이 이유이다.

우리 저자들은 이러한 난제를 성공적으로 풀기도 했고 실패하기도 했다. 회사 문화, 조직 내 우리의 위치, 프로세스 변경에 대한 CTO의 의지 등이 성공과 실패에 영향을 미치는 요인이었다. 거기서 배운 점은, **긍정적인 한계적 변화**(positive marginal change)[5]가 바로 성공의 관건이라는 것이다. 이는 개별 사례를 바탕으로 점진적 변화를 추진하되, 장기적으로는 더 큰 변화를 위한 근거를 쌓아가는 것을 말한다.

이러한 경험을 바탕으로, 지금부터 우리가 식별한 몇 가지 모범관행(best practice)을 소개하겠다. [표 4-1]은 이들을 요약한 것이다.

5 옮긴이_ '한계적 변화'는 원래 경제학 용어로, 현재 상태나 계획, 활동 등을 한꺼번에 크게 바꾸는 대신 조금만 바꾸는 것을 말한다.

표 4-1 플랫폼 엔지니어링 팀의 엔지니어링 역할과 모범관행.

역할	직함	면접 과정	직군/직무직급체계
소프트웨어 엔지니어	선호하는 직함은 '소프트웨어 엔지니어'이다. 불가피한 경우에만 '플랫폼 소프트웨어 엔지니어'를 허용한다.	플랫폼 엔지니어링 팀 적합성을 평가하는 맞춤형 행동 면접.	전사 공통의 역할 체계가 적용된다.
시스템 엔지니어	데브옵스 엔지니어 등 전문화된 직함을 허용한다.	소프트웨어 엔지니어와 동일하나, 코딩 면접은 더 유연하게 진행한다. 설계 질문은 후보자의 시스템 전반에 대한 지식을 평가해야 한다.	세 역할에 공통. 전체적 영향력은 소프트웨어 엔지니어와 동일하다. 코드 작성 실력보다는 고유한 지식, 기술, 실무를 통한 영향력의 차이에 따라 직급이 나뉜다.
신뢰성 엔지니어	SRE 엔지니어 등 전문화된 직함을 허용한다.	시스템 엔지니어와 동일하나, 설계 질문은 후보자가 SRE를 얼마나 깊게 이해하는지를 평가하는 데 주력해야 한다.	
시스템 전문가 (여러 역할로 분화)	커널 엔지니어, 성능 엔지니어, 스토리지 엔지니어 등 전문화된 역할별 직함을 허용한다.	소프트웨어 엔지니어와 동일하나, 설계 질문은 후보자가 해당 시스템 전문 분야를 얼마나 깊게 이해하는지 평가하는 데 주력해야 한다.	

4.3.1 역할별 직함을 허용한다

[표 4-1]은 각 역할을 직함(title), 직무직급체계(level matrix; 흔히 '직군(job family)'이라고 부른다)[6], 면접 과정이라는 세 측면으로 나누어서 설명한다. 우리는 이러한 체계를 과도하게 선호하는 사람들을 본 적이 있다. 그런 사람들은 세 측면을 체계적으로 연결하려 들며, 특정 직무직급체계가 적용되는 모든 역할은 면접 과정과 직함도 모두 동일해야 한다고 주장한다. 언뜻 생각하면 더없이 간단하고도 합리적인 방식이다.

하지만 직함이라는 것은 그 사람의 역할을 동료와 외부 이해관계자에게 알리는 역할을 한다. 특히, 전문 분야에서 경력을 쌓아온 사람은 직함에 개인적인 의미를 부여하기 마련이다. 예를 들어 여러분의 조직이 시스템 전문가와 SRE 엔지니어에게 동일한 직무직급체계를 적용한다

6 옮긴이_ ladder는 단선적(1차원)적인 승진 구조를 암시하는 반면, level matrix는 직급과 직무가 혼합된 다차원 구조이다. 다양한 승진 혹은 '성장'의 경로가 가능하다. 구별을 위해 ladder는 '직급체계', level matrix는 '직무직급체계'로 옮기기로 한다.

고 하자. 조직에 처음 입사한 커널 전문가를, 단지 직무직급체계가 같다고 해서 SRE 엔지니어라고 부른다면 동료들도 이해하기 어려울 뿐만 아니라, 그 커널 전문가의 전문성을 깎아내리는 일이 된다. 이는 그저 조직의 관료적 경직성을 드러내는 것일 뿐이다.

따라서 역할별 직함을 허용하는 것은 바람직한 일이다. 그렇다고 모든 사람이 자신의 직함을 임의로 선택하게 하는 극단적 방식은 피해야 한다. 그런 방식은 오히려 혼란을 가중할 수 있다. 새로운 직함은 정당한 이유가 있을 때만, 좀 더 구체적으로는 새 직함을 붙일 역할이 기존 역할과 실질적으로 차이가 있을 때만 허용해야 한다. 그리고 중요한 점은 새로운 직함을 도입한다고 해서 그 즉시 새로운 직무직급체계나 면접 과정을 만들 필요는 없다는 점이다(이 부분은 이후의 절들에서 좀 더 논의할 것이다).

4.3.2 새로운 소프트웨어 엔지니어 직무직급체계를 만드는 것은 피한다

표준적인 소프트웨어 엔지니어링 직무 기술서(job description, JD)는 새로운 코드나 시스템, 아키텍처를 만들어 내는 업무를 크게 강조한다. 이러한 정의들 때문에 플랫폼 소프트웨어 엔지니어들은 면접 과정이나 성과 평가, 승진 심사에서 불이익을 받는 경우가 많다. 이들도 다른 소프트웨어 엔지니어들과 같은 일을 하지만, 다루는 시스템이 비즈니스에 매우 중요하기 때문에 변경이 더딜 수밖에 없다. 많은 조직이 이 문제를 해결하고자 '플랫폼 소프트웨어 엔지니어' 직무직급체계를 만들려고 한다. 플랫폼이 본질적으로 다른 유형의 시스템이며, 성공적인 플랫폼 개발에는 다른 개발팀과는 차별화된 기술이 필요하므로 평가도 달라야 한다는 것이 이유이다.

하지만 이는 사실 다른 모든 전문 소프트웨어 개발 역할에도 해당하는 문제이다. 예를 들어 데이터 엔지니어, 모바일 엔지니어, 프런트엔드 엔지니어도 모두 소프트웨어를 작성하고 새로운 시스템을 만든다(단지 시스템의 유형이 다를 뿐이다). 그렇다면 이들에도 각자 직급을 부여해야 할까? 그렇다고 말하고 싶겠지만, 직급체계를 몇 번 만들어 운영해 보면 만드는 데 비용이 많이 들 뿐만 아니라 유지하는 데는 더 큰 비용이 든다는 점을 깨닫게 된다. 여기에는 새로운 용례(use case)를 지원하기 위해 코드를 포크fork할지, 아니면 둘 다 지원하도록 일반화할지를 고민하는 것과 비슷한 절충(trade-off)이 존재한다. 처음에는 저렴해 보이는 선택(코드 또는 직무직급체계의 포크)이 장기적으로는 유지보수 부담이 된다. 특히 비슷한 포크가 많을 때 더욱 그렇다.

이러한 역할들이 기본적으로 소프트웨어 개발에 관한 것이므로, 가장 합리적인 방법은 하나의 직급체계로 통합하는 것이다. 이를 위해서는 **"어떤 방법을 사용했는가?"**가 아니라 **"어떤 성과를 달성했는가?"**를 중심으로 직급 기준을 명시할 필요가 있다. 이를 제대로 하려면 시간과 반복적인 개선이 필요하다.

아직 그런 직급 기준이 명시되지 않은 상황에서, 뛰어난 플랫폼 소프트웨어 엔지니어가 단지 부실한 평가 방식 때문에 승진을 못하고 있다면 어떻게 해결해야 할까? 우리의 경험에 따르면, 그런 경우에는 현재 체계 **안에서** 유연성을 발휘하는 것이 바람직하다. 이를테면 플랫폼 엔지니어링 외부에서 한 단계 위 직급의 사람 중에 "이 사람의 영향력이 내 수준과 동등하다"고 증언해 줄 사람을 찾는다. 보통의 경우 그런 사례를 조직에 제시하면 조직이 직급 기준을 적절히 조절하게 된다. 마이크로소프트의 수석 소프트웨어 엔지니어링 관리자인 디에고 키로가Diego Quiroga는 승진 사례를 뒷받침하기 위해 다음과 같은 증거를 제시하라고 조언한다.

- 해당 엔지니어가 만든 도구, 대시보드, 위키(특히 팀이나 조직 안에 널리 도입된 것들)
- 고객 응대의 질적 수준(명확성, 기술적 깊이, 반응 시간 및 태도 포함)
- 문제점의 효율적인 처리 및 해결 기여도(티켓의 양과 복잡성을 고려해서)
- 사후 분석 참여도, 다른 팀의 사고 분석 지도 능력, 해결책 제시 능력

이러한 산출물과 기타 증거들을, 해당 엔지니어의 작업 결과를 직접 받은 사람들의 피드백으로 뒷받침해야 한다. 작업의 영향력과 필요한 기술적 전문성을 모두 언급하는 피드백을 요청하는 것이 좋다.

4.3.3 시스템 관련 역할들을 하나의 직무직급체계로 통합한다

작은 회사라면 앞에서 설명한 관행만으로도 뛰어난 소프트웨어 및 시스템 플랫폼 엔지니어를 채용할 수 있을 것이며, 이들을 위한 직무직급체계를 따로 둘 필요도 없을 것이다. 하지만 조직의 규모가 커지면 상황이 달라진다. 신뢰성 엔지니어, 시스템 엔지니어, 각종 시스템 전문가 등 '시스템' 관련 역할들은 코드를 많이 작성하지 않기 때문에, 자신의 가치를 인정받기 어려운 경우가 많다.

흔한 사례를 들어보자. 대규모 시스템들을 10년 동안 다루어 본 훌륭한 시스템 엔지니어가, "시니어 엔지니어처럼 코딩 문제를 해결하지 못한다"라는 이유로 시니어가 아닌 직급을 제안받

은 경우가 있다. 또한 우리는 지난 1년간 천 줄의 코드만 작성한 시니어급 엔지니어나 새로운 시스템 구축을 주도하지 않은 스태프급 엔지니어의 승진을 전사 승진 위원회가 평가하기 어려워하는 모습도 보았다. 위원회는 새로운 코드와 시스템 생성이라는 관점으로만 영향력을 판단하려는 편향을 가지고 있었다.

이러한 점을 고려할 때, 우리는 대부분의 조직이 결국에는 코드를 많이 작성하지 않는 '시스템' 역할들을 위한 새로운 직무직급체계를 만들게 되리라고 생각한다. 핵심은 그런 직무직급체계를 세 개가 아니라 단 **하나**만 만드는 것이다. 그렇지 않으면 비슷한 역할의 영향력을 평가하는 미묘한 차이를 명문화하는 셈이 되어서 모두를 혼란스럽게 만들게 된다. 이러한 직함들은 최근 몇 년간 많은 변화가 있었으므로, 여기서 새로운 이름을 제안하지는 않겠다. 메타Meta(구 페이스북)의 프로덕션 엔지니어 직무직급체계나 아마존Amazon의 시스템 개발 엔지니어 직무직급체계 같은 사례가 있다.

만약 회사에 이미 데브옵스 엔지니어나 SRE 엔지니어를 위한 직무직급체계가 있다면 그것을 사용해도 좋다. 이들은 좀 더 구체적인 역할인 만큼 해당 직함과 완벽하게 맞아떨어지지는 않겠지만, 애초에 완벽한 이름이란 없으므로 굳이 이름을 바꿀 필요는 없다. 다만, 세 가지 역할 모두를 수용하는 직급 기준을 마련해야 한다. 그렇지 않으면 플랫폼 팀에서 성공할 수 있는 사람이 제한될 것이다.

4.3.4 필요하다면 새로운 소프트웨어 엔지니어 면접 과정을 도입한다

면접에서 후보자를 평가하는 것과 직원의 업무 성과를 평가하는 것은 완전히 다른 문제이다. 성과와 승진의 경우는 크게 어렵지 않다. 직원은 수천 시간 동안 그 일을 해왔으므로 전달 가능한 산출물이 많이 있을 것이다. 그런 산출물이 비즈니스에 미친 명확한 영향력과 기타 구체적인 역할 정보를 통해서 그 직원을 맥락 있게 평가할 수 있다. 반면 면접은 실제 업무와는 무관한 몇 시간의 정보만 제공한다. 따라서 소프트웨어 엔지니어링 면접 과정을 직원 평가 과정에서 '포크'해서 따로 두는 것이 올바른 선택일 수 있다.

'전사 공통(company-wide)' 소프트웨어 엔지니어링 채용 과정을 사용하는 회사의 플랫폼 팀은 후보자의 '애플리케이션 소프트웨어 엔지니어' 프로필만 평가하다가 이번 장의 앞에서 다룬 여러 차이점을 놓칠 위험이 있다. 우리는 예를 들어 실용적인 코딩 기술(가정들과 특수 사례(edge case)를 세심하게 살펴서 해결책을 만드는 것)보다는 일상적인 플랫폼 프로그래밍에서 거의 등장하지 않는 컴퓨터 과학 지식(이를테면 기본적인 자료구조나 알고리즘 등)에 중점을 둔 코딩 문제들로 후보자를 평가하는 조직들을 보았다. 설계 문제에서도 편향이 있었다. 일부 조직은 플랫폼 자체를 설계하는 것이 아니라 애플리케이션의 일부로 적절한 플랫폼을 선택하는 데 초점을 맞추곤 했다. 이런 것들은 플랫폼 소프트웨어 엔지니어링과 잘 맞지 않는다.

플랫폼 엔지니어링 팀을 위해서는 다음과 같은 면접 과정이 바람직하다.

- 전통적인 코딩 면접 1회. 보통은, 단순한 접근 방식이나 무차별 대입식으로 해결이 가능하되 고급 알고리즘이나 자료구조를 이용해서 최적화할 여지가 있는 알고리즘에 관한 문제를 제시한다. 최적화된 해결책을 찾을 수 있는지 뿐만 아니라 오류 처리와 테스트를 비롯해 자잘한 '북키핑' 요소들도 답안에 포함되어 있는지 평가해야 한다.
- 시스템 세부사항에 대한 후보자의 이해의 폭을 가늠하기 위한 코딩 면접 1회. 코드를 올바르게 작성하는 데 20분 정도 걸리지만 기본 가정들을 논의하는 데에는 30분 이상 필요한 문제여야 한다. 이 논의를 통해서 테스트, 관측성, 규모 확장 같은 실질적인 요소들에 대한 후보자의 방법론과 가정들을 가늠할 수 있다. 예를 들어 입력이 컴퓨터 한 대로 처리할 수 있는 크기를 초과하면 답안이 어떻게 달라질지 물어보면 좋을 것이다.
- 전통적인 설계 면접 1회. 단, 애플리케이션이 아니라 **플랫폼**의 설계에 초점을 둔다.
- 역방향 설계 면접(inverted design interview)[7] 1회. 후보자가 과거에 실제로 설계하고 구축한 것의 기술적 절충과 선택을 깊이 있게 파고든다.
- 행동/가치 면접 1회. 운영 경험, 갈등 상황에서의 리더십, 고객에 대한 공감(empathy) 능력에 특히 중점을 둔다.

이러한 면접 유형 중 회사의 기존 프로세스에 없는 것이 있다면, 초기 면접관들의 기준이 맞춰지도록 도입 과정을 여러분이 '손수' 관리해야 한다. 소규모 작업 그룹을 만들어서 표준 질문 항목들(그리고 공통의 평가표나 긍정/부정 신호 세트)을 만들어 나가면 좋을 것이다. 프로세스 초기 도입 시에는 질문이 후보자를 얼마나 잘 평가했는지에 대한 면접관들의 피드백을 수집하고, 작업 그룹에 해당 추세를 보고해서 개선하고 보정해야 한다. 우리의 경험에 따르면, 이러한 직접 관리 방식으로 초기 면접관들의 기준이 잘 맞춰지기까지는 6개월 정도 걸린다.

---

7 옮긴이_ 역설계 면접이라고도 하지만, 역설계는 reverse-engineering과 혼동할 여지가 있으므로 역방향 설계 면접이라고 번역했다.

4.3.5 시스템 역할에 대한 면접 방식을 바꾼다

[표 4-1]에 따르면 시스템 역할들에도 플랫폼 소프트웨어 엔지니어와 동일한 면접 방식이 적용된다. 하지만 우리는 면접 방식을 세 가지 방식으로 바꿀 것을 제안한다. 첫째는 설계 질문을 좀 더 유연하게 만드는 것이다. 지원자의 전문 분야에 집중할수록, 면접 통과 여부와 적절한 직급을 평가하는 데 더 많은 정보를 얻을 수 있다. 둘째로, 역방향 설계 면접에서는 해당 전문 분야 시스템에 대한 후보자의 지식이 얼마나 깊은지를 파악하는 데 중점을 두어야 한다. 이 면접에서는 조직의 해당 분야 전문가가 질문을 던지는 것이 이상적이다.

셋째는 가장 논란의 여지가 있는 부분인데, 시스템 역할 후보자도 코딩 면접을 보게 하는 것이다. 시스템 쪽 배경을 가진 사람들은 종종 "화이트보드 코딩은 진짜 코딩이 아니므로 할 필요가 없다"라고 주장한다. 거기에 "이력서를 보면 내가 코딩을 잘한다는 점을 알 것이다"라는 말을 덧붙이기도 한다. 안타깝게도, 실제로는 기존 프로덕션 시스템에서 코드를 작성하지 못한 사람들도 많다. 이력서로 볼 때 능력이 출중한 사람들조차도 그렇다. 이 부분은 반드시 면접에서 확인해야 한다.

문제는 어떻게 확인하느냐이다. 시스템 쪽 배경을 가진 사람들은 종종 화이트보드 면접 과정이 부자연스럽고, 일반적인 작업 환경과 동떨어진 연습을 요구한다고 지적한다. 사실 실시간 면접의 시간 압박 속에서 새로운 문제에 대한 프로덕션 품질의 코드를 만들어내기란 어려운 일이다. 면접관이 어깨너머에서 호의적인 제안을 던지면서 중간에 끼어드는 상황에서는 더욱더 그렇다. 결과적으로, 후보자의 결과물은 실제 업무에서 후보자가 얼마나 잘 코드를 작성할지를 제대로 보여주는 증거가 되지 못한다.

대신 우리는 지원자에게 오프라인으로 코딩 과제를 주고 언제까지 결과를 제출하라고 요구하는 방식을 제안한다. 대면 면접에서는 후보자가 제출한 결과물을 두고 논의한다. 그러면 후보자가 정말로 스스로 코드를 작성했는지 알 수 있을 **뿐만 아니라**, 해당 분야의 시스템에 관한 질문도 심도 있게 다룰 수 있다. 이러한 면접 방식은 더 많은 시간이 소요된다. 또한 이런 방식에 반발하는 후보자도 있을 것이다. 하지만 전통적인 **인프라** 문화나 **운영** 문화가 아니라 진정한 **플랫폼** 문화를 가진 팀을 구축해서 의미 있는 새로운 소프트웨어를 만들고 싶다면, 이 지점에서 후퇴해서는 안 된다.

4.3.6 고객 공감 능력 면접

플랫폼 엔지니어링 조직을 관리하고 함께 일하면서 우리는 일부 조직과 주요 사용자 그룹 사이에 껄끄러운 관계가 만들어지는 상황도 겪었다. 특정 사례에서 엔지니어들은 사용자들의 생각과 의견을 경멸했다. 심지어 사용자들이 플랫폼 자체가 만들어 낸 문제 때문에 고생하는 경우에도 그런 반응을 보이곤 했다. 애초에 그런 '얼간이(jerk)'[8]들을 채용하지 않으면 되는 문제라고 생각할 수도 있겠지만, 이는 너무 단순한 생각이다. 이유는 두 가지이다.

첫째로, '얼간이'라는 말은 비하, 자극, 무시 같은 행동을 의미하며, 실제로 얼간이들은 분명 그런 식으로 행동한다. 얼간이라는 말은 비판에 대해 방어적인 태도와 같은 좀 더 미묘한 행동을 보이는 엔지니어를 포괄하지 못한다. 그런 엔지니어는 사용자를 최선을 다해 돕기보다는 한숨을 쉬거나 어깨를 으쓱거리고 과거를 지적할 뿐이다. 이들은 "너희 사용자들은 우리 덕분에 편하게 일하는 거잖아"라는 생각을 가지고 있으며, 팀의 압박이 커지면 사용자들을 향해 격한 반응을 보이면서 그런 생각을 드러낼 가능성이 있다.

둘째로, 오히려 **사용자**가 얼간이일 수 있다. "문제는 키보드와 의자 사이에 있다"라는 오래된 헬프데스크 밈은 나름대로 근거가 있는 말이다. 대부분의 애플리케이션 엔지니어는 고객 지원 부서나 제품 조직의 보호를 받는다. 최악의 사용자들은 그런 조직이 응대한다. 그러나 제6장에서 논의하겠지만, 플랫폼 팀의 경우에는 지원 사례와 새로운 기능 사이의 경계가 모호해질 수 있으므로, 사용자 지원은 플랫폼 팀이 맡아야 할 업무의 일부이다.

자신이 만든 것이 아닌 시스템을 지원하면서 까다로운 사용자에 대응하려면 인내심과 공감 능력이 필요하다. 화를 참으면서 소통의 다리를 놓고, 사용자를 교육하고 문제를 해결해야 한다. 모든 사람이 이를 감당할 수 있는 것은 아니다. 안타깝지만, 열정적인 플랫폼 엔지니어 중에는 이런 플랫폼 업무에 적합하지 않은 사람이 많다. 그들의 행동은 팀의 평판에 영향을 미칠 뿐만 아니라, 자신들의 불만이 어느 정도는 '정당하기' 때문에 전체 팀 문화에 영향을 미치기 쉽다.

사용자 대응과 관련해서 문제를 일으킬 만한 후보자를 걸러내기 위해 면접에서 평가할 항목들은 협상, 의사소통, 권한 없는 영향력 등으로 다양하다. 어떤 경우이든, 적어도 기본적인 공감 능력과 사용자의 입장에 서볼 수 있는 능력만큼은 면접에서 확인할 필요가 있다. 다음은 우리가 사용해 본 질문들이다.

---

8 옮긴이_ jerk는 무례하고 자기 멋대로 행동하는 사람을 말한다. '얼간이'가 딱 맞는 용어가 아니겠지만, 비속어를 피하려면 선택의 폭이 넓지 않다.

- 사용자가 시스템을 이해하도록 도와준 경험이 있으면 말씀해 보세요.
- 고객의 피드백을 받아들여서 후보자의 개발 방향을 바꾼 경험이 있으면 말씀해 보세요.
- 새로운 기능이나 시스템을 사용자가 좋아할지, 잘 사용할 수 있을지를 후보자는 어떻게 파악하나요?

이런 질문들은 엔지니어들이 좋은 제품 관리자가 될 수 있는지 보려는 것이 아니다. 엔지니어들이 만들어 내는 것은 결국 **타인**이 사용할 것이라는 점을 일깨우기 위해서라고 할 수 있다. 이와 관련해서 카미유 푸르니에는 **사용자** 공감(user empathy) 대신 **고객** 공감(customer empathy)이라는 표현을 선호한다. 한 친구의 말을 인용하자면, "**고객**은 의무를 의미하지만, **사용자**는 그냥 지나가는 누군가일 뿐이다."

그렇다고 엔지니어가 모든 시간을 고객을 생각하는 데 보내야 한다는 뜻은 아니다. 하지만 엔지니어들이 자신의 코드를 읽어야 하는 타인에게 공감할 때, 그리고 단순히 가장 흥미로운 기술적 문제뿐만 아니라 시스템의 전반적인 건강을 위해 노력하고자 할 때, 엔지니어 개인과 팀 전체가 더욱더 강해진다.

4.4 훌륭한 플랫폼 엔지니어링 관리자의 자질

균형 잡힌 플랫폼 소프트웨어 엔지니어와 시스템 엔지니어 팀을 갖추는 것도 중요하지만, 언젠가는 엔지니어링 관리자(engineering manager)가 필요하게 된다. (이 모든 면접 절차를 누가 책임지겠는가?) 더 나아가서, 관리자는 팀 문화에 가장 큰 영향을 미치는 리더이기도 하다. 관리자는 팀원들이 자신이 의견을 경청 받는다고 느끼고, 능력을 발휘한다고 느끼고, 자신의 아이디어가 다른 사람들의 아이디어와 동등하게 취급된다고 느끼게 하는 데 큰 영향을 미친다.

훌륭한 관리자들이 공통으로 갖추는 역량들이 존재하지만, 성공적인 플랫폼 엔지니어링 관리자에게는 특히 중요한 몇 가지 역량, 성향, 경험이 있다. 이번 절에서는 그러한 주된 자질 몇 가지를 살펴본다.

4.4.1 플랫폼 운영 경험

플랫폼 엔지니어링은 애플리케이션 소프트웨어 엔지니어링 배경을 가진 많은 관리자가 제대로 인식하지 못하는 운영상의 복잡성을 수반한다. 바탕 시스템이 방대하다는 점 정도는 대부분의 관리자가 이해한다. 하지만 그런 시스템의 경계가 명확하지 않다는 점을 놓치는 경우가 많다. 한 영역의 문제가 예상치 못한 방식으로 전체 시스템을 무너뜨릴 수 있다. 따라서 팀이 시스템적 문제를 천천히, 그리고 꾸준히 해결해 나가도록 관리하려면 상당한 겸손과 인내심이 필요하다. 운영 기술이 없는 소프트웨어 엔지니어링 리더를 플랫폼 관리 역할에 배치하면 문제를 악화시킬 수 있다. 문제를 단번에 해결해 주는 '탁월한' 엔지니어링 해결책 하나를 찾으려는 사고방식을 조장하기 때문이다. 물론 시스템을 재빨리 수정해서 시간을 벌게 되는 경우도 있지만, 그런 수정은 '탁월한' 해결책이라기보다는 '단순한' 편법일 가능성이 훨씬 높다. '탁월한' 엔지니어링 수정 하나가 운영상의 문제를 악화시키고 팀의 속도를 늦추는 실패 사례 10개를 유발하는 경우도 많다.

또 다른 실패 유형은 고객 조직에서 경험을 쌓은 훌륭한 관리자를 영입하는 것이다. 이 접근 방식에는 숙련된 관리자 확보, 빠른 고객 공감대 형성, 조직 관계 구축 측면에서 확실히 장점이 있다. 하지만 이러한 그런 관리자들이 일했던 곳은 운영의 복잡성이 낮은 곳일 가능성이 높다는 점을 주의해야 한다. 제6장에서 보겠지만, 그런 관리자는 일상적인 운영 관행의 가치를 제대로 파악하지 못해서 문제를 방치하는 우를 범하기 쉽다. 게다가 그런 관리자는 바탕 시스템 문제는 해결하기 쉬운 문제이고, 그저 그 문제를 담당했던 엔지니어들이 일을 엉망으로 하거나 그것을 팀이 제대로 관리하지 못했을 뿐이라는 잘못된 생각을 가지고 있을 수도 있다. 이는 문제를 잘못 진단할 뿐만 아니라 기존 팀의 가장 강력한 구성원들을 소외시키는 지름길이다.

4.4.2 대규모 장기 프로젝트 경험

"빠르게 움직이고 마구 깨뜨려라(move fast and break things)"라는 표현으로 대표되는 애플리케이션 엔지니어링의 속도에 익숙한 관리자는 플랫폼 엔지니어링 팀의 느린 전달 속도에 좌절할 수 있다. 많은 사람이 의존하는 플랫폼은 조직의 운영에 핵심적인 요소이다. 따라서 플랫폼을 천천히 변경하고 신중하게 운영하는 것은 당연한 일이다.

그렇다고 '빈번한 전달(frequent delivery)'을 플랫폼 팀의 목표로 삼으면 안 된다는 뜻은 아니다. 훌륭한 플랫폼 엔지니어링 리더는 훌륭한 애플리케이션 엔지니어링 리더가 하는 것과 같은 방식으로 팀이 작업을 빠르고 안전하게 전달할 방법을 찾도록 도울 것이다. 하지만 매일 새로운 코드를 프로덕션 환경에 배포하는 팀을 이끄는 것과 여러 고객을 한 중요 플랫폼에서 다른 플랫폼으로 가동 중단이나 데이터 손실 없이 안전하게 마이그레이션하는 수개월의 프로세스를 신중하게 고려해야 하는 팀을 이끄는 것 사이에는 차이가 있다.

뛰어난 플랫폼 리더는 팀이 개선 사항을 더 빨리 전달하지 못한다는 비판을 받아들일 수 있어야 할 뿐만 아니라, 플랫폼 팀이 높은 수준의 비즈니스 중요도, 복잡성, 위험을 관리하고 있으므로 이 정도의 기능 제공 속도가 적절하다는 점을 외부에 주장하고 납득시킬 수도 있어야 한다. 이해관계자들의 끊임없는 압력과 비판에 직면하면, 자신만만한 리더조차도 자신의 전략에 의문을 품기 마련이다. 그러면 체면을 만회하기 위해 임시방편을 찾아 팀의 초점을 흐트러뜨리기 시작할 수도 있다. 그렇게 하는 대신, 외부의 일방적인 피드백에 대한 감정적인 반응을 배제하고 기술 이해관계자와의 힘든 논의에 기꺼이 시간과 노력을 투자해야 한다. 이러한 관계를 구축하는 기술에 대해서는 제10장에서 자세히 논의한다.

4.4.3 세부사항에 대한 주의

'애플리케이션 엔지니어링' 리더십에서 '플랫폼 엔지니어링' 리더십으로 전환하는 데 성공한 관리자 중에는 프로젝트 및 프로세스 관리를 직접 수행하는 데서 동기를 부여받는 '세부 지향적(detail-oriented)'인 사람이 많다.

초기 경력을 인프라 및 플랫폼 팀에서 엔지니어로 보낸 관리자는 어떤 세부사항이 중요한지, 누가 올바른 절충안을 선택할 수 있는지를 잘 파악하고 있는 경우가 많다. 그 덕분에 과도한 관리 프로세스를 사용하지 않고도 팀을 잘 이끈다. 하지만 다른 배경을 가진 관리자가 그런 직관을 가지게 되려면, 여러 가지 세부사항을 잘 챙겨야 한다. 단, 그런 경우 팀원들은 '미시 관리(micro management)'하에 있다는 느낌을 받기 쉽다. 특히 이전의 관리자가 프로세스를 덜 사용했다면 더욱 그렇다. 하지만 "내 리더가 절충안을 이해하기 위해 미시 관리적인 질문을 한다"와 "내 리더가 나에게 영향을 미치는 결정을 내릴 때 중요한 세부사항을 놓친다" 중 하나를 고르라면, 대부분의 엔지니어는 전자가 그나마 낫다는 점을 인정할 것이다.

훌륭한 관리자는 결국에는 팀을 언제 신뢰하고 언제 더 깊이 파고들어야 할지에 대한 직관을 갖추게 되며, 그러면 형식적인 프로세스의 상당 부분을 제쳐둘 수 있다. **실제로** 미시 관리를 실천하는 관리자들은 이 부분에서 어려움을 겪겠지만, 훌륭한 관리자는 그렇지 않다.

4.5 플랫폼 팀의 기타 역할들

우수한 플랫폼 팀에는 다양한 유형의 엔지니어 외에도 여러 역할이 존재한다. 그 역할들을 간단히 살펴보자.

4.5.1 제품 관리자

우수한 플랫폼 팀은 제품과 고객에 초점을 둔다. 제5장에서 설명하겠지만, 이러한 사고방식이 반영된 제품을 만들려면 지속적이고 세밀한 노력이 필요하다. 특히 고객과의 소통이 중요하고, 그것을 전략으로 발전시키는 작업도 중요하다. 규모가 커지면, 이를 보장하는 유일한 방법은 플랫폼 그룹에 전담 제품 관리자(product manager; PM)를 두는 것이다.

유능한 제품 관리자를 채용하는 것은 어느 곳에서나 쉽지 않은 일이지만, 플랫폼 팀의 경우에는 특히 더 어렵다. 대부분의 제품 관리 조직은 수익 창출과 외부 고객에 대한 가치 전달에 탁월한 관리자를 높게 평가하므로, 플랫폼 팀에서 흔히 겪는 여러 문제점을 체험한 제품 관리자는 많지 않다. 그러다 보니 때로는 '비즈니스 집착(business obsession)'이라는 근시안적인 사고방식에 지나치게 빠져들 수 있다. FAANG 기업[9] 중 한 곳의 데이터 플랫폼 팀에서 스태프 엔지니어로 일하는 조던 웨스트Jordan West는 이런 식으로 생각하는 제품 관리자들과의 부정적 경험을 다음과 같이 반어법적으로 표현했다. "고객만 만족한다면 엔지니어들이 10분마다 업무가 중단되고 다른 아무 것도 전달하지 못 하는 게 뭐가 그렇게 나쁜가?" 스타트업에서는 이런 사고방식이 유용할 수도 있지만, 플랫폼 팀에서는 역기능적이다.

이러한 문제를 해결하기 위해 플랫폼 팀이 다른 기술 분야 출신의 제품 지향적 인재들을 영입할 수도 있겠다. 우리가 함께 일해본 제품 관리자 중 정식 제품 관리 경험을 가진 제품 관리자와 엔지니어링이나 기술 프로그램 관리 직무에서 제품 관리로 전환한 사람의 비율은 1:2 정도였다. 정식 제품 관리 경험이 없는 사람을 채용하는 것은 모험이지만, 성공적인 결과로 이어지는 경우가 많다.

---

9 옮긴이_ FAANG은 Facebook(현 Meta), Amazon, Apple, Netflix, Google의 머리글자를 따서 만든 용어로, 기술 분야의 트렌드를 선도하고 시가 총액도 높은 기업들을 가리킨다. 국내의 '네카라쿠배'를 연상하면 될 것이다. 요즘은 Meta, Alphabet(Google의 모회사), Microsoft, Amazon, Apple을 줄인 MAMAA 같은 용어도 쓰인다.

제품 팀을 이러한 **인재들로만** 채우고 싶은 생각도 들겠지만, 그런 유혹을 거부해야 한다. 팀에는 이미 해당 역할을 잘 파악하고 있는 경험 많은 제품 관리자도 필요하다. 이들은 신규 직원들의 교육에 도움이 되며, 팀이 실제로 제품 관리를 하고 있는지 아니면 그저 고급 프로그램 관리나 스크럼 마스터링scrum mastering, 기술 지도(tech leading)를 실천하는 것일 뿐인지 가늠하는 데에도 도움이 된다. 초기에는 이를 외부 코칭과 교육으로 대신할 수도 있겠지만, 이 단계를 완전히 건너뛰어서는 안 된다.

제품 관리자를 채용할 수 없을 때는 어떻게 하나?

제품 관리자를 채용할 수 없는 상황(이를테면 조직이 외부 고객 대응팀에만 해당 역할을 허용하는 등의 이유로)이거나 적합한 인재를 찾지 못할 때는 어떻게 해야 할까? 조직의 타 엔지니어링 분야에서 영입할 만한 후보가 있더라도, 새로운 역할에 대한 경력 부족 때문에 연봉을 깎이는 문제가 발생할 수 있음을 주의해야 한다. 그런 급여 정책을 사용하는 기업이 많다.

기존 엔지니어링 관리자나 프로젝트 관리자에게 제품 관리자 역할을 맡길 수도 있지만, 신중한 접근이 필요하다. 엔지니어링 관리자 역할에도 고객과 많은 소통이 필요하다. 하지만 그 소통은 대체로 실행(execution)에 초점이 맞춰져 있다. 게다가 엔지니어링 관리자들은 다른 책임들로 인한 업무 부담에 시달리는 경우가 많다. 기술 프로그램 관리자(technical program manager, TPM)들도 비슷한 어려움을 겪는다. 이들은 모호한 장·단기적 절충(trade-off)에 관한 논의에 익숙하지 않다. 제품 문제를 최대한 빨리 범위를 정하고 우선순위를 매겨서 해결해야 할 '실행'의 문제로만 바라보는 경향이 있다.

우리가 경험한 가장 성공적인 사례는 스태프 엔지니어(staff engineer)[10]들과의 협업이었다. 추정컨대 스태프 엔지니어의 약 4분의 1은 비즈니스에 적합한 일을 하는 데 투자하는 강력한 양방향 소통 능력을 갖추고 있다. 이들은 고객과 대화할 때 고객의 말에 귀를 기울이고, 피드백을 내면화하고, 점진적인 해결책을 모색한다. 그 해결책이 자신들이 꿈꾸는 '차기 대박(next big thing)'과는 거리가 멀더라도 말이다. 그렇다고 나머지 4분의 3의 스태프 엔지니어들이 부적격한 것은 아니다. 단지, 개인 성향이나 역량 상 제품 관리를 책임질 정도는 아니라는 뜻일 뿐이다. 따라서 이들을 제품 관리자와 파트너로 일하게 하면 이상적이다.

정리하자면, 만일 제품 관리자를 채용할 수 없는 상황이라면 두 역할을 모두 수행할 수 있는 스태프 엔지니어를 찾아 권한을 부여하고 보상하는 것이 최선의 방법이다. 이 역할에 관해 더 자세히 알고 싶다면 『개발자를 넘어 기술 리더로 가는 길』(디코딩, 2023)[11]을 추천한다.

---

10 옮긴이_ 명확히 정의하기는 어렵지만, 대체로 '관리자급 혹은 경영진은 아니지만 리더 역할을 하는 시니어 엔지니어'라고 보면 될 것이다.

11 옮긴이_ 원서는 Tanya Reilly, 『*The Staff Engineer's Path*』(O'Reilly, 2022)이고 번역서는 김그레이스가 번역했다.

4.5.2 제품 소유자

SAFe(Scaled Agile Framework) 덕분에 제품 소유자라는 직책을 채용하는 기업이 아주 많아졌다. 이 역할이 제품 관리자와 어떻게 다른지는 다소 모호하다. 제품 소유자(product owner, PO)를 마케팅 중심의 제품 관리 역할을 보완하는 직책으로 정의하기도 한다. 이 경우 제품 소유자는 백로그 정리와 사용자 스토리 정의 작업에 중점을 둔다. 하지만 플랫폼 엔지니어링 조직에서는 '고객'이 모두 내부 직원이므로 마케팅 필요성이 적다. 따라서 이런 역할 분리는 불필요하다. 그보다는, 전략적 의사결정과 실행 메커니즘을 모두 다룰 수 있는 인재를 찾는 것이 바람직하다.

4.5.3 프로젝트 관리자/기술 프로그램 관리자

프로젝트 관리자 또는 기술 프로그램 관리자(TPM)[12] 역할은 엔지니어링 조직에서 가장 많은 비판을 받는 직책이다. 비판론자들은 이 역할이 관여하는 모든 의사결정이 이해관계자들의 대규모 회의를 통해 이루어지고, 그 외에는 주로 과로에 시달리는 관리자들과 기술 리더(tech lead)들에게 업데이트를 독촉하는 일이 대부분이므로 직함에 '기술'이라는 단어를 포함하는 것은 잘못이라고 주장한다. 우리는 이것이 역할 자체의 문제라기보다는 그들이 직면하는 업무 환경과 조건의 문제라고 생각한다. 경영진이 사전에 적절한 프로젝트 우선순위를 정하지 않은 경우, 프로젝트가 성공하려면 TPM이 조직 간 협업을 강제하는 수밖에 없다. 이러한 상황을 피하려면 제품 관리자를 먼저 채용하고, 중소 규모 프로젝트는 엔지니어링 관리자와 기술 리더가 관리하도록 하는 것이 좋다.

하지만 경영진과 제품 관리자가 아무리 노력해도 미래를 예측하는 것은 불가능하다. 광범위하고 실행 중심적인 프로젝트는 계속 발생할 수밖에 없다. 그런 프로젝트를 잘 관리하려면 업무 시간의 100%를 관리에 매달릴 사람이 있어야 하는데, 해당 업무로 경력을 쌓은 사람에게 맡기는 것이 현명한 결정이다.

우수한 플랫폼 TPM을 찾는 일은 우수한 제품 관리자를 찾는 것만큼이나 어렵다. 우리는 이전 회사에서 성공했던 후보자들이 새로운 회사에서 완전히 실패하는 경우를 많이 보았다. 여기서

---

12 '제품 소유자' 대 '제품 관리자'의 예와 마찬가지로, 프로젝트 관리자와 TPM의 역할 차이는 미묘하다. 게다가 업계 전반에서는 이 용어들이 다양한 의미로 쓰인다. 이 책에서는 둘을 사실상 동의어로 간주한다. 옮긴이_ 둘의 차이점을 비롯해 TPM에 관한 좀 더 자세히 소개한 글로 https://olvimama.github.io/blog/what-is-tpm이 있다.

우리가 얻은 교훈은, 현재 조직의 프로세스를 탓하기보다는 지금 있는 조직 전반의 프로세스를 활용해서 프로젝트에 성과를 전달하는 데 익숙한 TPM을 찾아야 한다는 것이다. 따라서, 비교적 작은 회사라면 권한 없이도 엔지니어들과 상향식 관계를 구축해서 성과를 전달할 수 있는 인재가 필요하다. 한편 엔지니어가 수만 명인 대기업에서는, 의견 일치를 못 이루는 경영진에게 어려운 의사결정 사항을 제시할 수 있는, 그러면서도 세부사항을 수집해서 경영진이 선호하는 방식으로 전할 수 있는 사람이 필요하다.

4.5.4 개발자 옹호자, 기술 저술가, 지원 엔지니어

개발자 옹호자(developer advocate)[13], 기술 작가, 지원 엔지니어는 매우 전문화된 역할로, 대규모 플랫폼 엔지니어링 조직(일반적으로 천 명 이상의 엔지니어가 있는 조직)에서 볼 수 있다. 제품 관리자와 엔지니어도 어느 정도는 이러한 기능을 수행할 수 있으므로(전문가만큼 잘하지는 못하더라도), 팀에 정말로 **전업**(full-time) 전문가가 필요해질 때까지는 채용을 미루는 것이 좋다. 이는 팀원들의 "내 일이 아니다"(not my job)라는 태도에 맞서는 것을 의미한다. 또한, 이 역할이 직무직급체계에 명시적으로 언급되지 않더라도, 이러한 작업이 인정받고 보상받을 수 있도록 보장해야 한다.

4.6 플랫폼 엔지니어링 팀 문화 조성

이번 장을 시작할 때 우리는 한 종류의 엔지니어(시스템 또는 소프트웨어)에 편향된 탓에 플랫폼 엔지니어링에 필요한 균형 잡힌 문화를 만드는 데 어려움을 겪는 팀의 사례를 언급했다. 이번에는 서로 다른 문화를 가진 두 팀을 한데 모아 플랫폼 엔지니어링에 필요한 문화를 조성한 사례를 살펴보겠다.

---

13 옮긴이_ 개발자 옹호자는 흔히 '개발자 전도사'라고 부르는 직책과 비슷하다. 둘 다 조직의 개발 역량과 외부 커뮤니티의 가교 구실을 한다. 차이라면, 전도사는 조직의 기술을 외부에 알리는 데 초점을 둔다면, 옹호자는 외부의 의견과 반응을 조직에 전하는 데 주력한다. 단, 플랫폼 팀의 경우 '외부'에는 조직 내부의 타 부서들이 포함된다.

4.6.1 개발팀과 SRE 팀으로 분리된 플랫폼

이 사례는 복잡한 OSS 시스템을 핵심으로 하는 한 컴퓨트 플랫폼compute platform에 관한 것이다. 이 플랫폼은 시스템 관련 분야의 박사 학위가 있긴 하지만 학위를 받은 지 얼마 되지 않은 소프트웨어 엔지니어들로 구성된 개발팀이 급조한 것이었다. 이들은 모두 전사적인 '소프트웨어 엔지니어' 면접 기준에 따라 채용되었다. 즉, 시스템 운영 기술이나 고객 공감 능력에 대한 검증은 전혀 이루어지지 않았다. 플랫폼 팀은 최근 몇 명의 시스템 엔지니어를 추가했지만, 당시의 교과서적 접근 방식에 따라 이들은 별도의 'SRE' 조직으로 채용되었다. 세 단계 위의 공동 관리자는 문제가 있다는 것을 알고 있었지만, 해결해야 할 사항에 대해 서로 매우 다른 제안들을 듣고 있었다.

4.6.2 개발팀의 장단점

개발팀은 모든 문제를 '성장(growth)'으로 해결할 수 있다고 믿는 문화를 가지고 있었다. 그들은 고객과 협업해서 새로운 기능을 구축하면 고객들이 새 플랫폼으로 이전하게 되고, 이후 더 많은 엔지니어를 채용할 수 있다고 생각했다. 고객에 관한 포괄적인 이해나 마이그레이션 계획은 없었고("만들면 사람들이 올 것이다" 정도였다), 일부 시스템의 운영 안정성 개선, 기존 제품의 발전을 통한 문제 해결 등도 신경 쓰지 않았다. 대신 기회가 있을 때마다 즉시 '새로 만들기(new build)' 모드로 전환했고, 그것이 미래의 모든 고객이 사용할 '탁월한' 솔루션이 될 것이라 생각했다.

이러한 방식에는 몇 가지 장점이 있었다. 팀은 매우 혁신적인 솔루션을 만들어냈다. OSS가 자신들의 요구사항을 지원하지 않는다고 해서 부적합하다고 판단하는 대신, 커뮤니티에서 아무도 해결하지 못한 OSS의 문제에 도전하는 것을 두려워하지 않았다. 해결되지 않은 문제에 대담하게 달려든 덕분에 장벽을 무너뜨리고 큰 성과를 전달할 수 있었으며, 전달 과정에서 형식적인 절차에 발목 잡히지도 않았다.

그러나 예상했겠지만 커다란 단점이 있었다. 이러한 새로운 시스템에는 안정성 문제가 많았지만, 엔지니어들은 기존 인프라를 이해하고 수정하는 데 시간을 들이기보다는 새로 만드는 것을 선호했다. 이런 혁신적인 솔루션은 초기에는 바람직해 보였으나, 시간이 지나도 팀은 여전히 '개척자(pioneer)' 모드에서 벗어나지 못했다. 팀 내 연구원들의 영향이었을 수도 있는데, 팀의 엔지니어들은 안정성, 신뢰성, 점진적 개선이라는 일상적인 업무에는 덜 관심을 보였다. 결국 프로젝트 전달과 광범위한 고객 소통이 악화되었다. 고객들은 언제 일이 완료될지 알 수 없어서 불만이 쌓였다.

이런 문제들을 대부분 회사 신규 직원들로 구성된 소규모의 SRE 팀을 별도로 만들어서 해결하려 했지만 오히려 상황이 악화되었다. 개발팀은 기술 부채가 상당히 쌓였음에도 신뢰성을 그저 'SRE의 문제'로 보고, 기존의 방식을 고집할 핑계로 삼았다. 비난은 노골적이기보다는 은밀했지만, 양쪽 모두 "왜 저 팀은 비즈니스 요구사항을 충족하는 더 나은 인재를 채용하지 않는가?" 라고 생각했다.

4.6.3 팀 통합과 제품 관리 도입

우리의 첫 번째 조치는 플랫폼 운영, 장기 프로젝트 실행, 이해관계자 관리에 뛰어난 경험과 탁월한 관리 능력을 갖춘 SRE 쪽의 인물 아래 팀들을 통합하는 것이었다. 새로운 팀은 새로운 것을 만들고 싶어 하는 사람들, 기존 시스템의 확장과 운영을 즐기는 사람들, 고객과 더 긴밀히 일하고자 하는 사람들 사이에서 균형을 이루었다. 그 결과 약 6개월에 걸쳐 운영이 안정화되었고 새 기능에 관한 우선순위 부여 문제도 잘 통합되었는데, 여기에는 '엔지니어 1인당 기능 하나(one engineer, one feature)' 모델에서 로드맵 모델로 크게 전환한 것이 부분적으로 도움이 되었다.

하지만 이러한 변화에는 대가가 따랐다. 더 혁신적인 연구 중심의 개발자 몇 명이 팀을 떠난 것이다. 그들은 새로운 기술을 실험하고 새로운 것을 만드는 데 집중할 수 있었던 기존의 SRE 모델을 선호했다. 불만이 쌓이는 것을 미리 감지해서 회사의 다른 부서에서 더 적합한 역할로 옮기게 한 경우도 있지만, 충분히 빠르게 대처하지 못해서 회사를 아예 떠나기도 했다. 단지 팀 배정이 잘못된 탓에 우수한 엔지니어들을 아예 잃게 된 것이다.

그다음 단계는 팀의 제품 관리를 맡을 제품 관리자를 찾는 것이었다. 이 또한 긴장을 야기했다. 결국에는 제품 관리자가 모든 중요한 결정을 내리더라도 기술 리드들이 여전히 의견을 제시할 수 있어야 하고, 엔지니어링 관리자들이 무시받지(또는 그렇게 느끼지) 않도록 해야 했다. 이처럼 다양한 그룹을 통합하면서 모든 구성원이 존중받고 최선의 성과를 낼 수 있다고 느끼게 하는 것은 결코 쉬운 일이 아니었다.

4.6.4 점진적인 플랫폼 엔지니어링 문화 조성

조직의 리더로서 우리가 맡은 중요한 역할 중 하나는 새로운 문화를 강화하는 것이었다. 예상보다 어려운 일이었는데, 팀 외부에서도 문화적 도전이 있었기 때문이다. 기존에 개발팀은 "혁신적인 것을 협업을 통해 구축한다"라는 회사의 전반적인 문화와 강하게 부합한 덕분에 강한 권한을 가지고 있었다. 그런 문화는 실제 사용자가 없는 데이터 과학자들의 작업에는 잘 맞았다. 하지만 기업에는 더 높은 신뢰성이 필요한 다른 애플리케이션 팀들이 있었다. 게다가 데이터 과학자들도 불안정한 플랫폼에 만족하지 못했다.

그래서 우리에게는 새로운 것을 구축하는 동시에 안정성, 신뢰성, 사용성을 고려하는 플랫폼 팀이 필요했다. 혁신과 협업이라는 회사의 핵심 가치를 존중하면서도 안정성과 확장성에 균형 있게 집중하는, 새로운 플랫폼 엔지니어링 문화를 만들어야 했다.

사실 대기업의 하위 팀들은 대부분 각자 고유한 문화가 있으며, 기업의 규모가 클수록 이러한 문화는 더욱 다양해지는 경향이 있다. 팀은 어느 영역에 집중할지, 어떤 것을 보상하고 어떤 것을 처벌할지에 관한 나름의 문화를 발전시킨다. 그런데 플랫폼 팀의 문화는 제품 엔지니어링 팀보다 다소 보수적인 경향을 보인다. 플랫폼 엔지니어링 리더는 크든 작든 모든 문화 이탈(culture drift)에 주의를 기울여서, '우리 대 그들'이라는 사고방식으로 이어지지 않도록 해야 한다. 팀이 약간 독특한 문화를 갖는 것은 괜찮지만, 고도로 신뢰할 수 있는 시스템을 운영하는 데 대한 자부심이 결함 있는 코드를 계속 배포하는 제품 엔지니어링 팀에 대한 경멸로 변질될 정도가 되면 안 된다. 그러면 훌륭한 플랫폼을 구축하는 데 매우 중요한 고객 공감 능력을 잃을 위험이 있다.

건강한 조직을 만들려면 서로 다른 역할과 기술을 인정하고 보상하는 데 시간을 투자해야 한다. 그런 것들이 더 강력하고 나은 전체를 만드는 데 어떻게 기여하는지 팀원들에게 주지시킬 필요가 있다. 파트너 팀과 그들의 업무를 인정하는 시간도 가져야 한다. 이러한 문화적 투자는 팀을 지원하고 팀과 리더의 지속적인 성공을 보장하는 데 큰 도움이 될 것이다. 다음 단계는 제품 문화를 만드는 것인데, 다음 장에서 본격적으로 이야기하기로 하자.

4.7 마무리

이 책의 제1부에서 우리는 플랫폼 엔지니어링에 팀 구성 방식의 문화적 변화가 필요하며, 고객 중심 플랫폼을 위해 다양한 집중 영역을 가진 엔지니어들이 협업해야 한다고 강조했다. 하지만 이런 '혼합 모드'의 관리가 쉬운 일은 아니다. 그러다 보니 리더십 경력이 짧거나 플랫폼 엔지니어링으로의 전환 초기 단계에 있는 플랫폼 리더들은 자신이 잘 아는 기존 방식으로 돌아가려는 경향이 있다. 그러면 팀이 소프트웨어나 시스템 중 한쪽으로 편향된다. 안타깝게도 이는 대개 시스템 엔지니어가 가져오는 복잡한 분석력이나 소프트웨어 엔지니어가 가져오는 코드 개발 생산성이 부족한 플랫폼으로 이어진다. 결국 플랫폼 제품은 고객의 필요가 아닌, 그저 팀이 만들 수 있는 것으로 정의된다.

이번 장에서는 대규모 플랫폼 엔지니어링 팀에 필요한 다양한 역할을 소개하고, 각 역할의 구성원이 성장할 수 있도록 채용과 인정 과정을 어떻게 개선해야 하는지도 논의했다. 또한 플랫폼 팀을 성공적으로 관리하는 데 필요한 리더의 특성을 살펴보고 팀 내부뿐만 아니라 고객 엔지니어들이 팀과 상호작용할 때 가지는 기대치에서 오는 문화적 격차를 어떻게 해소할 수 있는지에 대한 예도 제시했다. 문화는 성공에 매우 중요한 요소라서 이 책의 거의 모든 주제에 문화가 등장한다. 제5장에서는 제품 문화를 좀 더 자세히 논의할 것이다.

이번 장에서 제시한 변화를 실제로 구현하기란 쉽지 않다. 하지만 지나치게 일반적인 오픈소스 소프트웨어(OSS)와 벤더 기본요소들을 사내 도구와 접착제로 연결한 엉성한 시스템을 운영하는 데에서 벗어나려면 플랫폼 엔지니어링의 여정을 시작해야 하며, 그 첫 단계는 바로 실제로 플랫폼을 구축할 수 있도록 팀을 구성하는 것이다.

CHAPTER 5

제품으로서의 플랫폼

내부 플랫폼이란 결국 빛도 공기도 없는 퇴비 더미 같은 환경에서 만들어지는 외부 플랫폼 아닌가?

— *코다 헤일Coda Hale*

조직 안에서만 사용할 내부 기술(internal technology)을 구축할 때도 제품 접근 방식(product approach)을 따른다는 아이디어가 점점 더 인기를 얻고 있다. 하지만 기술 업계의 수많은 유행과 마찬가지로, 이 접근 방식을 도입하려는 사람 중 상당수는 이 접근 방식의 진정한 의미를 이해하지 못하고 곧이곧대로 해석한다. 플랫폼 엔지니어링의 경우 그냥 팀에 제품 관리자들을 대거 투입하면 문제가 해결되는 것으로 생각할 뿐이다. 제품 관리자(PM)가 중요하다는 점은 우리도 동의한다. 그러나 제품 지향적인 플랫폼 조직을 구축하려면 PM 몇 명을 고용하는 것으로는 부족하다. 또한 내부 제품에 대해 PM 영입을 꺼리는 기업들도 있다. 그래서 이번 장에서는 공식적인 내부 제품 관리팀이 있는 조직과 없는 조직 모두에 도움이 되는 내용을 이야기한다.

이번 장은 플랫폼 조직에 제품 위주 사고방식을 도입하고 제품 관리 기법을 적용하고자 하는 모든 이를 위한 것이다. 이번 장에서는 먼저 문화를 깊이 고찰하면서 고객(또는 사용자. 이 책에서 고객과 사용자는 사실상 같은 용어로, 모두 제품을 실제로 업무에 사용하는 모든 사람을 지칭한다)에 초점을 맞춘다. 이는 제품 관리 기법을 적용하는 첫 단계가 플랫폼을 구축하는 대상을 이해하고 그들을 이해관계자가 아니라 고객으로 대하는 방법을 배우는 것이기 때문이다.

그다음으로는 제품 발견과 진화에 대해 다룬다. 플랫폼의 경우 최고의 제품 아이디어가 여러분의 엔지니어들과 회사 내 다른 부서 엔지니어들로부터 나오는 경우가 흔하다. 따라서 작은 프로토타입(원형)을 발굴하고 그것을 더 많은 개발자가 유용하게 사용하도록 확장할 수 있는지 살펴보는 것이 새로운 제품을 발굴하는 유효한 방법일 때가 많다.

기존 제품과 관련해서는, 기존 제품을 더 발전시키는 전략들과 기존 제품의 기능들을 더 발전시킬지 아니면 완전히 재검토할지를 판단하는 방법을 논의한다. 또한 새 제품이 실제 수요가 있는지 검증하는 방법과 새 제품이 얼마나 성공적으로 쓰이고 있는지를 측정하는 방법도 설명한다.

그런 다음에는 이 모든 이론을 실천에 옮기는 방법을 설명한다. 관련 기술들을 하나로 묶어 하나의 제품 비전과 전략, 로드맵으로 만들고 고객이 여러분의 목표와 여러분이 전달하고자 하는 결과물을 이해할 수 있게 만드는 방법을 배우게 될 것이다. 마지막으로는 흔히 발생하는 실패 사례들을 살펴본다. 많은 팀에게 이는 큰 변화이므로 여러 가지 실수가 발생할 수 있는데, 이 사례들이 그런 실수를 피하는 데 도움이 되길 바란다.

제품 관리 방법론은 책 한 권을 채울 정도의 주제이지만, 이번 장을 통해서 기초를 폭넓게 이해하고 이를 활용해 고객의 요구를 충족하는 플랫폼을 정의하고 전달하는 방법을 배울 수 있을 것이다.

5.1 고객에 초점을 둔 제품 문화

대기업이든 스타트업이든, 플랫폼 엔지니어링의 일환으로 제품 관리를 도입하려 한다면 첫 단계는 고객을 이해하고 존중하는 것이다. 좋은 제품을 만들려면 제품의 **대상이 명확해야** 한다. 하지만 내부 고객을 이해하기란 쉽지 않다. 매일 대화할 수 있는 사람들이지만, 그렇다고 그들이 자신이 원하는 것을 정확히 설명할 수 있다는 뜻은 아니다. 내부 고객은 문제가 생길 때만 불만을 표시하는 수동적인 소비자일 수도 있고, 자체 플랫폼을 구축하려는 능동적인 경쟁자일 수도 있다. 여러분은 동료이자 고객인 내부 사용자들을 만족시켜야 하지만, 그들이 요구하는 모든 것을 들어줘야 하는 것은 아니다.

플랫폼의 대상이 누구든, 그들을 이해관계자가 아닌 고객으로 보고 그들의 요구를 충족하는 제품을 만드는 것이 중요하다. 어떤 기업도 고객에게 제품 사용을 강요하지 않는다. 내부 시스템도 마찬가지이다. 이번 절에서는 내부 고객의 다양한 특성을 살펴보고, 성공적인 플랫폼 구축을 위해 이들과 교류하고 공감하며 협업 관계를 구축하는 방법을 논의한다.

참고 이러한 변화를 위해서는 인센티브와 중점 분야(초점 영역)를 엔지니어링 지도층이 잘 조정하는 것도 중요하다. 여기에는 뛰어난 제품 관리자를 채용하는 것이 도움이 되지만, 좋은 제품을 만들기 위한 노력의 성패는 엔지니어링 팀의 행동에 달려 있다.

5.1.1 내부 고객의 특성

내부 고객을 상대하다 보면 제품의 성공 여부를 판단하는 데 사각지대가 생기기 마련이다. 더욱이 여러분의 일을 과소평가하거나 당연하게 여기는 고객을 상대하다 보면 추가적인 마찰이 발생한다. 이러한 환경을 효과적으로 관리하려면, 여러분이 상대하는 고객의 유형과 그들만의 독특한 기대, 그리고 예상되는 과제들을 이해해야 한다. 그럼 내부 고객의 주요 특성을 살펴보자.

고객층이 작다.

플랫폼 제품 의사결정은 다소 독특한 분야이다. PM이라고 하면 사람들은 흔히 대개 대규모 소비자 제품의 제품 관리자를 떠올린다. 지표(metric)를 신성시하며, A/B 테스트나 사용자 연구, 핵심 성과 지표(KPI), 디자인 스프린트, 수익 모델 같은 말을 입에 달고 다니는 사람들이다. 대규모 사용자층을 대상으로 제품을 만들 때는 이 모든 것이 실제로 중요하다. 아마도 AWS의 PM들은 수많은 지표를 일상적으로 챙길 것이다. 하지만 플랫폼의 경우에는 수백 명의 사용자를 대상으로 한 A/B 테스트로 의미 있는 결과를 얻기 어렵다. 중소 규모 기업의 내부 고객을 위한 플랫폼을 만들 때는 지표 중심 전략을 도입하기가 더 까다롭다. 유용한 지표가 전혀 없는 것은 아니지만, 지표들을 통해서 실제로 의미 있는 신호를 포착하려면 측정 대상과 측정 방법을 신중히 선택해야 한다. 이러한 신호를 찾는 방법은 이번 장의 뒷부분에서 논의한다.

고객이 묶여 있다.

플랫폼의 경우에는 고객층이 작을 뿐만 아니라 대개는 고정되어 있다. 내부 고객은 플랫폼 팀이 제공하는 제품을 사용할 수밖에 없다(고객이 자체적으로 플랫폼을 만들지 못한다). 팀이 내부 고객에게 원하는 것이나 플랫폼 제품에 대한 평가를 물어볼 수는 있지만, 동료에게 솔직하게 의견이나 불평을 제공하기란 쉽지 않다. 또한 시간만 있다면 더 나은 것을 스스로 만들 수 있다고 생각하는 엔지니어들도 있다. 즉, 여러분이 아무리 노력해도 만족하지 않는 고객층이 존재한다.

고정된 고객층을 대할 때는 플랫폼 엔지니어링 팀이 실패하는 유형은 크게 두 가지이다. 첫째는 제품 도입률

(adoption metric)을 완전히 무시하다가 나중에야 플랫폼 제품이 일부 고객에게만 유용하다는 사실을 깨닫는 것이다. 이는 '당연한' 기능으로 간주되지만 사실은 미완성인, 대다수 고객의 요구에 맞지 않는 제품들이 누적되는 결과로 이어질 수 있다. 둘째는 도입률만을 중요한 지표로 보고 이를 빌미로 고객에게 맞지 않는 시스템을 강요하는 것이다. 고정 고객층이 있다고 해서 그들이 필요로 하고 원하는 것을 만드는 노력을 게을리해서는 안 된다.

인센티브가 상충한다.

극단적인 경우, 플랫폼 팀의 존속을 위한 '비용'이 다름 아닌 내부 고객에서 나오기도 한다. 이 경우 내부 고객은 플랫폼 제품에 대해 원하는 바를 생각하기보다는 여러분의 팀이 가져가는 예산으로 할 수 있는 다른 일들을 더 많이 생각하게 될 수 있다. 특히, 별로 유용하지 않거나 그다지 가치를 느끼지 못하는 제품을 강제로 사용하고 있다면 더욱 그렇다. 고객 팀은 자신들의 요구사항에 특화된 맞춤형 기능을 구축해 달라고 하거나, 그들의 시스템에 플랫폼을 통합하기 위해 개발자를 빌려달라고 요구할 수도 있다.

고객 만족도가 계속 변한다.

플랫폼 팀이 만드는 제품은 대부분 어려운 일을 쉽게 만들거나 아예 불필요하게 만드는 것이다. 그러다 보니 내부 고객은 개선 사항을 곧 잊어버리기 쉽다. 이는 고객이 영원히 만족하지 못하는 무한 루프로 이어질 수 있다. 플랫폼 팀이 병목 지점 하나를 해결하면 고객은 곧바로 다음 문제에 눈길을 돌린다. 시작에서 끝까지 전체 작업흐름이 완전히 개선된 후에야 비로소 플랫폼 팀의 성과를 인정하게 된다. 게다가 조직에는 새로운 엔지니어들이 계속 입사한다. 이는 플랫폼에 대해 새로운 기대치를 가진 내부 고객이 계속 유입된다는 뜻이다. 플랫폼이 그러한 기대치를 충족하지 못한다면, 비록 1년 전보다는 훨씬 나아졌어도 엔지니어들의 평가는 박할 수밖에 없다. 또한 대부분의 사람은 이 모든 것을 잘 작동시키는 것이 얼마나 복잡한 일인지 이해하지 못하며, 뭔가 고장이 나기 전까지는 플랫폼을 당연하게 여긴다는 점도 잊지 말아야 한다. 무관심이 곧 고객 만족인(즉, 불만이 없으면 만족하는 것인) 경우가 많다.

고객이 경쟁자가 된다.

마지막으로, 내부 고객이 때로는 경쟁자처럼 행동한다. 오타가 아니다. 플랫폼 팀의 고객이 엔지니어이면, 그리고 팀이 그들의 요구를 따라잡지 못하면, 고객은 팀과 조율하며 기다리기보다 필요한 것을 직접 만들어버릴 수 있다. 이런 고객은 다루기가 정말 까다롭다. 고객의 요구를 예측하기 어려울 뿐만 아니라, 플랫폼 팀의 솔루션을 기다리는 것이 서둘러 직접 만드는 것보다 낫다는 점을 이해시키기도 쉽지 않다.

5.1.2 내부 고객과의 협업

앞에서 보았듯이 플랫폼 팀의 고객은 동료이자 친구이면서 적일 수도 있는 까다로운 상대이다. 이 점은 제품 접근 방식이 극복해야 할 또 다른 과제를 제기한다. 바로, 기존의 내부 협업 관행을 개선하는 것이다.

내부 사용자, 특히 비기술(nontechnical) 사용자를 위한 소프트웨어를 만들어본 경험이 있다면 **관계 모델**(relationship model)에 기반한 상호작용 방식에 익숙할 것이다. 이는 팀이 비즈니스 문제를 해결하기 위해 신속하게 소프트웨어를 전달해야 하는 압박을 받을 때 발생한다. 경영진은 납기일(전달 마감일)을 지키는 문제에 몰두하기 마련이다. 따라서 요청받은 기능이 적절한지를 두고 논쟁하고 싶어 하지 않는다. 그 결과 엔지니어들은, 고객층과의 관계를 강화하고 이해관계자(stakeholder)[1]를 만족시키기 위해서는 고객이 요구한 것을 최대한 빨리 그대로 구현하는 데 주력할 수밖에 없는 처지에 놓인다. 특정 고객 그룹을 만족시키는 것만이 중요하다면, 그들이 구체적으로 요청하지 않은 것을 만들어 위험을 감수하는 것은 의미가 없어 보이게 된다. 만족시켜야 할 사람이 적을수록 그들이 원하는 대로 해주는 경향이 강해진다. 구축한 시스템이 당면 과제를 해결하지 못할 경우 비난을 피하기 위한 방어책이 되기 때문이다.

짐작했겠지만 우리는 이 모델이 그리 마음에 들지 않는다. 비기술 고객을 대상으로 할 때도 그렇지만, 플랫폼 엔지니어링 팀에 적용될 때는 더욱더 문제가 된다. 팀이 순전히 관계 모델에만 근거해서 다른 엔지니어링 팀을 위한 제품을 만드는 것, 즉 그냥 다른 팀이 원하는 것을 그대로 만들어 주는 것은 양측 모두를 실패로 이끈다. 대다수의 엔지니어링 팀은 자신들이 정확히 무엇을 원하는지 모른다. 요청한 것을 그대로 구현해 주어도 실제로 도입하지는 않을 수 있다. 원한다고 말한 기능을 도입하지 않았을 때 비난 받는 것은 누구일까? 바로 여러분이다. 그들은 구현이 너무 늦었다거나, 우선순위를 잘못 설정했다거나, 혹은 다른 문제에 집중하느라 이 새로운 것을 도입할 시간이 없다는 핑계를 들 것이다.

다른 엔지니어링 팀을 고객으로 둘 때 순수한 관계 중심 접근 방식을 취하기는 거의 불가능하다. 그들 역시 모든 엔지니어링 팀이 겪는 동일한 문제를 안고 있기 때문이다. 작업 시간을 정확히 예측하지 못하고, 미래에 중요해질 사항들을 제대로 예측하지 못하고, 문제를 충분히 깊이 있게 고민하지 않는다.

게다가 엔지니어링 플랫폼은 시간이 지나면서 요청에 따라 쌓아 올린 기능의 집합체가 아니다. 플랫폼은 회사 전반에서 비슷하지만 완전히 동일하지는 않은 고객들을 지원해야 한다. 이러한 고객들은 플랫폼의 성공과는 무관할 수 있는 사항들에 대해 매우 독선적인 의견을 가지고 있다. 널리 쓰일 플랫폼을 만들려면 특정 고객의 요구사항을 넘어 일반화할 수 있는 문제를 파악하는 방법을 익혀야 한다.

이것이 바로 플랫폼을 위한 제품 관리가 단순한 이해관계자 관리가 아닌 이유이다. 관계 기반

1 이 맥락에서 '이해관계자'는 주로 비즈니스 리더인 고객 팀의 경영진을 의미한다.

제품 의사결정 기법은 사람들이 표현한 선호도를 따르기만 해도 시스템이 좋은 상태에 이를 수 있다는 가정을 깔고 있다. 하지만 시스템의 사용성이 정말 중요할 때는(대부분의 개발자 플랫폼이 이에 해당한다), 성공을 위해서는 고객의 드러난 선호도(revealed preferences)를 파악해야 한다. 여기서 드러난 선호도란 고객이 말로 표현한 요구사항이 아니 아니라 고객이 실제로 시스템을 사용하는 방식과 수행하는 작업을 통해서 드러나는 요구사항을 의미한다. 고객이 무엇을 만들어달라고 하는지만 듣는 것이 아니라, 그들이 실제로 하는 일을 이해하고 이를 바탕으로 계획을 수립해야 한다.

따라서 고객의 요구를 파악할 때는 질문하는 방식을 신중히 고려해야 한다. 최고로 빠르고 확장성 있는 제품은 누구나 원한다. 예를 들어 "실시간에 가까운 시스템을 원하십니까?"라고 물으면 대부분 그렇다고 답할 것이다. 플랫폼 엔지니어들은 이런 질문의 답을 자신이 초기 시제품을 좀 더 정교하게 만드는 빌미로 삼곤 한다. 하지만 그러면 개발 기간이 길어지며, 심지어는 전달에 실패하는 사태가 벌어질 수 있다. 그보다는, "이 시스템을 사용할 때 X를 얼마나 빨리 수행해야 하나요?"처럼 질문을 좀 더 구체화하는 것이 고객의 성공에 꼭 필요한 요소를 파악하는 비법이다. 그러면 고객의 요구를 충족하면서도 훨씬 쉽게 전달할 수 있는 설계안을 찾을 수 있다.

이해관계자 관리와 제품 관리의 차이

내부 지향적인 제품 관리는 이해관계자 관리(stakeholder management)와 다르다. 왜 그럴까? 어차피 이해관계자는 고객의 부분집합이고, 아마도 가장 중요한 고객 혹은 고객 팀 리더일 텐데, 그렇다면 제품으로 고객을 만족시키면 이해관계자도 만족할 것이고, 그 반대도 마찬가지일 것이다. 그렇다면 제품 관리가 곧 이해관계자 관리가 아닐까?

그렇지 않다. 현실적으로, 이해관계자 관리에서는 무엇을 만들지 결정하는 것만큼이나 거래, 권력 구조 이해, 자기 보호(CYA)[2] 등도 문제가 된다. 많은 내부 팀이 증명하듯이 이해관계자 관리가 훌륭해도 여전히 형편없는 제품과 시스템이 만들어질 수 있다. 이해관계자는 자신이 전달 받은 것이 마음에 들지 않더라도, 애초에 자신들이 승인한 것이므로 자신이 문제의 일부가 되었다는 모호한 느낌을 갖게 된다. 극단적인 경우에서 이해관계자 관리란 해당 리더의 이익을 보호하기 위해 회사의 권력 구조를 효과적으로 활용하는 하나의 정치적 행위라 할 수 있다.

제품 관리는 가장 중요한 사람을 만족시키는 것이 아니다. 제품 관리란 현재 상황과 미래의 요구사항에 대한

2 옮긴이_ 이 맥락에서 CYA는 'cover your a**'를 줄인 말인데, 원서에서는 a를 'angle(관점)'이라고 점잖게 표현했지만 실제로는 좀 더 원색적인 단어이다.

깊은 이해를 바탕으로 회사가 실제로 필요로 하는 것이 무엇인지 파악하고, 이러한 요구를 측정 가능한 방식으로, 효과적으로 충족할 수 있도록 제품의 기능과 서비스를 구체화하는 것이다. 제품 관리에서는 영향력을 만들어내려면 무엇을 구축해야 할지를 판단해야 한다. 따라서 위험(risk)이 따른다. 영향력 지표를 식별하고 추적하는 것이 매우 중요한 것은 이 때문이다. 그런 지표들은 이해관계자들에게 왜 이런 판단을 내렸는지 설명하는 데도 도움이 된다. 투자가 성과를 내지 못하더라도, 적어도 그 이유는 설명할 수 있어야 한다.

이해관계자 관리는 큰 과제이며, 제10장에서 몇 가지 접근 방식을 논의할 것이다. 하지만 플랫폼에는 관리해야 할 기술적 요소가 너무나 많다고 해서 그리고 내부 고객이 대규모 사용자 지표를 제공할 수 없다고 해서, 사용자 중심의 제품 관리 없이 이해관계자 관리만으로 플랫폼을 잘 운영할 수 있다고 생각하는 것은 냉소적인 태도이다. 두 가지 실무 모두 필요하고, 모두 여러분이 잘 해낼 여지가 있다. 우리는 플랫폼 팀을 성공적으로 운영하려면 여러분이 양쪽 모두에 투자해야 한다고 믿는다.

5.1.3 고객과의 공감

제4장에서 팀 내 두 주요 엔지니어 그룹의 동기부여 요소가 서로 다르다는 점을 지적했다. 소프트웨어 엔지니어들은 새로운 코드를 많이 작성하고 최신 기술을 추구하려 한다. 반면 시스템 엔지니어들은 운영상 편안한 영역 안에서 제품을 조금씩 안전한 방식으로 바꾸어 나가는 쪽을 선호한다. 고객이 사랑할 플랫폼 제품을 만들기 위해 이 두 그룹을 하나로 모으려면, 성공이 최신 기술이나 기존 제품의 효율적 운영만으로는 이루어지지 않는다는 점을 팀 전체가 인식하도록 해야 한다. 어떻게 해야 할까? 핵심은 기술 자체가 아니라 기술을 사용할 사람들에 초점을 두고 고객 공감 문화(culture of customer empathy)를 조성하는 것이다.

고객 공감은 타고난 능력이라기보다는, 후천적으로 배우고 발전시킬 수 있는 어떤 것이다. 그 시작은 여러분의 행동이다. 여러분의 평소에 어떻게 말하고, 누구를 칭찬하고, 어떤 인재를 채용하고, 어떤 팀원을 인정하느냐가 고객 공감 문화의 조성이 큰 영향을 미친다. 그 밖에도, 팀 차원에서 고객 공감을 중요시하는 사고방식을 강화할 기회는 도처에 널려 있다. 몇 가지 예를 들면 다음과 같다.

- 제4장에서 논의했듯이, 면접에서 지원자의 '가치관 적합성(value fit)'을 평가할 때 공감 능력을 살펴본다.
- 분기별 또는 연간 목표를 설정할 때 기술적 전달뿐만 아니라 도입률, 만족도, 참여도와 같은 고객 중심 지표도 포함한다.
- 전체 회의나 팀 회의에 사용자를 초청하여 제품 사용 경험을 공유하고, 직면한 문제에 대해 솔직한 피드백을 제공하며, 잘 진행되는 부분에 대해 칭찬하도록 한다.
- 제품 관리자가 정기적으로 사용자 연구와 피드백을 팀에 발표하게 한다.

- 엔지니어들을 고객 지원 업무에 참여시켜서 일반적인 문제점을 직접 관측하게 한다.

이러한 고객 공감 문화는 목표 설정을 통해 강화해야 한다. 고정된 고객층이 없는 플랫폼 팀은 도입률을 목표로 삼는 것에 대해 불평할 수 있다. 사용자들에게 제품 사용을 강요할 수 없다는 점을 지적하는 것이다. 반면 고정된 사용자층을 가진 팀은 낮은 참여도나 다른 우선순위를 이유로 들면서 도입률 저조의 책임을 사용자에게 돌릴 수 있다. 이러한 반응은 모두 다음과 같은 질문들로 이어진다: 과연 사람들이 원하는 것을 만들고 있는가? 그것을 어떻게 아는가? 제품 도입을 최대한 쉽게 만들기 위해 무엇을 하고 있는가? 잠재 고객층이 어떤 모습인지 알고 있으며, 이 제품을 필요로 하고 원하는 사람이 누구인지 현실적으로 파악하고 있는가? 엔지니어들에게 고객의 관점에서 성공을 측정하도록 요구하면 순수하게 기술적인 사고방식에서 벗어나 시스템의 경험, 용례, 목적에 다시 초점을 맞추게 된다. 시작하기 좋은 기본적인 질문들은 다음과 같다.

- 시스템이 생산성을 높이는 것이 목적이라면, 이번 변경으로 사용자가 얼마나 시간을 절약할 것 같은가? 놀랍게도, 생산성 향상을 주장하면서도 무엇을 개선할지 측정하지 않는 팀이 많다!
- 고객이 이 플랫폼을 계속 사용하기 위해(이를테면 업그레이드나 마이그레이션 등에 대응하기 위해) 연간 몇 시간을 투자해야 하는가? 이 질문을 통해서 통해 간과된 문제점과 마찰을 발견할 수 있다.
- 고객의 지원 요청이 반복되고 일상적인 문제에 관한 것인가, 아니면 특이한 상황에 관한 것인가? 시스템이 사용하기 쉽고 문서/셀프서비스/오류 메시지가 잘 되어 있을수록 지원 문의는 '특이한' 경우에 치우치게 된다.

시간이 지나면서 고객 만족도(customer satisfaction, CSAT)나 총 순고객추천지수(net promoter score, NPS) 설문을 통해 고객 정서(customer sentiment)를 추적하는 것도 바람직한 일이다. 이를 잘 수행하면 고객이 제품을 어떻게 경험하고 있는지에 대한 고수준의 추세(경향)를 파악할 수 있고, 댓글을 통해 구체적인 개선 대상 영역을 발굴할 수 있다.

앞에서 언급했듯이 팀 회의에서 여러분이 어떤 내용을 강조하는가도 고객 공감 문화를 조성하는 한 방법이다. 리더십의 상당 부분은 어떤 말이나 행동을 반복하는 것, 그럼으로써 여러분이 가치를 두는 지점을 팀원들에게 숙지시키는 것이 차지한다. 팀 회의에서 고객 경험과 피드백을 강조하면, 팀이 고객에 초점을 두는 사고방식을 갖추길 여러분이 기대한다는 점을 알릴 수 있다. 훌륭한 고객 지원 사례를 칭찬하고, 제품에 대한 사용자의 긍정적 피드백을 팀에 전하고, 최신 제품의 도입률 상승을 자랑스럽게 발표함으로써 고객 중심 태도를 장려해야 한다.

마지막으로, 시스템의 사용성과 신뢰성에 어려움을 겪는 팀의 경우 팀원들을 고객 지원 순환 근무에 투입하는 것이야말로 내부 고객에 대한 공감 능력을 키우는 가장 좋은 방법이다. 고객이 제품 사용에서 어려움을 겪는 모습을 직접 목격하면 엔지니어들은 자신에게 명백한 것이 다른 사람에게는 명백하지 않다는 점을 생생하게 느끼게 된다. 또한 대부분의 사람이 문서, 스택 추적(stack trace), 기존 질문들을 읽지 않는다는 점도 깨닫게 될 것이다. 사용자가 그런 자료를 찾지 않고도 시스템을 쉽게 사용할 수 있게 만들면 지원 순환 근무가 수월해지는 것은 그 때문이다. 소비자 중심 스타트업 중에는 모든 직원에게 한두 차례 고객 지원 업무를 수행하게 함으로써 고객을 더 잘 이해하게 만드는 회사가 많다. 우리는 엔지니어가 자신의 제품에 대한 지원을 가끔이라도 직접 해보면 제품과 사용자 경험에 대한 이해를 높이는 데 매우 귀중한 경험을 얻을 수 있다고 생각한다. (이에 대해서는 제6장에서 좀 더 이야기하겠다.)

모든 구성원이 고객과 소통한다

제품 문화 형성에 관해 언급할 점이 하나 더 있다. 우리는 팀에 제품 관리자가 합류하면서 엔지니어들이 고객과의 관계를 소홀히 하게 되는 사례를 종종 본다. 제품 관리자는 사용자의 목소리를 대변하고, 사용자와 긴밀한 관계를 구축하며, 엔지니어링 팀이 사람들이 원하는 것을 만들도록 보장하려 노력한다. 하지만 이것이 엔지니어링 파트너를 사용자와의 소통에서 완전히 배제해야 한다는 의미는 아니다. 엔지니어링 팀이 직접 고객에게 작업을 설명해야 할 때가 있다. 예를 들어 기술적 구현 세부사항이 플랫폼 제품의 일정에 중요한 영향을 미치는 경우가 그렇다. 제품 관리자는 전문성이 부족한 영역에서는 한발 물러서도 좋다. 엔지니어링 파트너가 모든 의사소통을 제품 관리자에게 떠넘기도록 해서는 안 된다. 제품 중심 문화란 모든 구성원이 최고의 제품을 만들기 위해 사용자와 소통할 책임이 있다는 뜻이다. 제품 관리자를 채용했다고 해서 기존의 모든 고객 소통을 엔지니어링 팀에서 제외하는 것은 하나의 후퇴이다. 균형을 재조정하고 개선하되, 모든 구성원이 계속 참여해야 한다.

5.1.4 기능 공장의 함정에서 벗어나 고객을 더 폭넓게 지원하기

내부 고객 대응의 모든 난제는 우리가 '기능 공장의 함정(Feature Shop Trap)'이라 부르는 상황에서 정점을 이룬다. 기능 공장의 함정이란, 플랫폼 팀이 좀 더 전략적인 제품 로드맵을 전달하는 데 필요한 타협안들을 밀어붙이는 대신, 고객들의 기능 요청을 처리하는 일에만 매몰되는 현상을 말한다.

클라우드 활성화 플랫폼(cloud enablement platform)을 예로 들어보자. 클라우드 플랫폼 팀을 구축해 본 사람이라면 누구나 알겠지만, 새로운 클라우드 서비스를 테스트하고 사용하려면 인프라 엔지니어링 작업이 많이 필요하다. 특히 보안이나 규제 문제를 다뤄야 할 때는 더욱 그렇다. 초기의 투박한(scrappy) 클라우드 플랫폼에서는 모든 새로운 클라우드 서비스를 해금하는(unblock)[3] 것이 플랫폼 팀의 핵심 과제일 수 있다. 초기에는 수요가 적거나 고객층이 제한적이므로 이런 방식이 별로 나빠 보이지 않는다. 게다가 다른 팀이 클라우드로 이전하는 것을 돕는 역할이라 엔지니어들도 만족스러워한다.

하지만 전사적 클라우드 이전 계획과 같이 수요가 급증하는 상황에서는 어떨까? 이 경우 플랫폼 팀은 '선별 적용 모드(triage mode)'로 전환해서, 가장 많은 고객 그룹을 만족시키기 위해 자주 요청되는 클라우드 제품부터 처리하게 된다. 팀은 이러한 선별 작업이 일시적일 뿐이며 조만간 전략적 로드맵으로 돌아갈 것이라 생각하겠지만, 활성화 요청들이 끝없이 떨어지는 테트리스에 갇히고 마는 경우도 많다.

이런 일이 왜 발생할까? 내부 고객 관계와 이해관계자 정치의 힘이 플랫폼 제품을 지배하기 시작하기 때문이다. 대체로, 그 어떤 고객 그룹이든 완전히 무시하는 것은 현명하지 않다. 그리고 이유야 무엇이든 팀 규모에 비해 영향력이 큰 그룹은 항상 존재한다. 그래서 팀이 특정 고객 그룹을 위해 특수 서비스를 활성화하는 작업에 매몰되기도 한다. 그들의 사업부 책임자가 조직에서 대단히 중요한 인물이고, 당장 그 서비스를 원하기 때문이다. 이런 일이 한 번 발생하면, 모든 사람이 자신의 특별한 요청이 우선순위에서 밀린다는 불만을 가진다. 이에 대한 대안으로 여러분은 일종의 공정 배분(fair share) 알고리즘을 이용해서 작업의 우선순위를 정하기로 한다. 이를테면 각 주요 고객 그룹의 리더가 우선순위를 정하거나, 각 팀이 플랫폼 팀 예산에 기여하는 비율에 따라 결정하는 등의 방법을 고안한다. 이런 문제에 골몰하다 보면 여러분은 갑자기 제품 관리 시간의 대부분을 그저 각각의 작업을 선택하고 정당화하는 데에만 사용하게 되며, 이 상황에서 벗어날 방법을 찾을 시간은 없어진다.

클라우드 활성화 플랫폼만 이런 문제를 겪는 것은 아니다. 대체로 플랫폼 팀들이 이런 함정에 빠지는 이유는 두 가지 실수 때문이다. 첫째는 플랫폼 아키텍처가 추가 수요를 감당할 준비가 되기 전에 제품 도입을 확장하려는 압박에 굴복하는 것이고, 둘째는 고객의 요청이 구체적이라는 이유로 그 요청을 충실히 이행하는 것이 최선의 대응이라고 가정하는 것이다.

이런 실수들은 시너지 현상을 일으켜서 더 큰 문제를 만들어낸다. 사람들이 요구하고 원하는

---

3 옮긴이_ 이 책에서 unblock은 어떠한 기능이나 프로세스, 서비스 등의 개발과 진행을 가로막는(block) 요소들을 제거하는 것을 뜻한다. 변별력을 위해 unblock은 일관되게 '해금하다'으로 옮기고, 뜻과 철자가 비슷한 'unlock'은 '열어 주다'로 옮기기로 한다.

플랫폼이 있다고 해도, 아직 고객이 자신의 애플리케이션에 맞게 셀프서비스 방식으로 커스텀화할 수 있는 수단이 마련되어 있지 않다면 고객은 자신의 애플리케이션을 해금하는 데 필요한 구체적인 요구사항을 여러분에게 제기할 것이다. 각각의 구체적인 요구사항은 작아 보일 수 있지만, 그런 요구사항을 모두 들어주다 보면 점차 플랫폼이 복잡해지고 현재의 아키텍처가 경직된다. 고객들이 요구사항을 제시하고 플랫폼 팀이 그것을 처리해서 해금해 줄 때까지 기다리는 데 익숙해지면, 그리고 도입률이 충분히 높아진 상황이라면, 플랫폼을 더욱더 셀프서비스화하기 위해 고객의 구체적인 요청을 뒤로 미루는 것을 정당화하기가 어려워진다.

좋은 플랫폼은 고객이 그 위에 자신이 원하는 것을 구축할 수 있는 안정된 표면을 제공한다. 애플리케이션별 특화 기능은 고객이 직접 구축하고, 플랫폼 팀은 공통 컴포넌트를 구축하는 것이 바람직하다. 이를 달성하려면 기능 요청들을 살펴보고 그 요청들이 대표하는 패턴을 생각해 봐야 한다. 플랫폼을 어떻게 발전시켜야 고객이 플랫폼 팀을 기다릴 필요 없이 특정 범주의 기능들을 스스로 구현할 수 있을까? 모든 고객의 기능 요청에 직접 대응하는 대신 이러한 더 광범위한 전략적 작업에 우선순위를 두는 것을 두려워하지 말아야 한다.

이를 위해 여러분이 제품 관리자가 될 필요는 없다. 게으른 엔지니어(lazy engineer; `https://oreil.ly/4mPH5`)가 되면 된다. 플랫폼 팀이 사실상 같은 기능을 고객마다 조금씩 변형해서 구현해 주어야 할까? 반대로, 이 플랫폼을 사용하는 엔지니어가 어떤 구체적인 기능을 구현하기 위해 플랫폼 팀을 기다려야 하는 상황을 원할까? 둘 다 답은 '아니요'일 것이다. 그렇다면 다른 사람들이 자신의 코드를 플러그인할 수 있게 해서 지원은 하되 구현을 전부 대신하지는 않는 것이 바람직하다. 그렇게 하려면 어떻게 해야 할까?

새로운 플랫폼 제품을 출시하기 전에, 그 제품이 성공적으로 도입된다면 고객이 무엇을 요구하게 될지, 그리고 그러한 요구에 대해 플랫폼 팀이 수행해야 할 일회성 작업이 얼마나 많을지 예측할 필요가 있다. 플랫폼이 사용자들이 직접 구축하도록 지원해야 할 것은 무엇이고, 모두를 위해 제공해야 할 것은 무엇인가? 후자는 바탕 소프트웨어의 버전 업그레이드와 같은 엔지니어링 작업일 수도 있고, 알림, 과금, 메트릭스, 사용자 관리와 같은 제품 기능일 수도 있다. 좋은 플랫폼은 소수를 위한 맞춤형 구현을 제공하는 대신, 많은 고객을 위한 공통의 작업을 맡아서 처리한다. 새로운 기능 요청들에서 공통점을 찾을 수 없는가? 그렇다면, 고객이 스스로 문제를 해결할 수 있게 하지 못했다는 점 자체가 공통점일 수 있다. 새로운 기능 요청은 가급적 해당 고객은 물론이고 미래의 고객 모두를 돕는 솔루션으로 이어질 만한 것일 때만 받아들이고, 협상이 필요한 일회성 맞춤 요구는 최대한 거부하는 것을 목표로 삼아야 할 것이다.

5.2 제품 발굴과 시장 분석

앞에서 우리는 내부 고객과의 협업이 까다로운 이유를 살펴보고, 단순히 요청받은 것이 아니라 고객이 필요로 하는 것을 고민하는 문화를 만드는 방법에 대해 논의했다.

하지만 실제로 어떤 작업을 할지는 어떻게 결정할까? 구축할 플랫폼 제품을 찾아내는 방법은 무엇이고 어떻게 찾을까? 적어도 상위 수준에서는 자명한 제품들도 있다. 이를테면 빌드/테스트/배포 도구들이나 컴퓨트 및 저장 오케스트레이션, 완전 내장된 관측성 및 모니터링 도구들, 그리고 회사 역사 초기에 구축된, 이미 널리 도입된 플랫폼 제품을 현대화하는 것 등이 그렇다. 그러나 구체적인 작업으로 들어가려면, 이런 넓은 범주들 안에서 구체적으로 구축할 제품의 범위를 좁혀 나가야 한다. 제품 접근 방식의 목표는 사용자가 실제로 필요로 하고 원하는 것, 그리고 그들에게 가장 큰 차이를 만들어내는 것이 무엇인지 파악하는 것이다.

이번 절에서는 제품을 식별하고, 그 제품이 미칠 영향을 최대한 추정하고, 실제로 그만큼의 영향이 미쳤는지를 확인하기 위한 측정항목/지표들을 선정하는 방법을 살펴본다.

5.2.1 잠재적 플랫폼 제품 식별

새로운 플랫폼 제품 영역을 식별하는 데는 몇 가지 검증된 방법이 있다. 그런데 그런 방법 중에는 플랫폼 엔지니어링 팀 내부의 인큐베이션이 아닌, 내부 팀과의 파트너십에서 나타나는 것들이 많다. 보통의 경우 플랫폼 엔지니어링 팀은 혁신의 최전선에 있는 '개척자(pioneer)' 역할을 담당하는 것이 아니라, '정착자(settler)'와 '도시계획가(town planner)' 역할을 수행한다(`https://oreil.ly/Q2qa2`). 즉 작은 그룹이 성공적으로 개척한 아이디어를 가져오면 그것을 좀 더 광범위한 팀들이 유용하게 사용할 수 있도록 확장하는 것이다(이러한 역할에 대해서는 제8장에서 더 자세히 다룬다). 이를 위해 여러분이 장려해야 할 문화는, 아이디어의 출처에는 너무 집착하지 않고, 고객의 요구를 충족하는 최고의 제품 아이디어를 찾는 데 집중하는 것이다.

동화와 확장

§5.1.1에서 살펴보았듯이 플랫폼 팀의 고객층은 작다. 커다란 고객층을 기반으로 제품을 테스트할 수 없는 상황에서 팀이 성공적인 플랫폼 제품을 찾아내려면 어떻게 해야 할까? 특정 팀이

자신만을 위해 만든 시스템이라도, 그것이 회사 전반에 적합한 일반적인 개념을 담고 있다면 적극적으로 도입해야 한다. 이를 꺼리는 플랫폼 팀이 많다. 아마도 다른 사람의 결정과 그 결과를 감당하는 문제를 걱정하기 때문일 것이다. 그런 팀들은 다른 팀에서 제품을 가져오는 경우 그 제품에는 제품에 만족하는 고객층이 어느 정도 갖추어져 있다는 사실을 간과한다. 좋든 나쁘든, 누군가가 문제가 있음을 보여주었고 해당 팀이 그것을 해결한 것이다. 그리고 애초에, 통일되고 중앙집중화된 방식으로 해결할 가치가 있는 문제를 다루는 시스템이 아니라면 플랫폼에 도입하려 하지도 않았을 것이다.

오래전 카미유가 글로벌 서비스 발견 솔루션을 구축했을 때가 좋은 예이다. 다른 한 팀이 해당 문제를 파악하고 주키퍼ZooKeeper를 이용해서 자체 솔루션을 만들었다. 그 솔루션은 해당 팀의 필요는 충족했지만, 규모를 전 세계로 확장하려는 회사 전체의 일반적인 요구는 해결하지 못했다. 그래서 카미유는 그 프로젝트의 아이디어를 가져와서 하나의 팀이 아니라 커다란 회사 전체를 염두에 두고 구축된, 진정한 플랫폼 인프라로 전환했다. 그 작업의 일환으로 수많은 제품상의 결정을 내려야 했지만, 이 모든 것이 해결할 가치가 있는 문제라는 핵심적인 사항은 이미 식별되고 합의된 상태였다. 지역적으로 최적화된 솔루션을 다양한 애플리케이션이 사용할 수 있는 좀 더 광범위한 솔루션으로 전환하는 데에는 여러 흥미로운 작업이 포함된다.

프로토타입을 위한 파트너십

유망한 새로운 기회를 식별하는 또 다른 방법은 다른 팀과 파트너십을 맺어서 해당 문제를 좀 더 잘 파악해 보는 것이다. 필요하다면 플랫폼 팀의 인원을 그 팀에 파견할 수도 있다. 이런 식으로 공감과 협업의 문화를 구축하면, 파트너 팀이 찾아와 그들의 다양한 문제를 해결할 무언가를 구축할 계획이 플랫폼 팀에 있는지 물어볼 가능성이 높다는 이점이 생긴다. 그들이 원하는 구체적인 요구가 좀 더 일반적인 패턴이 될 만한 것이라면, 그 요청을 플랫폼 팀이 좀 더 많이 배우는 기회로 활용해야 할 것이다. 플랫폼 엔지니어가 플랫폼 프로토타입 아이디어를 포함하는 애플리케이션을 만들고, 그 프로젝트에서 배운 점들을 활용해서 그 애플리케이션으로부터 좀 더 일반적인 시스템을 추출하는 것은 아이디어를 빠르게 반복해서 사용 가능한 것으로 만드는 생산적인 방법이다. 애초에 플랫폼 엔지니어링에 제품 관리 기법을 적용할 때 가장 어려운 부분은 사용성(usability)을 파악하는 것이다. 사람들이 실제로 이 제품을 이용해서 어떤 식으로 코드를 작성하는지 알고 싶다면, 여러분이 직접 제품을 이용해서 코드를 작성해 보는 것도 좋은 방법이다.

이 모델에서 피해야 할 중요한 점은 플랫폼 엔지니어링 팀이 파트너를 위한 서비스들을 제공하기만 하고 그 서비스들로 광범위하게 사용 가능한 제품을 만들지는 않는 것이다. 이는 팀이 플랫폼 엔지니어링 팀이 아니라 그저 솔루션 엔지니어링 팀으로서 기능한 것일 뿐이다. 다른 팀과 파트너를 맺고 작업하는 맺은 대상이 잠재적인 제품 기회인지(일반적으로 이는 코드 기능뿐만 아니라 운영 특성도 가진 새로운 시스템의 형태를 띈다), 아니면 단순히 템플릿이나 패턴, 또는 인프라 자동화의 일부인지 신중하게 판단해야 한다.

증분 전달과 개념 증명

제품이 타당한지 알아내는 한 가지 방법은 큰 제품을 실험적으로 여러 작은 조각으로 분할해서 전달하고 그로부터 배우는 것이다. 다른 팀과 협력해서 무언가의 프로토타입을 만드는 것은 잠재적인 새 플랫폼을 점진적으로 식별하는 접근 방식의 한 예이다. 이 경우 플랫폼 팀은 처음부터 완전한 하나의 플랫폼을 만들려 드는 대신, 프로토타입을 만들고 그로부터 개념 증명(proof of concept, PoC)을 추출한다. 그 PoC의 가치가 입증되었을 때에만 그것을 다른 것으로 확장한다.

제품 발굴을 위한 PoC 구축이든, 아니면 개발 전반에 걸쳐 점진적으로 비즈니스 가치를 전달하는 주요 아키텍처 재구축(rearchitecture; 제8장 참조) 계획이든, 플랫폼 프로젝트를 점진적인 여러 부분으로 나누는 것은 플랫폼 팀이 제품 중심 사고방식과 비즈니스 중심 사고방식을 날카롭게 다듬는 데 있어 핵심적인 방법이다.

현실적인 도입 경로가 있는 제품 찾기

플랫폼 팀에서 제품과 관련해서 하는 일의 상당 부분을 차지하는 것은 오픈소스 제품이나 차세대 기술 접근 방식을 회사에 적용하는 방법을 알아내는 것이다. 쿠버네티스Kubernetes를 예로 들어보자. 내부 쿠버네티스와 관련한 제품을 다룰 때 어려운 부분은 그 제품을 기존 생태계에 통합하여 사람들이 큰 논란 없이 도입하는 방법을 결정하는 것일 때가 많다. 예를 들어 오래된 사설(private) 클라우드 솔루션을 갖춘, 어느 정도 역사가 있는 회사의 시나리오를 생각해 보자. 이 회사의 모든 사람은 가상 머신(VM)에서 실행하는 데 익숙하다. 하지만 여러분은 여러 가지를 분석한 후, 쿠버네티스를 도입하면 운영이 개선될 뿐만 아니라 회사의 CI/CD 관행을 현대화하는 데에도 도움이 될 것이라고 판단하고 쿠버네티스 플랫폼을 구축하기 시작한다.

옳은 결정이고 옳은 의도이지만, 단지 모든 사람에게 이제 쿠버네티스가 있으니 사용해야 한다고 말하는 것이 제품 관리 작업은 아님을 주의할 필요가 있다. 대신 여러분은 서로 다른 유형의 고객을 파악해서 각자가 쉽게 마이그레이션하게 만드는 방법을 알아내야 한다. 사람들이 관심

없는 작업을 하도록 유도할 '당근'은 무엇일까? 컴퓨트 서비스나 저장소(storage) 접근의 효율성 때문에 새 제품을 도입하는 팀도 있을 것이고, SLO가 더 높거나 더 빠르고 안전하기 때문에 도입하는 팀도 있을 것이다. 하지만 이런 일들이 저절로 일어나지는 않는다. 여러분이 고객에게 어떤 기능을 강조할지 선택하고, 제품과 그 이점을 이해하도록 돕고, 그런 약속들을 이행해야 한다. 도입을 장려할 만한 설득력 있는 고객 이점을 찾기 어렵다면, 애초에 회사에 그 제품에 대한 실제 수요가 없는 것일 수도 있다는 점도 유념해야 한다.

고정된 사용자층이 있음에도 플랫폼 팀은 고객들이 도입하지 않는 미완성 제품을 만드는 것으로 악명 높다. 플랫폼 조직이 같은 문제에 대한 세 가지 다른 세대의 솔루션을 운영하면서도 그중 어느 것도 제거할 명확한 계획이 없고, 고객이 제품들에 혼란스러워하고 불만족스러워한다면, 이는 심각한 제품 실패다. 새로운 제품 아이디어를 평가할 때는 도입을 추진하는 비용을 현실적으로 따져야 한다. 마이그레이션 전략이 제품 계획의 주요 부분이어야 함을 명심하자(이에 대해서는 제9장에서 좀 더 이야기한다).

우리 회사는 구글이 아니다, 필요하지 않다면 구축하지 말자

여러분의 조직이 구글은 아님을 기억해야 한다(혹시 독자가 구글 직원이라면, 인사를 전한다). 플랫폼 팀이 7명이라면(심지어는 100명이라도) 무엇을 만들 것인지 극도로 신중하게 고찰해야 한다. 크든 작든 플랫폼 팀은 대기업이 수년에 걸쳐 구축한 시스템을 모방하려다 곤경에 빠질 수 있다. 대기업이 자신의 솔루션을 오픈소스 소프트웨어 형태로 제공한다고 해도, 그런 솔루션에는 사용 가능한 플랫폼 제품들로 구성된 주변 생태계와 문화, 그리고 그것을 사용하는 엔지니어들이 요구가 암묵적으로 반영되어 있음을 주의해야 한다. 단지 "구글이 사용하니까 우리도 해야 한다"라고 말하는 것은 바람직한 제품 관리 관행이 아니다.

그 대신, 문제를 명확히 이해하고 기존 생태계와 문화를 평가하는 것으로 시작해야 한다. 기술적 해결책에 뛰어드는 것은 그다음 일이다. 예를 들어 저장소의 데이터양이 감당할 수 없을 정도로 증가했다고 하자. 더 나은 저장 솔루션으로 해결해야 할 수도 있고, 최대 데이터 생산자를 파악하여 그들이 저장하는 데이터가 실제로 가치 있는지 물어봐야 할 수도 있다. 종종 데이터가 쓸모없다고 판명되기도 하고, 개발자가 작업흐름(workflow)을 변경해야 한다는 결론이 나기도 한다. 또한, 질의문(쿼리)을 조금 최적화하면 보통의 RDBMS(relational database management system; 관계형 데이터베이스 관리 시스템)로도 감당할 수 있을 정도로 애플리케이션을 확장할 수 있다는 사실을 알게 될 수도 있다. 이런 여러 대안을 모두 고려한 후에만 제품을 구축해야 한다.

훌륭한 플랫폼 팀은 어떤 제품을 구축했고 구축하고 있으며 그런 제품들이 전체 엔지니어링 팀을 어떻게 더 효과적으로 만드는지를 스스로 잘 파악하고 있다. 그런 플랫폼 팀은 회사의 미래 요구를 충족하고 예측하는 집중된 제품으로 플랫폼을 진화시키는 강력한 파트너십도 갖추고 있다. 이들은 필요한 것을 높은 기준으로 구축하는 강력한 엔지니어로 존경받는다. 필요 없는 것을 구축하는 데 시간을 허비하지 않는 덕분에, 필요한 것을 높은 기준으로 구축하는 데 시간을 투자할 수 있다.

플랫폼 엔지니어든, 엔지니어링 관리자든, PM이든, 플랫폼 제품에 고객 중심적이고 전략적으로 접근해야 함을 항상 기억하면 좋은 결과를 얻을 수 있을 것이다. 영향력과 가치를 보여주는 명확한 전략이 없다면 팀은 간과되고 인력이 부족해진다. 이런 문제는 아무리 멋진 새 기술로도 해결하지 못한다.

5.2.2 기존 서비스의 진화: 거친 가장자리 다듬기 대 문제 재고찰

> *"사람들에게 무엇을 원하는지 물었다면, 그들은 더 빠른 말을 원한다고 했을 것이다."*
>
> *—헨리 포드(추정)*

플랫폼에 관한 좋은 제품 결정을 내리려면 현재의 문제 영역을 이해해야 한다. 개발자 경험(DX) 개선에 초점을 둔 플랫폼 팀이라면 개발자의 속도를 높이는 모든 해결책이 투자할 만한 가치가 있다고 생각할 수 있다. 그런 팀은 성능 개선, 더 나은 사용자 경험(UX), 또는 더 깔끔한 통합을 통해 기존 작업을 쉽게 만드는 프로젝트를 선택하게 된다. 하지만 단순히 거친 가장자리를 다듬는 데만 집중하다 보면, 문제를 완전히 재고찰(rethinking)할 기회를 놓칠 수 있다.

프레임워크와 도구에서 플랫폼으로의 진화는 그 자체로 재고찰이다. 하지만 이 점을 완전히 받아들이지 못하는 플랫폼 팀도 있다. 고객의 삶을 편하게 만들어줄 코드 조각을 제공하는 데만 치중한다면, 소위 '가장자리 다듬기의 함정(edge-smoothing trap)'에 빠질 위험이 생긴다. 물론, 웹 프레임워크에 잘 통합되는 인증 및 지표 수집 플러그인이 있으면 유용하다. 그리고 많은 플랫폼 팀이 그런 서비스를 제공한다. 하지만 그런 기능을 프레임워크 안에 끼워 넣을 수 있다면, 트래픽 조절(traffic shaping)과 관리까지 수행하는 사이드카sidecar 형태로 제공하면 더 나은 결과를 얻을 수 있지 않을까?

상황에 따라서는 거친 가장자리를 다듬는 것이 올바른 플랫폼 접근 방식이다. 특히, 개발자 경험 플랫폼처럼 여러 팀이나 사람들 간의 조율이 필요한 활동들을 연결할 때는 제품 개발의 초점이 자연스럽게 가장자리를 다듬는 데, 그리고 작업흐름 프로세스에서 다양한 코드 활동의 위치를 쉽고 명확하게 보여주는 데 맞춰진다. 빌드, 테스트, 스캔, 코드 리뷰, 티켓, 배포 활동의 상태를 보여주려면 여러 시스템을 하나의 매끄러운 작업흐름으로 통합해야 한다. 이런 통합 작업에는 사람의 검토, 협업, 승인이 필요하므로, 개발자가 완전히 플랫폼에 맡길 수는 없다.

그럼에도 우리는 여러분이 문제를 재고찰하는 것부터 제품 접근 방식을 시작하길 권장한다. 무언가를 더 쉽게 만드는 대신, 사용자가 이것에 대해 알 필요가 있는지 자문해 보라. 단지 어떤 작업을 더 쉽게 만드는 것을 넘어, 사용자가 그 작업을 아예 신경 쓰지 않아도 되게 만들 수는 없을까?

사용자가 작업을 신경 쓰지 않게 만들려면, 여러분이 그 작업에 대해 깊이 고민하고, 사용자를 대신해 운영해 보고, 견고한 추상(abstraction)을 사용자에게 제공해야 한다. 다수의 팀이 자주 사용되는 중요한 서비스의 운영과 지원을 떠맡기 싫어하는 플랫폼 팀이 많다. 그런 팀은 사용자들에게 진정한 플랫폼을 전달하지 못한다. 유용한 코드를 프레임워크나 도구 형태로 패키징해서 제공하면 사용자의 삶이 나아지는 것은 사실이다. 플랫폼 팀으로서도, 그렇게 하는 것이 특정 작업의 전체 수명 주기를 처리하는 플랫폼을 운영하는 것보다 쉽다. 하지만 그렇게 하면 플랫폼의 레버리지를 온전하게 전달하지 못한다. 플랫폼의 레버리지는 운영을 통해 프로세스를 소유할 때만 제대로 발휘된다. 플랫폼 팀이 해결책의 일부만 지원한다면, 플랫폼 팀이 소비하는 예산과 인력을 정당화하기 힘들다.

그렇다면 재고찰이 필요한 문제 영역인지 가장자리를 다듬어야 하는 영역인지 어떻게 판단할 수 있을까? 다음은 이를 위한 몇 가지 지표이다.

여러 사람의 협업이 필요한 프로세스를 최적화하고 있는가? 가장자리를 다듬어라

앞의 개발자 경험 예처럼, 반드시 사람이 관여해야 하는 작업이 존재한다. 문맥 전환의 필요성을 줄이고, 당면 작업을 강조하고, 전반적으로 사용자 경험을 고려함으로써 이들의 삶을 쉽게 만들수록 플랫폼이 더 나아진다.

컴퓨터의 프로세스와 데이터를 지원하고 있는가? 문제를 재고찰하라

플랫폼이 지원하는 것이 시스템 실행이나 데이터의 저장, 검색, 분석 등이라면, 해당 문제를 재고찰하는 데 힘써야 한다. 여러분이 플레이북, 패턴, 공통 스크립트를 작성할 때는 항상, 그런 구성요소들을 관리하는 플랫폼을 두어서 모든 팀이 같은 플레이북을 실행할 필요가 없게 만드는 것이 더 나은 선택이 아닌지 자문해 봐야 한다.

사람이 반드시 참여해야 하는가? 그 사람의 작업을 제거할 수 있는가? 문제를 재고찰하라

우선, 어떤 작업에 사람이 반드시 참여해야 한다는 가정부터 재검토해야 한다. 문제를 완전히 제거하는 대신 더 나은 도구를 제공하는 것이 올바른 접근이라고 가정하는 엔지니어가 아주 많은데, 그 점을 잘 보여주는 예가 바로 업그레이드이다. 바탕 의존성의 업그레이드가 더 이상 사용자들의 문제가 되지 않게 하려면 어떻게 해야 할까?

먼저, 결합도(coupling)를 생각해 보자. 플랫폼에서 사용자의 소프트웨어를 분리하면 추상화가 개선되는가? 앞에서 언급한 사이드카의 예처럼, 인증 로직을 사용자의 배포 프로세스에서 분리하여 배포할 수도 있다. 그러면 사용자를 직접 관여시키지 않고도 자체 프로세스에서 인증 시스템의 업그레이드와 변경을 관리하는 것이 가능해진다.

여러 활동을 하나로 모으는, 이미 플랫폼에 근접한 어떤 서비스를 만들고 있는가? 가장자리를 다듬어라

메타플랫폼meta-platform, 즉 수행하는 핵심 기능이 하나가 아니라 여러 개인 플랫폼을 만들 때는 다듬어야 할 가장자리가 아주 많다. 프로세스 실행을 위한 컴퓨트와 데이터 저장을 위한 데이터베이스를 모두 관리할 수 있는 헤로쿠Heroku 같은 플랫폼이 그런 조합형 플랫폼의 좋은 예이다. 헤로쿠의 성공 중 상당 부분은 바탕 복잡성을 뛰어난 사용자 경험(UX)으로 감싼 것에서 비롯했다.

5.2.3 시장 조사: 새로운 투자의 타당성 검증

우리는 플랫폼 팀이 엔지니어들의 단순한 변덕에 따라 프로젝트를 진행하는 모습을 자주 보았다. 그런 엔지니어들은 자신이 전략적으로 중요한 것을 만들고 있다고 믿는다. 그 근거는 다른 회사들의 소식일 수도 있고, 벤더들이 판매하는 제품일 수도 있으며, 이전 직장에서의 경험이나 개인적인 관찰일 수도 있다. 하지만 외부인의 시각에서 보면 그저 재미로 무언가를 만드는 것처럼 보인다. 그런 프로젝트가 가끔 성공하기도 하지만, 대부분은 도입으로 이어질 만한 고객 수요를 찾지 못하고 실패한다.

내부 고객을 위한 개발에서도 시장 파악 과정을 건너뛸 수는 없다. 특히 완전히 새로운 제품을 도입할 때는 더욱 그렇다. 여러분은 지금 이 회사에 이 작업이 적절한지 파악해야 한다. 어떤 고객을 목표로 할지(반대로 어떤 고객은 제외할지) 결정해야 한다. 또한 맥락에 대한 이해와 목표 고객층을 종합적으로 고려하여 현시점에서 이 투자가 타당한지 검증해야 한다. 투자 대상 시장을 분석하는 것은 전략적 우선순위 결정의 핵심이다.

제품-시장 적합성(product-market fit)은 맥락에 따라 달라진다

플랫폼 팀이 구축하고자 하는 새로운 아이디어 대부분은 좀 더 넓은 범위의 '기술 시대정신(technology zeitgeist)'에서 나온다. 그러나 개발자들과 기업들이 블로그에 글을 쓰거나 콘퍼런스에서 발표할 때는 문제의 전체 맥락(context)이나 내부 도입 현황(또는 도입 실패)에 대한 진실을 생략한 채 자신들의 해결책만 과대선전하는 경우가 흔하다. 서면이나 콘퍼런스에서 그럴듯해 보이는 해결책도 실제로는 팀이 겪은 많은 고충을 생략하기 일쑤이다. 그런 해결책이 사실은 내부적으로 실패한 것일 때도 있다. 멋져 보이고 특정 상황에서는 뛰어날 수 있는 아이디어라도, 범용 솔루션으로는 부적합한 경우가 많다.

기업의 규모가 클수록 그들의 해결책은 문서화되지 않은 내부 맥락에 더 많이 의존한다. 예를 들어 구글은 뛰어난 내부 개발자 도구들을 보유하고 있으며, 그중 일부를 오픈소스로 공개했다. 빌드 시스템인 블레이즈Blaze를 바젤Bazel이라는 이름으로 공개한 것이 그 예이다. 하지만 구글의 내부 개발자 경험을 훌륭하게 만드는 것은 블레이즈만이 아니다. 블레이즈와 함께 발전해 온 전체 도구와 프로세스 인프라가 있다. 바젤만 따로 사용할 때 드러나는 부족함을 메워 주는 것이 바로 그러한 생태계이다.

모노레포monorepo는 맥락 의존적 솔루션의 좋은 예다. 컴파일 및 빌드 과정에서 링크해야 할 코드가 많을 때는 모노레포가 꼭 필요하다. 구글이 모노레포에 큰 투자를 한 이유 중 하나가 바로 C++ 코드가 많기 때문이다. 하지만 모노레포의 확장성을 확보하는 데 드는 추가부담은 절대 사소하지 않다. 모든 코드베이스에 대한 거의 완벽한 가시성(visibility)과 손쉬운 변경은 컴파일 시점 라이브러리를 수정하는 데에는 아주 도움이 된다. 하지만, 결합도가 너무 높기 때문에 서비스 기반 개발에는 오히려 해가 되기 쉽다. 이 모든 맥락을 고려해 보면 구글의 해결책이 여러분의 내부 플랫폼에는 맞지 않다는 결론이 나올 수 있다.

맥락의 한 부분으로 조직의 인적/문화적 요소도 무시할 수 없다. 기술 변경만으로는 해결할 수 없고 회사의 문화나 프로세스, 인력의 변화가 필요한 문제라면, 기술적으로 우수한 뭔가를 만든다고 해도 도입이 되지 않을 수 있다. 팀 간에 코드를 공개적으로 공유하지 않거나 할 수 없는 회사라면 모노레포의 가시성이 그다지 가치를 발휘하지 못할 것이다.

그렇다면, 여러분이 생각해 낸 솔루션의 시장성을 고려하려면 제일 먼저 어떤 질문을 던져야 할까?

- 솔루션의 맥락이 여러분 조직의 기술 스택과 일치하는가? 라이브러리 문제로 고생하는 C++ 코드가 많다면 모노레포가 실제로 도움이 될 수 있다. 반면 자바 기반 마이크로서비스 위주의 회사라면, 모든 것을 하나의 논리적 저장소에 밀어 넣으려 하기보다는 여러 저장소에 걸친 코드 검색 문제를 해결하는 것이 더 가치 있을 수 있다.
- 이 기술 솔루션에 상응하는 문화나 프로세스의 변화가 필요한가? 회사가 그런 변화를 수용할 준비가 되어 있는가?

대상은 누구인가?

제안된 해결책이 현재 맥락에서 적절한지 검토했다면, 이제 이 작업의 혜택을 받는 대상이 누구인지 파악해야 한다. 새로운 제품은 어떤 공백을 메우거나 문제를 해결하기 위한 것일 것이다. 이 시점부터는 잠재적인 고객들과 대화하고 그들의 생각을 들어보면서 이 제품에 대한 수요를 검증해야 한다. 이 투자가 주요 고객층에게 도움이 될 것인지 확인해야 하는데, 이를 위해서는 먼저 고객이 누구인지 생각하고 그들로부터 아이디어에 대한 피드백을 받아야 한다. 다음과 같은 핵심 질문들을 고려할 필요가 있다.

- 어떤 유형의 엔지니어나 팀이 이 제품을 사용할 것인가? 새로운 제품의 목표 대상을 더 명확히 생각하기 위해 잠재적 페르소나persona를 구체화하는 것이 좋다.
- 이런 잠재 고객 중 몇이나 이 제품을 원할 것인가? 여러분은 호스팅형 검색 서비스가 좋은 플랫폼 제품이 될 것이라 예상했지만, 고객들에게 물어보니 검색 기능이 필요한 소수의 팀은 이미 자체 시스템을 갖추고 있어서 호스팅 옵션이 필요 없다는 사실을 발견할 수도 있다.
- 알파 테스터로 참여하겠다는 사람들이 있는가? 미래의 비즈니스 기회를 열어 줄 것으로 기대되는 해결책을 구상할 때는 그 시도를 지지해 줄 얼리 어답터를 찾을 수 있어야 한다.

이 절에서는 새로운 제품에 초점을 맞추고 있지만, 기존 제품의 새로운 기능을 우선시할 때도 시장 성장 전략을 고려해야 한다. 제2장으로 돌아가 보면, 철도 제품(railway offering)에 투자하여 특정 고객 그룹의 생산성을 더욱 높이는 전략을 택할 수도 있고, 보안이나 성능, 사용성을 개선하여 새로운 고객층이 포장도로 플랫폼(paved path platform)을 사용할 수 있게 만드는 전략을 택할 수도 있다. 가장 중요한 것은 고객 기반을 어떻게 성장시킬지 의도적으로 계획함으로써 단순한 기능 공장이 되는 것을 피하는 것이다.

바로 도입할 의사가 있는가?

이러한 시장 분석에서는 누가 혜택을 받을 수 있는지뿐만 아니라 언제 혜택을 받을 수 있는지도 살펴봐야 한다. 사람들이 당장 원하는 것이라면 시간과 비용을 투자할 가치가 있다. 하지만 대부분의 사용자가 예측할 수 있는 미래에 도입할 의지가 없다면, 지금 당장 투자할 이유가 있겠는가?

사용자가 혜택을 경험하기까지 걸리는 시간을 다음과 같이 파악해야 한다.

- 고객이 이 제품을 사용하기 위한 온보딩 비용은 얼마인가? 사용법을 배우고 작업흐름에 통합하기가 쉬운가?
- 이 제품을 활용하려면 시스템을 마이그레이션해야 하는가? 그렇다면, 마이그레이션 작업을 기꺼이 감수할 정도로 고객이 이 제품을 원하는가?
- 이 제품이 새로운 애플리케이션에만 유용하다면, 올해 계획된 새로운 애플리케이션은 몇 개인가? 고객들은 새로운 것을 만드는 데 걸리는 시간을 기존 애플리케이션을 진화시키는 데 걸리는 시간과 비교하면 어느 정도인가?

이러한 요소들은 모두 도입 저항(adoption drag)을 유발할 수 있다. 자신이 만든 제품의 잠재적 이점만 보는 플랫폼 엔지니어들은 그런 도입 저항에 놀랄 것이다. 플랫폼이 전달하는 제품의 이점이, 사용자가 그것을 기꺼이 도입할 정도로 충분히 크고 즉각적인지 확인해 보아야 한다. 이는 제품 온보딩을 원활하게 만드는 데 투자할 가치가 있는 이유 중 하나다.

마지막으로, 잠재적 제품을 소개하고 고객 피드백을 해석할 때는 현실적이어야 한다. 이론적으로 제시될 때는 많은 사람이 '있으면 좋을' 것들에 찬성한다. 하지만 실제로 그것을 자신의 예산이나 시간을 들여 구매할지 결정할 때가 되면 마음이 달라질 수 있다. 예산과 시간 자체도 주기적으로 변한다. 다른 팀이 플랫폼 팀의 작업을 위한 비용을 자신의 예산에서 할당해야 하는 경우, 예산이 빡빡한 상황이라면 플랫폼 팀의 새롭고 실험적인 시도를 그리 반기지 않는 것도 놀랄 일은 아니다. 새로운 플랫폼 제품으로의 마이그레이션을 약속한 팀들도 막상 그때가 되면 더 중요한 작업에 바빠서 마이그레이션을 미룰지 모른다. 이 모든 것이 제품 도입의 걸림돌이 되어 실패로 이어질 수 있다.

시장 분석은 결국 다음과 같은 작업들로 압축된다.

- 잠재적 사용자 기반(user base)을 확인한다.
- 제품이 그 사용자들에 제공하는 잠재적 이점을 정량화한다.
- 잠재적 사용자들의 도입 비용을 산출한다.

- 사용자들이 마이그레이션을 마치고 제품의 이점을 실감하게 되는 시기를 추정한다.
- 사용자의 도입 의지를 평가한다.
- 현재의 예산 상황을 고려한다.

만일 '차기 대박(next big thing)'이라고 할 만한 것을 찾고 있다면, 중요한 사용자들이 많이 얻을 수 있는 명백한 이점이 있어야 한다. 의심스러울 때는 제품을 다시 검토하여 더 매력적이거나, 사용하기 쉽거나, 구축 비용이 적게 드는 것이 있는지 살펴보자.

제품 마케팅

새로운 플랫폼 제품과 기능에 대한 인지도를 높이는 것은 여러분이 해결해야 할 난제 중 하나이다. 특히 대기업에서는 더욱 그렇다. 아무리 좋은 제품이라도, 주된 대상(그것을 활용하면 좋을 사람들)이 그 제품의 존재조차 모른다면 고전할 수밖에 없다. 이런 상황에서 고객들은 내부 제품을 사용하는 대신 자체 해결책을 만들거나 외부 벤더의 솔루션을 찾게 된다. 그러면 플랫폼 팀의 가치가 떨어진다.

이를 방지하려면 신규 및 기존 제품에 대한 마케팅 전략을 세워야 한다. 다음은 따라 해 볼 만한 모범관행 몇 가지이다.

- 플랫폼 제품을 쉽게 살펴볼 수 있도록 정리한 내부 랜딩 페이지를 제작한다.
- 메일링 리스트와 채팅방을 통해서 새로운 기능을 공지한다.
- 고객 조직에 신규 및 예정된 출시 제품을 소개하는 로드쇼를 진행한다.
- 새로운 제품과 기능을 먼저 접하고 팀 내에서 전도사 역할을 할 수 있는 고객 개발자 커뮤니티를 육성한다.

기업의 규모가 클수록 마케팅이 어려워지므로, 플랫폼 팀의 업무 중 마케팅 부분을 공식화(formalization)할 필요가 있다. 그러한 공식화에는 정규 개발자 옹호자를 두어서 마케팅 활동의 기획과 운영에 상당한 제품 관리 시간을 할애하는 것도 포함된다.

5.2.4 제품 지표

가장 높은 관점에서 볼 때, 제품 발굴과 시장 분석을 위해서는 플랫폼 사용 비용이 어느 정도이고 플랫폼 도입의 이점은 무엇인지, 제품이 고객 수요와 얼마나 잘 맞는지, 그리고 사람들이 제공되는 것에 대해 전반적으로 어떻게 느끼는지를 파악해야 한다. 다음은 그런 사항들을 잘 반영하는 지표(metric; 측정항목)들이다.

- 마이그레이션에 얼마나 많은 추가 시간이 드는가? (플랫폼 사용 비용)
- 플랫폼이 사용자의 시간이나 비용을 얼마나 절약해 주는가? (플랫폼 도입의 이점)
- 잠재 사용자 기반 중 몇 퍼센트가 자발적으로 이 플랫폼을 도입하는가? (고객 수요)
- 플랫폼의 고객 만족도(CSAT) 점수는 얼마인가? (플랫폼에 대한 고객 의견)

이 중 '이점'에 대한 지표는 상당히 모호하다는 점에 주목하자. 플랫폼이 비즈니스상으로 수익을 창출한다고 말할 수 있다면, 그리고 실제로 수익상의 이점을 측정할 수 있다면 좋을 것이다. 하지만 플랫폼의 간접적 영향을 직접적인 비즈니스 성과와 연결 짓기는 어렵다. 또한, 자발적 도입률은 새로운 제품이 고객의 시급한 요구를 충족하는지는 반영하겠지만, 이미 잘 도입된 기존 제품의 변경 사항이 어떤 차이를 만들어내는지는 잘 보여주지 못한다는 점도 주의할 필요가 있다.

그렇다면 여러분의 제품이 측정 가능한 이점을 창출하는 성과를 내고 있는지를 알려줄 좀 더 구체적인 지표는 어떻게 찾아야 할까? 우리는 시니어 플랫폼 제품 관리자인 리프 월시Leif Walsh에게, 제품 기능이 목표를 달성하는지 보여주는 **영향력 지표**(impact metric)들을 설명해 달라고 요청했다. 다음은 리프의 설명이다.

플랫폼 관점

지표가 필요한 이유

상급자가 지표를 요구하든, 자신이 팀에 지표를 요구하든, 가장 중요한 질문은 '왜?'다. 왜 지표가 필요한가? 어떤 상황에서 지표가 필요한가?

'왜?'를 찾다 보면 몇 가지 공통된 답을 만나게 된다. 현재 상황에 어떤 경우가 해당하는지, 누구를 위한 지표인지를 의도적으로 고찰하는 것이 여러분에게 도움이 될 것이다. 우선, 지표 자체로는 다음과 같은 것들을 들 수 있다.

- **영향력 지표:** 영향력(impact) 지표들은 팀과 프로젝트의 효과를 상부에 설명하는 데 도움이 된다. 또한, 중요한 것을 만들기를 좋아하는 엔지니어들에게 집중할 목표를 제공하고 동기를 부여하는 효과도 있다.
- **가드레일 지표:** 가드레일guardrail 지표는 영향력 지표에만 집중하는 것을 피하게 해준다. 예를 들어 DORA 프레임워크에서는 배포 빈도를 높이는 것이 목표일 때 변경 실패율을 낮게 유지하는(반대의 목표에서는 높게 유지하는) 것이 하나의 가드레일이 된다.
- **일반적인 제품 건강성 지표와 전통적인 소비자 스타일 지표(획득, 전환, 유지율 등):** 이 지표들은 가장 큰 기회를 찾고, 붕괴 위험이 있는 제품을 감지하며, 프로젝트의 우선순위를 정하고 자원을 할당하는 데 도움이 된다.

여기서 가드레일 지표와 건강성(health) 지표는 많이 다루지 않을 것이다. 이들이 고려하고 측정해야 할 중요한 지표인 것은 사실이지만, 가장 가치 있으면서 다루기 까다로운 지표들은 첫 범주인 영향력 지표에 속하는 것들이다.

영향력 지표: 전략 수립의 길잡이

영향력 지표는 일반적으로 가장 주목받는 지표이며, 전략적 의사결정의 핵심 요소이다. 전략을 수립하려면 영향력 이론(impact theory)이 필요하다. 간단히 말해서 영향력 이론은 원인과 결과의 관계에 관한 가설이다. 예를 들어, 저장소 처리량을 개선하면 데이터 과학팀이 더 많은 실험을 수행할 수 있고, 이는 더 나은 추천으로 이어진다. 그 결과로 고객 참여도가 높아져서 더 많은 광고를 제공할 수 있으며, 이는 수익 창출로 이어진다. 따라서 저장소 처리량을 개선하는 프로젝트에 착수하는 것이 바람직하다.

인과 관계 그래프(causal graph)를 생각해 보자. 그래프의 노드들은 저장소나 실험 처리량과 같은 다양한 입력값을 가진다. 그리고 노드의 출력은 다른 노드의 입력이 된다. 노드의 출력은 그 민감도가 입력에 따라 다를 수 있다. 예를 들어 실행 가능한 실험 수는 처음에는 처리량에 정비례해서 증가하지만, 특정 지점부터는 다른 요인 때문에 수확 체감이 일어날 수 있다. 이러한 그래프의 끝에는 수익(revenue) 같은, 비즈니스에 중요한 핵심성과지표(KPI)가 위치해야 한다.

이 그래프에서 중요한 노드들의 영향력 지표를 수집해야 한다. 앞의 예라면, 저장소 계층의 전체 처리량을 측정하는 것은 물론이고 실행된 실험 횟수와 개별 실험의 처리량, 전체 실행 시간도 측정하는 것이 바람직하다. 다른 종류의 지표들도 나타난다. 예를 들어 영향력 이론에 제한 요소(gating factor)나 부정적 영향이 존재하는 경우 가드레일 지표가 나타날 수 있다.

이러한 지표들은 영향력 이론의 타당성을 검증하고 필요한 경우 수정할 때 근거가 된다. 저장소 처리량을 늘렸는데 데이터 과학자들이 더 많은 실험을 수행하지 않는다고 가정해 보자. 그런 경우 몇 가지 질문이 제기된다. 처리량이 실험 성능의 병목이 아니었던 걸까? 아니면 데이터 과학자들이 시도할 수 있는 변형을 모두 소진한 것일까? 이론을 갱신하고 전략을 수정하려면 해당 인과 관계를 더 세분화하거나 그 경로상의 다른 요소들을 측정할 필요가 있다.

무엇을 수집할 것인가?

여러분의 전략에 의미가 있는 지표는 플랫폼 사용자의 요구, 행동, 플랫폼 사용 결과를 보여주는 것이다. 가장 높은 수준에서 다음과 같은 질문을 던져볼 수 있다.

- **사용자들은 무엇을 하고 있는가? (그리고 이상적으로는, 사용자들은 자신이 무엇을 하려 한다고 생각하는가?)**
- **사용자가 그 일을 하는 동안 플랫폼은 어떻게 동작하는가? 효율적인가? 응답성이 좋은가? 정확한가?**
- **제품을 더 빠르게, 저렴하게, 또는 사용하기 쉽게 만들 필요가 있는가?**
- **여러분이 제공해야 제품이나 통합과 관련해서 충족되지 않은 요구가 있는가?**

이러한 질문에 답하려면 최소한 사용자가 무엇을 하고 있는지, 어떤 사람들인지, 시스템이 어떻게 반응하는지, 그리고 그들에게 어떤 결과가 발생하는지 알아야 한다.

이러한 질문에 답할 지표들을 단번에 선택하기는 어렵다. 지속적으로 개선해 나가야 한다. 이에 대해서는 곧 다루겠다. 하지만 거의 모든 상황에 적용되는 기본 지침이 몇 가지 있다.

- 사용자의 작업흐름과 목표를 중심으로 시스템이 수행하는 작업을 측정한다. 요청률(request rate)은 운영상의 경고를 발동하는 용도로는 괜찮지만, 하나의 사용자 제스처가 수백 또는 수천 개의 개별 요청을 발생시킨다면 해당 제스처를 전체 지연 시간과 함께 하나의 이벤트로 측정하는 것이 바람직하다.
- 팀 소속 여부나 소유권과 같은 시점별 인구통계 데이터(point-in-time demographic data)를 캡처한다. 시간이 지나면서 사람들은 팀을 옮기므로, 작년의 사용자 활동을 올해 소속된 팀에 귀속시켜서 코호트 분석(cohort analysis)을 부정확하게 만드는 우를 범해서는 안 된다.
- 대부분의 경우 사용자 중심 이벤트당 하나의 행을 가진 단일 비정규화 테이블(denormalized table)이 잘 작동한다.
- 시스템 간 경계(boundary)에서 멈추지 않도록 주의한다. 사용자의 행동과 결과를 측정하고, 다른 시스템으로 넘어가는 경우 해당 시스템이 이 데이터를 캡처하는지, 그 데이터를 신뢰할 수 있는지, 자신의 데이터와 어떻게 연결할 수 있는지 확인한다. 영향력 이론의 맥락에서 가장 강력한 지표 기반 논거는 플랫폼 사용자의 성공을 보여주는 것인데, 보통의 경우 사용자가 여러 시스템을 거친 후에야 성공적인 결과를 얻게 된다.
- 설문조사와 사용자 인터뷰는 중요한 것을 측정하고 있는지 확인하는 데 도움이 된다. (설문조사는 이 책에서 나중에 다룰 예정이다.)

여러분의 팀에서 지표 얻기

여러분이 관리하는 플랫폼 엔지니어링 팀에 적절한 지표들을 선택해 달라고 청하면 팀의 플랫폼 엔지니어들은 처리량(throughput), 지연 시간, 오류율을 먼저 떠올릴 것이다. 하지만 그런 지표들은 이미 어딘가에서 문제 감지와 진단을 위해 측정하고 있을 가능성이 크다. 물론 모든 소프트웨어 시스템에 그런 지표들이 필요하지만, 제품 전략 결정을 위한 지표는 일반적으로 그보다 높은 수준의 측정항목이다. 이를테면 가장 큰 사용자 그룹은 누구인가?, 가장 시간이 많이 걸리는 작업흐름은 무엇인가?, 등등이다. 처리량과 지연 시간만으로는 전략적 결정을 내릴 수 없다.

근본적으로, 지표를 잘 활용하는 것의 핵심은 올바른 추상화 수준에서 적절한 질문을 던지고 그 질문에 답할 수 있는 지표를 결정하는 것이라 할 수 있다.

일반적으로 여러분 혹은 여러분의 팀은 알고 싶은 수치들의 목록을 브레인스토밍하는 것으로 시작한다. 거의 항상 다음 단계는 "그것이 왜 중요한가?" 또는 "그것으로 정말 답하고 싶은 질문은 무엇인가?"를 묻는 것이다. 이는 추상화 수준을 전략이나 비즈니스 KPI에 영향을 미치는 질문으로 끌어올리고, 해당 수치들이 중요한 질문에 답할 수 있는지, 또는 의사결정을 위해 추가 정보가 필요한지를 알려준다. 다음은 초기에 던질 만한, 그리고 잠재적으로 더 유용한 상위 수준 질문들의 예이다.

- 코드 변경의 컴파일과 병합 전 테스트 실행에 각각 얼마나 시간이 소요되는가? 컴파일 속도 개선과 테스트

성능 개선 중 어느 쪽이 개발자 생산성을 더 높일 것인가?

- 각 저장소 버킷(storage bucket)에 대한 읽기 빈도는 어떠한가? 전혀 읽지 않는 데이터를 저장하고 있는 것은 아닌가? 그런 경우 비용 절감을 위해 해당 팀에 사용 중단을 요청할 수 있을까? 캐싱의 혜택을 받을 수 있는 시스템이 있는가?

아마 브레인스토밍을 여러 번 돌린 후에야 효과적인 지표들이 잡히기 시작할 것이다. 보통의 경우, 일단은 어떤 방식으로든 운영 지표들을 집계하는 것이 좋은 출발점일 때가 많다. 좀 더 익숙해지면, 제품 지표들을 직접 수집하는 방향으로 나아가야 한다. 그러면 좀 더 정확하고 충실한 지표들을 얻게 될 것이다.

팀은 자신이 편한 곳에서, 수집하기 쉬운 것들부터 수집해 나가야 한다. 하지만 그런 지표들이 최선의 제품을 결정하기 위해 알아야 할 지표는 아닐 때도 많다. "왜 그런가?"와 같은 후속 질문이 더 유용한 지표로 이어질 것이다. 조직의 전담 데이터 분석가가 여러분의 팀과 협력한다면 더 유용한 지표를 얻는 데 도움이 되는 좋은 질문들을 던질 수 있을 것이다. 상황에 따라서는 여러분이 그런 역할을 해야 할 수도 있다.

지표의 오용

어떤 지표를 요청했을 때, 해당 수치가 잘못 해석되거나 잘못된 결론을 뒷받침하는 데 악용될 것을 우려해서 제공하길 꺼리는 사람들도 있다. 이런 우려는 대개 선의에서 비롯된 것이며 타당하기도 하다. 그러나 데이터 수집은 여전히 필요하다. 일부 오용이 발생할 수 있지만, 지표를 통해 얻는 유용한 통찰과 의사결정의 가치가 그것을 상쇄할 것이다.

이러한 장애물을 극복하려면 초기 지표 수집을 시간이 지나면서 개선해 나갈 하나의 프로토타입으로 간주해서 접근하는 것이 도움이 된다. 어차피 올바른 지표를 수집하려면, 처음에는 잘못된 지표를 수집하고, 그것이 잘못된 이유를 파악해서 조정하는 과정을 거치기 마련이다. 그런 과정 없이 올바른 지표를 수집하기란 매우 어렵다. 우수한 문서화 또한 의도치 않은 오해를 방지하는 데 도움이 된다. 팀에게 스키마와 데이터 생성 프로세스를 문서화하고 이를 최신 상태로 유지하도록 권장해야 한다.

완벽해질 때까지 기다리지 말라

지표와 관련해 고려할 사항은 많다. 한 가지는, 수집한 지표를 저장하고(SQL로 쉽게 조회할 수 있는 저장 시스템을 사용하자) 향후 해석을 위해 문서화해야 한다(특히 누군가가 다음 승진을 위해 이를 활용하고자 할 때 유용하다!). 하지만 가장 중요한 것은 제품 변경의 영향이 어떤 모습일지, 그리고 올바른 방향으로 가고 있는지 확인하기 위해 무엇을 측정할 수 있을지에 관해 질문을 시작하는 것이다. 완벽이 좋음의 적이 되게 하면 안 된다. 즉, 완벽을 추구하다가 충분히 좋은 것을 놓치는 우를 범하지 말자. 기본적인 지표만으로도 좋은 제품 성과를 이끌어내는 데 큰 차이를 만들 수 있다!

5.3 성공적인 제품 실행: 제품 로드맵 만들기

고객 중심의 강력한 제품 문화와 제품 발견에 대한 깊은 이해가 플랫폼 엔지니어링에 도움이 되는 것은 사실이지만, 이 모든 것을 실행하는 것도 여러분이 관리해야 할 과제이다. 이제 여러분은 앞에서 살펴본 여러 아이디어를 하나의 로드맵roadmap으로 묶고 싶을 것이다. 그런데 이것이 말처럼 쉽지는 않다. 이런 제품 전환을 처음 시도할 때 흔히 다음과 같은 상황에 처하게 된다.

꽤 큰 컴퓨트 플랫폼 팀이 하나 있다. 이 팀은 기본 운영체제, 컨테이너, VM 이미지를 다루는 인력과 구성 관리(형상 관리)를 담당하는 인력, 구형 VM 오픈스택 환경을 담당하는 인력, 컴퓨트 오케스트레이션(쿠버네티스)을 담당하는 인력, 그리고 클라우드 관련 테라폼을 다루는 인력으로 이루어진다. 각 영역은 무난히 진행되고 있으며, 둘씩 짝지어 협력할 때도 대체로 잘 작동한다. 하지만 이러한 요소들이 어떻게 결합되어 개발자들을 위한 완전하고 잘 통합된 환경을 만드는지에 대한 전체적인 개념은 없다. 그래서 각 영역의 인력은 대부분 자신의 영역 내에서만 개발을 진행하며, 전반적인 경험은 여전히 단절되고 혼란스러운 상태이다.

이러한 상황에 처하면 팀은 한발 물러서서 큰 그림을 생각해야 한다. 여러분은 이 모든 것을 어디로 끌고 가고자 하는가? 장기적인 비전(vision)은 무엇인가? 이러한 제품들이 어떻게 서로 맞물려야 하는가? 이 플랫폼을 사용하는 개발자가 챙겨야 하는 것은 무엇이고 플랫폼이 자동으로 처리해 줘야 하는 것은 무엇인가? 이에 관한 통찰을 얻으면 종합적인 제품 로드맵을 만드는 것이 바람직하다. 그러한 로드맵은 비전을 반영할 뿐만 아니라, 목표 달성을 위해 이 모든 요소를 연결하는 전략도 반영해야 한다.

제품 로드맵을 만드는 과정에서 여러분은 비전에서 현실로 나아가게 된다. 고객의 요구사항(즉각적인 것과 장기적인 것 모두)을 공학적인 실현 가능성 및 비용 분석과 함께 고찰하면, 어떤 부분을 어떤 순서로 다룰지 파악하는 데 도움이 될 것이다. 이를 통해 대략적인 계획이 나온다. 그 계획을, 중요한 전달 이정표(delivery milestone)들과 다음 단계의 재평가를 위해 잠시 멈출 지점들로 분할해서 다듬어 나가자. 이때, 작업이 기대한 결과를 전달하는지 보여주는 영향력 지표들을 근거로 삼아야 할 것이다.

이번 절의 나머지 부분에서는 이러한 제품 로드맵 제작 과정을 좀 더 자세히 살펴본다.

5.3.1 비전: 장기적

비전vision은 더 나은 미래 플랫폼의 핵심적인 특성들을 묘사한다. 아무리 노력해도 비전을 완전히 실현하지는 못할 수 있다. 그래도 비전은 영감을 주는 출발점으로 유용하며, 계획상의 작업들을 정렬(alignment)하는 데 도움이 된다. 컴퓨트 플랫폼의 경우라면 온프레미스든, 클라우드든, 심지어 DMZ든[4] 개발자가 필요로 하는 환경을 2시간 이내에 프로비저닝하는 것이 하나의 비전이 될 수 있겠다.

5.3.2 전략: 중기적

전략(strategy)을 수립하려면 비전 달성을 가로막는 것이 무엇인지 이해해야 한다.[5] 다행히도, 여러분의 엔지니어링 팀에게 전략을 수립하라고 요청하면 팀은 해결해야 할 기술적 과제들을 즉시 파악할 것이다. 엔지니어링 팀이 이러한 과제들을 해결할 방안을 검토하는 동안, 제품 관리팀은 사용자 관점에서 필요한 사항들을 파악한다. 여기에는 현재의 문제점 및 플랫폼과의 상호작용 방식(UI? API? 명령줄?), 상호작용 시점(프로비저닝은 얼마나 자주 하는가?)을 이해하는 것이 포함된다. 제품 관리팀은 또한 이 시스템의 실제 사용자가 누구인지 확실히 파악해야 한다. 특정 전문가 그룹이 사용할 것이라 생각했는데 실제로는 모든 개발자가 사용하게 될 수도 있고, 그 반대일 수도 있다. 궁극적으로 이는 상위 수준의 제품 요구사항으로 이어져야 한다.

2시간 프로비저닝이라는 비전으로 돌아가서, 이러한 모든 조사를 마친 후 '신속한 컨테이너화 컴퓨트 프로비저닝(fast containerized compute provisioning): 새로운 컨테이너화 환경의 애플리케이션 프로비저닝 시간을 수 분으로 단축'을 전략의 한 부분으로 선택한다고 하자. 이러한 전략은 빠른 속도를 원하는 애플리케이션 개발자들이 애플리케이션을 컨테이너화하도록 유도하고, 모든 환경의 모든 종류의 애플리케이션에 대한 프로비저닝 시간을 줄이려 하기보다는 더 달성 가능한 중간 목표를 제시한다. 이것이 바로 비전에서 곧바로 계획으로 건너뛰지 않는 이유다. 전략을 문서화하면 이러한 결정이 명확해진다.

---

4 여기서 DMZ(demilitarized zone; 비무장지대)는 공용 인터넷과 접하는 컴퓨트/네트워크 자원을 내부 네트워크와 격리하는 서브넷을 뜻한다.

5 이 맥락의 전략에 관해 좀 더 알고 싶은 독자에게는 『전략의 적은 전략이다』(생각연구소, 2011)를 추천한다.
옮긴이_ 원서는 Richard P. Rumelt, 『*Good Strategy/Bad Strategy*』(Profile Books, 2011)이고, 번역서는 김태훈이 번역했다.

5.3.3 목표와 지표: 연간

상위 수준의 제품 요구사항과 주요 기술적 난관을 파악했다면, 다음으로 할 일은 내년도 목표를 수립할 차례다. 목표를 OKR(Objectives and Key Results; 목표 및 핵심 결과)과 비슷한 형식으로 작성할 수도 있다. 이때 목표는 의견이 반영된 목표 서술문(opinionated goal statement)의 형태이다. 그리고 핵심 결과는 연간 중점 분야와 실행 성공 여부를 판단할 지표들을 상세히 서술해야 한다. 다음은 컴퓨트 팀이 작성할 만한 OKR의 예이다.

목표

컨테이너화된 환경을 위한 신속한 컴퓨트 프로비저닝 기능을 사용자 개발 환경에 제공한다.

주요 결과

- 우리가 지원하는 컴퓨트 유형의 50%에 대해 IDE나 명령줄에서 프로비저닝이 가능하도록 한다. **(지원: 사용자 개발 환경 내 프로비저닝)**
- 가용 컴퓨트에 대한 프로비저닝 요청부터 완료까지의 소요 시간을 25% 단축한다. **(지원: 신속한 컴퓨트 프로비저닝)**
- 구형 VM 플랫폼 사용량을 20% 감소한다. **(지원: 현대적 환경으로의 전환)**

5.3.4 이정표: 분기별

이상의 과정에서 로드맵에 연간 이정표들이 채워질 것이다. 이러한 목표들을 달성하기 위해 전달해야 할 기술적 작업 중 구현이 어려운 것들은 무엇인가? 그 기능들을 고객에게 언제쯤 전달할 수 있을까? 큰 기능을 더 작은 단위로 나누어 점진적으로 제공해야 하는가? 지금 알 수 있는 것들도 있고, 1분기나 2분기의 상황에 맞게 나중에 결정할 것들도 있을 것이다. 이 모든 것을 문서화하고 분기별로 추적을 시작한다. 제7장에서는 이러한 점진적 기능 전달을 다른 중요한 플랫폼 작업과 통합해서, 플랫폼 엔지니어링 관리자가 그 실행을 추적하는 데 사용할 수 있는 종합적인 우선순위 로드맵을 만드는 방법을 논의할 것이다.

5.3.5 고객 대면 로드맵

제품 전달 일정을 합리적으로 추정하려면 이러한 기능을 구현하는 기술적 작업을 계획하고 추적해야 한다. 하지만 고객과 계획을 공유할 때는 사용자가 볼 수 있는 기능 전달 일정만 공개하는 것이 좋다. 기술 로드맵의 내용은, 특정 기능이 오래 걸리는 이유를 사용자가 물어보면 그때 공유해도 된다. 하지만 내부 기술 이정표들을 너무 많이 공개하면 여러분의 팀이 비즈니스상의 이점보다는 '엔지니어링 측면에서 멋지다고 생각하는 것'을 만드는 데 주력한다는 비난을 받을 수 있다.

5.3.6 기능 명세

여러분이 설득력 있는 비전을 만들고, 이 비전의 실행을 안내할 좋은 지표를 수립했으며, 제품 팀과 엔지니어링 팀이 협력하여 기술적으로 실현 가능한 방식으로 이러한 지표를 달성하는 데 필요한 작업을 파악했다고 가정하자. 큰 틀의 로드맵이 완성되었다면, 이제 일련의 기능을 구현해서 전달하는 일상적인 작업을 시작할 준비가 된 것이다.

기능을 명세화할 때 제품 관리자가 할 일 하나는 기능의 결과(outcome)를 문서화하는 것이다. 이는 이 기능이 고객에게 왜 중요한지, 고객이 이 기능에서 무엇을 원하는지, 그리고 제품의 전반적인 비전에 어떻게 부합하는지를 서술하는 작업이다. 기능의 결과를 문서화했다면 그것을 이러한 해당 분야의 엔지니어링 리더와 공유해야 한다. 이 공유는 특정 요구사항에 깔린 '**왜**'(이유)를 달성하기 위해 '**무엇**'을 해야 하는지에 관한, 엔지니어링 팀과 제품 팀 간의 논의로 이어져야 한다. 무엇을 만들지를 제품 관리자 혼자 결정할 수 없다. 기술적, 예산적, 인적 제약은 엔지니어링 지도층이 가장 잘 이해하기 때문이다. 두 팀이 함께 **왜**를 **무엇**으로 전환해 나간다. 만일 구현에 한 달 이상 걸릴 **무엇**이 있다면 몇 개의 하위 단계로 분할한다. 이 모든 내용을 제품 요구사항 정의서(product requirements document, PRD)나 사용자 스토리 등 조직에서 기능 요구사항을 기록하는 형식의 문서로 작성하면, 여러븐이 해당 분기 동안 추적할 작업들의 좀 더 세부적인 항목들이 완성된다.

5.3.7 연습이 완성을 만든다

이러한 업무가 다소 단순해 보이겠지만, 실제로는 그리 쉽지 않다. 설득력 있는 비전을 개발하기란 어려운 일이다. 비전을 단순한 목표가 아니라 영향력을 반영하는, 측정 가능한 항목으로 세분화하기도 어렵다. 기능 결과를 문서화하고 엔지니어링 팀과 협력하여 이러한 결과를 내기 위해 무엇을 만들어야 할지 파악하는 것 역시 쉽지 않다. 하지만 이를 계속 실천하고 연습하다 보면 리듬을 파악하게 된다. '좋다'는 것이 어떤 것인지 감을 잡게 되며, 운이 좋다면 큰 꿈을 꾸고 결국 그것을 실현하는 만족감을 경험하게 될 것이다.

고객에게 원하는 것을 직접 물어보면 안 될까?

고객 공감이 단지 고객의 의견을 존중하고 그들을 돕기 위해 무언가를 만드는 것만 의미하는 것은 아니다. 고객 공감에는 고객의 한계를 이해하고 그들에게 현실적으로 무엇을 요구할 수 있는지 파악하는 것도 포함된다. 다음 시나리오를 생각해 보자.

나는 회사의 새로운 중앙 플랫폼을 구축하는 임무를 맡았다. 제품 관리자들이 있긴 하지만, 고객 팀이 너무 많다 보니 제품 관리자들이 모두 감당하기 어려운 상황이다. 그래서 고객들에게 플랫폼에 대한 의견을 듣고 무엇을 만들어야 할지 파악하는, 그리고 우리가 만드는 것이 고객에게 적합한지 확인하기 위한 고객 실무 그룹을 구성했다.

처음에는 이것이 좋은 접근 방식 같았다. 하지만 가장 큰 고객 그룹 중 하나가 계속해서 회의에 불참한다. 참석한 경우에도, 담당자는 자신이 전체 부서를 대변할 수 없다고 발뺌한다. 이들이 실제로 무엇을 필요로 하는지, 우리가 올바른 것을 만들고 있는지 알 수 없어서 팀이 지체되는 매우 답답한 상황이다. 어떻게 해야 할까?

기본부터 짚어보자. 애초에, 고객들이 실무 그룹에 참석해서 제품이 어떤 모습이어야 하는지 정확히 말해주길 기대해선 안 된다. 그런 시도가 잘 안되는 이유는 여러 가지이다. 우선 고객들은 바쁘다. 그리고 상세한 요구사항 문서를 작성할 수 있는 제품 관리자도 아니다. 또한 고객이 현재 겪고 있는 문제를 설명할 수는 있다고 해도, 미래의 시스템을 어떻게 사용할지 추상적으로 추론하기는 어렵다. 대부분의 사람은 그 정도의 추상적 사고를 잘하지 못한다. 특히 한 번도 사용해 보지 않은 새로운 기술에 대해서는 더욱 그렇다.

한 수준 더 깊이 들어가서, 고객이 그런 회의에 참석해서 피드백을 제공한다 해도, 그것이 사용 가능한 제품을 만들기 위한 유일한 방법이 되어선 안 된다. 사용 가능한 제품을 만드는 작업은 사람들이 그 제품을 즐겁게 사용할 때까지는 끝나지 않는다. 제품 기능을 구축하고 배포하는 전 과정에서 고객과의 소통이 없다면, 그리고 설계 단계에서 일부 고객 그룹이 말한 것 이상으로 그 기능이 유용한지 측정하는 방법이 없다면, 제품 계획을 제대로 마련하고 구현하지 못한 것이라고 할 수 있다. 또한, 대부분의 경우 논의 중인 복잡한 새 플랫폼 구축을 관리할 만한 제품 관리 인력이 부족하기 마련이다. 필요하다면 제품 관리자를 더 많이 채용해야 할 것이다. 어떤 경우이든, 고객에게 아이디어가 그들의 요구를 충족하는지 물어보는 대신 고객이 실제로 무엇을 원하고 필요로 하는지 파악하기 위해 더 큰 노력을 기울이는 것은 항상 필요한 일이다.

이런 혼란에서 어떻게 빠져나올 수 있을까? 새 플랫폼의 지루한 부분부터 시작하는 것이 좋다. 다양한 고객의 요구를 충족하기 위한 미묘한 차이가 필요하지 않은 부분, 충분히 이해하고 있다고 확신하는 부분, 이전에 성공적으로 구축된 적이 있거나 고객 팀이 이미 자체적으로 만든 부분, 또는 누가 봐도 당연한 구성요소부터 만들기 시작하자. 그런 작업을 하는 동안 제품 관리팀을 보강해서 시장 조사를 수행하고, 가능한 한 많은 고객 팀에서 잠재적 용례를 파악하고, 알파/베타 고객을 모집하고, 새로운 기능이 실제로 가치를 전달하고 있음을 보여주는 도입 지표를 수립해 나가면 된다.

지루한 부분을 완성했다면, 그다음으로 명확한 기능들을 고려하기 시작한다. 가장 복잡한 것은 아직 생각하지 말자. 아직 그럴 준비가 되지 않았다. 여러분이 설계한 것이 과연 복잡한 것을 잘 다룰 수 있는 제품일지 걱정이 될 수도 있다. 하지만, 복잡한 것을 다루기 위해 설계했지만 모든 것을 다루지 못하는 제품을 만들 가능성이나, 단순한 것을 다루기 위해 설계했다가 복잡한 것을 위해 재작업해야 하는 제품을 만들 가능성이나 비슷하다. 그러니 일단 작동하는 단순한 것부터 시작하는 편이 낫다.

안타깝게도 고객에게 무엇을 만들어야 할지 직접 물어볼 수는 없다. 하지만 우리가 만든 것에 대한 피드백을 신속히 받고, 증분 전달 과정 전반에서 수요가 있는지 확인함으로써 우리 의 아이디어를 검증할 수는 있다.

5.4 제품 실패 유형

내부 플랫폼 팀에 제품 관리를 처음 도입할 때는 여러 가지 실수를 저지르게 된다. 그중에는 제품 전환의 실패로 이어지는 실수도 있다. 그럼 앞에서 살펴본 아이디어들을 적용할 때 주의해야 할 몇 가지 함정을 살펴보자.

5.4.1 마이그레이션 비용을 과소평가한다

이 책에서 마이그레이션을 자주 다루는 이유는 이것이 플랫폼 엔지니어링의 핵심적인 부분이기 때문이다. 제품을 다루는 이번 장에서도, 마이그레이션 비용을 고려하는 것의 중요성을 다시 한번 강조하고자 한다. 제품 관리자는 제품 결정을 내릴 때 마이그레이션 비용을 고려해야 한다. 이 점을 주의하지 않으면, 마이그레이션 비용 때문에 새로운 제품이 제공하는 가치가 사소하게 보일 수 있다.

카미유가 개발자 경험 팀에서 목격한 사례 하나가 이 점을 아주 잘 보여준다. 그 팀의 제품 관리자는 새로운 코드 검색 도구가 회사에 큰 가치를 더할 것이라고 확신했다. 그는 이 제품이 왜 가치 있는지에 대한 제안서를 잘 작성했고, 엔지니어링 팀과 일부 고객을 설득했으며, 결국 카미유도 마지못해 동의했다. 이 제품은 기존의 오픈소스 코드 검색 도구를 대체할 예정이었는데, 제품 관리자는 그것이 비교적 간단한 작업이 될 것이라고 그녀를 안심시켰다.

간단할 것이라던 마이그레이션은 수많은 스트레스와 작업 끝에 2년 만에 완료되었다. 짐작했겠지만 이는 결코 단순한 마이그레이션이 아니었다. 기존 검색 도구에 대한 링크가 조직 전체에 널려 있었기 때문에, 엔지니어링 팀은 오랜 고민 끝에 기존 도구의 링크를 새 도구의 적절한 위치로 보내는 재지정(redirecting) 서비스를 작성해야 한다는 결론을 내렸다. 또한 기존 도구는 중요도가 낮은 특정 메타 저장소, 브랜치 및 기타 코드를 무시하도록 설정되어 있었는데, 새 검색 제품을 수용 가능한 수준으로 만들려면 엔지니어링 팀이 해결해야 할 골치 아픈 특수 사례(edge case)들이 많았다. 새 시스템을 그렇게 설정하는 것은 예상보다 훨씬 어려웠다.

더 나쁜 것은 누구도 사용자 교육 요소를 깊이 고려하지 않았다는 점이다. 사용자들이 기존 도구를 사용하는 방식을 상세히 분석하지 않았던 탓에 새 도구에는 기존 도구의 사용 방식과 일대일로 대응되지 않는 패턴이 있었고, 그래서 사용자가 새 도구로 옮겨가려면 교육과 훈련이 필요했다. 개발자의 작업흐름에 깊이 뿌리박힌 기초적인 부분을 바꾸는 것은 까다로운 일이었고, 사용자들은 익숙한 것과 다른 경험을 하게 되어서 불만이 많았다.

제품 관리자는 엔지니어링과 사용자 경험 측면에서의 마이그레이션 비용이 제품의 성패를 좌우하는 주요 요인이 될 수 있음을 명심해야 한다. 때로는 고통스러운 마이그레이션을 거치더라도 최종 결과가 가치 있을 수 있다. 하지만 충분한 분석 없이 시작하면 사용자들은 종종 그 작업을 엉성하고 사려 깊지 못한 것으로 여기게 된다.

5.4.2 사용자의 변화 수용력을 과대평가한다

새로운 기능이 준비되자마자 사용자들이 바로 도입한다면 좋을 것이다. 하지만 대부분의 사용자는 처리해야 할 일이 산더미처럼 쌓여 있다. 새로운 도구나 작업흐름, 시스템을 도입하는 것은 사용자의 업무 전반과 조화를 이루어야 한다. 플랫폼 팀의 제품 관리자들은 새로운 것을 만들고 싶어 하며, 조직이 자신들의 제품을 얼마나 도입하는지로 평가받는다. 그래서 그들은 자신들의 반짝이는 신제품에 관심을 가져달라고 아우성친다. 하지만 대부분의 고객은 한 번에 제한된 양의 변화만 수용할 수 있다. 필수적이지 않은 변화라면 도입이 더딜 수밖에 없다. 특히 예산이 빠듯하거나, 마감일이 임박했거나 조직에 다른 긴급한 문제가 있을 때는 더욱 그렇다. 이것이 우리가 '변화 예산(change budget)'이라는 용어를 쓰는 이유이다. 변화도 팀에서 진행 중인 다른 모든 작업과 함께 예산을 책정해야 한다.

우리는 지도층이 주어진 기간 동안 조직에 도입할 수 있는 플랫폼과 인프라 변화의 양을 현실적으로 파악하고 결정해야 한다고 생각한다. 이 수준의 모든 변화를 성공적으로 조율할 수 있는 기업은 많지 않다(카미유는 시도했다가 실패했다). 여러 플랫폼 팀이 관심을 끌려고 하는 대상은 대체로 겹친다. 각 팀은 자신의 마이그레이션을 우선시하며, 자신의 제품에 사용자가 집중하게 만들려고 한다. 따라서 여러분의 팀은 시끄러운 세상에서 경쟁하게 될 것이다. 기업의 규모가 클수록 솔루션과 변화의 공간은 더욱 소란스러워진다.

최소한 여러분 팀의 제품 영역에서, 한 해 동안 기업 전체에 어느 정도의 변화를 실제로 밀어붙일 수 있을지 고민해 보아야 한다. 사용자들이 더 큰 노력을 들이지 않고도 더 많은 변화를 수용할 수 있도록 만드는 방법은 없을까? 소스 코드 검색의 예에서 보았듯이, 사용자들이 새로운 제품을 사용하게 만들려면 기존의 작업 방식을 최대한 유지할 수 있어야 한다. 하지만 그 노력이 정말 가치 있으려면, 사용자가 새 제품으로 **이전보다 더 많은** 일을 할 수 있어야 함을 명심하기 바란다. 새로운 도구에 익숙해지면 그 이점을 바로 체감할 수 있는가? 사용자의 생산성을 실제로 높일 수 있는가? 즉, 새 도구로 시간을 절약할 수 있을 뿐만 아니라 절약한 시간을 더 많은 일을 하는 데 재투자할 수 있는가? 제품 로드맵을 만들 때는 이 모든 요소를 고려해야 한다. 고객층이 한 번에 수용할 수 있는 변화의 양은 제한되어 있기 때문이다.

5.4.3 안정성이 떨어질 때 새로운 기능의 가치를 과대평가한다

이것은 고통스럽지만 사실이다. 엔지니어와 제품 관리자는 '새로움(novelty)'을 플랫폼이 제공할 수 있는 가장 중요한 요소라고 오해하기로 악명이 높다. 안정성(stability)이 새로움만큼이나, 또는 그보다도 더 중요하다는 사실을 잊고 말이다. 안정성은 마이그레이션 노력과 변화 예산 모두에 영향을 미치는 요소이다. 시스템이 매우 안정적이면 마이그레이션이나 기타 변화에 더 많은 시간을 투자할 수 있다. 엔지니어링 팀과 사용자의 주의를 분산시키는 플랫폼 장애에 대응하느라 시간을 낭비하지 않기 때문이다. 안정성은 제품 통화(product currency)의 일부이며, 안정성이 부족하면 고객은 플랫폼에 대한 신뢰를 잃게 된다. 기존 시스템도 제대로 운영할 줄 모르는 팀이 만든 새로운 것을 도입하고 싶어 하는 사람이 있겠는가?

플랫폼에 안정성 문제가 있다면, 불안정한 토대 위에 더 많은 기능이나 제품을 추가하기보다는 안정성 향상에 엔지니어링 시간을 투자하는 것이 거의 항상 옳은 선택이다. 안정성 개선 때문에 연간 제품 목표의 일부를 달성하지 못할 수도 있지만, 기존 제품도 안정적으로 사용할 수 없는데 새로운 것이 무슨 소용이 있을까?

5.4.4 엔지니어링 팀 규모에 비해 제품 관리자가 너무 많다

제품 관리자가 부족한 경우가 대부분인 만큼, 이 사례는 좀 의외일 것이다. 하지만 제품 관리자가 너무 많은 경우도 존재한다. 애초에, 플랫폼 팀의 제품 관리자 대 엔지니어 비율은 애플리케이션 엔지니어링 팀과 다를 수 있다. 제품 관리자가 너무 많으면 엔지니어가 직접 해야 할 작업 실행 관리 같은 일도 제품 관리자가 하게 된다. 또한, 제품 관리자가 너무 많으면 엔지니어가 아무 생각 없이 수동적으로 일하게 될 수 있다. 예를 들어 무엇을 언제 작업할지, 어떻게 우선순위를 정할지 스스로 고민하지 않는 것이다. 제품 관리자가 너무 많고 엔지니어링 팀이 단순히 명세를 받아 구현하는 외주 개발자 취급을 받게 되면 의도하지 않은 여러 단점이 생긴다. 특히, 팀 대부분의 창의성과 주인의식이 사라지는데, 대체로 이는 좋지 않은 결과로 이어진다.

여기서 우리가 적절한 비율을 제시해 주면 좋겠지만, 우리가 겪은 바로 제품 관리자 대 엔지니어의 비율은 제품, 조직의 성숙도, 팀 내 다른 구성원의 성격에 따라 매우 다양하다. 우리의 경험칙(rule of thumb)[6]은 제품 관리자가 부족하다고 느끼되 '굶주릴' 정도는 아니어야 한다는 것이다. 적절한 추정치는 보통 2선(second-line) 엔지니어링 관리자 수와 1선(first-line) 엔지니어링 관리자 수 사이의 어느 지점인데, 이언은 전자를, 카미유는 후자에 가까운 쪽을 선호한다.[7]

5.4.5 개발팀장이 해야 할 일을 제품 관리자가 한다

앞에서 언급한 문제와 연관된 문제이다. 제품 관리자가 팀의 모든 프로젝트 관리를 맡고, 지라Jira 백로그를 정리하고, 팀에 일거리를 하나하나 떠먹여 주면 좋지 않은 결과가 초래된다. 가장 흔한 상황은, 엔지니어들이 이러한 과도한 관리를 핑계로 기술 부채(technical debt)를 정당화하는 것이다. 엔지니어들은 제품 관리자가 우선순위를 주지 않았기 때문에 기술 부채를 해결할 수 없었다고 주장한다. 개발팀에 이런 변명의 여지를 주어서는 안 된다. 개발팀 관리자는 최소한 팀의 실제 작업 계획을 공동으로 책임져야 한다(제7장에서 이를 '상향식(bottom-up)' 로드맵이라고 부른다). 이는 보편적으로 적용되는 진리지만, 우리는 애플리케이션 엔지니어링

6 옮긴이_ 경험칙은 관찰이나 측정, 체험 등으로 얻은 법칙을 말한다. 이론적 근거가 없거나 아직 밝혀지지 않았지만 대체로 잘 통하는 법칙이다.

7 가장 중요한 측면은 활발히 진화하는 제품 서비스 및 기능에 투입되는 엔지니어 수 대 그 밖의 엔지니어링 작업에 투입되는 엔지니어 수이다. 예를 들어 대부분의 작업이 운영 효율성이나 확장성과 관련되어 있다면, 제품 관리자를 많이 둘 필요가 없다.

에서도 플랫폼 엔지니어링에서도 이것이 잘 지켜지지 않는 경우를 많이 보았다.

마찬가지로, 제품 관리는 애자일 방식의 '제품 소유권(product ownership; https://oreil.ly/OoT03)'과는 다르다. 제품 관리자가 내부 제품을 관리하긴 하지만, 그렇다고 제품 관리자가 스크럼 마스터를 미화한 직책인 것은 아니다. 애자일 조직에서 '제품 소유자' 역할을 맡은 사람이 제품 관리자로서 잘 해내는 경우도 있다. 하지만 우리가 겪은 바로는, 그런 사람들은 프로젝트의 관리적 요소(백로그 정리, 단기 우선순위 결정, 상태 보고)에만 지나치게 집중하고 더 모호한 제품 관리 업무는 소홀히 하기 쉽다. 제품의 일상적인 실행 세부사항에 깊이 관여하면서 동시에 전략을 구상하기란 쉽지 않다. 유능한 제품 관리자라면 필요할 때 프로젝트 실행을 지원하겠지만, 프로젝트 관리와 제품 관리를 하나의 '제품 소유자(PO)' 역할로 통합하려 하면 제품 접근 방식이 수동적이고 약해질 가능성이 크다.

5.5 마무리

플랫폼 팀이 제품 개발에 실패하는 방식은 크게 세 가지 범주로 나눌 수 있다.

문화

팀이 제품 문화를 받아들이지 못하고 사용자가 직접 무엇을 만들어야 하는지 알려주기를 기대한다. 내부적으로는 고객보다 기술과 운영에 지나치게 집중한다.

제품–시장 적합성

팀이 새로운 제품 아이디어를 평가할 때 내부 시장의 필요성을 고려하지 않아서, 결국 고객이 원하지도 않는 무언가를 만들어 낸다. 게다가 이러한 제품 시도의 정당성을 뒷받침할 제품 영향력을 측정할 지표도 확립하지 않는다.

실행

팀이 자신의 작업을 더 큰 제품 전략과 연계하는 데 신경을 쓰지 않으며, 제품 계획에서 고객에게 발생하는 부담(마이그레이션, 변경 예산)을 고려하지 않는다. 또한 제품 관리자를 개발팀 관리 업무에 잘못 활용하기도 한다.

실패로 가는 길은 명확하지만, 성공으로 가는 길은 모호하다. 좋은 제품 문화는 관계, 대화, 보상, 집중력을 바탕으로 한다. 또한 여러분의 관념 속 고객이 아니라 실제로 현장에서 일하는 고객을 만나서 고객이 원하는 것이 무엇인지 파악하고 검증하는 작업을 매일 같이 지속할 의지도 필요하다. 시장 적합성을 찾으려면, 팀이 진정으로 필요로 하는 것의 핵심에 도달하기까지 여러 차례의 시행착오가 필요할 수 있다. 실행은 로드맵 작성과 같은 관행을 구축하고 다듬는 지속적인 노력일 뿐만 아니라, 현재 조직에 맞는 적절한 제품 관리팀을 협상하고 발전시키는 작업이기도 하다.

제품 관리에 대한 모든 유용한 내용을 한 장(챕터)에 담는 것은 불가능하므로, 이번 장에서는 여러 복잡한 주제를 간단하게만 살펴보았다. 뛰어난 플랫폼 제품을 만들 수 있는 확실한 방법이 나오지 않아서 실망한 독자도 있을 것이다. 하지만 훌륭한 제품은 항상 상황에 따라 다르며, 사람들의 필요에 대한 깊은 통찰과 현실적으로 구축 가능한 것에 대한 이해가 결합되어야 한다. 따라서 고객을 이해하는 데 시간을 투자하는 것이 중요하다. 최고의 제품 중 상당수는 다른 팀이 자신들을 위해 만든 것에서 시작된다. 플랫폼 엔지니어링이 반드시 회사의 제품 혁신의 원천이 될 필요는 없다. 다만 기술적, 운영적 문제에 치중한 나머지 고객 중심과 제품 규율이라는 공(ball)을 완전히 놓치지만 않으면 된다.

이것이 하나의 여정(journey)이라는 점은 우리도 알고 있다. 이번 장을 통해서, 여러분 앞에 놓인 길의 다음 이정표들이 대략 어디에 있는지 감을 잡을 수 있었길 바랄 뿐이다.

CHAPTER 6

플랫폼 운영

규모가 커지면 희귀한 일도 흔해진다.

— *제이슨 코헨Jason Cohen*[1]

아무리 플랫폼을 잘 만들어도, 플랫폼이 의존하는 시스템 자체가 복잡한 탓에 운영상의 문제는 항상 발생하기 마련이다. 제품 중심의 사고방식이 플랫폼에 유용하긴 하지만, 제품 중심 팀은 상황이 좋을 때 운영에 잘 투자하지 않는 경향이 있다. 그런 팀은 빠르게 움직이며 훌륭한 기능을 많이 전달하지만, 그 과정에서 운영 부채(operational debt)가 쌓인다. 애플리케이션 팀이라면 별문제가 아닐 수 있다. 비즈니스 성과에 대한 보상으로 인력이 늘어나서 부채를 감당할 수 있기 때문이다. 하지만 대부분의 플랫폼 팀은 그렇지 않다.

플랫폼은 레버리지를 통해서 가치를 창출한다. 그 레버리지의 한 측면은 효율성이다. 즉, 인력을 더 늘리지 않고 소규모의 플랫폼 팀으로도 훨씬 큰 규모의 조직을 지원할 수 있다. 하지만 이번 장 도입부의 인용문이 시사하듯, 이는 시스템이 규모 자체 때문에 새로운 문제에 직면한다는 사실과 모순된다. 특히 운영 측면에서 그렇다. 이 점은, 규모가 확장되는 플랫폼을 고정된 규모의 팀이 지원하다 보면 '운영 지옥(operational hell)'에 빠질 수 있음을 시사한다. 방치된 운영 문제가 지속적으로 비즈니스에 심각한 영향을 미치기 시작하면서 고객의 신뢰가 무너진다. 시스템이 필수 부하(critical load)의 대부분을 처리하는 상황에서는, 당면한 영향을 해결하는 데 수개월, 근본 문제를 해결하는 데는 수년이 걸릴 수 있다. 그동안 새로운 제품 기능

1 좀 더 자세한 사항은 제이슨의 글 'Rare things become at common scale'(https://oreil.ly/MxNyb)을 보라.

의 개발은 중단된다.

이를 피하려면 플랫폼 팀은 상황이 좋을 때도 여러 운영 관행(operational practice)에 꾸준히 투자해야 한다. 이 장에서는 플랫폼 팀이 책임지고 실천해야 할 세 가지 운영 관행을 다룬다.

온콜

온콜on-call 혹은 비상대기/당직 근무는 프로덕션 환경에서 발생할 수 있는 문제에 즉각 대응할 수 있도록 엔지니어를 배치하는 기본적인 관행이다.

사용자 지원

제2장에서 언급했듯이, 플랫폼의 경우 사용자 지원(user support)은 온콜 엔지니어가 처리하기에는 너무 큰 문제이다. 별도의 업무가 필요하다.

운영 피드백

운영상의 문제가 심각해지기 전에 선제적으로 해결할 수 있도록 투자해야 하는 관행이다.

먼저 온콜 관행부터 살펴보자.

> **온콜은 필수 관행이지 프로세스가 아니다**
>
> 이 장에서는 플랫폼에 필요한 것들을, 생각할 수 있는 모든 프로세스의 목록 형태로 나열하는 대신 필수적인 관행(practice: 관습, 실천사항)으로 취급한다. 운영 프로세스들은 SRE나 데브옵스 관련 문헌에 많이 나온다. 그런 모든 프로세스를 플랫폼에 적용할 수도 있다. 하지만 도입할 만한 프로세스가 너무 많고, 이를 모두 제대로 수행하려면 엄청난 작업이 필요하다. 팀이 직면한 특정 문제에 대한 비용과 이점을 고려하지 않고, 그저 최근에 읽은(혹은 더 나쁘게는 이전 직장에서 사용했던) 프로세스를 조직에 강요하는 리더들이 너무나 많다.
>
> 프로세스는 상황에 따라 달라진다. 그 세부사항은 팀이 직면한 고유한 과제에 맞춰야 한다. 하지만 관행은 포괄적이다. 관행은 하나의 틀을 제공하며, 현재 직면한 특정 문제를 해결하는 데 필요한 프로세스를 만드는 기초가 된다. 문제가 바뀌면 프로세스도 바뀌지만, 관행은 그대로 남는다.

6.1 온콜 관행

피할 수 없는 운영 문제가 발생했을 때, 문제를 가능한 한 빨리 해결하려면 가장 숙련되고 지식이 풍부한 인력을 투입해야 한다. 이를 위해 필요한 것이 온콜 관행이다. 우리는 통합 데브옵스

(merged devops) 온콜 팀이 24시간 연중무휴 순환 근무로 운영 문제(사용자 지원 요청이 아니라)에 대응하는 방식을 강력히 권장한다. 팀원들이 그리 반기지 않을 방식이겠지만, 계속 들어보기 바란다. 우리는 지속 가능성을 보장하는 적절한 관리 관행 덕분에 플랫폼 팀이 자신의 운명을 더 잘 통제할 수 있어 결국에는 이런 방식을 선호하게 되는 사례를 많이 보았다.

6.1.1 연중무휴 온콜 지원이 중요한 이유

많은 플랫폼이 24시간 연중무휴로 운영되는 비즈니스를 지원하는 만큼, 온콜을 연중무휴로 돌려야 하는 것은 당연하다. 하지만 개발자 도구나 순수 내부용 도구 등 '비치명적(noncritical)' 제품을 다루는 유형의 플랫폼도 있다. 이런 플랫폼 팀들이 일부 고객을 분노하게 만들면서도 연중무휴 온콜 지원을 피하려고 안간힘을 쓰는 것을 우리는 여러 번 목격했다.

문제는 그런 플랫폼도 예상 밖의 시점에 중요해질 수 있다는 점이다. 예를 들어 많은 기업에는 업무 외 시간(즉 야간과 주말)에만 배포가 가능한 애플리케이션들이 있다. 배포 도구를 담당하는 팀은 이 시간대에 배포 도구가 잘 작동하도록 보장해야 한다. 늦은 밤에 버그가 발견됐는데 배포 플랫폼이 오작동하는 상황을 상상해 보라. 애플리케이션 팀이 개발자 도구 팀이 출근할 때까지 기다리면서 버그를 그대로 놔둬야 할까? 당연히 아니다!

드물지만 연중무휴 규칙에 예외가 있다는 점은 우리도 인정한다. 하지만 여러분의 팀이 예외에 속할 가능성은 크지 않다. 여러분이 엔지니어를 업무 시간 외 근무로부터 보호하려고 이런 모범관행을 무시하면 예상치 못한 상황에서 플랫폼을 운영하는 능력이 약해지고, 플랫폼에 영향을 받는 고객의 신뢰를 잃을 위험이 있다.

6.1.2 통합 데브옵스가 필요한 이유

제1장에서 논의했듯이, 온콜 운영 업무를 개발팀이 수행해야 하는지, 아니면 SRE나 데브옵스, 운영팀 같은 별도 팀으로 분리해야 하는지에 대해 업계의 의견이 나뉜다. 대규모 비즈니스용 글로벌 애플리케이션을 구축하는 대형 팀의 경우 최선의 선택이 무엇인지 명확하지 않다. 하지만 이는 그런 팀들이 **대규모**, 즉 개발과 운영 모두에 깊이 있게 집중할 만큼 충분한 인력을 보유하고 있기 때문이다.

대부분의 플랫폼 엔지니어링 팀은 그런 여유가 없다. 플랫폼은 다양한 벤더 시스템과 오픈소스 소프트웨어(OSS) 시스템을 추상화하기 때문에, 팀이 담당하는 제품은 일반적으로 같은 규모의 애플리케이션 개발팀이 다루는 제품보다 운영이 훨씬 복잡하다. 사실 이것이 바로, OSS와 벤더 시스템을 애플리케이션 팀이 직접 운영할 때보다 효율성을 높여주는 플랫폼 엔지니어링의 '레버리지'이다. 하지만 이는 또 다른 문제를 야기한다. 사내 코드나 OSS, 벤더 시스템, 또는 이들 간의 상호작용으로 인한 문제를 신속히 진단하고 해결할 수 있는 온콜 인력은 누구여야 하는가? 우리의 답은 통합된(merged) 팀만이 지속 가능한 방식으로 필요한 수준의 전문성을 갖춘 온콜 순환 근무 스케줄을 운영할 수 있다는 것이다.

플랫폼 소프트웨어 엔지니어들이 이에 반발할 수도 있다. 애초에 그런 외부 시스템들을 그들이 만들지는 않았으며, 그들의 전문성은 기능 개발을 위해 시스템을 활용하는 것이지 프로덕션에서 디버깅하는 것이 아니기 때문이다. 전체 시스템의 복잡성에 대한 깊은 지식을 갖추었으며 자동화도 구축할 수 있는 SRE 엔지니어들을 고용해서 온콜을 맡기라고 플랫폼 엔지니어들이 요구할 수 있다. 그러면 이상적이겠지만, 현실적으로 대부분의 플랫폼 팀은 번듯한 SRE 전문가 팀을 꾸려서 숙련시킬 여력이 없다. SRE 관련 문헌들과 우리의 경험에 따르면, 근무 시간의 25% 이상을 온콜로 보내는 직무에 오래 머무는 엔지니어는 보기 힘들다. 따라서 만일 온콜 업무를 플랫폼 개발팀 이외의 SRE 팀에 분담한다면, 그 SRE 팀에는 SRE 엔지니어가 적어도 4~5명은 있어야 한다.[2]

대부분의 플랫폼 팀이 이렇게 많은 전담 인력을 감당할 수 없기 때문에, 앞에서 말한 분할 SRE/데브옵스 접근 방식을 강행하기 위해 기업들은 여러 플랫폼의 온콜을 하나의 SRE/데브옵스 팀에 할당하는 편법을 쓰기도 한다. 하지만 이렇게 하면 각 플랫폼에 대한 경험과 지식이 깊이 있게 축적되지 못한다. 그 결과, 중요하면서도 복잡한 운영 문제가 발생했을 때 깊은 전문성을 가진 사람이 해결하지 못하게 되며, 제1장에서 설명했던 운영팀과 개발팀 간의 책임 전가 문제가 다시 발생한다.

이런 문제를 피하려면, 소프트웨어 개발자들이 데브옵스/SRE 시스템 제너럴리스트generalist들과 같은 팀에서 일하면서 동일한 온콜 순환 근무(교대 근무)에 참여해야 한다. 이는 훌륭한 소프트웨어 엔지니어라도 온콜에 필요한 기술이나 마인드셋, 의지가 부족하다면 팀에서 제외해

---

2 구체적으로 설명하자면, 한 사람이 전체 근무 시간의 25%만 온콜에 투여한다고 해도, 1주일 온콜 후 3주일은 온콜이 없는 순환 근무표를 만들려면 휴가, 병가, 기타 휴무를 고려할 때 적어도 4~5명이 필요하다.

야 할 수도 있다는 뜻이다. 하지만 우리의 경험상, 10명 이상의 엔지니어가 풀타임으로 일할 만한 FAANG 규모의 플랫폼을 구축하는 것이 아니라면 분리된 시스템을 운영하려고 애쓰는 것은 그만한 가치가 없다.

6.1.3 온콜 부하를 지속 가능한 수준으로 유지하려면

플랫폼 엔지니어링 팀이 24시간 연중무휴 방식의 온콜 순환 근무를 자체적으로 운영하려면, 온콜 업무의 부하(load)가 지속 가능한 수준이어야 한다. 여기서 '지속 가능(sustainable)'은 구성원들이 대체로 전형적인 직장인의 오전 9시부터 오후 5시까지의 정규 근무 시간 내에서 자신의 업무 기대치를 충족할 수 있어야 한다는 뜻이다. 이 모순되어 보이는 상황을 어떻게 해결할 수 있을까?

첫 단계는 누구도 4주에 1주일 이상 온콜 근무를 서지 않도록 하는 것이다. 6~8주에 1주일 정도가 이상적이다. 다음 단계는 호출기 요청 부하(pager load)를 살펴보는 것이다. 호출기 요청은 다음 영업일이 되기 전에, 보통은 15분 이내에 사람의 대응이 필요한 성격의 운영 이벤트를 말한다. 우리의 경험으로 볼 때, 24시간 연중무휴 온콜이 지속 가능하려면 비즈니스에 영향을 미치는 호출(이하 간단히 비즈니스 영향 호출)이 주당 5건 미만이어야 한다.

안타깝게도, 이 수치를 현재 상황과 비교했을 때 그저 헛웃음만 나오는 독자가 많을 것이다. 더 나쁜 것은, 이해관계자들(내부 고객사의 지도층 등)에게 주당 5건이라는 목표를 제시하면 그들이 플랫폼 팀이 비즈니스 현실을 모른다고 생각할 것이라는 점이다. 그들은 그보다 훨씬 더 많은 호출을 처리하고 있기 때문이다. 하지만 우리는 주당 5건을 넘는 요청들이 이어지는 온콜 업무는 지속 가능하지 않다고 굳게 믿는다. 플랫폼이 '신나게 성장하는' 단계에 있고 팀원들이 기꺼이(일과 삶의 균형이 나빠지더라도) 연장 근무를 불사하는 상황에서는 감당할 수 있을지 모른다. 하지만 일과 삶의 불균형은 점차 소진(burnout; 번아웃)으로 이어져 직원 유지에 영향을 미치기 시작할 것이다.

일례로, 2014년 아마존에서 이언의 조직은 소위 '운영 지옥'을 겪고 있었다. 여기서 운영 지옥은 조직이 수년간 급속히 성장한 후 운영 부하(operational load)가 크게 치솟는 상황을 말한다. 신나는 성장의 시기에 운영 부하를 감내했던 초기 개발자들은 떠났다. 그들의 시스템은 2세대에게 넘어갔다. 매월 운영 문제가 발생했는데, 광범위한 영향을 미치지는 않았지만 중요한 고객들을 불편하게 했다. 연간 이직률은 약 25%였고, 이는 1차적으로 인적 자원 측면에서 문제였을 뿐만 아니라 지식 손실로 이어져 더 많은 운영 문제를 야기했다.

이언의 조직에 새로 부임한 부사장은 이직률을 낮추고 운영을 지속 가능한 궤도에 올리기 위해 엔지니어들의 온콜 경험을 개선하고자 했다. 그는 먼저 아마존 전체의 개발자 설문 데이터에서 팀 참여도를 살펴보면서 지원 부하(support load)와 팀 참여도의 상관관계를 찾아보았다. 그가 발견한 가장 강력한 신호는 호출기 요청과 관련된 것이었다. 그는 다음과 같은 사실을 발견했다.

- 주당 2건 미만의 호출은 팀원들의 높은 만족도와 상관관계가 있었다.
- 주당 2~5건의 호출은 운영 부하에 대한 약간의 불만과 상관관계가 있었지만, "12개월 후에도 이 팀에서 일하고 있을 것 같은가?"라는 질문에 대한 부정적인 응답과는 상관관계가 없었다.
- 주당 5건을 초과하는 호출은 지속적인 불만족과 상관관계가 있었고, "12개월 후에도 이 팀에서 일하고 있을 것 같은가?"라는 질문에 대한 부정적인 응답과도 상관관계가 있었다.

설득력 있는 증거지만 놀라운 일은 아니다. 온콜 경험이 덜 끔찍해진다면 팀이 더 행복해질 것이라는 점은 모두가 알고 있다. 하지만 어떻게 그런 상태에 도달할 수 있을까? 우선순위가 가장 높은 사항에서 시작해야 한다. 바로, 플랫폼 안정성이다.

> **참고** 여기서 관행과 프로세스의 차이를 다시 한번 강조할 필요가 있다. 지금 논의에서 관행은 지속 가능한 온콜이다. 그리고 이 관행을 실제로 실천하는 구체적인 프로세스는 상황에 따라 변할 수 있다. 주당 5건이라는 목표가 중요하긴 하지만, 팀이 잘 운영되고 있다면 분기별 OKR의 일부로 주간 평균 호출 건수만 추적하는 프로세스로 충분할 수도 있는 것이다. 반대로 팀이 운영 지옥으로 고전하고 있다면, 주간 지표 보고와 실행 가능한 개선 단계가 포함된 더 엄격한 프로세스가 필요할 것이다. 프로세스는 유연하지만, 온콜 같은 필수 관행은 반드시 실천해야 한다는 점은 고정적이다.

안정성을 최우선으로

플랫폼에서 주당 5건 이상의 비즈니스 영향 이벤트가 발생한다면, 이는 플랫폼이 비즈니스에 안정적인 토대를 제공하지 못하고 있다는 뜻이다. 누구를 탓하려는 말이 아니다. 실제로 흔히 발생하는 상황일 뿐이다. 예를 들어, 고객과 협력하여 적절한 초기 기능을 구축하는 과정에서 의도적으로 플랫폼을 단순하게 설계했지만, 조직이 급속히 성장하면서 수요가 확장되어서 어려움을 겪을 수 있다. 비즈니스에 영향을 미치는 이벤트가 주당 5건을 넘는다는 것은 플랫폼 도입 수준이 어떤 임계점에 도달했다는 신호이다. 이제는 백기를 들고, 기능 개발을 잠시 멈추고 안정성을 회복해야 할 때이다.

팀의 주요 가치와 목적이 안정성이라는 점을 명확히 전한다면, 이해관계자들도 이것이 그들에게도 이롭다는 점을 이해할 것이다. 심지어 플랫폼 팀을 기꺼이 돕고자 하는 이해관계자도 있을 것이다. 하지만 이러한 주장의 일환으로, 그들은 온콜 지표가 실제 영향을 측정하는 타당한 대리(proxy) 지표인 이유를 보여주는 데이터를 요구할 수 있다. 그런데 거짓 경보(false alarm) 때문에 이것이 종종 문제가 된다.

거짓 경보 제거

거짓 경보는 온콜 부하의 지속 가능성을 파악하는 데 큰 장애물이다. 거짓 경보가 있으면, 예를 들어 주당 5건의 심각도 높은 호출이 발생했다고 해서 실제로 비즈니스에 큰 영향을 미치는 사건이 다섯 번 발생했다는 뜻은 아닐 가능성이 크다. 거짓 경보라는 잡음이 존재하면 각 팀은 자신들의 실제 온콜 부하가 어떤지 설명하기 위한 맥락을 제공해야만 한다. 팀의 주당 호출이 10건이라도, 대부분의 호출이 정규 업무 시간 중 팀 자신이 만든 애플리케이션의 배포(deployment) 과정에서 발생하는 거짓 경보라면 부하가 크지 않다. 하지만 주당 호출이 5건이라고 해도, 다른 팀이 만드는 애플리케이션의 일일 배포 작업 때문에 시스템 장애가 발생해서 새벽 2시에 호출이 발생하는 날이 빈번하다면 상황이 심각한 것이다.

상황을 더 복잡하게 만드는 것은, 거짓 경보가 배포 같은 일상 업무의 이벤트와 연관된다는 점을 들어서 거짓 경보를 제거하길 꺼리는 엔지니어들이 있다는 점이다. 그들에게 거짓 경보는 현재 상황을 알려주는 '맥박'과 같은 역할을 한다. 이런 엔지니어들은 결정 사항을 공유하고 추진하기 위한 일관된 측정의 관리적 가치에는 거의 관심이 없다. 하지만 대부분의 팀에는 거짓 경보 때문에 지쳐가는 엔지니어들이 존재하기 마련이다. 그런 엔지니어들에게 거짓 경보는 가장 중요한 업무로부터 주의를 분산시키는 잡음일 뿐이다. 이런 상황을 해결하는 가장 좋은 방법은 우선 '맥박'을 느끼고 싶어 하는 이들을 위해 다른 피드백 메커니즘(이를테면 대시보드)에 투자하는 것이다. 그런 다음 거짓 경보를 제거하여 지표의 품질과 팀의 다른 엔지니어들의 경험을 개선하면 된다.

2차 순환 근무에 다른 플랫폼 팀 활용

SRE 책[3]에서 발견한 다음과 같은 모범관행이 이 책에도 적용된다: "의무의 분산을 위해 2차 순환(secondary rotation)이 꼭 필요하지는 않은 팀의 경우, 해당 두 팀이 서로의 2차 온콜을 담당하고 예비 처리 의무(fall-through handling duty)를 수행하는 것이 일반적이다. 이런 설정은 전담 2차 온콜 순환 근무의 필요성을 없앤다."

플랫폼 엔지니어링의 맥락에서 2차 순환 근무는 방금 호출된 플랫폼에 대해 직접적인 책임이나 전문성이 거의 없는 다른 플랫폼 팀과 함께 이루어진다. 이 2차 팀이 실제로 할 수 있는 일이라고는 실행 지침서를 따르거나, 실행 지침서로 안 되는 경우에는 메인 팀이 처리하도록 상급자를 호출하는 것뿐이다. 이는 2차 팀에게 좌절스러운 작업일 뿐만 아니라, 해결 시간 증가라는 측면에서 비즈니스 비용도 발생한다. 따라서 2차 팀에게까지 사고가 넘어가는 일은 매우 드물어야 한다. 이는 비즈니스 영향 호출을 주당 5건으로 줄이는 것이 중요한 목표인 또 다른 이유이다. 이렇게 하면 2차 팀까지 호출되는 일이 드물어진다.

온콜 보상은 지속 불가능한 부하를 개선하지 못한다

게르겔리 오로스Gergely Orosz의 Pragmatic Engineer 블로그(https://oreil.ly/JORAk)에 따르면, 미국 기업들은 미국 직원들의 근무 외 시간 온콜에 대해 거의 보상하지 않는다. 법적으로 요구되는 사항이 아니기 때문이다. 반면에 대부분의 EU 기업들은 보상을 하는데, 법정 최저액을 지급하는 회사도 있지만 대부분은 주당 약 500유로를 지급한다. 법정 최저액보다는 많은 돈이지만, 그래봐야 엔지니어 정규 근무 시간 급여의 일부일 뿐이다. 이는 온콜에 대해 보상이 이루어지더라도 공정성 문제가 있음을 의미한다.

모든 팀의 부하를 지속 가능하게 만드는 데 노력하지 않으면, 근무 외 시간 작업과 스트레스가 팀별로 크게 달라질 수 있다. 그런 상황에서 모두에게 동일한 금액을 지급하는 것은 공정하지 않다. 일부 팀은 추가 작업 없이 좋은 보너스를 받는 반면, 다른 팀은 투입한 근무 외 시간 작업과 받은 스트레스에 비해 보잘것없는 보상을 받게 된다. 호출 건수나 총 근무 외 시간 등의 매개변수를 고려하여 공정성을 위해 보상을 조정하는 방법을 떠올린 독자도 있겠지만, 우리는 현실에서 그런 방법이 효과가 있는 경우를 보지 못했다. 그런 방법은 오히려 관리자가 온콜 부하를 더 지속 가능하게 만드는 데 노력을 기울이지 않게 만들고, 지표를 둘러싼 '속임수'를 조장해

3 https://learning.oreilly.com/library/view/site-reliability-engineering/9781491929117/

서 불공정성을 더 크게 만들 뿐이다(게다가 바람직하지 않은 팀 정치가 발생하기까지 한다).

따라서 가장 좋은 접근 방식은 모든 거짓 경보를 제거하고 온콜 부하를 주당 비즈니스 영향 호출 5건 수준으로 줄이는 데 노력을 집중하는 것이다. 그 정도의 정규 근무 시간 외 호출이면 관리 가능한 수준이며, 해당 국가에서 공정하다고 여겨지는 보상(있는 경우)이 공정한 보상 수준에 꽤 근접할 것이다. 특별한 정책은 팀이 근무 외 시간에 상당한 온콜 책임이 있는 특별한 상황(이를테면 미국의 애플리케이션 팀을 지원하는 동유럽 팀)을 위해 남겨두어야 한다.

6.2 사용자 지원 업무

많은 애플리케이션 엔지니어링 팀에서 사용자 지원은 다른 운영 문제에 비해 적은 비중을 차지한다. 그래서 온콜 엔지니어가 무리 없이 처리할 수 있다. 하지만 플랫폼 팀의 경우는 다르다. 모든 사용자가 내부 직원이고, 사용자 수와 다양한 용례로 인해 당직자 혼자서 감당하기에는 부하가 너무 클 수 있다. 특히 플랫폼이 근본 원인인지 불분명한 상황에서도 24시간 연중무휴로 지원 인력을 배치하고 호출하기를 원하는 경우 문제가 된다. 지원 업무와 온콜 근무를 통합하려 하면 지속 가능한 온콜 부하를 훨씬 초과하게 된다.

이번 절에서는 팀의 지원 부하가 증가할 때 취할 수 있는 단계별 조치들을 살펴본다. 하지만 먼저 엔지니어가 사용자 지원 업무를 **어느 정도는** 해야 하는 이유를 알아보자.

6.2.1 플랫폼 엔지니어가 지원 업무를 해야 하는 이유

온콜 근무와 마찬가지로, 여러분은 본능적으로 플랫폼 엔지니어를 지원 업무로부터 보호하려 들 것이다. 이는 이해할 수 있는 일이다. 사용자 지원 업무에서 엔지니어는 개별 사용자의 요구에 대응해야 한다. 이는 모든 사용자를 위해 플랫폼을 개선하는 코드를 작성하는 것에 비해 영향력이 작아 보이는 일이다. 하지만 엔지니어가 사용자의 문제를 직접 경험하는 것은 그들의 요구를 이해하고 플랫폼에 적절한 기능을 구축하는 데 매우 중요하다는 점을 명심하기 바란다.

좋은 플랫폼은 바탕 시스템들의 복잡성을 추상화함으로써 가치를 더한다. 하지만 아무리 뛰어난 플랫폼이라도 사용자로부터 엔지니어를 완벽하게 차단할 수는 없다. 복잡성의 일부가 불가피하게 새어 나오기 때문이다. 플랫폼 엔지니어가 사용자의 문제를 직접 듣지 않으면, '사용자의 문제'가 사실은 플랫폼의 문제라는 사실을 잊고 비현실적인 기대치를 가진 플랫폼을 만들게 된다. 구체적으로, 엔지니어는 다음과 같은 잘못된 기대를 하게 된다.

- 플랫폼의 불가피한 복잡성을 사용자가 이해할 것이라 기대한다.
- 시스템에서 합리적으로 기대할 수 있는 것과 없는 것을 사용자가 알고 있을 것이라 기대한다(또는 방대한 문서를 읽을 것이라 기대한다).
- 사용자가 플랫폼 팀에 공감하며, 플랫폼 팀이 현재보다 더 나은 서비스를 제공하기 어려운 이유를 이해할 것이라 기대한다.

이런 상황의 예로, 우리는 "플랫폼을 잘못 사용한다"라면서 사용자를 질책하고 "당신들의 애플리케이션이 오작동한다"라고 지적하는 공지를 보내는 팀들을 본 적이 있다. 특수 사례(edge case)를 제대로 처리하지 못하는 플랫폼의 결함을 사용자의 잘못으로 돌린 것이다.

사용자가 자신들만큼 플랫폼에 대해 생각하고 있다고 믿는 플랫폼 팀은 더 나은 플랫폼을 만드는 데 도움이 되는 방식으로 사용자의 문제에 접근하지 못하고 있는 것이다. 사용자의 문제로부터 격리된 채 일하는 엔지니어들은 그런 사고방식에 빠지기 쉽다. 모든 엔지니어가 사용자 지원에 참여하게 하자. 그러면 엔지니어들뿐만 아니라 여러분의 플랫폼에도 도움이 된다.

6.2.2 단계 1 지원 수준을 공식화한다

앞 절의 모든 내용에 고개를 끄덕인 독자라도, 지원 요청이 주당 30건이고 그중 절반은 '비즈니스 치명적 문제, 1시간 내 응답 필수'로 표시되어 있다면 생각이 달라질 수 있다. 그런 상황을 어떻게 헤쳐 나가야 할까?

우선 주목할 점은, 주당 30건의 지원 요청이 지속 불가능한 수준처럼 들리겠지만 경우에 따라서는 지속 가능한 수준일 수도 있다는 것이다. 어느 쪽인지 판단하려면, 그 30건이 실제로 무엇을 의미하는지 이해해야 한다. 그러려면 먼저 지원 요청들을 유형별로 분류해서 각 유형을 깊게 고찰할 필요가 있다. 예를 들어 다음은 시니어 플랫폼 엔지니어링 리더인 디에고 키로가 Diego Quiroga가 분류한 유형들이다.

1 프로덕션 문제점(production issue)들의 해결을 위한 지원 요청.

2 플랫폼 구현의 비치명적 버그. 진단 도구 안내로 해결 가능한 것도 있고 심층 진단이 필요한 것도 있다.

3 플랫폼 사용 지원 요청. 관련 문서를 알려주는 것으로 간단히 해결되는 것도 있고 좀 더 자세히 설명해 주어야 하는 것도 있다.

4 버그로 제출된 플랫폼 기능 요청.

5 플랫폼 서비스나 컴포넌트 증강을 위한 PR 검토 요청.

6 정규 근무 시간에 기술 설계 리뷰(technical design review)로 처리하는 게 더 적합한, 광범위하거나 복잡한 질문.

특정 유형의 요청이 주당 여러 건이라면 조사가 필요하다. 이러한 요청 중 많은 부분이 반복적일 수 있으며, 그런 경우 문서화나 사용자 교육, 또는 플랫폼 자체의 개선을 통해 줄이는 것이 가능하다. 개발 배경을 가진 리더들은 이것이 다른 누군가의 일이기를 바라며 이 단계를 건너뛰고 싶어 할 수 있다. 하지만 지원 부하의 원인을 설명하고 왜 이를 해결할 수 없는지를 입증하기 전까지는, 요청들이 팀에 미치는 영향을 줄이는 데 고객들이 도와주리라고 기대하지 말아야 한다.

다음으로는 지원 수준(support level)들을 정의해야 한다. 흔히 이는 지원 서비스 수준 계약(support service level agreement, SLA)을 작성하는 문제이다. SLA는 응답 방식의 범주들을 정의하고 각각의 적용 조건을 명시하는 문서이다. 자신의 작업이 막혔다고 느끼거나(실제로 막혔을 수도 있고 아닐 수도 있다) 프로덕션 문제점을 가진 고객을 위해 여러분이 답해야 할 근본적인 질문은 다음과 같다.

- 플랫폼 엔지니어의 즉각적인 지원을 받을 수 있는가?
- 그렇지 않다면, 지원을 받기까지 얼마나 기다려야 하는가?

첫 질문에 답하려면 치명적 문제(critical issue)의 기준을 구체적으로 정의해야 한다. 만약 '고객이 엔지니어의 개입이 도움이 될 것이라 생각하는 모든 문제'를 치명적 문제로 간주한다면, 주당 5건이라는 지속 가능한 온콜 호출 목표를 달성하기 어려울 것이다. 플랫폼 도입 규모가 크다면, '비즈니스에 치명적인 영향을 미치는 문제'로 기준을 높인다고 해도 주당 5건을 초과할 수 있다. 이를 해결하려면 비즈니스에 미치는 영향의 유형과 엔지니어 호출이 문제 해결에 도움될 것이라고 판단할 만한 조건을 모두 명시해야 한다.

이는 긴장을 유발한다. 비즈니스에 치명적(필수적)인 시스템이 다운되었을 때 운영 지원 요청을 받은 사고(incident) 관리자가 모든 의존 시스템의 온콜 당직자들을 능동적으로 호출하는 것이 모범관행이기 때문이다. 사고 관리자들은 평균 복구 시간(mean time to recovery,

MTTR)을 중시한다. 비즈니스의 관점에서 이는 올바른 접근 방식이다. 하지만 플랫폼이 비즈니스의 모든 팀이 의존하는 시스템이고 여러분이 온콜 당직 엔지니어와 사고 관리자에게 플랫폼을 문제의 원인에서 배제할 만한 근거를 제공하지 않았다면, 시스템이 원인이 아닌 경우에도 엔지니어들이 끊임없이 호출될 것이다.

이러한 긴장을 해소하려면 다음 세 가지 영역에 지속적인 투자가 필요하다.

1 사후 개선 항목에 대한 철저한 후속 조치 문화. 특히 "애초에 이 호출이 왜 발생했는가?"라는 질문에 답하는 항목들에 주목해야 한다. 이 항목들은 이번 장에서 나중에 다룰 운영 검토 작업에서 도출된다.

2 플랫폼 팀원뿐만 아니라 고객과 사고 관리자를 위한 관측성(observability)을 높이려는 의지. 우리의 경험상, 이 측면에서 가장 큰 차이를 만드는 것은 합성 모니터링(synthetic monitoring)이다. 역시 이번 장에서 나중에 설명한다.

3 애플리케이션 팀과 그들의 지도층이 가진 비합리적인 기대에 맞서려는 플랫폼 팀 지도층의 의지. 여러분은 플랫폼 엔지니어 팀에 소진 문제가 심하고 이직률이 높다면, 애플리케이션 팀은 SaaS 기업으로부터 당연히 받아야 한다고 여기는[4] 수준의 지원을 플랫폼 팀이 제공할 수는 없다는 점을 납득시킬 필요가 있다. 어려운 대화가 될 수 있음을 주의하자. 이것이 바로 제10장에서 이해관계자와의 관계를 그토록 강조하는 이유이다.

이러한 투자가 없다면 신뢰가 무너진다. 팀이 제시한 조건들을 고객들이 비합리적인 것으로 여겨서 그냥 무시하고는 지원 요청의 정도를 더욱더 높일 것이다.

6.2.3 단계 2 온콜에서 비치명적 지원 업무를 분리한다

단계 1을 완벽하게 실행해도, 광범위하게 사용되는 복잡한 플랫폼은 여전히 압도적인 수의 지원 문제에 직면할 수 있다. 그중 일부는 실제로 치명적인(근무 시간 외의 호출을 유발할 수 있는) 문제일 수 있지만, 그보다는 덜 심각한 사례들인 경우도 많다. 심각하지 않은 문제들도 그 수가 많으면, 모두 살펴보고 고객과 소통하는 데 주당 40시간 이상 소요될 수 있다. 그런 상황에 놓인 팀들을 보면, 주말이 왔는데도 지원 대기열에 아직 처리하지 못한 항목들이 많이 남아있다. 그런 경우 새로 투입된 온콜 당직 엔지니어는 이전 엔지니어가 처했던 맥락을 모두 파악해야 하므로 비용이 특히 많이 든다. 게다가 그동안 사용자들은 답답한 마음으로 기다려야 한다.

---

4 직접 경험해 본 사람들은 알겠지만, 이는 어느 정도 환상이다. 대형 SaaS 기업들은 특정 고객 문제를 가장 빠르게 해결할 수 있는 전문가들을 보호하는 데 큰 노력을 기울인다.

이런 상황을 개선하는 방법을 살펴보기 전에, 잘못된 해결책 하나를 짚고 넘어가는 게 좋겠다. 잘못된 해결책이란, 비치명적 지원 요청들은 맥락을 모두 파악하고 있는 한 사람이 처리하는 게 더 효율적이라는 가정하에서 제품 관리자나 엔지니어링 관리자에게 모든 비치명적 지원 업무를 계속 맡기는 것이다. 이것이 잘못된 이유는 두 가지이다.

1 엔지니어들이 사용자 지원에 거의 접하지 못하게 된다.
2 엔지니어들을 과부하에 빠뜨린 요인이 무엇이든, 그 요인은 결국 비치명적 지원 담당자(제품 관리자든 엔지니어링 관리자든)도 과부하에 빠뜨린다. 그런데 그 담당자가 맡고 있는 책임 중 하나는 애초에 팀이 이런 상황에서 벗어나도록 돕는 것이다.

올바른 방법은 비치명적 지원 업무를 온콜 순환 근무에서 분리해서, 별도의 정규 근무 시간 내 순환 스케줄을 만드는 것이다. 그러면 운영 부하가 더 커지는 것처럼 보일 것이다. 예를 들어 6명으로 구성된 팀에서 온콜 순환 근무와 비치명적 지원 순환 근무를 함께 돌리면, 엔지니어의 3분의 1이 순수하게 운영 업무만 하게 된다. 하지만 이점도 있다. 두 유형의 운영 업무를 분리하면, 그리고 개발 책임으로부터도 분리하면 운영 업무의 질이 높아지고 엔지니어가 개발 업무에 더 집중할 수 있으며, 지원 부하를 측정하기도 쉬워진다.

단, 전체 운영 부하가 50%를 훨씬 넘긴다면 플랫폼 개선에 충분한 시간을 투자하기 어려워진다. 이는 시스템 구축에서 동기를 부여 받는 엔지니어의 사기 진작이나 이탈 방지, 채용에 어려움을 초래할 것이다. 따라서 다음 단계는 지원 전문가를 채용하는 것이다.

6.2.4 단계 3 지원 전문가를 채용한다

팀이 지원 부하를 감당하기 위해 할 수 있는 모든 일을 했지만 여전히 과부하 상태라면 단계 3으로 넘어가야 한다. 단계 3은 지원 부하를 전담할 전문가(specialist)를 채용하는 것이다. 그렇다고 전업 지원 엔지니어, 즉 대형 SaaS 기업들이 외부 고객을 위해 채용하고 해당 역할을 중심으로 경력을 쌓는 유형의 엔지니어를 채용하는 것은 바람직하지 않다.

왜 그럴까? 이를 설명하기 위해 지원 엔지니어링 계층(tier)에 관한 업계 용어를 정의하고 넘어가자

T1 지원 엔지니어

기술 지원을 찾는 고객의 첫 접점이다. T1 (tier 1) 지원 엔지니어는 기본적인 고객 문의를 처리하고 일반적

인 지원을 제공한다. 주로는 미리 정의된 절차나 스크립트로 해결할 수 있는 일반적이고 단순한 문제점을 다룬다.

T2 지원 엔지니어

T1의 범위를 벗어난 문제점들이 빈번해지면 투입된다. T2(tier 2) 지원 엔지니어는 T1보다 더 고급의 기술 지식과 전문성을 갖추고 있다. 주로 심층 분석과 문제 해결, 장애 대처(troubleshooting)가 필요한 복잡한 문제를 처리한다.

이제 막 단계 3에 들어선 플랫폼 팀이 지원 엔지니어를 채용하는 것의 문제는, 대부분의 유능한 T1 지원 엔지니어는 경력 성장을 위해 T2로 이동하길 원한다는 점이다. 하지만 플랫폼 팀은 지원 업무의 단계를 T1과 T2로 나누고 T1에서 T2로의 성장 경로를 명확하게 정의할 정도로 규모가 크지 않은 경우가 많다. T2 업무를 할 수 있으면서도 하루의 많은 시간을 T1 업무에 할애하는 것에 만족하는 인재가 있으면 좋겠지만, 그런 인재는 '유니콘'과도 같아서 구하기 어렵다. 그리고 기술을 빠르게 습득해서 성과를 내는 '빠른 학습자(fast learner)' 유형의 인재는 성장 경로가 분명치 않다면 12~24개월 안에 새로운 도전을 찾아 나설 가능성이 높다.

이 딜레마를 어떻게 해결해야 할까? 일단, 전업 인력을 찾기 전에 지원 전문가의 필요성이 정말로 영구적인지 자문해 보아야 한다. 교육, 문서화, 플랫폼 개선에 투자한다면 그 필요성이 점차 줄어들지 않을까? 이 필요성이 일시적이라면, T1과 T2 업무를 모두 수행할 수 있는 숙련된 지원 엔지니어를 계약직으로 구해서 투입하는 한편, 지원 엔지니어가 없어도 팀이 잘 기능하게 하는 조치를 시행해야 한다.

지원 전문가의 필요성이 영구적이라면, 이것을 하나의 기회로 삼을 수 있다. 단기 계약직을 연이어 채용하는 대신, 대신 회사 안팎에서 비전통적인 배경(이를테면 부트캠프나 IT, T2 제품 지원 엔지니어링)을 가진 사람 중 '신속 학습자(fast learner; 빨리 배우는 사람)'으로 보이고 플랫폼 엔지니어링 분야에 진출하고 싶어 하는 이들을 찾아보자. 첫 12개월은 지원 업무에 많은 시간을 할애하되, 2년차에는 소프트웨어와 시스템 기술을 성장시킬 기회를 가질 것이라는 기대를 가지고 플랫폼 팀에 합류시키면 된다.

이 기간이 끝날 무렵이면 많은 이들이 '일반적인' 플랫폼 엔지니어링 역할을 맡을 만한 역량을 갖추었을 것이며, 팀은 열정적인 지원 엔지니어의 기여로부터 혜택을 받았을 것이다. 그동안 팀에 충분히 성장해서 이들을 팀에 계속 둘 여유가 생겼을 가능성이 크다. 그렇다면 지원 업무를 위한 신속 학습자들을 새로이 영입해서 24개월 과정을 다시 시작하면 된다.

시간대가 크게 다른 고객을 지원하는 방법

단계 3에서 우리가 권장한 전략에는 물론 한계가 있다. 대표적인 예는 조직이 새로 인수한 기업이나 사무실이 플랫폼 팀과는 동떨어진 시간대에 있는 상황이다. 예를 들어 미국 서부 해안의 플랫폼 팀이 이스라엘의 사무실을 지원해야 한다고 하자. 미국 서부와 이스라엘은 시차가 10시간이라서 업무 시간이 전혀 겹치지 않는다. 대부분의 플랫폼은 정규 근무 시간 외의 지원을 특별한 요구로 간주해서 제한할 수 있다. 하지만 개발자 도구 플랫폼처럼 그것이 여의치 않은 플랫폼도 있다. 특히, 다른 생태계의 코드와 개발자들을 온보딩하는 단계에서는 더욱 그렇다. 이런 상황에서는 채팅이나 대면을 통한 정규 근무 시간 중의 직접 지원이 꼭 필요하다.

이런 상황에서 여러분이 집중할 부문은 새로운 지역에 대한 명확하고 신뢰할 수 있는 정규 근무 시간 내 지원 체계를 수립하는 것이다. 이를 위해서는 현지 사무실에 있거나 현지의 시간대에 있는 인력을 지원 업무에 맞게 교육해야 한다. 선택지는 다음 세 가지이다.

1 가장 간단한 해결책은 처음 6개월 동안 팀원 한 명을 새 사무실에 파견해서 현지 팀원을 장기적으로 교육하는 것이다. 물론 이는 해당 팀원에게 매우 큰 요구이므로, 보통은 누군가가 자발적으로 하고자 할 때까지 기다려야 한다. 꺼리는 사람을 강요해서는 안 된다.

2 그다음으로 좋은 방법은 '역파견(reverse embed)'이다. 즉, 새 지역의 누군가를 3~6개월 동안 본사로 초청해 교육한 후 복귀시키는 것이다. 단점은 그들에게 통합 기간 동안 생활 터전을 옮기고 힘든 시간에 일하라고 요구한다는 점이다.

3 마지막 방법은 새 사무실에서 '현지 지원 담당자'로서 플랫폼 팀에 합류할 새 인력을 채용하는 것이다. 이는 최악의 선택지이다. 회사도, 플랫폼도, 함께 일할 사람들도 모두 새로운 상황에서 효과적으로 일하기가 매우 어렵기 때문이다.

이 옵션 중 어느 것도 완벽하지는 않다. 하지만 기존 팀이 정규 근무 시간 바깥에서 '최선을 다해' 지원을 시도하는 것보다는 훨씬 낫다. 그런 시도는 모두를 좌절시키고 새로운 지역이나 회사의 성공적인 온보딩을 저해할 뿐이다.

6.2.5 단계 4 규모가 더 커지면 엔지니어링 지원 조직을 구성한다

규모가 커지면 지원 전문가를 채용하려는 플랫폼 팀이 하나가 아닌 여러 개가 된다. 이 시점에서는 지원 엔지니어를 채용하여 전문 팀으로 구성하는 것이 지속 가능한 옵션이 된다. 이제는 지원 인력을 T1과 T2로 분할해서 배치하는 것과 이 인력과 플랫폼 엔지니어링 팀 간의 상향 위임(escalation) 프로세스를 정의하는 것이 문제가 된다. FAANG 기업 중 한 곳의 데이터 플랫폼 팀에서 스태프 엔지니어로 일하는 조던 웨스트Jordan West에게 그곳에서는 이런 대규모 글로벌 문제를 어떻게 다루는지 물었다. 다음은 조던의 설명이다.

플랫폼 관점

내(조던)가 몸담은 회사는 규모가 꽤 크다. 모든 플랫폼을 담당하는 전사적 1차 지원팀인 엔지니어링 지원 조직(Engineering Support Organization , ESO)을 둘 정도이다. 이 구성에서 각 플랫폼 팀은 온콜 순환 근무 도중에 T2 상향 위임을 처리한다. 하지만 ESO의 도움에도, T2 지원 부담으로 팀원들이 소진을 겪지 않게 되기까지는 지원 전략을 여러 번 개선해야 했다. 특효약은 없었지만, 다음 다섯 가지 전략적 측면이 해결에 도움이 되었다.

애플리케이션 계층에 따라 SLA를 차별화한다.

우리는 애플리케이션 계층별로 SLA의 온콜 서비스 품질과 응답 시간 측면을 차별화했다. 여기서 애플리케이션 계층(application tier)은 애플리케이션 자체의 중요도에 관한 것으로, 문제 해결에 필요한 지식수준을 나타내는 T1/T2 구분과는 다르다.

제품 자체나 재무 보고와 같은 중요한 비즈니스 기능에 영향을 미치는 애플리케이션은 계층 0 또는 1로 분류된다. 이러한 계층에서는 다른 사람이 문제를 발견하기 전에 사고를 파악하고 대응하는 것이 목표이다. 그 밖의 계층에서는 고객이 먼저 문제를 발견하고 온콜 담당자에게 알려도 무방하다. 실제로, 계층별로 경보 설정을 다르게 둔다. 예를 들어 지연(latency; 또는 잠복지연)의 경우, 계층 0과 계층 1에서는 애플리케이션 사용 현황에 대한 관측성을 보장하기 위해 임겟값을 엄격하게 설정하지만, 다른 계층에서는 지연 경고(alert)를 비활성화하거나 장기적인 증가만 감지할 수 있도록 임계값을 높게 설정한다.

고객 팀의 온콜을 의무화한다.

계층 0과 계층 1 애플리케이션의 경우, 우리는 애플리케이션 팀에도 우리와 동일한 24시간 연중무휴 온콜 순환 근무를 요구한다. 대부분의 프로덕션 사고는 바탕 인프라가 아니라 애플리케이션 자체가 원인이다. 대표적인 예는 새로운 로직의 배포로 인한 갑작스러운 트래픽 증가이다. 따라서 애플리케이션 팀이 우리에게 연락할 수 있는 것처럼, 우리도 그들에게 빠르게 연락할 수 있어야 한다. 온콜 플랫폼 엔지니어가 한밤중에 깨어나서 문제가 있는 애플리케이션을 발견했는데 아무것도 할 수 없는 상황만큼 짜증 나는 일도 없다.

시스템 엔지니어를 채용한다.

온콜 근무를 좋아하지 않는 사람도 있지만, 그래도 우리는 통합 데브옵스 모델을 강력히 지지한다. 그러나 이 모델이 제대로 작동하려면 개발 배경과 시스템 배경을 가진 팀원들 간의 균형이 필요하다. 전에는, 여러 차례의 조직 개편 이후 전자만 채용하기도 했다. 그렇게 했더니 운영 도구 개선이나 경고 줄이기 같은 시스템 작업이 팀원들의 외면을 받고 방치되는 결과가 빚어졌다. 시스템 배경을 가진 인력을 채용하는(직함으로는 SRE 엔지니어를 사용했다) 방식으로 전환하자 두 가지 측면에서 큰 변화가 일어났다. 팀에는 이전에 방치되었던 작업을 기꺼이 수행할 팀원이 생겼다. 하지만 이것이 시스템 전문가는 시스템 작업만, 엔지니어는 개발만 하고 둘 사이에 상호작용이 없다는 뜻이 아니었다. 오히려, 이런 영역을 담당하는 직원들이 팀 전체의 수준을 높이며 문화를 바꾸었다. 더 이상 이러한 영역이 방치되는 것을 용납하지 않게 된 것이다.

T2 지원을 위한 전문가 네트워크를 구축한다.

앞의 두 단계를 거쳤음에도, 조직의 규모가 큰 데다 지원이 비즈니스에 극히 중요하다 보니 T2 지원 부담이 여전히 너무 컸다. 무엇보다도, ESO 팀이 T1 지원 이상의 업무를 처리하는 데 필요한 전문성을 아직 완전히 갖추지 못했기 때문이었다. 게다가 우리 플랫폼 시스템에 관해 깊은 지식이 있는 고급 사용자들에게는 새로운 ESO 계층이 오히려 불편함을 주었다. 이 두 문제의 해결책으로 우리는 그런 고급 사용자들을 모아서 T2 전문가(expert) 엔지니어 커뮤니티를 만들고, 이들이 조직 내 각자의 영역에서 동료들을 위한 1차적인 지원 담당자로 기능하게 만들었다. 이런 전문가들은 플랫폼에 대한 이해와 애플리케이션에 대한 깊은 지식을 결합하는, 보기 드문 능력을 지니고 있다. 동료들은 먼저 이들에게 가고, 그다음 ESO, 마지막으로 우리 팀으로 오게 된다. 이 전문가 네트워크를 구축하기 위해 우리는 사고 검토(incident review)와 데이터 모델링 회의를 활용해서, 우리가 제공하는 시스템에 대한 사전 지식이 있거나 빠르게 학습하는 시니어 엔지니어들을 파악하고 관계를 구축했다. 이런 책임을 맡도록 장려하기 위해 플랫폼 개발자들과 직접 소통할 수 있는 특별 채널을 이 '전문가'들에게 제공했다. 이 채널은 모두가 읽을 수 있지만, 글을 올릴 수 있는 것은 전문가와 온콜 순환조뿐이다. 결과적으로 필요할 때마다 신속한 지원을 받을 수 있는 임베디드 전문가들의 확장 가능한 지원 구조가 만들어졌다. 양쪽 모두에게 이로운 결과였다.

ESO와 함께 지속적으로 검토한다.

지원 업무의 일부를 플랫폼 팀 외부로 이전할 때는 긴밀한 피드백 루프가 매우 중요하다. 그렇지 않으면 고객의 고충을 이해하지 못할 위험이 크게 증가한다. 이를 해결하기 위해 우리는 ESO와 온콜 순환조가 2주마다 회의를 갖게 한다. ESO는 궁금한 점이 있는 스레드thread(논의의 타래)를 안건으로 올리고 순환 근무 팀은 향후 ESO가 처리할 만한 상향 위임 항목들을 올린다. ESO는 또한 문서나 도구의 개선이 필요한 영역과 고객들 사이에서 발견되는 추세를 지적한다. 이런 논의를 거치다 보면 개선을 위한 실행 항목이 도출된다. 예를 들어 ESO가 스스로 처리할 수 있도록 프로세스를 문서화하거나, 몇 번의 클릭으로 처리할 수 있는 더 나은 도구를 개발하는 것이다. 이는 반복적인 작업을 팀이 열심히 해결하고 싶어하는 소프트웨어 문제로 전환한다. 모든 일을 같은 팀에서 처리할 때는 시간 예산이 없어 도구가 만들어지지 않았다. 별도의 ESO 팀이 있다는 것은 이러한 문제 해결을 위해 시간과 예산을 요청할 수 있는 또 다른 리더가 있다는 의미이다.

6.3 운영 피드백 관행

플랫폼 팀이 투자해야 할 세 번째 운영 영역은 피드백 수집이다. 이번 절에서는 플랫폼 팀이 기능 개발과 운영 투자의 균형을 맞춤으로써 운영 문제가 심각해지는 것을 **미리** 방지하는 데 도움이 되는 네 가지 필수 관행을 살펴본다. 이 관행들은 운영 중인 애플리케이션(프로덕션 애플리케이션)의 수명 주기(lifecycle)에 관한 것이다. 첫째는 SLO와 SLA를 요구사항들에 기반해서 작성하는 것이고, 둘째는 변경을 관리해서 릴리스의 고품질을 보장하는 것, 셋째는 합성 모니터링을 이용해서 기본적인 관측성을 제공할 뿐만 아니라 실행 중인 시스템의 장애를 적극적으로 감지하는 것, 마지막은 운영 검토를 통해 최근 이력을 살펴보고 잘된 점과 그렇지 않은 점을 검토하여 향후 작업과 주력 분야에 반영하는 것이다.

6.3.1 SLO와 SLA는 필수적이나, 오류 예산은 선택 사항이다

이미 알겠지만, SLA(서비스 수준 계약)는 SLO(서비스 수준 목표)들로 구성되며, SLO는 SLI(service level indicator; 서비스 수준 지표)로 측정, 평가한다. 그리고 SLI들은 오류 예산(error budget)에 반영된다.[5] 이 모든 것이 플랫폼 팀에게는 좋은 관행이지만, 우리 저자들은 오류 예산이 과대 평가되었으며 활용 비용에 비해 충분한 이점을 주지 않는 경우가 많다고 생각한다.

먼저 이 주제들에 대한 기존 문헌의 견해 중 우리가 전적으로 동의하는 부분을 살펴보자.

- SLI는 플랫폼 팀의 엔지니어들이 플랫폼 문제를 모니터링하는 데 훌륭한 방법이다.
- SLO는 모니터링을 트리거하고 온콜 심층 분석을 추진하는 데 탁월하다.
- 소수의 SLO로 구성된 SLA는 플랫폼 지도층과 고객이 플랫폼과 플랫폼 팀이 제공하기로 약속한 성능, 효율성, 신뢰성 수준을 이해하는 데 매우 유용하다.
- 소수 SLO의 '장애 시간(failing minutes)'은 고쳐야 할 운영 문제점을 지도층과 논의할 때 왜 시정 조치가 필요한지를 지도층이 이해할 수 있게 하는 방식으로 논의하는 좋은 방법이 될 수 있다.

마지막 요점은 오류 예산을 떠올리게 한다. 그렇다면 우리가 오류 예산을 과대평가되었다고 생각하는 이유는 무엇일까? 문제는, 성숙한(mature) 오류 예산을 하나의 '계약(contract)'으로 취급하는 문헌이 많다는 점이다. 그런 문헌들은 이 계약적 예산을 초과할 때까지는 팀이 위험을 감수해도 되며, 초과했다면 비로소 모든 개발 작업을 중단하고 문제를 해결해야 한다고 주장한다. 이런 관점은 SRE 책의 제3장에서 처음 소개되었다. 그 책은 오류 예산을 기능 개발의 차단 요소(blocker)로 사용할 것을 제안한다: "측정된 가동 시간이 SLO보다 높은 한, 다시 말해 오류 예산이 남아 있는 한, 새로운 릴리스를 진행해도 좋다."

오류 예산은 시스템이 계획된 운영 방식과 실제 운영 방식 간의 차이를 논의하는 데 유용한 도

---

5 자세한 내용은 알렉스 이달고Alex Hidalgo의 『*Implementing Service Level Objectives*』(O'Reilly, 2022)를 참고하자.

구가 될 수 있다. 하지만 이런 식으로 대화를 시작하는 것조차, 당면한 문제에 집중하기보다는 임곗값이나 거짓 양성 같은 세부사항을 두고 엔지니어와 경영진 사이에 책임을 전가하는 '우리 대 그들' 구도로 이어진다. 이 점을 인정하면서도 여전히 오류 예산이 훌륭하다고 여기는 사람들도 있다. 팀의 행동 변화를 자동으로 강제하지는 않더라도, 최소한 대화의 계기는 된다는 것이다. 우리도 어느 정도는 동의한다. 하지만 고객이나 그들의 지도층이 특정한 방식으로 행동을 바꾸게 하려면, 오류 예산의 기반이 되는 SLO가 팀 외부인도 공감할 수 있는 신뢰도 높은 신호여야 한다.

이를 위해서는, 고객 대면(customer-facing; 고객향) SLO를 만들 때 다음 세 가지 규칙을 따라야 한다.

고객 대면 SLO는 적을수록 좋다. 네댓 개 정도[6]가 이상적이다.

고객 대면 SLO의 목적은 플랫폼 팀 외부인들이 문제를 이해하도록 돕는 것이다. SLO가 많을수록 이해관계자들이 이러한 SLO가 비즈니스에 어떤 영향을 미치는지 이해하기 어려워진다.

거짓 양성(오탐)을 최소화해야 한다.

'양치기 소년' 우화를 읽은 사람이라면 누구나 알 수 있는 점이다. 지난주에 SLO를 위반했는데도 비즈니스가 정상적으로 돌아갔다면, 이번 주에 다시 위반되어도 별문제가 아니라고 생각하게 된다. 심지어 거짓 양성이 아니었다고 해도, 즉 바탕 신호가 실제였더라도(예: 일시적인 부하 급증) 비즈니스에 눈에 띄는 영향이 없었다면 마찬가지이다. 플랫폼 팀 외부인들은 신호와 잡음을 구별하기 어렵다. 따라서 리더와 고객에게 제시되는 SLO의 경우 지표에서 거짓 양성을 제거하는 것이 매우 중요하다.

거짓 음성(미탐)은 허용되지만, 설명과 개선이 필요하다.

성숙한 지도층과 이해관계자들은 SLO가 불완전하다는 것을 이해해야 한다. 따라서 간헐적인 거짓 양성(false positive)과 간헐적인 거짓 음성(false negative) 중 한쪽을 선택해야 한다. 간헐적인 거짓 음성(즉, 고객에 악영향을 미치는 사고가 그 어떤 SLO에도 잡히지 않는 것)은 당혹스럽지만, 이를 해결하기 위해 후속 조치를 취한다면 지속적인 개선을 위한 도구로 잘 작동한다.

중요한 것은, 이 모든 것이 플랫폼 팀이 내부적으로 SLO를 사용하는 방식과는 정반대라는 점이다. 내부적으로는 시스템의 운영 조건과 위험을 이해하는 것이 가장 중요하다. 따라서 대신 다음 세 가지 규칙을 따라야 한다.

- **SLO가 많을수록 좋다**(네댓 개보다는 훨씬 많이). 시스템 포괄도(coverage)를 최대화하기 위해서이다.

---

6 옮긴이_ 원문은 다소 모호한 'a handful'이다. 일반적인 어감을 반영해서 네댓 개(4, 5개)로 옮겼지만, 이 수치를 절대적으로 받아들여서는 안 된다.

- **거짓 양성을 최소화하지 않는다.** 중요한 문제를 놓칠 수 있기 때문이다.
- **거짓 음성과 거짓 양성 모두 설명과 개선이 필요하다.** 거짓 양성 때문에 운영 부하가 너무 높아지지 않도록 하기 위해서이다.

이 모든 것은 고객 대면 SLO/오류 예산이 내부 관측성 위에 놓이는, 추가 비용이 많이 드는 요소라는 것을 의미한다. 우리는 이 비용이 가치가 있을 만큼 심각한 문제가 있는 팀에만 이 모든 것을 요구해야 한다고 본다. 만성적인 가용성 문제가 있거나, 플랫폼의 역량(capability)에 대한 비현실적인 기대(예: 탐색 시간이 훨씬 더 긴 하드 디스크에 데이터를 저장하는데도 최대 1밀리초의 지연 시간을 기대하는 고객들)에서 비롯된 고객의 문제 인식이 있는 경우이다. 더 나아가서, 두 경우 모두 '오류 예산' 위반 시 미리 정해진 조치를 강제하기보다는, 다른 선택지들이나 절충에 대한 논의를 진행하는 것이 바람직하다.

6.3.2 변경 관리

프로덕션에 대한 **모든** 변경(change) 사항은 코드 변경의 모범관행에서처럼 엄격한 관리가 필요하다.

- 프로덕션의 모든 변경 사항을 문서화해야 한다.
- 프로덕션의 모든 변경 사항은 검토를 거쳐야 한다.
- 프로덕션의 모든 변경 사항은 반드시 테스트를 거친 후에만 직접적인 프로덕션 부하 처리에 투입해야 한다.[7]

업계 경력이 오래된 사람들은 '변경 관리(change management)'를 부정적으로 받아들인다. 그들은 이렇게 말할 것이다. "가벼운 릴리스를 지속적으로 수행하려면 지속적 통합 및 배포(CI/CD)를 통해 이러한 관행을 완전히 자동화해야 한다. 플랫폼으로 이를 구현할 수 없다면 개별 릴리스 엔지니어링을 통해 해결해야 한다."

이상적인 세상이라면 우리도 이런 견해에 전적으로 동의할 것이다. 하지만 안타깝게도 플랫폼 팀에게는 완전한 CI/CD를 구현하는 데는 큰 비용을 감당할 예산이 부족하기 마련이다. 변경 관리는 이러한 투자가 실제로 이루어지도록 하는 필수 전제 조건이 된다. 일반적으로 플랫폼

---

7 "직접적인"이라는 단서를 붙인 것은, 그림자 배포(shadow deployment)처럼 고객에게 영향을 미칠 가능성이 매우 낮은 유형의 '프로덕션 테스트'도 있기 때문이다. 그림자 배포 테스트는 플랫폼에 매우 적합한 관행이다. 반면에, 문제점을 검출할 때 카나리아 테스트(canary test)에 과도하게 의존하는 것은 문제가 될 수 있다. 카나리아 테스트는 작은 규모이지만 여전히 고객에게 영향을 미치기 때문이다. 카나리아 테스트는 테스트 메커니즘이 아니라 안전 메커니즘으로 봐야 한다.

의 아키텍처는 복잡하며 상태를 가진다(stateful). 또한, 성능과 가용성 중단에 대한 허용도가 낮은 고객들도 지원해야 한다. 대표적인 예가 캐싱 플랫폼이다. 만약 CD 도구가 코드 배포 과정에서 캐시를 지운다면 지연 시간이 일시적으로 급증할 것이다. 이는 고객 애플리케이션에 직접적인 영향을 미칠 수 있다. 결과적으로 카나리아 테스트, 그림자 배포, 자동 롤백과 같은 CD 모범관행들을 구현할 때 플랫폼 시스템에는 일반적인 애플리케이션 시스템보다 더 복잡한 로직이 필요하다.

이러한 복잡성 때문에, 잘 짜인 '포장도로'(§2.1) 배포 플랫폼의 혜택을 가장 받지 못하는 팀은 바로 다른 플랫폼 팀들이다. 대신 이들은 릴리스 엔지니어링에 투자해야 한다. 하지만 기능 릴리스에 대한 압박과 개발자들의 자동화 작업 기피 성향으로 인해 플랫폼 팀들은 이 분야에 대한 투자가 부족한 경우가 많다. 초기 플랫폼 개발자들이 프로덕션을 변경할 때는 이런 문제가 드러나지 않는다. 그들은 위험 요소가 어디에 있는지, 어떻게 해결해야 하는지 깊이 이해하고 있기 때문이다. 하지만 팀이 성장하고 변화하면서 이런 전문지식은 사라진다. 최악의 경우, 담당자가 팀을 떠나는 순간 프로덕션을 안전하게 다룰 수 있는 사람이 팀에 아무도 없게 될 수 있다.

이런 상황을 피하려면 변경 관리에 투자해야 한다. 변경 관리를 통해 팀은 자신들이 위험한 행동에 의존하고 있다는 피드백을 받을 수 있고, 시스템의 위험 요소를 이해하는 인력이 아직 남아 있을 때 릴리스 엔지니어링 자동화에 투자할 필요성을 인지하게 된다. 이는 매우 간단한 프로세스일 수 있다. 위키나 채팅 시스템에서 간단한 문서를 작성하고 다른 팀원의 확인을 받는 정도면 충분하다. 중요한 것은 지속의 문화(culture of adherence)를 구축하는 것이다. 운영 검토를 통해 프로세스가 제대로 지켜지고 있는지, 위험하거나 번거로운 단계에 대한 자동화 투자가 이루어지고 있는지 확인해야 한다.

새로운 자동화를 구현하기 전에는, 변경 관리의 추가 작업 때문에 변경 사항마다 사람이 직접 처리해야 할 수작업이 발생한다. 그러면 엔지니어들의 만족도가 떨어지며, 자동화 구축을 포함한 개발 작업에 투여할 시간이 줄어든다. 그럼에도 우리는 지금까지 설명한 변경 관리보다 더 단순한 해결책은 없다고 생각한다. 위험한 변경 도구 때문에 비즈니스 전체가 중단된 사례를 너무 많이 목격했기 때문이다. 이를 의심하는 팀원이 있다면, 2017년 아마존 S3 중단 사고를 말해 주기 바란다.[8] 당시 9년이 된 이 서비스는 수백 명의 엔지니어가 작업하고 있었지만, 명령줄 도구에 잘못된 매개변수 하나를 입력한 것만으로 2시간 동안 서비스가 중단되었다.[9]

주의

> **주의** 플랫폼 팀이 릴리스 엔지니어링에 너무 깊이 빠져들지 않도록 주의해야 한다. 릴리스 엔지니어링에 몰두하면, 플랫폼 자동화가 어느새 완전한 기능을 갖춘 그림자 배포 플랫폼으로 바뀌게 된다. 이는 작업 중복의 비용을 넘어 정치적 문제까지 야기할 수 있다. 중복에 대한 기술적 이유가 타당하더라도 문제가 된다. 플랫폼 엔지니어링 팀이 자신들의 제품을 신뢰하지 않는다는 인상을 주며, 여분의 엔지니어가 많아서 자체 그림자 플랫폼까지 구축할 수 있다는 인상을 준다. 플랫폼 팀이 한 해에 12개월 이상의 개발자 시간을 릴리스 엔지니어링에 쓰고 있다면 과도하게 구축하고 있는 것일 수 있다.

6.3.3 합성 모니터링

관측성의 '세 기둥'인 지표, 로그, 추적(tracing)을 논의하는 책은 이미 많이 나왔으므로, 여기서 다시 반복하지는 않겠다. 이들에 대한 수동적 모니터링(passive monitoring)에 깊이 투자하는 것이 플랫폼 운영에 매우 중요하다는 데에는 우리도 동의한다. 하지만 다른 시스템들보다 플랫폼에서 더 많은 투자가 필요한 관측성 측면이 하나 있다. 바로 **합성 모니터링**(synthetic monitoring)이다.[10] 능동적 모니터링(active monitoring)이라고도 불리는 합성 모니터링은 실제 프로덕션 플랫폼과 상호작용하는 사용자를 시뮬레이션한다. 지연과 가용성뿐만 아니라 기능의 정확성도 측정하며, 목표치를 달성하지 못하면 경고를 발생한다.

제2장에서 논의했듯이 플랫폼 팀은 자신들이 개발하지 않은 기본요소(primitive)들에 대한 운영 책임을 진다. 여기서 기본요소들에는 OSS나 벤더 시스템, 또는 다른 내부 플랫폼과 시스템이 포함된다. 이들은 각각 고유의 복잡성을 가지고 있어 문제가 어디서 발생할지 파악하기 어렵고, 문제가 발생했을 때 디버깅하기는 더욱 어렵다. 전체 시스템을 능동적으로 감시함으로

---

8 옮긴이_ 좀 더 최근의 예로는 2024년 크라우드스트라이크 사고가 있다. 보안 소프트웨어의 잘못된 업데이트로 전 세계 수백만 대의 컴퓨터가 작동을 중단했다. 좀 더 자세한 사항은 위키백과 `https://ko.wikipedia.org/wiki/2024년_크라우드스트라이크_사고`를 참고하기 바란다.

9 아마존에 따르면(`https://oreil.ly/_xViX`), "PST 기준 오전 9시 37분, S3 팀의 권한 있는 멤버가 기존 플레이북을 사용하여 S3 결제 프로세스에서 사용하는 S3 서브시스템의 서버 일부를 제거하려는 명령을 실행했다. 불행히도 명령어의 입력값 중 하나가 잘못 입력되어 의도했던 것보다 더 많은 서버가 제거되었다."

10 옮긴이_ 참고로 여기서 '합성'은 여러 요소를 조합한다는 측면보다는 뭔가를 인위적으로 만들어 낸다는 측면이 강하다. '합성섬유(synthetic fiber)'를 '인조섬유'라고도 부르는 것과 같은 맥락이다.

써, 합성 모니터링은 이러한 기본요소들 안에서, 그리고 기본요소들 사이에서 무슨 일이 일어나고 있는지 이해하는 주된 방법이 된다. 합성 모니터링은 다음 네 가지 이점을 제공한다.

종단 간 모니터링

합성 모니터링은 수동적 모니터링이 놓치는 부분을 메워주며, 고객이 보고하기 전에 실제 문제를 알려준다. 특히 SLO에서 유용하다. SLO의 측면에서 합성 모니터링은 클라이언트 관점에서 API 호출의 직접적인 동작(지연 시간, 처리량, 오류 코드)을 관측할 수 있을 뿐만 아니라, 더 중요하게는 고객이 하는 것처럼 여러 API를 함께 호출하는 종단 간(end-to-end) 시나리오를 구성할 수 있다. 따라서 합성 모니터링은 일반적으로 고객이 경험하게 될 가용성과 성능 특성을 모니터링하는 최선의 방법이다.

고객 이해

합성 테스트(synthetic test)를 개발하고 시행하면서 플랫폼 엔지니어들은 자신의 플랫폼에서 실행되는 애플리케이션을 개발하는 1차적인 경험을 하게 된다. 모니터링 애플리케이션이 수행하는 작업이 인위적 합성이긴 하지만, 소위 '개밥 먹기(dogfooding)'[11]에서처럼 피드백을 많이 얻을 수 있다. 예를 들어 어떤 API 호출의 불안정성 때문에 합성 모니터가 거짓 경보를 발생했다면, 고객도 같은 문제를 겪고 있을 가능성이 높다(또는, 그런 거짓 경보가 짜증 나서 재시도 루프로 감추어 두었을 수도 있는데, 이는 결국 더 심각한 문제를 야기할 수 있다).

운영 시스템 이해

불안정한 합성 테스트를 디버깅하는 것이 고객에게 영향을 미치는 문제를 사전에 식별하지 못하더라도, 엔지니어들은 프로덕션 플랫폼에서 문제를 해결하는 실제 경험을 얻게 된다. 이러한 연습은 실제 문제를 처리해야 할 때 평균 복구 시간(MTTR)을 줄이는 데 도움이 된다.

삼각측량

고객이 문제를 겪을 때, 잘 이해된 합성 테스트 부하는 종종 삼각측량(triangulation)에 도움이 된다. 문제가 모든 사용자에게 영향을 미치는 플랫폼의 문제인지, 아니면 고객의 사용 방식에만 국한된 문제인지 쉽게 판단할 수 있게 해준다. 합성 부하(synthetic load)에서도 같은 문제가 발견된다면, 어떤 시스템 구성요소가 원인인지 이해하는 데 도움이 되는 더 많은 과거 데이터를 확보할 수 있다.

AWS에서 이 업계의 기반이 되는 플랫폼들을 구축하던 당시 이언의 팀은 거의 모든 기능 통합 테스트를 합성 모니터링으로 대체했다. 릴리스마다 무언가를 테스트하고 싶다면, 프로덕션에서도 같은 문제가 발생하지 않도록 확인하고 싶지 않겠냐는 논리였다. 이 경험을 바탕으로 그는 이를 제대로 수행하는 데 드는 비용을 지속적인 개발 시간의 25%와 플랫폼 자원 비용의 10%로 추정한다. 여러분의 플랫폼이 AWS만큼 크고 복잡하지는 않겠지만, 그렇다고 투자를 그보다 훨씬 적게 해도 된다고 생각하는 것은 현명하지 못하다.

---

11 지금 맥락에서 개밥 먹기는 지금 맥락에서는 플랫폼 팀이 고객을 위해 구축하는 중인 시스템을 플랫폼 팀 자신이 사용하는 것, 특히 플랫폼 팀이 자신의 제품에 대한 얼리 어답터와 테스터 역할을 수행하는 것을 말한다.

6.3.4 운영 검토

지금까지 다룬 모든 관행은 운영 상태에 대한 데이터를 생성한다. 여기에 운영 검토(operational review)라는 관행을 추가하면, 데이터를 바탕으로 행동을 이끌어내는 하나의 피드백 루프가 완성된다. 운영 검토는 숙련된 운영 조직들에서 배운 관행이다. 엔지니어와 관리자가 정기적으로(보통 매주) 모여서 SLO 지표 같은 광범위한 지표와 사고 사후 분석과 같은 구체적인 사항을 검토한다. 인적 자원을 투입해서 집단으로 데이터를 분석함으로써 이상치(outlier)나 나쁜 추세(trend)를 일찍 식별할 수 있을 뿐만 아니라 좀 더 넓은 범위의 교훈도 얻을 수 있다. 관리자와 엔지니어가 적극적으로 운영 검토에 참여하면, 잠재적 문제들이 만성화되기 훨씬 전에 이를 파악하고 조치를 취할 수 있게 하는 공통의 이해가 형성된다. 다음은 이 관행과 관련해서 우리가 겪은 바에 기반한 몇 가지 조언과 제안이다.

플랫폼 팀에게 운영 검토는 필수이다

애플리케이션 개발 배경을 가진 사람들에게 운영 검토는 별 쓸모 없어 보일 뿐만 아니라 부담이 되기까지 한다. 이런 검토가 필요하지 않은 시스템을 구축하는 데 더 많은 시간을 써야 한다는 것을 입증하기 위한 단순한 요식 행위로 느껴질 수 있다. AWS에 합류하기 전에 이언은 3년 동안 Amazon.com 웹사이트의 일부를 렌더링하는 애플리케이션 시스템 작업을 했다. 당시 이언은 바로 그런 시각을 가지고 있었다. 그의 애플리케이션 코드를 구동하는 알고리즘은 복잡했지만 시스템 자체는 단순했다. 바탕 플랫폼들이 대부분의 복잡성을 추상화한 덕분이었다. 이언의 팀은 온콜 호출을 주당 2건 미만으로 유지하는 데 별 어려움이 없었고, 공식적인 운영 검토 없이도 잘 운영되었다. 팀원들은 운영을 아주 우수하게 해나가고 있는 자신들을 서로 칭찬하고 격려했다.

그러나 2008년에 EMR이라는 플랫폼 제품을 개발하기 위해 AWS로 이직했을 때 이언은 충격적인 현실을 마주했다. 사용량이 더 적고 코드베이스가 상당히 단순했음에도 운영 부하는 훨씬 높았다. 일부는 사용자 지원 때문이었지만, 직접적인 운영 문제점도 많았다. 운영 문제점들은 주로 시스템이 다른 AWS 서비스와 대규모 OSS를 포함한 여러 바탕 시스템으로 구성되어 있다는 사실에서 비롯했다. 비교적 작은 5인 팀에서, 작은 문제들이 팀원 모두의 시간을 지배하는 큰 문제로 번지는 것을 막아주는 것은 운영 검토 관행뿐이었다.

팀 수준 운영 검토는 단순하고 엄격하게 유지하라

팀 수준에서 운영 검토의 기본은 매주 30분 또는 60분 동안 다음 사항들을 검토하는 것이다.

- 페이저 호출 및 낮은 심각도의 온콜 문제점들
- 고객 지원 문제점들
- 사고/중단 사후 분석
- 프로덕션 변경 사항
- 매우 중요한 SLI와 SLO(흔히 '대시보드 검토'라고 부르는 회의에서 추세를 살펴본다)

각 회의에는 어느 정도의 큐레이션과 준비가 필요하다. 회의 준비는 일반적으로 온콜 당직을 막 마친 사람이 담당한다.

조직 수준의 검토는 필수적이지만, 프로세스보다는 관행을 중시하라

팀 수준의 회의에서 적절한 조치 사항을 이끌어내는 것은 회사의 문화에 따라 달라지는 일종의 예술이다. 새로 구성된 팀이나 새로 고용된 관리자의 경우 요점 없는 '연극'으로 전락하기 쉽다. 이것이 바로, 최소한 매월 한 번은 상급 조직 수준의 운영 검토를 통해 좋은 회의가 어떤 것인지에 대한 문화적 이해를 넓혀 나가야 하는 이유이다. 조직 수준의 검토에서 반드시 다루어야 하는 사항은 다음 두 가지이다.

- 가장 영향력이 큰 사고/중단에 대한 사후 분석
- 이상치에 대한 논의를 포함한, 지표 수준의 검토(예: SLO, 지원 지표, 페이저 호출 지표를 검토하는 등).

이 수준에서 중요한 점은 회의를 미리 잘 큐레이션해 두어야 한다는 것이다. 이 회의에서 발표되고 논의되는 정보는 더 넓은 청중과 관련이 있어야 한다. 우리의 경험으로는, 이런 검토를 SRE 엔지니어들이 주도할 때 성과가 좋았다. 그들은 불필요한 세부사항에 시간을 낭비하지 않는 기술적 능력을 갖추고 있으며, (제4장에서 다룬 것처럼) 이런 유형의 사회적 문제에서 동기를 많이 부여받는다.

> **주의** 우리는 운영 검토 **관행**을 적극적으로 권장한다. 그러나, 우리는 체계적이고 엄격한 지표 중심의 **프로세스**에 과도하게 집중하여 각 플랫폼 팀의 특정 이슈가 상황에 따라 다르다는 점을 놓치는 지도층도 많이 보았다. 플랫폼 팀 리더들에게 그들의 상황과 관련 없는 일에 시간을 쓰라고 하면, 실제로 플랫폼 운영에 영향을 미칠 수 있는 일에 쓸 시간이 줄어든다.

지도층의 참여가 올바른 결과를 이끌어낸다

운영 검토의 목적은 팀이 받는 운영 데이터에 따라 엔지니어링 시간을 조정함으로써 피드백 루프를 닫는 것이다. 그러한 결정을 내려야 하는 리더들이 미팅에 적극적으로 참여하지 않는다면 이 루프를 닫을 수 없다. 엔지니어링 관리자들이 여기에 '비난 없는 방식(blameless fashion)으로' 참여해서 문제점들에 대한 이해를 효과적으로 증진하고 조치 사항의 우선순위를 정해야 한다. 이를 통해 플랫폼 엔지니어들과 그들의 고객들에게 플랫폼 리더들이 운영과 기능 투자 사이의 균형을 잘 파악하고 유지하는 데 책임이 있음을 명확히 할 수 있으며, 플랫폼을 지속 가능한 미래로 이끄는 길을 파악할 수 있다.

6.4 마무리

시스템 배경을 가진 사람이라면 이번 장의 내용 대부분에 이미 익숙할 것이다. 제4장에서 논의했듯이, 이 업계에서 '소프트웨어 대 시스템'이라는 구분이 지금까지 이어져 온 주된 이유는 시스템 쪽이 거의 항상 운영 규율을 진지하게 받아들였기 때문이다. 이번 장은 개발 배경을 가진 사람들을 위해 작성한 것이다. 플랫폼 운영의 성패는 온콜, 사용자 지원, 운영 관행에의 규율에 크게 의존한다는 점을 이해하는 것이 중요하다. 만약 여러분의 팀에서 기준 이하의 행동이 일상적으로 벌어진다면, 고통 지점이 명확한 영역들을 해결할 수 있는 더 나은 관행들을 만들고 시행함으로써 수준을 높이는 것이 바로 여러분이 할 일이다.

CHAPTER 7

계획과 전달

쥐와 인간이 세운 가장 좋은 계획도 종종 틀어지기 마련이라.

— *로버트 번즈Robert Burns*[1]

우리는 플랫폼 엔지니어링 계획 수립과 그 실행 및 관리가 실패하는 사례를 많이 보았다. 실패한 원인은 다양했다. 가장 안타까운 사례는 팀이 올바른 것을 만들고 있었음에도 조직에 그것을 제대로 보여주지 못해서 실패한 것이었다. 프로젝트 계획이 불충분해서 생고생이 오래 지속되고, 결과적으로 겉보기에는 올바른 방향으로 나아가지만 실제 가치를 전달하는 데 너무 오래 걸린 경우도 있었다. 또한, 증분 전달(incremental delivery; 또는 점진적 전달)을 계획했으나 통제 불가능한 운영상의 문제로 불운을 겪는 사례도 보았다. 게다가 이러한 문제의 영향을 고객에게 제대로 전하지 못해 상황을 악화시켰는데, 너무 많은 정보를 쏟아내거나 반대로 너무 적은 정보만 제공하는 식이었다.

팀이 계획 수립에 실패하든, 증분 전달에 실패하든, 이해관계자들에게 현재 상황을 제대로 알리지 못하든 간에, 외부인의 시각은 동일하다. 이 팀은 성과를 제대로 전달하지 못한다는 것이다. 여러분이 그런 결과를 피하는 데 도움을 주기 위해, 이번 장에서는 플랫폼 조직의 계획 수립과 전달에 관한 모범관행들을 소개한다. 첫 절에서는 장기 프로젝트의 계획에 초점을 두어서, 팀이 일정과 가치에 대해 낙관적인 가정을 할 때 놓칠 수 있는 세부사항을 문서화하는 방법을 다룬다. 둘째 절에서는 팀의 로드맵roadmap을 상향식으로 계획하는 방법을 다룬다. 계획

1 옮긴이_ 참고로 로버트 번즈는 18세기 스코틀랜드 태생의 영국 시인이다. 인용문은 'To a Mouse'(쥐에게)라는 시의 한 구절이다.

의 이정표들이 현실적이 되도록 제품과 프로젝트 계획을 다른 필수적인 플랫폼 작업과 균형 있게 조정하는 방법을 논의할 것이다. 마지막으로는 '성과 및 난제(Wins and Challenges)'라는 의사소통 메커니즘을 소개하고, 예상치 못한 지연 요인을 포함해 팀이 이러한 계획을 어떻게 실행하고 있는지를 파트너들과 공유하는 방법을 설명한다.

팀이 폭포수(waterfall)의 함정에 빠지지 않으려면 애자일Agile 관행들로 계획을 수립하는 것이 유일한 방법이라고 생각하는 사람들도 있다. 하지만 플랫폼 엔지니어링 팀의 작업은 스프린트 한 번(또는 세 번!)으로 계획하기에는 너무나 복잡하다. 이 장의 지침들은 일상적인 애자일 관행들을 바탕으로 두 접근 방식(애자일과 폭포수)의 장점을 모두 취하기 위한 것이다.

7.1 장기 프로젝트 계획

플랫폼 엔지니어링과 일반적인 애플리케이션 엔지니어링의 주된 차이점 하나는, 플랫폼 프로젝트의 일정이 훨씬 더 길다는 것이다. 새로운 시스템을 구축하고, 테스트하고, 마이그레이션하는 데는 회사의 규모에 따라 몇 달에서 몇 년까지 걸릴 수 있다(`https://oreil.ly/MVXI7`). 플랫폼 팀이 수개월간 사용자가 볼 수 있는 결과물을 전혀 제공하지 못하고, 그저 프로젝트의 실현 가능성을 입증하는 정도의 성과만 내면서 작업을 이어가는 경우도 드물지 않다. 잦은 릴리스 주기에 익숙한 리더에게는 답답한 일일 수 있다. 고객 영향(customer impact)이 발휘되길 기다리기 싫어하는 독자라면, 플랫폼 작업 내내 인내심을 시험받게 될 것이다.

플랫폼 리더로서 여러분은 큰 규모의 장기 프로젝트를 감독하고 팀이 프로젝트를 이를 점진적인 이정표(milestone)들로 나누는 작업을 돕는 데 익숙해져야 한다. 팀은 이정표와 논의 지점 파악을 도우면서 자신들의 노력을 올바른 방향으로 이끌어 주는 리더를 필요로 한다. 그리고 리더십을 발휘하기에 가장 좋은 출발점은 진행할 프로젝트가 구체적으로 무엇인지 명확히 하는 것이다.

7.1.1 목표와 요구사항을 명확히 밝히는 제안서 작성

장기 프로젝트를 성공적으로 진행하려면, 여러분이 달성하고자 하는 바를 모든 관계자에게 납득시킬 필요가 있다. 프로젝트 리더는 자신의 아이디어를 제안서나 요구사항 문서 형태로 문서화해서 경영진이나 기타 엔지니어들이 검토하고 평가할 수 있게 해야 한다. 이런 문서들은 전통적인 엔지니어링 설계 문서와는 다르다. 설계의 중요 요소들도 이 제안서에서 다루어야 하지만, 엔지니어링 설계는 고려해야 할 주요 요인 중 하나일 뿐이다. 구현 비용, 마이그레이션 비용, 일정 또는 고객으로부터 오는 기타 요구사항도 고려해야 한다.

우리는 아마존 스타일의 6페이지 문서(https://oreil.ly/o6Egl)를 선호한다. 하지만 이 특정한 스타일이 모든 회사와 모든 시기에 적합하다는 보장은 없다. 문서 형식이 어떻든, 제안서 작성에서 가장 중요한 점은 다음 다섯 가지 핵심 요소를 포함시키는 것이다.[2]

배경, 원칙, 가이드라인

제안서의 첫 섹션에서는 현재 상황을 설명하고, 여기까지 오게 된 관련 정보를 제공한다. "지역 간 장애 복구(cross-regional failover)를 지원해야 한다" 또는 "향후 Y개월 이내에 X의 확장을 지원할 준비가 되어야 한다"와 같은 핵심 원칙, 요구사항, 가이드라인을 명시한다. 마크 브루커Marc Brooker가 지적했듯이, 현재 상태를 문서화하여 기준선을 설정하면 근본적인 의견 차이를 프로세스 초기에 해결할 수 있다(https://oreil.ly/Rh3Nq).

문제의 세부사항

해결해야 할 문제를 깊이 있게 다루는 섹션이다. 레슬리 램포트Leslie Lamport의 고전적인 한 페이지 글 'State the Problem Before Describing the Solution'(해결책을 설명하기 전에 문제를 서술하라; https://oreil.ly/tvcZk)에서 언급했듯이, 해결책을 제시하기 전에 문제를 개략적으로 설명하면 독자가 제안된 것 이외의 가능한 해결책을 상상하기 쉽다. 또한 이 단계는 프로젝트 리더가 문제를 잘 이해하지 못하는 부분을 드러내서, 리더가 더 많은 세부사항을 수집하고 제안하는 내용을 완전히 이해하도록 만드는 데에도 도움이 된다.

가능한 해결책 개요

제안서의 이 섹션에서는 합리적인 해결 방안들을 모두 나열하고 각각의 주요 장단점을 간략하나마 공정하게 평가한다. 여러분이 선호하는 하나의 해결책을 자세히 설명하기 전에 이 단계를 거치는 것이 중요하다. 여러분이 이미 제외한 해결책을 누군가가 제시하는 일을 미리 방지할 수 있기 때문이다. 이렇게 하지 않으면, "X처럼 하면 훨씬 저렴하지 않나요?"나 "너무 단기적이고 소규모로 생각하는 것 아닌가요? 새로운 기술 Y로 다시 시작해야 합니다!"와 같은 의견을 듣게 된다. 때로는, 장단점들을 개인적으로 고찰하고는 상반된 두 가지 의견을 모두 제시하는 사람들도 있다.

제안하는 해결책과 근거

여러분이 선택한 해결책을 제시하고, 시간적 제약 등의 제약 조건과 기타 관련 요소를 분석하여 결정의 근거를 설명한다.

2 더 자세한 내용은 타냐 라일리의 『*The Staff Engineer's Path*』(O'Reilly, 2022), 특히 제5장 'Leading Big Projects'(대형 프로젝트 이끌기)를 참고하기 바란다.

이 부분이 얼마나 길어야 할까? 진부하지만 정답은, '대상(청중)을 설득하는 데 필요한 만큼'이다. 구체적인 길이는 회사 문화에 따라, 그리고 결정에 대한 논쟁 여부에 따라 달라진다. 하지만 독자를 세부사항으로 압도해서 여러분의 철저함을 입증하려고 20페이지짜리 괴물 문서를 만들어서는 안 된다. 상위 3~5개 요소를 추려내고, 이들을 다른 고려 사항보다 우선시해야 하는 이유를 주장하는 정도가 적당하다.

실행 계획

상세한 계획은 계획 프로세스의 다음 단계에서 수립하고, 제안서의 이 섹션에서는 구현의 전체적인 상을 그리는 데 주력해야 한다. '완료(done)'란 어떤 모습이며 일정은 어떻게 되는가를 서술해야 하며, 초기에서 중기까지의 이정표와 성공 측정 지표를 제시해야 한다. 관련이 있다면 시기, 인력 배치, 조직에 미치는 영향과 같은 비기술적 문제도 다루어야 한다.

문서 작성이 완료되면 경영진(제품 관리자 포함) 및 선임 엔지니어들과 함께 한 번 이상 회의를 열어 장단점을 논의하고 동의를 구한다. 아마존 스타일을 따른다면, 약 20분 동안 문서를 읽은 후 문서를 섹션별로 검토한다(소위 'walking the doc'(문서 산책) 과정이다). 어떤 방식이든, 이러한 회의의 목표는 프로젝트가 가치가 있다는 점, 그리고 구현 비용을 추정하고 작업 시작에 대한 최종 승인을 받기 위한 실행 계획을 수립해야 한다는 점에 동의하게 만드는 것이다.

7.1.2 제안서에서 실행 계획으로

제안이 승인되었더라도 구현에 들어가기 전에 해야 할 문서 작업이 남아있다. 기술적 측면이 잘 고려되었는지 확인하기 위한 상세한 설계서(design document; 또는 설계 명세서)를 작성해야 한다. 보통의 경우 선임 엔지니어들이 이 문서를 검토한다.[3] 그 문서 외에, 우리는 프로젝트 제안서보다 훨씬 자세한 내용을 담은 '실행 계획(action plan)' 문서도 매우 유용하다는 점을 알게 되었다. 실행 계획 문서에서 중요하게 고려해야 하는 사항은 다음과 같다.

테스트와 승인 기준

대규모 프로젝트에는 테스트가 필요하다. 팀이 이에 대해 문서화한 것이 있는가? 첫날부터 완전한 테스트 계획이 필요한 것은 아니지만, 여러분이 누군가에게 테스트 계획서를 작성하게 하고 프로젝트 실행 과정에서 테스트 계획을 계속 추적해 나갈 필요가 있다. 테스트에는 승인 기준(acceptance criteria)도 포함된다. 이러한 테스트로 무엇을 검증할 것인가? 처음부터 완벽한 승인 기준을 기대하지는 않지만, 테스트 계획을

3 설계서는 구현으로 들어가기 전부터 작성하기 시작해야 한다. 하지만 우리가 겪은 바로는, 중요한 절충점(trade-off)들은 구현으로 들어간 후에야 더 잘 이해하게 되기 마련이며, 그래서 구현 후 몇 달이 지나서야 설계서가 완성되고 검토되는 경우가 흔하다.

세울 때 몇 가지 '기준선(baseline)' 요구사항들을 두는 것이 중요하다.

의존성 분석

어떤 다른 팀들이 이 프로젝트에서 작업해야 하는가? 프로젝트가 다른 시스템과 통합되어야 하는가? 해당 시스템을 소유한 팀의 동의와 가능한 참여를 얻었는가?

프로젝트의 의존성(dependency; 또는 의존요소)이 많을수록 프로젝트 전달이 어려워진다. 많은 플랫폼 팀이 간과하는 주요 의존성 하나는 마이그레이션 작업이다. 만일 프로젝트의 전달을 완료하기 위해 고객의 마이그레이션이 필요하다면, 마이그레이션은 프로젝트 제안서의 일부로 추정해야 할 중요한 의존성 분석 대상이다.

인력 추정

프로젝트가 승인되었다고 해서 팀이 원하는 모든 인력을 얻을 수 있는 것은 아니다. 이번 장에서 나중에 다루겠지만, '자금이 지원된' 대형 프로젝트에서도 팀의 시간을 여러 요구사항에 분배하는 데 어려움을 겪기 마련이다. 여러분은 프로젝트의 핵심 엔지니어링 팀에 필요한 엔지니어 수를 예상하고 추정해야 하며, 테스트, 통합, 마이그레이션 등을 위한 일시적인 인력 증원이 필요한지도 고려해야 한다.

도입 추진

내부 시스템 구성요소가 아니라 다른 엔지니어들이 직접 사용할 것을 만드는 경우, 도입(adoption)을 추진할 계획이 있어야 한다. 이는 일반적으로 제품 관리자들이 전문성을 발휘하는 부분이다. 제품 관리자가 없다면, 여러분의 팀이 무엇을 만들고 있는지 홍보해서 고객이 제품의 목적을 이해하고 사용하고 싶어 하게 만들 계획을 세워야 한다. 다음은 이를 위해 던져볼 만한 질문들이다.

- 새로운 제품이나 기능의 이름은 무엇으로 할 것인가? (초기에 적절한 이름을 정하면 이후 논의가 훨씬 쉬워진다)
- 얼리 어답터가 될 팀들을 확보했는가?
- 이 제품에 상세한 문서화가 필요한가?
- 사람들에게 새 제품 사용법을 가르쳐야 하는가?
- 더 넓은 팀에게 발표하거나 내부 블로그 포스트를 작성하는 등의 '마케팅' 활동이 필요한가?
- 출시(launch)를 어떻게 알릴 것인가?

프로젝트 리더가 그저 "만들기만 하면 사람들이 알아서 사용할 것이다"라고 가정하는 경우가 너무나 많다. 하지만 내부 프로젝트라 하더라도 대상 사용자들과 시간을 보내고 그들의 요구를 이해하지 않으면, 적극적으로 도입하라는 보장은 없다.

이정표

이러한 고려 사항들을 모아서 프로젝트 구현을 관리하는 가장 좋은 방법은 구현 작업을 일련의 이정표로 표현하는 것이다. 우리는 처음 12개월을 아주 구체적으로 표현하는 쪽을 선호한다. 기본적으로 월별 이정표를 사용하고, 분기별 이정표는 명확성이 떨어지는 후반 단계들에만 적용해야 한다. 여러 해에 걸친 다년 프로젝트(multiyear project)라면 앞에서 언급한 요소들(인력 추정, 의존성 등등)이 향후 몇 년간 어떻게 변해 나갈지에 관한 예측도 있으면 좋다. 이는 아직 해결할 수 없는 '미지의 미지(unknown unknown)' 사항들 때문에 어떤 위험(risk)이 발생할 수 있는지를 잘 보여주기 때문이다. 이러한 이정표들이 증분 전달의 기초가 된다. 기술적 역량 전달뿐만 아니라 비즈니스 성과도 지원하는 이정표는 많으면 많을수록 좋다.

프로젝트 관리자를 너무 일찍 투입하지 말라

실행 계획을 작성하는 시점에서 플랫폼 리더들은 프로젝트 관리자를 지정해서, 프로젝트 관리자가 프로젝트 전체를 '소유'하게 하고 싶어 한다. 프로젝트 관리자가 간트 차트Gantt chart를 만들어서 모든 프로젝트 의존성과 각 작업의 추정 작업량을 나열한다면 팀이 확신을 가지고 실행을 추적하게 되리라는 가정에서이다.

우리의 경험상 이는 보통 잘 작동하지 않는다. 프로젝트 관리자를 너무 일찍 투입하면 팀원들이 자신감을 가지는 것이 아니라, 팀에 일정 관리 관료주의가 생겨나서 엔지니어링 리드와 제품 관리자의 참여가 줄어든다. 계획 수립에 그들의 의견이 반영되지 않으면 추정치가 지나치게 보수적이고 부정확해지는 경우가 많다. 이러한 이유로, 우리는 일정 관리의 세부사항이 프로젝트에 중대한 위험(risk)이 되는 경우에만 프로젝트 관리자를 투입하라고 조언한다. 예를 들어 다음과 같은 경우라면 프로젝트 관리자를 두어도 좋을 것이다.

- 프로젝트에 확고한 마감일이 있는 경우
- 프로젝트에 작업 의존성(task dependency)이 아주 많는 경우
- 회사의 협력에 관한 문화가 관료주의적인 경우(예를 들어, 아주 사소한 요청인데도 "이번 분기 OKR 일정에 없으므로 다음 분기까지 기다려야 한다"라고 대응하는 등)

7.1.3 장기 생고생 피하기

대부분의 엔지니어는 큰 희망과 낙관으로 장기 프로젝트를 시작한다. 그렇지 않다면 다년 프로젝트를 시작하는 경우가 지금보다 훨씬 적을 것이다! 시간이 오래 걸릴 것을 알고 프로젝트를 시작하는 것은 괜찮지만, 그렇게까지 길어질 것이 아닌 프로젝트가 의도치 않게 질질 끌리는 경우도 있다. 여러분이 그런 처지가 되는 일을 피하도록, 이번 절에서는 합리적인 플랫폼 프로젝트가 끝없는 생고생(slog)[4]으로 변하는 이유들을 살펴본다.

4 옮긴이_ 'slog'는 길고 힘들고 지루한 과정을 표현할 때 쓰이는 단어이다. 진흙탕이나 허리까지 쌓인 눈을 헤치고 걸어가는 모습을 떠올리면 될 것이다. 좀 더 강렬한 어감을 위해, 그리고 '그렇게까지 길어질 것이 아닌'이라는 표현을 감안해서 '생고생'으로 옮겼다.

과욕

일부 프로젝트는 주어진 시간이나 프로젝트가 속한 제품에 비해 비현실적으로 많은 것을 시도한다.

우리의 경험 하나를 보자. 어떤 팀이 내부 저장소 시스템을 재설계(redesigning)하고 있었다. 이 저장소 시스템은 특정 용례들에 대해 수년간 회사에서 잘 작동했지만, 비효율적이었고 장기적인 지속 가능성을 보장하기에는 보안과 성능 측면에서 부족한 점이 있었다. 재설계를 계획하는 동안 팀은 계속해서 새로운 목표들을 추가했다. 새 시스템은 보안과 성능 격차를 해소할 뿐만 아니라, 모든 네트워크 연결 파일 기반 저장소 옵션을 제거함으로써 저장소에 대한 회사의 사고방식 자체를 현대화하려 했다.

팀은 새 시스템을 성실하게 구현했고, 기존 네트워크 연결 저장소 옵션에 대한 접근을 제거한 새로운 환경에 새 시스템을 배포했다. 그런데 사용자들을 새 시스템으로 마이그레이션하기 시작하면서 문자 그대로 '폭동'이 일어났다.

판명된 바로는, 사용자들은 명령줄 파일 도구들과 POSIX 기반 파일시스템에 대한 스크립팅에 익숙했다. 이전에는 파일로 처리하던 일을 새 API로 처리하는 방법을 새로 배워야 했다. 애초에 그들은 모든 스크립트를 마이그레이션하고 싶어 하지도 않았다. 네트워크 연결 저장소 옵션을 제거한다는 핵심 가정이 통하지 않을 것이 분명해졌고, 결국 팀은 설계서를 화이트보드로 가져가서 다시 시작해야 했다.

이는 과욕(overreach)의 예이다. 원래 시스템 재작성은 큰 프로젝트이다. 팀은 그것이 어려울 것을 알았기에 이 기회를 **최대한** 활용해서 '큰 프로젝트'를 '혁명적인 프로젝트'로 만들어야 한다고 믿기 시작했다. 사용자들보다 자신들이 더 잘 안다고 가정하는 상아탑적 사고방식도 있었다. 결국 팀은 궤도에 올리기에는 너무 무거운 시스템을 출시하려 했다. (제8장에서 특히 아키텍처 재구축과 관련해 이를 피하는 기법들을 다룰 것이다.)

너무 크게 시작하기

제5장에서 논의했듯이, 고객이 원하는 것을 말하게 하는 것은 어려운 일이다. 이 때문에 팀이 프로젝트 제안서를 작성하는 데 애를 먹게 된다. 특정 고객군을 배제할 수 있는 해결책을 제시할 수 없거나, 있어도 꺼리기 때문이다. 그 결과 제안서는 모든 가능성을 다루려는 복잡한 설계 명세서처럼 보이게 된다.

좋은 제품을 만드는 것도 어렵고 좋은 플랫폼을 만드는 것도 어렵지만, 다양한 사용자층을 위해 복잡한 플랫폼을 처음부터 만드는 것은 거의 불가능하다. 새로운 플랫폼 프로젝트를 시작할 때는 다음과 같은 골의 법칙(Gall's law)을 명심하는 것이 좋다.

> *잘 작동하는 복잡한 시스템은 모두 잘 작동하던 단순한 시스템을 진화시킨 것이다. 그 역도 마찬가지이다. 복잡한 시스템을 무無에서 출발해서 설계하면 절대로 잘 작동하지 않으며, 잘 작동하게 만들 수도 없다. 반드시 잘 작동하는 단순한 시스템에서 다시 시작해야 한다.*[5]

다양한 고객들로부터 상세한 설계 의견을 받아 새 플랫폼을 무에서 출발해서 만들려 하면, 여러분은 결국 다음과 같은 실패의 경로를 걷게 된다.

1 이것은 잘 알려진 플랫폼의 내부 전달이나 기존 단순 플랫폼의 발전이 아닌, 새로운 복잡한 시스템임을 깨닫는다.

2 이 시스템을 구축하는 데 필요한 것을 정확히 모르므로, 고객들에게 요구사항을 물어 개발 근거를 얻으려 한다.

3 그런데 고객과 그들의 요구사항을 이해하기 위한 제품 관리 체계가 없다.

4 이런 방식으로는 이 플랫폼을 만들 수 없다는 결론에 도달한다.

타의로 어쩔 수 없이 이런 상황에 처하기도 한다. 까마득한 꼭대기층에서 새로운 것을 만들라는 지시가 떨어졌는데, 무엇을 해야 할지 명확한 아이디어도 없이 그 임무를 맡았다면(내부 정치나 순진함 등의 이유로) 실패할 수밖에 없다. 나쁜 소식을 전하게 되어 안타깝지만, 모든 고객을 위한 완벽한 플랫폼을 약속했다면 그 약속을 지키기가 매우 어려울 것이다.

이런 상황을 피하는 한 방법은 고객이 이해하고 비판할 수 있는 구체적인 제안서를 작성하는 것이다. 그런 문서를 작성하기 어렵다면, 여러분이 능력 이상의 것을 시도하고 있다는 신호일 수 있으며, 그러면 범위를 축소하는 것이 최선일 것이다. 제5장에서 제안했듯이 새 플랫폼의 지루한 부분, 즉 더 자명한 기능들부터 시작하고, 제안서에서 자신 있게 정의할 수 있는 범위를 찾아보자.

불명확한 문제 영역

앞에서 예로 든 저장소 시스템 프로젝트에서 팀은 적어도 자신들이 해결해야 할 근본적인 문제

---

5 더 자세한 내용은 존 갈John Gall의 『*General Systemantics*』(Quadrangle/The New York Times Book Company, 1975), 특히 71쪽을 참고하라.

가 무엇인지는 알고 있었다. 그러나 정확히 어떤 문제를 해결하는지 모르는 채로 시작한 탓에 실패하는 플랫폼 프로젝트도 많다. 이것이 바로, 많은 시간과 비용을 투자하기 전에 프로젝트 목표를 고민하고, 기록하고, 가정들을 검증하는 데 시간을 투자하는 것이 중요한 이유다.

플랫폼 팀은 모든 요구사항을 충족하는 범용 시스템을 구축함으로써 모두를 만족시키는 것이 자신들의 임무라고 생각하기 쉽다. 그래서 제2장에서 설명한 해결책 중 하나를 선택하는 대신, 포장도로(paved path) 방식과 철도(railway approach) 방식을 **둘 다** 선택하는 실수를 저지르곤 한다. 한 가지 접근 방식을 선택하지 못하면 결국 당면한 요구를 충족시키지 못하게 된다. 예를 들어, 팀이 광범위한 문제에 대한 일반적인 해결책(포장도로)을 만들면서도 다른 팀이 기반 시스템을 쉽게 구성하고 조정할 수 있도록 멋진 드래그 앤드 드롭 UI를 구축하는 철도 방식을 함께 시도할 수 있다. 이러한 해결책이 통하지 않았을 때, 이를 실패로 인정하는 대신 더욱 고집하는 팀이 너무나 많다. 멋진 UI에 딱 맞는 용례를 찾아내기만 하면, 또는, 일반적 기능이 정확히 필요한 사용자를 찾기만 하면 된다고 주장한다. 제품 엔지니어링 분야의 한 동료는 이런 행동을 '개떡반복(sh*terating)'[6]이라고 불렀다.

"빨리 움직이고 실수를 저질러라"라는 태도를 권장하는 스타트업에서 리더가 제품을 만들 때 제품 적합성을 찾아 허둥대는 것이 큰 흠이 아닐 수 있다. 하지만 플랫폼 세계에서는 이런 행동이 플랫폼 팀의 평판을 나쁘게 만든다.

해결하려는 문제를 정의하고, 해결책을 가설로 세우고, 제안된 해결책이 문제를 해결할 수 있다는 증거를 제시하고, (이상적으로는) 해결책이 효과가 있는지 측정할 지표를 제공하는 것이 매우 중요하다. 기술적 통찰을 제공할 수 있는 스태프 엔지니어와 고객 관점을 지원하는 제품 관리자가 협력할 때 최고의 제안서가 나온다. 이런 사전 작업이 없으면, 기능 하나만 더 추가하면 '은탄환(특효약)' 해결책이 만들어질 것 같은 상황이 영원히 지속된다. 그래서 우리는 프로젝트가 시작되기 전에 구체적인 제안서부터 시작하는 철저한 문서화를 권장한다.

프로젝트 팀원 이직

팀이 불안정할 때도 프로젝트가 지연된다. 프로젝트를 잘 아는 사람들이 팀을 떠나면 팀 전체가 늦어진다. 일할 수 있는 사람을 잃었을 뿐만 아니라, 프로젝트에 새로운 사람을 찾아 세부사

6 옮긴이_ sh*terating은 배설물을 뜻하는 영어 단어를 순화한 sh*t과 반복을 뜻하는 iterating을 조합한 단어이다. sh*t을 순화해서 번역할 때 종종 쓰이는 '개떡'을 활용해서 옮겨 보았다.

항을 교육하고 팀과 잘 어울리게 만들어야 하기 때문이다. 이 모든 것이 생산성을 저해한다. 안타깝게도 팀원 이직(turnover)은 프로젝트가 이미 지연되고 있는 것이 원인일 때가 많다. 프로젝트 지연 때문에 의욕을 잃은 팀원들이 퇴사하거나 다른 프로젝트로 이동하고, 그래서 프로젝트가 더 지연되는 악순환이 발생한다.

이것이 제안서와 계획을 문서화하는 것이 매우 중요한 이유 중 하나다. 데이터독Datadog의 시니어 스태프 엔지니어인 키언 시놋Cian Synnott은 이렇게 말한다. "팀에 새로 합류한 시니어 엔지니어가 모든 것에 의문을 제기하는 것을 자주 보았다. 이는 좋은 일이고 어떤 면에서는 팀 형성의 일부이지만, '우리가 이 프로젝트를 이렇게 진행하는 이유는 바로 이것이다'를 명확히 말해줄 수 있다면 그들의 에너지를 긍정적인 방향으로 이끌 수 있다."

시니어 리더라도 이직에 영향을 미치는 근무 조건을 완벽하게 통제할 수는 없다. 예를 들어, 시장이 활황인데도 회사가 직원을 붙잡아 두기에 충분한 급여를 주지 않는 것은 여러분이 해결할 수 있는 범위를 넘어선 문제일 것이다. 하지만 통제할 수 있는 다른 요인들도 있다. 소유한 플랫폼이 항상 문제를 일으킨다면, 운영 업무에 지쳐서 이직하는 것일 수 있다. 이런 상황을 피하거나 팀원들을 이런 상황에서 벗어나게 하려면 또 다른 유형의 계획이 필요하다. 다음 절에서 좀 더 이야기하겠다.

7.2 상향식 로드맵 계획 수립

제5장에서 설명한 제품 로드맵(product roadmap)은 플랫폼에 새로운 기능을 추가하는 계획을 반영한다. 전달이나 운영상의 압박이 없는 팀이라면, 고객 가치의 전달이 제대로 이루어지는지 확인하는 계획 하나만 있어도 충분할 것이다. 하지만 팀이 전달이나 운영의 측면에서 압박을 받는 상황이라면 제품 로드맵 외에 상향식 로드맵(bottcm-up roadmap)이라는 좀 더 세부적인 로드맵이 필요하다.

이러한 변화가 필요한 이유는 무엇일까? 옛 보르시트 벨트[7]의 농담에서 손님들이 "이 식당 음식은 정말 형편없어… 게다가 양도 적어!"라고 불평하는 것처럼, 플랫폼의 이해관계자들도 종

---

7 옮긴이_ 보르시트 벨트Borscht Belt는 20세기 중반 미국 뉴욕 주 캐츠킬 산맥 지역의 유대인 리조트 지역을 가리키는 말이다. 이 지역은 유대인 코미디언들의 등용문 역할을 했으며, 특유의 유머 스타일로 유명했다.

종 "이 플랫폼은 안정성이 형편없어… 게다가 기능을 제때 출시하지도 못해!"라고 불평한다. 대규모 플랫폼은 매우 복잡하다. 그리고 비즈니스에 치명적인 애플리케이션을 지원하는 경우가 많다. 따라서 플랫폼 팀은 적극적으로 운영에 투자해야 한다. 여기에는 시스템 유지보수뿐만 아니라 규모 확장에 대응하기 위한 변경도 포함된다. 기능 전달 일정에 대한 기대치를 관리할 적절한 계획이 없으면 플랫폼 팀은 운영 업무를 소홀히 하게 되고, 결국 '운영 지옥'에 빠지게 된다. 좀 더 구체적으로 말하면 다음과 같다:

- 시스템의 복잡도가 높아지고, 팀은 기술 부채를 만드는 '땜질식' 패치로 문제를 해결한다.
- 새로운 기능의 약속된 마감일을 지키지 못하고, 반복되는 운영 문제를 겪으며, 고객을 실망시킨다.
- 과도한 운영 업무와 스트레스로 엔지니어가 소진(번아웃)된다.

이러한 결과를 피하려면 기능 전달 계획에 플랫폼 운영과 운영 개선에 필요한 작업을 추가해야 한다. 다음 절들에서 추정이 필요한 세 가지 작업 영역을 설명할 것이다. 첫째는 시스템과 서비스를 원활하게 유지하는 데 필수적인 운영 작업인 **KTLO**(keep the lights on; 점등 유지) 작업이다. 둘째는 경영진이 하달한, 타협이 (거의) 불가능한 프로젝트인 **경영진 지시사항**(executive mandates)이다. 셋째는 플랫폼의 운영, 효율성, 보안, 신뢰성, 규정 준수를 개선하는 **시스템 개선**(system improvement) 작업이다. 마지막으로는 이 모든 것을 [그림 7-1]의 구조처럼 통합하는 방법도 설명한다.

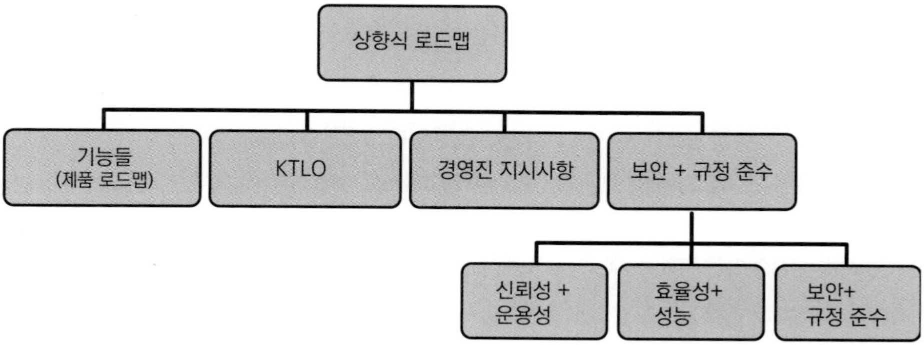

그림 7-1 상향식 로드맵의 구성요소.

7.2.1 가장 기본적인 KTLO 작업

이 작업들을 그냥 '운영(operation)'이라고 부르는 조직도 있을 것이다. KTLO는 향후 12개월 동안 비즈니스 운영에 절대적으로 필요한, 엔지니어링 팀의 **진정한** 필수 운영 작업들을 뜻한다. KTLO 작업들은 크게 다음 범주들로 분류된다.

- 온콜 사고 대응 인력 배치
- 필수 사용자 지원 인력 배치(온콜 또는 정규)
- 운영 및 보안 사고 해결과 중요 사후 분석 조치 사항 처리

제6장의 조언에 따라 온콜과 지원 업무를 여러 교대조(순환 근무조)로 분리했다면, 과거 데이터를 이용해서 위의 처음 두 항목의 비용을 추정할 수 있다. 셋째 항목은 향후 발생할 '미지의 미지' 사항들과 관련되므로 추정하기가 아주 어렵다. 우리의 조언은, 지난 계획 기간 동안 팀이 수행한 이런 작업의 양을 검토하되, 엔지니어링 시간이 약 2개월 이상 소요된 사건이나 조치 항목은 제외하라는 것이다. 이 기준은 다소 임의적이지만, 향후 대규모 운영 또는 보안 사고가 발생할 것이라는 '기대'를 가지고 계획을 세우는 것은 적절하지 않기 때문이다.

7.2.2 경영진 지시사항

경영진 지시사항은 하향식 명령으로, 경영진이 반드시 수행해야 한다고 말하는 것들이다. 엄격한 일정이 정해져 있을 때도 많다. 여기에는 다음과 같은 프로젝트가 포함될 수 있다.

- 다른 플랫폼 및 인프라 팀이 주도하는 마이그레이션
- 새로운 클라우드 제공업체로의 이전, 인수 후 통합, 새로운 리전 구축 등의 인프라 계획
- 회사의 규정 준수(compliance), 보안 또는 운영 태세를 개선하기 위한 계획(예: 오래된 오픈소스 의존성 제거 또는 HIPAA 규정 준수)
- 지역(로컬) 우선순위를 무시하는, 대규모의 '전략적' 비즈니스 계획(예: "모든 제품에 AI 기능을 대폭 추가해야 한다")

경영진 지시사항은 계획 수립에 모순을 초래한다. 계획 수립 초기에는 필수적이라고 주장했던 지시사항들을, 전체 작업량이 많고 다른 높은 가치의 우선순위에 미치는 영향도 크다는 점을 회사가 파악하면서 취소해 버리는 경우가 많다. 이는, 이러한 지시사항에 "안 됩니다"라고 말할 수 있는 개별 팀은 없겠지만, 그렇다고 여러분이 이 지시사항들을 **모두** 수행해야 한다고 가정하

고 계획을 세우면 나머지 계획이 차질을 빚게 된다는 것을 의미한다.

따라서 경영진 지시사항의 순 영향(net impact)을 추정하려면, 진행될 가능성이 높고 팀에 미치는 영향이 큰 지시사항이 무엇인지 최선을 다해 판단해서 필요한 작업량을 추정해야 한다. 이는 정치적 감각과 함께, 제안된 지시사항의 진행 여부에 영향을 미칠 수 있는 리더급 위계구조 안의 경영진과 원활한 소통이 필요한 기술이다. 경영진 지시사항이 팀에 과도한 부담을 줄 것 같다면, 해당 경영진에게 가능한 한 빨리 알려서 리더급 팀에 피드백을 제공하고 진정으로 필수적인 항목만 남도록 목록을 줄여나가야 한다.

7.2.3 시스템 역량

안정적으로 성장하는 비즈니스를 지원하는 시스템에서 KTLO는 필수적인 운영 작업이지만, 필요한 작업이 이것만은 아니다. KTLO는 '시스템을 곧 개선하지 않으면 문제 발생 가능성이나 부정적 영향이 커져서 중기적으로 회사에 해를 끼칠 수 있는' 작업은 포함하지 않는다. 그런 작업들은 세 가지 방향에서 발생한다. 규모 확장으로 시스템이 한계에 가까워지는 경우, 변화하는 환경에서 시스템이 자연스럽게 저하되는 경우(소프트웨어 부패(software rot)라고도 함), 그리고 플랫폼과 애플리케이션이 비즈니스에서 더욱 중요해지면서 표준이 높아지는 경우이다.

이를 SRE 작업이라고 부르는 조직이 많지만, 우리는 이를 '시스템 개선'이라고 부른다. SRE라는 용어를 사용하면 모든 작업이 신뢰성 향상에 관한 것이라고 오해할 수 있기 때문이다. 우리는 신뢰성 말고도 중요한 범주들이 있다고 생각한다. 시스템 역량은 일반적으로 다음 세 가지 범주로 나뉜다.

- 신뢰성과 운용성(operability)
- 효율성과 성능
- 보안과 규정 준수

범주마다 대상층이 다르므로, 범주별로 별도의 우선순위 목록을 작성하는 것이 좋다. 이렇게 분리하면 비용과 영향을 범주와 범주 사이가 아니라 각 범주 **안에서** 비교할 수 있으므로 개별 우선순위 선정에도 도움이 된다.

신뢰성과 운용성 개선

이 작업은 시스템 운영의 비용과 위험, 오류 발생을 줄이기 위한 것이다. 예를 들면 다음과 같다.

잡무(toil) 감소

시스템 규모에 비례하여 늘어나는 수동적인 엔지니어링 작업을 자동화하면 KTLO 작업량이 줄어들 뿐만 아니라, 사람의 개입을 없애서 장애 위험도 줄일 수 있다.

테스트 역량 개선

프로덕션에서 특정한 버그가 계속 발생한다면, 단위 테스트(unit test)를 새로운 방식으로 수행하거나, 부하 테스트(load test)나 퍼즈 테스트fuzz test를 도입하거나, 불안정한 통합 테스트를 개선할 필요가 있다.

릴리스 엔지니어링

제6장에서 릴리스 엔지니어링을 소개했다. 구체적으로, 블루/그린 테스트나 카나리아 및 그림자 배포와 같은 새로운 역량들에 투자하면 좋을 것이다.

관측성

관측성을 개선하는 작업 중 일부는 작고 쉽게 수행할 수 있지만, 새로운 합성 모니터링 플랫폼을 만들거나 APM[8] 같은 새로운 유형의 관측성을 추가하는 등의 프로젝트는 계획과 우선순위 지정이 있어야만 가능하다.

변종 감소

플랫폼의 기술 부채는 주로 프로덕션에서 실행되는 소프트웨어의 변종(variation)들에서 발생한다. 애플리케이션의 경우보다 그 정도가 훨씬 심하다. 일반적으로 이러한 기술 부채는 새로운 용례(use case)를 '올바른 방식' 대신 '빠른 방식'으로 구현하기로 한 결정에서 비롯된다. 여기서 말하는 소프트웨어 변종에는 클라이언트가 사용하는 오래된 API, 마이그레이션하지 않은 클라이언트를 지원하기 위한 플랫폼의 이전 버전, 제거되지 않은 고객별 기능 플래그, 외부 종속성의 구 버전 등이 포함된다. 이런 변종들은 특히 배포 도중에 아주 큰 영향을 미칠 때가 많다. 운영자가 작은 차이를 간과하기 쉬워서, 배포가 실패로 이어질 수 있기 때문이다.

시스템 변경

신뢰성을 개선하기 위한 시스템 자체의 변경이다. 예를 들어 해싱 알고리즘 변경, 가비지 컬렉터 조율, 캐시 도입, 버그가 있는 오픈소스 라이브러리 교체 등이 있다.

이러한 신뢰성 및 운용성 개선 프로젝트의 후보를 찾으려면 사후 분석에서 나온, 우선순위가 낮은 조치 사항들을 살펴봐야 한다. 또한 고객의 사후 분석을 검토해서, 여러분의 플랫폼에서

8 옮긴이_ 여기서 APM은 Application Performance Monitoring(애플리케이션 성능 모니터링)을 뜻한다.

구축함으로써 고객의 실패를 방지할 수 있는 안전장치들도 파악해 보아야 할 것이다.

우리는 팀들이 시스템의 주요 문제를 식별해서 '시스템 위험 등록부(system risk register)'에 올리도록 요청하는 중앙집중식 SRE 주도 프로젝트로 어느 정도 성공을 거둔 적이 있다. 하지만 강력한 리더십이 없다면 이러한 노력이 매우 관료적으로 변해서 별 성과를 내지 못할 수 있음을 주의하자. 이런 작업을 추진할 때는 사람들의 피드백을 구하는 데 신경을 써야 한다. 그래야 해당 프로세스가 그저 모두가 바로 잊어버리는 긴 목록을 만들어 내는 것이 아니라 실제 행동을 추동하는 요인으로 작용한다.

효율성과 성능 개선

플랫폼 팀은 인프라의 일차적인 소프트웨어 계층을 담당하므로, 애플리케이션 팀보다 비용 효율성에 대한 책임이 훨씬 크다. 하지만 이 책임을 소홀히 하고는, CFO나 CTO가 낭비 사례를 들고는 누구도 비용에 신경 쓰지 않고 있다는 것을 깨달을 때까지 투자를 미루는 경우가 많다. 그 시점이 되면 플랫폼 팀은 즉각적인 낭비를 해결하기 위한 일회성 대책을 마련하고, 향후 이를 방지하기 위한 복잡한 계획을 마련한다. 하지만 흔히 '차지백chargeback'이라 부르는 이런 계획은 대체로 관료적이고 검증되지 않은 가정들을 깔고 있기 때문에, 해결하는 문제만큼이나 많은 새로운 문제를 만들어낸다.

이보다 나은 접근 방식은 플랫폼 팀이 지속적으로 효율성 개선에 투자하는 것이다. 이 작업이 두 가지 범주로 나뉜다는 점을 명심해야 한다. 이를 간과해서 효율성을 제대로 개선하지 못하는 경우가 많다. 하나는 전담 전문가팀이 수행하는 핀옵스FinOps이고, 다른 하나는 각 플랫폼 팀의 시스템 엔지니어가 수행하는 성능 엔지니어링이다. 대규모 프로젝트의 경우 각 팀의 계획에 이를 포함시켜야 한다. 이번 절의 나머지 부분에서는 이 두 범주의 역할들과 업무 분담을 살펴본다.

핀옵스의 원문 FinOps는 'financial operations', 즉 재무 운영의 줄임말이다. 핀옵스는 동적 클라우드 사용과 가격 모델의 복잡성에서 발생한 비교적 새로운 분야다. 핀옵스 재단(FinOps Foundation, `https://oreil.ly/CLdos`)은 핀옵스를 '클라우드의 가변 지출 모델에 재무적 책임을 가지는 문화적 변화를 도입하여, 분산된 엔지니어링 및 비즈니스 팀이 클라우드 아키텍처와 투자 결정에서 속도, 비용, 품질 간의 균형을 맞출 수 있게 하는 관행'이라고 정의한다.

핀옵스 팀이 잘 수행하는 업무는 다음과 같다.

- 클라우드와 인프라 자원의 소유권 태깅
- 재무 및 엔지니어링 리더를 위한 지출 보고서 작성
- VM(흔히 인스턴스라고 부르는)에 대한 적절한 예약 기간 설정
- 서버와 인스턴스의 '적정규모화(rightsizing)' – 미사용 자원 제거 포함
- 클라우드 공급업체와의 할인 협상
- 플랫폼 팀과 협력해서, 고객 수요를 기반으로 미래 비용 예측과 최적화 기회를 위한 더 나은 모델 구축

클라우드 공급업체 등의 벤더들이 제공하는 도구 중에 이런 일을 자동으로 해주는 것들이 있음은 물론이다. 하지만 우리 경험상 대부분의 엔지니어링 팀과 관리자는 복잡한 의사결정과 조치를 일상적인 작업흐름에 통합하는 데 어려움을 겪는다. 그런 통합 작업을 일차적으로 책임질 누군가가 필요하다. 그리고 클라우드가 비용을 빠르게 소진하는 방식이 너무나 다양하다 보니, 이를 감시하는 사람도 필요하다. 엔지니어링 조직이 약 200명 규모가 되면 이런 문제가 아주 심각해진다. 핀옵스 전문가가 필요한 때이다.

더 작은 조직에서는 이 책임을 컴퓨트 플랫폼 팀의 시스템 엔지니어에게 파트타임 역할로 배정하는 경우가 많다. 이들이 이미 클라우드 제공업체와 가깝고, 컴퓨트 용례들은 대부분 아주 복잡한 비용 문제를 안고 있기 때문이다. 하지만 핀옵스 작업이 복잡하긴 해도, 이를 전담 업무로 삼으라고 하면 대부분의 시스템 엔지니어는 반기지 않을 것이다. 프로덕션 시스템 측면에서 충분히 '실무적(hands-on)'이지 않기 때문이다. 그들이 정말 좋아하는 것은 효율성 개선의 둘째 범주인 성능 엔지니어링(performance engineering)이다. 이는 성능과 효율성을 위해 시스템을 설계, 분석, 조율(튜닝)하는 시스템 전반적인 접근 방식이다. 성능 엔지니어링 덕분에 시스템이 잘 조율되면, CTO와 재무팀이 좋아하는 '빠른 성과(quick win)'가 만들어진다. 단 몇 주간의 작업으로 연간 수십만 달러의 절감 효과를 얻을 수 있다. 하지만 이를 위해서는 프로덕션 플랫폼에 대한 깊은 지식이 필요하다.

기업들은 이런 필요에 대응하기 위해 성능 전문가를 한 명 이상 채용해 '성능 팀(performance team)'을 만들고, 기업의 가장 중요한 성능 엔지니어링 문제를 전담시킨다.[9] 하지만 전문가들이 도전할 만한 까다로운 문제들을 충분히 확보할 수 있을 정도로 규모가 큰 엔지니어링 조직은 많지 않다. 그래서 대개는 더 주니어급 인재를 채용하게 되는데, 이는 제4장에서 설명했던 '내부 에반젤리스트로서의 전문가' 문제에 부딪히게 된다. 이들은 현장의 실제 문제를 해결하기

9 더 자세한 내용은 브렌던 그레그[Brendan Gregg]의 『*Systems Performance, 2nd ed*』(Addison–Wesley, 2011)을 참고하라.

보다는 무엇을 어떻게 해야 하는지 강연하고 돌아다니는 데 더 관심이 있다. 게다가 애초에 이 전문가의 '실제' 엔지니어링 업무는 **다른 팀들의** 시스템을 변경하는 것이라, 전문가조차도 넘기 힘든 신뢰의 장벽이 존재한다.

따라서 수천 명의 엔지니어를 보유한 대기업이 아니라면 이런 전담 업무를 맡길 만한 이상적인 인재를 찾기 어렵다. 더 생산적인 방법은 이러한 책임을 플랫폼 팀의 시스템 엔지니어들에게 맡기는 것이다. 우리의 경험상 이들은 성능 조율 관련 자료를 닥치는 대로 읽고 실제로 적용해 보고 싶어 안달이다. 그렇게 할 자유만 주어진다면 기꺼이 할 것이다.

정리하자면, 핀옵스 팀이 지속적인 비용 효율성 조사 프로그램을 주도해서, 각 팀의 시스템 엔지니어들이 잠재력 높은 효율성 개선 방안을 탐구할 시간을 확보하게 해야 한다. 그런 다음 상향식 계획 수립 과정에서 가장 가치 있는 개선안들의 구현 비용을 추산하고, 비용 대비 효과에 따라 순위를 매겨 다른 시스템 개선 작업들과 함께 우선순위를 정하면 된다.

보안 및 규정 준수 개선

마지막으로, 보안 태세(security posture)나 규제/고객 표준의 준수를 강화하는 시스템 개선이 있다. 보안 엔지니어링(security engineering)은 그 자체로 하나의 전문 분야이며, 수많은 서적이 출간되었음에도 업계는 여전히 이 분야에 대한 투자가 부족하다. 2021년의 log4shell 제로데이 취약점 사태는 많은 기업들이 긴급한 보안 취약점조차 적절한 시간 내에 패치patch를 적용하지 못하는 현실을, 나아가 전반적인 업데이트 체계 유지가 미흡함을 극명하게 보여주었다.

보안 엔지니어링은 사고가 발생하기 전까지는 애플리케이션 팀이나 플랫폼 팀이 쉽게 잊어버린다. 하지만 대규모 보안 엔지니어링 팀을 구성하는 것도 해결책이 되지 못한다. 이들은 보안 및 규정 준수 문제와 구현상의 절충점들을 잘 분석해서 제시하지만, 그것을 다른 팀이 소유한 시스템에 적용해서 실제로 변경하는 것은 또 다른 문제이다. 특히, 설계나 제품 수준의 의사결정을 필요로 하는 변경은 수행하기가 더욱 어렵다. 이런 작업은 독립적인 보안 엔지니어링 조직의 도움을 받아 플랫폼 팀이 직접 수행하는 것이 가장 바람직하다. 이때 보안 엔지니어링 조직은 프로젝트의 옹호, 취합, 평가, 자문을 담당한다.

이러한 프로젝트 중 일부는 플랫폼 아키텍처의 근본적인 변경과 관련이 있는데, 이에 관해서는 제8장에서 다루겠다. 일부는 다른 신뢰성 프로젝트와 유사하게 현재 시스템을 점진적으로 개선하는 것이다. 더 나아가서, 이들의 가치가 명확한 성과보다는 확률적 위험의 감소에 있다는 점도 신뢰성 프로젝트와 유사한 측면이다. 따라서 플랫폼 팀은 신뢰성 작업과 마찬가지로 가장 가치 있는 보안 프로젝트들을 지속적으로 평가하고 다른 시스템 개선 작업들과 함께 투자를 진행해야 한다.

7.2.4 모든 것을 하나로

그럼 계획 수립의 주기(cycle)를 살펴보는 것으로 상향식 계획 수립에 대한 논의를 마무리하자. 앞의 단계들을 잘 통과했다면 다음과 같은 산출물(artifact)들이 준비되어 있을 것이다.

- 꼭 필요한 KTLO 작업의 절대적인(타협할 수 없는) 추정치
- '타협이 불가능할 가능성이 큰' 필수 프로젝트들의 추정치
- 고객과 이해관계자들이 플랫폼에 바라는 새로운 기능들을 나열한 제품 로드맵 (제품 관리팀이 정의한 작업뿐만 아니라 플랫폼 엔지니어링 팀 자체의 아이디어도 포함해야 함)
- 효율성, 신뢰성, 보안 개선 프로젝트들의 우선순위별 목록 3개

이제 이것들을 구체적인 계획으로 만들 때 중요한 요소들을 살펴보자.

리듬감

목록 작성, 추정, 계획 수립을 얼마나 자주 해야 할까? 기본적으로는 회사가 요구하는 시기에 맞춰 진행하면 된다. 하지만 애플리케이션 중심의 조직들은 계획을 훨씬 덜 자주(그리고 덜 엄격하게) 수립해도 그럭저럭 잘 꾸려나간다. 따라서 그런 조직들은 여러분이 그들에게 필요하다고 생각하는 것만큼 자주 계획 수립을 요구하지는 않을 것이다. 우리가 선호하는 방식은, 플랫폼 팀의 경우 연 1회는 철저하게 처음부터 계획을 수립하고, 나머지 3분기에는 좀 더 가볍게 갱신하는 것이다.

여러 목록의 병합

여러 잠재적 프로젝트 목록을 어떻게 병합하면 좋을까? 이는 플랫폼의 상태뿐만 아니라 사람들이 플랫폼의 상태를 어떻게 **인식**하는지에 따라 달라진다. 다음은 우리의 경험에서 얻은 몇 가지 지침이다.

KTLO 작업은 팀 업무량의 40% 이하여야 한다.

그 이상이면 팀이 소진될 위험이 있다.

개별 시스템 개선 프로젝트의 작업량은 월 단위 개발 공수(development month)[10]로 3개월을 넘기지 말아야 한다.

문제가 심각한 경우가 아니라면, 개선 프로젝트가 3개월을 초과할 것 같을 때는 더 큰 프로젝트의 일부로서 가치를 창출하는 관점에서 접근하는 것이 좋다. 이는 다음 장에서 자세히 다룰 것이다.

KTLO가 아닌 작업에는 70/20/10 모델을 적용한다.

플랫폼 팀이 KTLO가 아닌 프로젝트의 시간을 증분(점진적) 작업, 대규모 아키텍처 프로젝트, 전혀 새로운 플랫폼에 배분할 때는 구글의 70/20/10 모델(`https://oreil.ly/zPJsK`)을 참고하면 좋다.

- 70%는 핵심 이니셔티브(현재 플랫폼의 증분 작업)
- 20%는 핵심과 인접한 혁신(플랫폼 아키텍처 재구축)
- 10%는 변혁적 혁신(transformational innovation; 완전히 새로운 플랫폼)

하지만 어떤 시기이든 인접 혁신과 변혁적 혁신에서 얻을 수 있는 효과는 팀마다 다르기 마련이다. 따라서 이 모델을 측정하고 논의하되, 이를 지도층 이 부여하고 팀이 소비하는 '예산'으로 여기지 않도록 주의해야 한다.

플랫폼 팀들의 로드맵 병합

지금까지 설명한 목록을 여러분에게 만들어보라고 한 이유는, 이런 작업이 개별 플랫폼 팀에 항상 가치가 있다고 우리가 믿기 때문이다. 이렇게 상세한 분석을 거치면, 여러분이 현재 하는 일에 대한 확신이 커지고, 필요할 때 팀 확장을 정당화하기 쉬우며, 투자 제안에 동의하지 않는 이해관계자들에게 반론할 수 있다. 그렇다면 여러분의 로드맵과 목록들을 다른 팀의 것들과 '합치면' 그 가치가 더욱 커지지 않을까?

쉬운 답부터 제시하자면, 이 전체 과정에서 가장 큰 가치는 한 수준 위에서 나온다. 차상위 관리자(skip manager; 상급자의 상급자) 수준에서는 종합 '기획팀'이 규모가 비교적 작기 때문에 표준과 정의에 관한 대화가 가능하다. 로드맵도 6페이지 문서로 표현할 수 있어서 모두가 읽고 이해할 수 있다. 또한, 차상위 관리자는 팀원 배치에 대해 더 나은 결정을 내릴 수 있다.

하지만 우리는 더 높은 수준에서 목록들을 병합해서 완벽한 전체 계획을 만드는 방식을 그리 권장하지 않는다. 특히, 단지 인원수 관리가 목적이라면 더욱 그렇다. 차상위 관리자 수준을 넘

10 옮긴이_ 개발자 한 사람이 1개월 동안 해낼 수 있는 분량을 말한다.

어가면 정보의 정확성이 떨어진다. 더 심각한 문제는 각자 의도가 다른 사람들이 끼어들면서 과정이 정치화된다는 점이다. 실제로 이언은 AWS의 OP1 프로세스에서 중간 관리자로 일하면서 그런 일을 겪었다. 조직 규모와 관리자 승진이 연계되면서 중간 관리자들은 새로운 '크게 생각하라(think big)' 프로젝트를 소유하고 조직을 키워야 한다는 압박을 받았다. 팀 관리자들은 자신의 팀에 최대한 많은 인원을 채용하기 위해 예측치를 부풀리기 시작했고, 가장 원칙적인 리더들조차 팀을 보호하기 위해 이 게임에 참여해야 했다.

더구나 채용은 시간이 걸리는 지속적인 과정이므로, 인원 배치에 관한 '절대적 권한'을 가진 VP와 디렉터들은 실제 채용 제안이 이루어질 때쯤이면 배치 계획을 이미 변경한 경우가 많았다. 지도층으로서는 합리적인 행동이었지만, 거대한 계획 수립 작업에 대한 냉소만 키울 뿐이었다.

상향식 기획은 팀이 운영 지옥에 빠지는 것을 막기 위해 중요하지만, 이를 '모든 것을 지배하는 하나의 계획 수립 시스템(one planning system to rule them all)'[11]으로 만들려 하지는 말아야 한다. AWS조차도 이를 통해 인원 배치를 제대로 하지 못했다면, 다른 조직이 더 잘할 가능성은 작다.

플랫폼 안티패턴: 내부소싱 의존

카미유는 동적 서비스 디스커버리를 제공하는 대규모 분산 시스템의 책임자로 일한 적이 있다. 동적 서비스들은 카미유의 시스템에 자신을 등록했고, 클라이언트들은 카미유의 시스템을 검색해서 자신이 원하는 서비스 종단점(endpoint)을 찾았다. 이 시스템은 팀이 지원하던 분산 조정 시스템(distributed coordination system)인 아파치 주키퍼Apache ZooKeeper를 래핑해서 구축한 것이었다. 클라이언트 라이브러리가 시스템의 중요한 부분이었고 팀이 모든 언어의 전문가가 갖추지는 않았기 때문에, 병목 현상을 해소하기 위해 다른 개발자들이 **내부 오픈소싱**(internal open sourcing)을 통해서 자체 클라이언트를 구축하고 기여할 수 있게 했다. 내부 오픈소싱을 줄여서 내부소싱(innersourcing)[12]이라고 부르기도 한다.

어느 날, 펄Perl 클라이언트 라이브러리 작성자가 자신의 버전에서 버그를 발생시켜 전체 서비스가 중단되었다. 문제가 된 라이브러리를 조사한 카미유의 팀은 이 작성자가 디스커버리 서비스 API 범위를 벗어난 주키퍼 기능을 사용하기 시작했다는 것을 알게 되었다. 이는 두 가지 교훈을 동시에 주었다. 하이럼의 법칙(Hyrum's law)[13]이 진리임을 깨달았을 뿐만 아니라, 플랫폼 생태계의 일부인 코드를 내부소싱하는 것이 위험하다는 점도 배울 수 있었다.

---

11 옮긴이_ 톨킨의 '반지의 제왕' 시리즈에서 절대 반지를 묘사하는 '모든 반지를 지배하는 하나의 반지(One Ring to rule them all)'를 패러디한 문구이다.

12 옮긴이_ 아웃소싱(외주)의 반대인 인소싱insourcing과는 다른 개념이다. 개방된 오픈소스 생태계의 개발 방식을 조직 내부로 한정시킨 것이라고 생각하면 될 것이다.

13 간단히 말하면, 계약상으로 무엇을 약속했든 시스템의 모든 관측 가능한 동작은 누군가에게 의존하게 된다는 법칙이다.

내부소싱의 기본 개념은 오픈소스 소프트웨어처럼 누구나 코드베이스에 기여할 수 있게 함으로써 개발자들이 스스로 해금할 수 있게 하는 것이다. 경영진은 "기능을 기다리며 막혀있는 사람은 누구나 직접 코드를 작성하여 기여할 수 있다!"라고 말하면서 자신이 협업에 개방적으로 보일 수 있다는 점에서 이 모델을 선호한다. 우리는 오픈소스의 큰 팬이고, 카미유의 경력의 대부분을 오픈소스 기여자로 활동해 왔기에 이론적으로는 이 모델의 힘에 동의한다.

하지만 현실은 훨씬 더 복잡하다. 대부분의 사람은 다른 사람의 코드를 읽거나, 수정 방법을 파악하거나, 낯선 사람의 코드 리뷰를 기다리고 싶어 하지 않는다. 오픈소스를 사용하기 좋아하는 사람은 많아도, 오픈소스에 기여하려는 사람은 매우 적다. 기여하고 싶어 하는 소수 역시, 자신의 특수한 용례를 해금하려는 의도로 불완전한(그리고 코드를 왜곡하는) 기능을 추가하는 데만 관심이 있는 사람이 대부분이다. 메인테이너maintainer들은 이러한 변경 사항을 승인하면 그 기능을 영원히 지원해야 한다는 것을 알고 있다. 그래서 검증되지 않은 기여를 신중하고 까다롭게, 최대한 천천히 받아들이려 한다. 이는 충분히 이해할 만한 일이다.

내부소싱 모델에서도 바로 그런 문제점들이 발생한다. 물론 조직의 동료는 인터넷의 낯모를 타인보다는 더 신뢰할 수 있다. 하지만 결국에는 소프트웨어를 소유한 팀이 지원을 책임져야 한다는 점은 변하지 않는다. 따라서 대부분의 팀은 다른 팀의 변경 사항을 검토하는 것보다 팀원을 더 채용하는 쪽을 선호한다. 이는 올바른 선택이다. 사실 대부분의 다른 내부 팀들도 플랫폼 코드에 기여하는 방법을 파악하는 작업을 하고 싶어 하지 않기 때문이다.

카미유는 또한 플랫폼에서는 이 문제가 더욱더 복잡해진다는 점도 배웠다. 플랫폼 팀은 다른 사람의 기여를 받아들여야 할 뿐만 아니라, 그들이 기여하는 시스템을 직접 운영해야 하기 때문이다. 누군가가 오픈소스 프로젝트에 버그를 보고해도, 메인테이너에게 긴급 호출이 가지 않는다. 하지만 플랫폼에 문제가 생기면 플랫폼 팀이 **실제로** 호출을 받게 된다. 제삼자의 기여로 인한 화재를 진압해야 하는 것은 매우 귀찮은 일이다.

우선순위에 대해 고객과 나눠야 할 어려운 대화를 피하기 위해 내부소싱을 사용하지 말아야 한다. 고객들에게 원하는 것을 직접 만들어서 넘겨줄 수 있다는 인상을 주는 것은 순진한 발상이다. 초기 코드 구현을 넘어서는 수준으로 상세한 기여 모델을 구축하려면 큰 노력이 필요하다.

한 가지 접근 방식으로 아마존의 '어웨이 팀away team 모델(`https://oreil.ly/417LE`)이 있다. 이는 계약 주도 모델(contract-driven model)의 일종인데, 애플리케이션 팀이 필요한 플랫폼 기능을 개발함으로서 스스로 해금하고, 해당 코드를 홈팀 혹은 '호스트' 플랫폼 팀에 넘겨서 장기적으로 소유하게 하는 방식이다. 하지만 주의할 점이 있다. 아마존에서 이언의 팀들은 이 모델을 수정한 모델을 사용했다. 그런데 협업 자체는 잘 됐지만, 엔지니어들끼리 잘 지내더라도 상호작용의 공식성(formality) 때문에 관리상의 추가부담(overhead)이 컸다. 휴가, 온콜 일정, 코드 리뷰와 같은 사소한 문제를 팀 안에서 비공식적인 합의를 통해서 필요에 따라 유연하게 조정하는 것이 아니라, 두 팀의 관리자가 공식적인 자리에서 협상해야 했던 것이다. 이는 계약 주도 상호작용 모델의 당연한 결과이며, 우리가 공식적인 내부소싱 프로세스를 회의적으로 보는 이유 중 하나이다.

어웨이 팀 방식은 아직 발전 중인 초기 단계의 플랫폼에서는 적절할 수 있지만, 플랫폼이 성숙해질수록 이 모델의 사용을 줄여야 한다. 팀이 이 모델을 자주 사용하고 있다면, 이를 표준 운영 모델이 아닌 조치가 필요한 문제로 봐야 한다.

7.3 격주간 성과 및 난제 공유로 현황 알리기

여러분의 팀이 계획을 잘 짜고 증분 전달도 잘 진행하고 있다면 축하할 일이다. 하지만 아직 안심하기는 이르다. 계획이 완벽해도 문제는 생긴다. 예상치 못한 일이 발생하고 일정이 바뀐다. 고위 이해관계자들이 크게 신경 쓰지 않다가도, 자신이 기대했던 개선 사항이 보이지 않으면 아무것도 진행되지 않는다고 생각할 수 있다. 또한 조직이 성장함에 따라 리더들이 여러 팀에서 일어나는 모든 일을 파악하고 올바른 방향으로 진행되고 있다고 확신하기가 어렵다.

이를 해결하기 위해 우리는 '성과 및 난제(Wins and Challenges)'라는 활동을 사용한다. 이것은 2주간의 업데이트 내용을 취합해서 이해관계자들에게 적합한 형태로 다듬는 방법이자 팀의 성과를 강조하고 리더들에게 문제를 알리고 진행 상황을 기록함으로써 팀에도 가치를 창출하는 방법이다. 이번 절의 내용이 플랫폼 엔지니어링에만 국한된 것은 아니지만, 성과 및 난제는 장기적 관점 때문에 일상적으로는 성과가 거의 없어 보이는 플랫폼 엔지니어링 팀에게 특히 가치 있는 활동이다. 우리 저자들은 대기업과 소기업에서 이 방법을 이용해서 상사, 동료, 이해관계자들에게 팀이 무엇을 해왔는지 보여주고, 관리자들이 업무와 그 영향에 적절한 관심을 기울이도록 해왔다.

7.3.1 기본 사항

2주마다 조직의 위계구조를 따라 올라가면서, 지난 2주 동안의 주요 성과('Wins')와 문제점 혹은 난제('Challenges')를 간결한 글머리 목록(bullet liest) 형태로 작성한다. 여기서 "따라 올라간다"라는 것은 직속 관리자(line manger)가 팀의 업데이트를 작성하고, 위계에서 그 위에 있는 각 수준은 그 업데이트 중 아래 수준에게 가장 중요하고 흥미롭거나 영향력 있는 내용을 선택해서 더 넓은 대상이 이해할 수 있도록 필요에 따라 다시 작성한다는 의미이다.

이 활동을 진행하고 업데이트를 작성하는 방법(**어떻게**)을 설명하기 전에, 이런 활동에 시간을 들여야 하는 이유(**왜**)부터 명확히 하자.

7.3.2 왜: 이것이 어떤 가치가 있는가?

이 활동은 팀과 관리자들에게 다른 팀의 활동 상황을 적절한 수준에서 파악할 수 있는, 가볍고도 정기적인 방법을 제공한다. 분기별로 각 팀이 실제 이룬 성과를 기록으로 남길 수 있어 업무 성과 평가에 유용하다. 또한 스프린트나 다른 형식의 회의에서는 종종 놓치기 쉬운, 지난 2주간 실제로 일어난 일을 관리자가 확실히 파악하도록 한다.

이해관계자들에게는 업무 진행 상황을 정기적으로 투명하게 공유할 수 있다. 플랫폼 엔지니어링 팀은 장기적이고 이해하기 어려운 프로젝트를 수행하는 경우가 많다. 따라서 자신들의 업무 가치와 영향력을 설명하는 데 다른 팀들보다 더 많은 시간을 들여야 한다. 목표는 이 팀이 단순히 재미있는 기술을 가지고 노는 것이 아니라 회사에 실질적인 도움이 되는 어려운 문제들을 해결하고 있다는 점을 조직 전체가 이해하도록 하는 것이다. 이해와 신뢰를 구축하는 것은 매우 중요하다. 우리 두 저자 모두, 여러 회사에서 신뢰 구축 과정의 핵심은 바로 이 활동이었다.

정기적인 보고를 하지 않으면서 이런 활동이 시간 낭비라고 생각한다면, 한번 시도해 볼 것을 권한다. 플랫폼 리더들은 종종 정기적인 투명성이 필요 없다거나 팀의 업무가 너무 커서 요약할 수 없다고 생각한다. 하지만 이는 좋게 말해서 **헛소리**이다. 업무의 투명성을 제공하는 것은 동료와 상사, 고객에 대한 여러분의 의무이며, 업무를 더 작게 나누어 자주 전달하는 방법을 고민하는 것은 팀에 대한 여러분의 의무이다.

이미 팀의 영향력을 보여주는 다른 방법을 사용하고 있다면 이 활동이 불필요할 수 있다. 하지만 성과 및 난제 활동이 기존 방식을 보완할 수 있는지 생각해 보길 권한다. 대부분의 보고는 처리한 티켓 수나 완료한 스토리 포인트 같은 산출물 지표에 관한 것이다. 그것도 좋지만, 그 업무의 실제 결과(outcome)에 대한 정기적인 성찰은 포함되지 않는다. 산출물 보고의 마지막 단계로 이를 추가하면 좋을 것이다. 즉, 이 모든 일을 완료했지만 실제로 어떤 영향을 미쳤는지를 살펴보는 것이다.

7.3.3 무엇을: 성과 및 난제 업데이트의 구조화

성과 및 난제 활동에서 작성하는 업데이트 문서는 기본적으로 다음과 같은 형태이다.

성과들

- 요점 1
- 요점 2
- 요점 3
- 요점 4

난제들

- 난제 1
- 난제 2

이 활동의 '무엇'에는 두 가지 측면이 있다. 첫째는, 애초에 업데이트 문서를 잘 작성하는 것이다. 우리의 경험상 초기에 가장 큰 걸림돌이 되는 것은 문서의 구조이다. 카미유의 시니어 제품 관리자 중 한 명이 성과 및 난제 업데이트를 작성하는 데 유용한 3단계 공식을 만들었다.[14] 업데이트를 작성할 때 먼저 굵은 글씨의 짧은 요약으로 시작한 다음, **상황**(situation), **조치**(action; 또는 행동), **결과**(result)를 각각 한두 문장으로 설명하는 것이다.

상황

조치를 취하기 전의 상황은 어땠는가? 왜 그 조치가 필요했는지 대상이 이해하는 데 필요한 맥락을 제공한다.

조치

그 상황을 해결하기 위해 무엇을 했는가? 문제의 크기와 성격, 실제로 수행한 작업을 대상에게 설명한다.

결과

조치가 상황에 어떤 영향을 미쳤는가? 가능하면 수치로 측정 가능한 변화를 보여주는 것이 가장 좋다.

목표는 대상이 빠르고 내용을 쉽게 읽고 이해할 수 있게 작성하는 것이다. 대상에 따라 약어를 풀어 쓰거나, 복잡한 시스템 개념을 더 단순한 요소로 나누거나, 불필요한 세부사항을 제거해야 할 수 있다.

수치는 좋은 도구이다. 흔히 사람들은 구체적인 측정치나 지표를 통해서 문제의 크기와 작업의 영향을 파악한다. 모든 것을 수치화할 수는 없고 그래서도 안 되지만, 비즈니스 커뮤니케이션에서는 가능할 때마다 결과를 정량화하는 것이 도움이 된다.

다음은 업데이트 문서에 포함할 만한 주제들의 예이다.

- 주요 이니셔티브 관련 소식. 이정표 달성이나 지연 등.
- 인사 관련 소식. 팀원 이탈이나 합류, 팀 분할, 조직 개편 등.
- 운영 관련 소식. 사건 · 사고 보고, 좋은(사고 수나 페이지 호출 수 기준) 주간 성과 축하, 나쁜 성과 인정 등.
- 제품이나 엔지니어링 지표의 변화. 성능 개선, 비용 절감, 도입 이정표, 고객 만족도 조사 변화, 주목할 만한 고객 피드백 등.

---

14 STAR(situation, task, action, result) 면접 기법(`https://oreil.ly/uvw7M`)을 참고한 것이다.

7.3.4 그리고 난제들!

성과들을 공유하는 것의 중요성은 굳이 설명할 필요가 없을 것이다. 하지만 난제 혹은 도전과제에 대해서도 잠시 생각해 볼 가치가 있다. 업데이트 문서에 난제들을 포함해야 하는 이유는 무엇일까? 어떤 난제들을 넣어야 할까?

난제 공유는 다음 두 가지 목적에서 중요하다.

내부 건전성 모니터링

플랫폼 조직 내에서, 난제들은 경영진이 플랫폼 팀의 협업, 안정성, 또는 전달 과정에서 발생하는 문제점을 파악할 수 있게 한다. 고위 경영진이 주목할 정도로 심각하지 않은 난제들도 마찬가지이다. 난제들은 경영진 사이의 대화를 시작하는 계기가 되며, 조직 내 협업을 개선하는 데 도움이 된다.

난제는 플랫폼 팀과 외부 팀 간의 문제점도 부각할 수 있다. 예를 들어 플랫폼 팀이 고객 팀의 새로운 기능에 대한 피드백을 기다리고 있거나, 보안 검토 대기로 인해 릴리스가 지연되는 경우 등이다. 업데이트 문서에 포함된 난제들을 어려운 문제를 상부로 위임하는(escalation) 근거로 유용하며, 외부 팀과의 문제를 문서화하는 데 활용할 수도 있다.

외부 신뢰 구축

일반적으로 기업에서는 잘 진행되지 않는 일들을 공유할 만한 장소나 기회가 많지 않다. 하지만 투명성은 신뢰 구축의 일부이다. 특히 중앙 팀에게 그렇다. 난제들을 공유하면 다른 이들이 도움을 제공할 기회가 생긴다. 팀이 난제들을 제시하면 고위 관리자들이 해결되지 않은 우선순위 충돌을 식별해서 조사에 나서기도 한다. 규모가 훨씬 더 큰 기업에서는, 업데이트 문서가 없었다면 여러분의 엔지니어링 팀에 영향을 미치는 다른 부서의 문제점들을 전혀 알아채지 못하고 넘어갈 수도 있다.

외부에 공유할 난제들은 신뢰 구축, 도움 요청, 또는 현재 진행 중인 문제의 부각에 유용한 것 중 의미 있는 일부를 선별해야 한다. 문제는 항상 발생하기 마련이며, 훌륭한 사고 관리와 사후 분석 프로세스가 있더라도 큰 사고를 간략하게나마 언급하는 것은 여러분 팀의 상황 통제력에 대한 다른 부서들의 신뢰를 높일 수 있다. 업데이트 문서의 난제 섹션은 예상치 못한 배포 지연, 공급업체 협상 문제, 보안 사고, 심지어 핵심 인력 손실까지도 인정하기에 좋은 장소이다.

협업 관련 난제들을 공유할 때는 신중해야 한다. 파트너 팀의 지도층과 먼저 상의하지 않고 문제점을 공개해 버리면, 그들은 대응할 기회도 주지 않은 채 공개적으로 문제를 제기한 것으로 받아들일 수 있다.

7.3.5 팀원들의 성과 및 난제 작성 돕기

이 프로세스를 여러 번 도입한 우리의 경험에 따르면, 성과 및 난제를 한 번에 잘 작성할 수 있었던 적은 없다. 항상 반복적인 실천이 필요했다. 첫 번째 장애물은 팀원들에게 성과 및 난제 섹션을 잘 작성하는 방법을 가르치는 것이다. 이번 절의 제안들이 도움이 되겠지만, 그래도 시간을 들여 작성 기술을 계속 개선해 나가는 것이 중요하다. 우리의 경험상 가장 좋은 방법은 그냥 처음부터 성과 및 난제 작성을 의무화하는 것이다. 일단 시작하고, 6~12개월 후에 결과를 검토해서 진행 상황을 평가하고 필요에 따라 조정하면 된다.

이 작업에 **누가** 참여해야 하는지, 어떤 **형식**(format)이 필요한지, **언제**까지 완료해야 하는지를 명확히 하는 것이 중요하다. 여러분은 이것이 실제로 의무 사항임을 확실히 해야 한다. 선택적인 활동일 수도 있다는 여지를 주면, 팀의 관심과 집중을 잃게 될 것이다.

모든 업데이트를 제출할 날짜와 시간을 정해야 한다(이를테면 매주 수요일 오후 3시 등). 또한, 누가 업데이트를 제공할 것인지에 대한 기대치를 설정해야 한다(잠시 후에 몇 가지 조언을 제공하겠다). 템플릿을 제공하고, 업데이트를 저장할 장소도 알려주어야 한다. 프로세스를 구체적으로 설명할수록 사람들이 실제 업데이트에 집중하기 쉬워진다.

현재 스프린트 주기와 맞지 않는 시점에서 업데이트를 보고해야 한다는 점을 불평하는 팀도 있을 것이다. 하지만 스프린트를 일주일 정도 조정하는 것은 크게 어려운 일이 아니다. 이 프로세스가 만들어내는 가치는 그만한 불편함을 감수할 만하다. 2주 주기로 운영되지 않는 팀도 있을 수 있고, 한동안 중요한 업데이트가 없는 팀도 있을 수 있다(이를테면 휴가 기간이었거나, 등등). 다 괜찮다. 주기의 불일치는 이 프로세스를 도입하지 않을 만한 이유가 되지 못한다.

누가 업데이트를 작성해야 하는가?

팀의 실행 및 전달을 책임지는 사람이 팀원들의 업데이트 작성을 관리해야 한다. 그리고 가장 영향력 있는 업데이트를 더 널리 공유할 책임도 그 사람에게 있다. 대부분의 경우 이는 엔지니어링 관리자이다. 직속 관리자는 자기 팀의 엔지니어들이 작성한 업데이트들을 모아서 디렉터와 공유하고, 디렉터는 이를 취합하여 VP(구체적인 직함이 무엇이든, 100명 이상의 엔지니어 조직을 관리하는 사람)와 공유한다. VP는 거기서 중요한 사항들을 선별해서 동료 및 상사와 공유한다. 제품 관리 팀원들과 관리자들도 업데이트 초안 작성과 편집에 참여할 수 있지만, 최종 결과물이 팀의 가장 중요한 작업과 도전과제를 대표하도록 하는 책임은 엔지니어링 관리자에게 있다.

작은 팀에서는 팀의 최고참 선임 관리자(아마도 여러분)가 업데이트 취합 및 편집 작업을 자신이 독차지하려는 유혹에 빠지기도 한다. 가능한 업데이트 목록을 읽는 것은 팀에서 일어나는 일을 파악할 수 있는 놀라운 기회이며, 업데이트의 내용을 질문하고 편집하는 것은 팀에게 어떤 정보가 가치 있고 어떻게 정보를 제시해야 하는지 가르치는 좋은 기회가 되기 때문이다. 단 한 명의 핵심 인물에 의존하는 다른 모든 프로세스와 마찬가지로, 이렇게 하면 성과 및 난제 작성 프로세스 역시 망가지고 만다. 따라서, 여러분이 전담하는 것이 합당한 경우라면 그렇게 하되, 휴가 중일 때는 다른 사람에게 책임을 맡겨야 한다. 팀이 성장함에 따라 다른 이들이 최종 결과물에 참여할 수 있는 기회를 더 많이 만들 필요가 있다.

누가 업데이트를 받아야 하는가?

플랫폼 팀 내에서 차상위 관리자는 자기 아래 관리자들이 제출한 성과 및 난제 문서들을 검토해야 한다. VP는 각 차상위 관리자가 발췌한 하이라이트를 다른 모든 차상위 관리자와 공유해야 한다. 필요하다면 임원 회의에서 이를 검토할 수도 있다.

더 중요한 것은, VP가 개괄 하이라이트를 동료, 이해관계자, 그리고 상사에게도 이메일로 보내야 한다는 점이다. 성과 및 난제를 플랫폼 팀 내부용으로만 작성하는 것은 좀 아까운 일이다. 이 활동에서 진정한 가치를 얻으려면 조직 외부와 공유해야 한다. 팀들은 자신이 성공 사례(성과)에 등장하는 것을 영광으로 여겨야 한다. 이는 우리 모두가 조직에서 발전시키고자 하는 영향력 중심의 문화를 장려한다. 이러한 성과 및 난제 문서를 널리 공유하면, 플랫폼 팀이 중요한 프로젝트에 참여하고 있다는 점과 목표를 향해 점진적으로 제품을 전달하고 있으며 비즈니스에 도움이 되는 레버리지 역할을 한다는 점을 모두에게 명확히 할 수 있다.

7.4 마무리

이 장을 읽고 나서 다소 부담을 느끼는 독자도 있을 것이다. 당연하다면 당연한 것이, 이번 장의 내용에는 수많은 세부사항이 함축되어 있기 때문이다. 팀이 좋은 프로젝트 제안서와 설계 문서, 실행 계획을 작성하게 만드는 것은 쉽지 않다. 많은 관리자가 플랫폼 운영 비용을 추정할 때 스트레스를 많이 받는다. 2주 단위로 진행 상황을 공유하기에 충분한 전달 성과가 있을지 확신하지 못하기도 한다.

이번 장의 제안들을 모두 한꺼번에 시행해야 하는 것은 아님을 주의하자. 여러분의 상황에 가장 관련성 높아 보이는 것부터 선택하면 된다. 성과와 난제 공유 프로세스는 계획 수립 도중보다는 실행 모드에 있을 때 시작하는 것이 더 수월하다.

하나의 영역이나 하나의 팀을 관리하는 독자라면, 팀의 기본적인 '필수' 작업, 즉 KTLO(Keep The Lights On) 작업을 어떻게 추정할지 고민해 봐야 한다. 가장 쉬운 방법은 현재 상황을 잘 관찰하는 것이다. 주간 또는 월간 단위로 볼 때 가용 엔지니어링 시간 중 KTLO에 쓰이는 시간은 어느 정도이고 제품 개선, 새로운 설계, 연구 등에 쓰이는 시간은 어느 정도인지 파악해야 한다. 몇 분, 몇 시간 단위까지 완벽하게 정확할 필요는 없다. 목표는, 계획 수립 시점에 투자 가능한 역량을 수치화해서 팀이 새로운 일을 얼마나 수용할 수 있는지 더 잘 파악하는 것이다.

팀이 좋은 문서를 작성하도록 가르치는 데는 시간이 걸린다. 이는 스태프 엔지니어들이 주도해야 하는 과제이다. 이때 관리자는 작업량 추정을 도와야 한다. 점진적인 변화를 지원하기 위한 현황을 평가하는 데, 그리고 개선이 필요한 부분에 대해 조언하는 데 적합한 인력은 바로 스태프 엔지니어이다(팀에 따라서는 SRE 엔지니어일 수도 있다).

일감 중에는 더 작은 조각으로 나누기 쉬우면서도 아주 급하게(한 해의 어느 때이든) 처리해야 할 정도로 중요한 작업이 있기 마련이다. 이런 작업을 위한 여유를 일정에 두어야 한다. 대규모 계획의 경우 설계 문서화 프로세스를 습관화하자. 이는 알맹이와 껍데기를 구분하는 데 도움이 된다. 즉, 성공 가능성이 높은 진지한 아이디어와 계획을 세울 가치도 없는 겉보기만 그럴듯한 아이디어를 구분할 수 있다. 현재 수용 능력보다 더 많은 고품질 제안이 있다면, 설계 문서들을 근거로 팀의 성장을 요청할 수 있다. 또는, 그 제안들이 일으키는 상승작용(시너지)을 찾아서 공통의 요구사항을 해결할 방법을 모색하는 것이 더 나은 방법일 것이다.

마지막으로, 팀이 전달하는 가치를 주요 이해관계자들에게 투명하게 공유하는 것을 잊지 말자. 이러한 계획 수립 방식을 애자일 전달(Agile delivery)과 결합해서 항상 점진적인 가치를 창출하려 노력하는 사고방식은 평범한 플랫폼 팀과 뛰어난 팀을 구분 짓는 요소이다. 이는 쉬운 일은 아니지만, 노력을 인정받고 그에 대한 보상을 얻으려면 여러분의 팀이 중요한 일을 훌륭하게 해내고 있음을 이해관계자들에게 알려야 한다. 그런 활동은 궁극적으로는 팀이 조직의 신뢰와 존중을 얻는 데 도움이 된다.

CHAPTER 8

플랫폼 아키텍처 재구축

초기의 기술적 결정을 후회하지 않는다면, 아마도 애초에 엔지니어링이 과했을 것이다.

*— 랜디 슈프*Randy Schoup

제5장에서 우리는 새로운 플랫폼을 전달하는 과정을 설명했다. 작게 시작하고, 소수의 선별된 고객과 협력하며, 고객층에게 폭넓게 유용한 것을 구축하고 있는지를 증분 전달을 통해 확인한다는 것이 핵심이었다. 한편 제7장에서는 제품 로드맵을 넘어선 로드맵 계획 수립 방법을 다루었다. 그 장에서는 필수적인 KTLO 작업 및 새로운 기능에 대한 투자와 운영 효율성, 확장성, 보안 등을 개선하기 위한 시스템 개선 사이의 균형을 맞추는 방법을 논의했다. 작게 시작해서 동력을 얻고, 시스템 유지보수와 기능 개발에 정기적으로 투자하면서 순조롭게 진행하는 것은 모두 훌륭한 방법으로 보인다. 무슨 문제가 있겠는가?

하지만 이런 과정을 완벽하게 따르더라도 한계에 부딪힐 수 있다. 시스템 부하(load)가 증가하면, 시스템에 점진적으로 투자해 왔다고 해도 운영상의 문제가 늘어나기 시작한다. 부하가 증가하면서 서비스 유지 작업이 늘어나고, 그러면 시스템 개선 사항이나 새로운 기능을 전달할 수 있는 팀의 역량이 저하된다. 결국 우수한 소프트웨어 개발자들이 떠나게 된다. 소진(번아웃) 때문이 아니라 진전이 없다는 좌절감 때문이다. 핵심 인프라는 시간이 지나도 발전하지 않으며, 비즈니스에는 여전히 중요하지만 새로운 역량들을 지원할 수 없는 상태가 된다.

왜 점진적인 시스템 개선으로는 이러한 상황을 막을 수 없을까? 문제는, 이런 개선이 단기적으로는 시스템 확장에 가장 큰 이점을 주지만, 초점이 좁기 때문에 시스템 아키텍처의 더 깊은 결함을 해결하기 어렵다는 것이다.

'아키텍처architecture'라는 단어는 때로 부정적인 의미를 내포한다. 구현하기 어렵고 시스템 구축 및 일상적인 운영과는 동떨어진 사소한 세부사항을 두고 끝없이 토론하는 회의를 떠올리게 한다. 그렇지만 시스템 아키텍처마다 확장성(scalability; 또는 규모가변성)이 다르다는 점은 우리 모두 알고 있다. 확장성이 운영 부하에 대한 것이든, 아니면 기능의 폭이나, 사용자 수, 또는 시스템 작업자 수에 대한 것이든 말이다. 그런 영역 중 하나라도 계속해서 성장한다면, 시스템의 아키텍처가 결국 병목 지점이 될 것이다.

이것이 우리가 **아키텍처 재구축**(rearchitecting)[1]이라고 부르는 접근 방식을 채택하는 이유이다. 이것은 시스템을 중단 없이 가동하면서(부하를 계속 처리해 나가면서) 아키텍처를 반복적, 점진적으로 재구현하는 과정이다. 아키텍처 재구축은 'v2 접근 방식', 즉 기존과는 다른 아키텍처와 기능들을 가진 새 버전의 시스템을 만들어서 기존 시스템을 대체하는 것과는 다르다. v2 접근 방식에서는 고객이 v1에서 v2로 이전(마이그레이션)해야 한다.

이번 장에서는 먼저 아키텍처 재구축이 v2 구축보다 나은 접근 방식인 이유를 설명한다. 그런 다음에는 플랫폼 아키텍처에서 점점 더 주목받는 새로운 초점인, 애플리케이션의 보안 프로필을 개선하는 방법을 논의한다. 그 후에는 아키텍처 재구축의 성공을 위한 첫 단계로서 대규모 시스템 변경을 가능하게 하는 가드레일guardrail 수립의 기술적 측면을 살펴본다. 마지막으로는 아키텍처 재구축의 관리적 측면을 다룬다. 수년에 걸친 전달 과정에서 점진적 가치를 보여주는 계획을 수립하는 방법을 설명한다.

아키텍처 재구축이라는 것이 애초에 플랫폼의 아키텍처를 제대로 만들지 못했음을 인정하는 행위로 비칠 수도 있다. 하지만 우리는 현재의 플랫폼이 비즈니스의 성장을 성공적으로 지원했으며, 그러한 성공에 맞춰 플랫폼을 더욱더 진화시킬 기회가 생긴 것이라는 관점을 선호한다. 그런 관점에서 이번 장을 읽어나가기 바란다.

---

1 옮긴이_ rearchitecting을 'process of redesigning the architecture(아키텍처 재설계 과정)'라고 정의하는 문헌들도 있긴 하지만, 이 책에서 말하는 rearchitecting에는 재설계뿐만 아니라 재구현도 포함된다. 이 점을 고려해서, 좀 더 범위가 넓은 아키텍처 '재구축'으로 옮기기로 한다.

8.1 새로운 v2를 만드는 것보다 아키텍처 재구축이 나은 이유

현재 플랫폼이 처리해야 할 규모에 비해 아키텍처가 부실한 상황에서, 완전히 새로운 접근 방식으로 처음부터 시스템을 만드는 것이 나을까, 아니면 '비행 중인 비행기의 엔진을 교체하듯' 현재 시스템을 재설계하고 재구현하는 것이 좋을까? 중요 업무를 처리 중인 복잡한 시스템을 수정하는 것보다 처음부터 올바른 시스템을 구축하는 것이 더 쉬워 보일 수 있다. 하지만 일반적인 플랫폼 엔지니어링 팀 문화에서 v2를 설계하고 전달하는 것의 어려움을 고려하면, 아키텍처 재구축이 결국 올바른 접근 방식이라고 본다.

먼저, 1964년에 처음 관찰된 **제2 시스템 효과**(second-system effect)[2]라는 잘 알려진 현상부터 살펴보자. 시스템의 버전을 하나만 구축한 팀은 두 번째 시도에서는 모든 결함을 해결할 수 있다고 가정하는 경향이 있다.[3] v1(버전 1)의 모든 결점에 대응하려다 보니 v2 설계가 계속 커지게 된다. 관리자들은 이렇게 확장된 범위에 대응하고자 더 많은 인력을 투입하지만, 이는 프로젝트를 더욱 복잡하게 만들고 전달을 지연시킬 뿐이다. 결국 이러한 시스템들은 출시에 실패하고 취소되는 경우가 많다. 출시에 성공하더라도 사용자들이 이미 다른 대안을 찾았거나 새로운 제품을 더 이상 필요로 하지 않을 수 있다.

우리는 제2 시스템 효과가 실제로 존재한다고 믿는다. 하지만 이는 단순히 한 번의 성공 경험에서 오는 엔지니어의 자만심 이상의 문제이다. 어차피 자만심 강한 엔지니어는 v2뿐만 아니라 모든 단계의 시스템 개발에 존재하기 때문이다.

오히려 우리는, 새로운 제품 정의와 복잡한 비즈니스 요구사항을 지원하는 확장 가능한 아키텍처 구축이라는 두 가지 문제를 결합함으로써 엔지니어링 팀에게 다음 세 가지 서로 다른 사고방식을 동시에 가지도록 요구하는 것이 문제라고 생각한다.

- 모호한 요구(need)만으로 유용한 제품을 만들어 내기 위한, 장기적 요구사항은 제쳐두고 빠른 전달에 주력하는 투박한(scrappy) 아키텍처를 구축하는 사고방식(개척자형)
- 급격한 부하 증가와 비즈니스 중요도 상승에 대응하는 확장 가능한(scalable) 아키텍처를 구축하는 사고방식(정착자형)

---

2 이 용어는 프레드 브룩스Fred Brooks의 책 『맨먼스 미신』(인사이트, 2014)에서 처음 등장했다.
옮긴이_ 원서는 Fred Brooks, 『*The Mythical Man-Month*』(Addison-Wesley, 1975)이고 번역서는 강준빈이 번역했다.

3 여기서 중요한 점은, 브룩스는 이러한 문제를 피하기 위해 해당 유형의 시스템을 두 번 이상 경험한 사람을 고용할 것을 권장했다는 것이다. 실제로, 팀에 대규모 시스템 설계를 몇 번 경험한 사람이 있으면 처음부터 새로운 v2를 구축하려고 할 가능성이 줄어든다는 점이 밝혀졌다.

- 비즈니스에 핵심적인 다양하고 상충하는 요구사항들을 처리할 수 있는 견고하고(robust) 비용 효율적인(cost-efficient) 아키텍처를 구축하는 사고방식(도시계획가형)

다음 절들에서는 이 사고방식들을 더 자세히 설명하고, 성숙도와 규모가 서로 다른 플랫폼들에서 이들 각각이 여러 아키텍처적 요구를 어떻게 처리하는지 살펴본다. 왜 아키텍처 재구축 접근 방식이 비즈니스 가치를 많이 전달하는 플랫폼을 만드는 최적의 방법인지 설명하고, 큰 규모의 전달을 가능하게 하는 아키텍처를 소개할 것이다.

8.1.1 세 가지 엔지니어링 사고방식

'올바른' 엔지니어링 스타일이 딱 한 가지가 아니라 여러 가지라는 생각은 예전부터 있었다. 사이먼 워들리Simon Wardley는 기술 비즈니스가 성공적으로 성장하는 과정에서 함께 일하는 세 가지 엔지니어 유형을 제시했다. 바로 개척자, 정착자, 도시계획가이다. 이들은 모호한 가치와 요구사항을 가진 문제에 직면했을 때 동기를 부여받는 방식이 서로 다르다. 이는 결과물의 견고함(robustness)에 대한 절충점(trade-off)이 서로 다르다는 뜻이다. 워들리의 블로그 글 'On Pioneers, Settlers, Town Planners and Theft'(개척자, 정착자, 도시계획가, 그리고 도용에 관하여)를 인용하자면 다음과 같다.

> *개척자(pioneer)들은 뛰어난 사람들이다. 이들은 이전에 발견되지 않은 개념과 미지의 영역을 탐험할 수 있다. 경이로움을 보여주지만 실패도 많다. 절반 정도는 제대로 작동하지 않는다. 그들이 만든 것을 신뢰하기는 어렵다. 그들은 '미친' 아이디어를 만들어낸다. (…)*
>
> *정착자(settler)들은 뛰어난 사람들이다. 이들은 미완성된 무엇을 더 큰 고객층에 유용한 무언가로 바꿀 수 있다. 이들은 신뢰를 쌓고 이해를 구축한다. 가능한 미래를 실제로 실현한다. 프로토타입을 제품으로 바꾸고, 제조 가능하게(manufacturable) 만들며, 고객의 목소리를 듣고 수익성 있게 만든다. 그들의 혁신은 우리가 응용 연구(applied research)와 차별화(differentiation)로 간주하는 것들에 해당한다.*
>
> *도시계획가(town planner)들은 뛰어난 사람들이다. 이들은 규모의 경제(economy of scale)를 활용하여 무언가를 산업화(industrialization)할 수 있다. 이는 엄청난 기술을 필요로 한다. 이들이 만들어 낸 것은 믿음직하다. 이들은 더 빠르고, 더 나은, 더 작고, 더 효율적이며, 더 경제적이고 충분히 좋은 것을 만드는 방법을 찾아낸다.*

워들리는 이들을 서로 다른 '범주'로 분류하지만, 우리는 사람들이 연속적인 스펙트럼을 따라 존재하며 (어느 정도는) 변할 수 있다고 보기 때문에 우리는 이를 '사고방식(mindset)'으로 분류하는 관점을 선호한다. 하지만 한 사람이 동시에 여러 개의 사고방식을 가지기 어렵다는 워들리의 견해에는 동의한다. 팀의 경우에는 더욱더 그렇다. 각 사고방식이 문제의 매우 다른 측면에 초점을 맞추기 때문에, '올바른 것'이 무엇인지에 대한 생각이 매우 다르다. 같은 블로그 글에는 다음과 같은 문구도 있다.

> *모든 그룹이 혁신하지만, 혁신은 그룹마다 다르다. 즉, 완전히 새로운 활동의 혁신은 제품의 기능 차별화와 다르며, 제품을 유틸리티 서비스로 전환하는 것과도 다르다. 안타깝게도, 이런 차이가 있음에도 사람들은 혁신이 하나뿐이며 모두 같다고 가정하려 한다. 이런 실수는 하지 말자.*
>
> *각 그룹은 서로 태도(attitude)가 다르지만 적성(aptitude; 이를테면 재무, 엔지니어링, 마케팅과 같은 광범위한 스킬셋)은 같을 수 있다. 개척자 그룹의 엔지니어링은 도시계획가의 엔지니어링과 같지 않다.*

따라서, 팀원들의 사고방식이 서로 다르다면 팀을 집단적으로 운영할 때 어떤 사고방식을 적용할지를 먼저 합의할 필요가 있다. 그렇지 않으면, 사고방식을 하나로 통일하지 않고서는 해결할 수 없는 기술적, 프로세스적 문제들을 두고 많은 시간을 허비하게 된다(그리고 팀 내에 그 하나의 사고방식으로는 생산적일 수 없는 사람들이 있을 수 있다는 것을 받아들여야 한다).

워들리의 연구는 이 모든 것을 비즈니스 제품의 맥락에서 설명하지만, 우리는 이것이 플랫폼과 그 아키텍처 방식에도 직접 적용된다고 생각한다.

8.1.2 아키텍처상의 요구가 사고방식의 선택을 주도한다

시스템 아키텍처라는 것은, 시스템의 구성요소들을 각각 따로 개선한다고 해도 시스템의 역량에 영원히 제약으로 작용하는 근본적인 설계상의 결정들이라고 할 수 있다. 제7장에서 우리는 시스템의 운영 역량들을 효율성, 신뢰성, 보안성이라는 세 가지 범주로 소개했다(§7.2.3). 시스템의 아키텍처에 제한이 있으면, 이러한 영역들에서 개선이 아예 불가능하지는 않더라도 비용이 매우 많이 들 수 있다. 대표적인 예는 아마존 S3에서처럼 대용량 '블롭blob'[4]을 관계형 데

---

4 옮긴이_ blob은 binary large object(이진 대형 객체)를 줄인 말이다. 데이터베이스 테이블의 한 열(필드)에 이진 데이터를 저장하는 데 흔히 쓰인다.

이터베이스에 저장하는 것이다. 데이터 용량과 처리량이 증가함에 따라 수직적 확장이 가능하긴 해도 비용이 많이 든다. 결국에는 그런 확장도 불가능해져서 아키텍처를 변경해야만 한다.

효율성, 신뢰성, 보안성 외에도 아키텍처 재구축을 강요할 수 있는 네 번째 시스템 역량 범주가 있다. 바로 기능(feature)이다. 너무나 근본적이어서 아키텍처를 바꾸지 않으면 구현할 수 없는 기능 요청들도 있다. 전형적인 예로 키/값 저장소를 제공하고 있는데 고객이 트랜잭션 SQL 쓰기 의미론(write semantics)을 요구하는 경우를 들 수 있다. 이런 기능 요청은 원래 시스템 아키텍처의 가정에 너무 큰 도전이 되어서 다른 아키텍처를 통해서만 해결할 수 있다.

[표 8-1]은 플랫폼이 확장되고 성숙해 감에 따라(즉, 처리해야 할 부하와 기능 요청, 시스템 요구사항이 계속 증가함에 따라) 이 네 가지 범주의 요구사항이 어떻게 변화하는지 보여준다. 원활한 논의를 위해, 시스템의 성숙도(maturity)를 앞에서 제시한 세 가지 엔지니어링 사고방식에 직접 연관시켜서 세 단계(투박한/확장 가능한/견고한)로 구분했다. 다음 절에서는 이러한 확장과 성숙이 어떻게 재구축 접근 방식으로 이어지는지 설명할 것이다.

표 8-1 아키텍처 성숙도 모델. 변화하는 요구사항을 세 가지 엔지니어링 사고방식에 대응시켰다.

	투박한 플랫폼	확장 가능한 플랫폼	견고한 플랫폼
비즈니스 요구사항			
기능 전달	'애자일'. 고객 요구사항의 모호성이 해결되고 기능의 가치가 더 잘 정의됨에 따라 빈번하게 개정(revision)한다.	큰 고객의 일정 및 품질 중심 요구와 더 작은 애플리케이션의 민첩성 요구의 균형을 맞춘다.	대형 고객의 확실한 요구를 우선시한다. 민첩성을 원하는 신규 및 소규모 고객에게는 기다리라고 말한다.
안정성	낮음. 일반적으로 애플리케이션 자체가 새롭기 때문에 중단(outage)에 대한 사용자들의 허용 수준이 높다.	운영상 엄격함. 이제는 잘 확립된 기존 애플리케이션에 대한 요구가 더 높다. 새로 온보딩하는 고객은 요구가 낮다. 이들은 기능을 더 빨리 원하므로, 여기에서 긴장이 발생한다.	지표 주도적(metric-driven). 보통 기준선은 가용성 99.9%이고, 바람직한 수준은 99.999%. 지표를 고객별로 측정한다(적어도 큰 고객들에 대해).
보안	낮음. 일반적으로 애플리케이션이 "잘 작동한다"고 가정한다.	애플리케이션 엔지니어의 실수로 인한 영향을 '포장도로'가 제한한다.	설계에 의한 보안(secure by design). 언제라도 침해가 발생한다는 가정하에서, 엔지니어/시스템이 프로덕션 데이터에 임의로 접근할 수 없게 한다.

	투박한 플랫폼	확장 가능한 플랫폼	견고한 플랫폼
효율성	일반적으로 시스템의 규모가 아직 크지 않으므로, 효율성은 고려하지 않는다.	주요 부하에 대한 성능 최적화.	비용 절감에 초점을 둔, 시스템 전반의 효율성 최적화.
이어지는 결과			
플랫폼 팀의 초점	성장을 가능하게 하기 위한, 기능 전달과 관련한 고객과의 협업	성장을 따라잡기 위한 확장성 투자	보안, 안정성, 효율성, 적시 전달을 동시에 최대화하기 위한 능동적 계획 수립
최적의 사고방식	개척자	정착자	도시계획자

8.1.3 v2 플랫폼 구축이 어려워도 아키텍처 재구축은 가능한 이유

아키텍처 성숙도 모델을 앞에서처럼 정의하면, v2의 전달에 따르는 어려운 과제들을 좀 더 잘 이해할 수 있다. 핵심 문제는 다음 두 가지이다.

- v2가 바탕 아키텍처를 바꾸는 것 이상의 여러 변경을 요구할 수도 있다. 팀이 과거 설계의 잘못을 바로잡을 뿐마 아니라, 중요한 새 기능도 추가하려 하기 때문이다. 엔지니어와 제품 관리자가 아무리 민첩하고 뛰어나더라도, 이는 근본적으로 위험이 큰 작업이다.
- 플랫폼 조직은 대부분 확장 가능하고 견고한 시스템을 운영하며, 팀의 문화는 정착자나 도시계획가 사고방식에 맞춰져(align; 정렬) 있을 가능성이 높다. 이는 모호한 요구사항을 가진 새로운 제품을 민첩하게, '빠르게 움직이고 마구 깨트리는' 방식으로 구축하는 데 필요한 사고방식과 직접 충돌한다.

아키텍처 재구축도 아주 어렵긴 하지만, 적어도 위와 같은 문제는 없다.

- 아키텍처 재구축의 성격상, 재구축에 의한 변경의 한계가 자연스럽게 결정된다. 특히 아키텍처 재구축된 시스템을 기존 플랫폼의 논리적 구조 내에서 점진적으로 전달할 때 그렇다. 아키텍처 재구축에서는 고객에게까지 드러나는 변경은 금지된다. 즉, 고객이 사용하던 각종 기능을 변경하거나 새 기능을 추가할 수는 없고, 시스템 아키텍처만 수정할 수 있다. 이처럼 아키텍처 재구축을 플랫폼 안으로 한정하면, 좋든 싫든 팀은 고객에 대한 위험과 영향을 최소화하는 변경 접근 방식을 고려하게 된다.
- 아키텍처 재구축을 성공적으로 전달하려면 고객과 관련해서 고려할 사항이 아주 많다. 하지만 강력한 개척자 사고방식이 필요한 성격의 고려 사항들은 아니다. 이 작업은 특히 정착자에게 잘 맞는다. 합리적인 시간 내에 수행하려면 엄격함과 민첩성의 균형이 필요하기 때문이다.

이상이, 규모 확장과 견고성을 위해 아키텍처의 역량을 다시 구축해야 할 때 v2 구축 접근 방식보다 아키텍처 재구축 접근 방식을, 그리고 그에 따른 팀의 사고방식 전환을 권장하는 이유이다. [그림 8-1]에 성공적인 아키텍처 재구축 과정이 정리되어 있다.

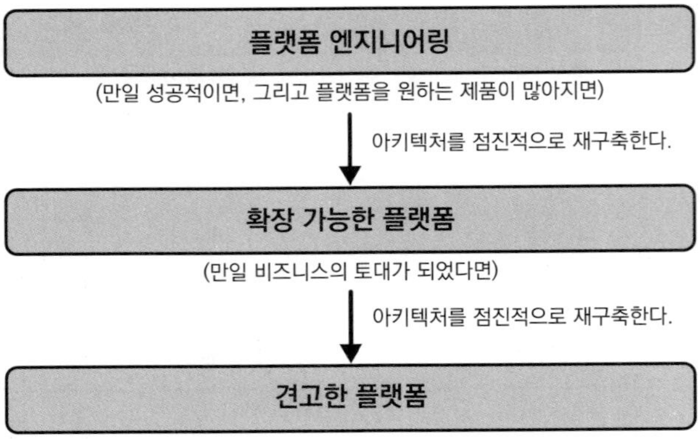

그림 8-1 시간의 흐름에 따라 플랫폼의 아키텍처를 성공적으로 재구축하는 과정.

견고한 플랫폼에서도 개척자의 민첩성을 확보하려면

"제5장에서 제안한 대로 고객 팀의 개척자들과 협력하면 어떨까?"라고 생각하는 독자도 있을 것이다. 앞에서 제시한 사고방식과 아키텍처 성숙도 모델을 팀이 수용하더라도, 플랫폼의 대대적인 역량 확장을 강요하는 급격한 기술 변화에 대응하는 것은 여전히 어려운 일이다. 도시계획가 성향의 팀이 관리하는 견고한 플랫폼을 갖추었어도, 중요한 새 기능을 플랫폼 조직이 제공해야 하는 상황은 항상 발생한다. 데이터센터에서 공용 클라우드(public cloud)로의 이전이나 생성형 AI 역량 도입이 그 예이다. 이는 시장의 새로운 기회와 연관될 수도 있다. 새로운 클라우드 제공업체에서 전체 애플리케이션 스택을 구축하는 것처럼 말이다.

어떤 경우든 팀은 신속하게 대응해야 한다. 하지만 복잡한 바탕 플랫폼이 걸림돌이 될 수 있으며, 팀의 사고방식이 빠른 반복(iteration)과는 맞지 않을 수도 있다. 그런 경우 애플리케이션 팀이 자체적으로 그림자 플랫폼(shadow platform)을 구축하게 허용하는 방법도 있지만, 그것이 유일한 해결책인지 자문해야 한다. 다수의 기존 플랫폼에 걸쳐 그렇게 하려면 비용이 매우 많이 들 것이다.

더 나은 방법은 개척자들이 그림자 플랫폼 역량들을 구축하게 하되, 검증된 좋은 아이디어를 기존 플랫폼에 통합하는 것이다. 이는 쉬운 해결책으로 들리지만, '두 개의 플랫폼' 상황을 피하려면 플랫폼 리더들(관리자, 제품 관리자, 스태프 엔지니어)의 많은 노력이 필요하다. 개척자들과 초기 고객들이 새 시스템의 초기 역량(특히 반복 속도)에 애착을 갖게 되기 때문이다. 통합하기로 결정한 경우, 단기적으로는 고객, 개척자 엔지니어, 그리고 개척자들이 만든 '혼란(mess)'을 통합해야 하는 기존 플랫폼 엔지니어 모두가 불만족스러워할 수 있다.

이는 한 플랫폼 조직에서 우리 저자들이 직접 경험한 일이다. 공용 클라우드를 완전히 지원하려면 여러 해가 걸릴 상황에서, 애플리케이션 팀들이 공용 클라우드만이 제공할 수 있는 탄력적인 컴퓨트 역량을 요구하기 시작했다. 우리는 개척자들로 구성된 작은 '공용 클라우드 플랫폼' 팀을 구성해서 클라우드 기능을 요구하는 애플리케이션 팀에 합류시켰다. 이들에게 애플리케이션 팀을 기존 플랫폼에 통합하되, 올바른 방법보다는 속도가 중요하므로 다소의 혼란은 감수하라고 지시했다.

개척자들은 요구한 바를 정확히 수행했다. 애플리케이션 팀을 신속하게 클라우드로 이전시켰지만 혼란도 초래했다. 코드 품질에 문제가 있었기 때문은 아니고, 더 넓은 용례를 기존 플랫폼에 어떻게 통합할지 충분히 고려하지 않았기 때문이었다. 이를테면 기존 플랫폼의 경계를 넘어선, '비슷하지만 다른' 역량들을 만들어서 혼란을 초래하기도 했다. 리더로서 우리는 일정이 불확실하더라도 두 플랫폼의 최종 통합 계획을 소통함으로써 개척자 팀과 기존 플랫폼 팀 사이의 긴장을 완화해야 했다.

개척자 팀이 약 18개월간 성과를 전달한 후, 그 계획을 반드시 실행해야 하는 시점에 도달했다. 개척자들은 중복된 역량들로 가득한, 기존 플랫폼과 크게 겹치는 플랫폼을 만들고 있었다. 그들은 새로운 플랫폼이 더 낫다고 주장했지만, 대규모 마이그레이션 없이는 기존 용례를 지원할 수 없었다. 따라서 우리는 새로운 시스템을 기존 플랫폼으로 전환하면서 통합과 확장이 플랫폼 팀의 임무임을 강조했다. 개척자들에게 자신들의 시스템과 함께 이동할 기회를 제공했지만, 대부분이 새로운 분야를 찾아 나간 것은 놀라운 일이 아니었다. 양측 모두 약간의 불평이 있었지만, 우리는 양측의 능력과 기여를 인정하고 감사를 표함으로써 결국 원활한 전환을 이루어냈다.

8.2 아키텍처를 통한 보안 문제 해결

이번 장의 앞부분에서 아키텍처 재구축에서 고려해야 할 네 가지 주요 역량으로 신뢰성, 기능, 효율성, 보안을 언급했다. 모두 어려운 과제이지만 보안이 가장 까다롭다. 보안은 보안 엔지니어라는 전문가가 필요할 만큼 깊이 있는 분야이다. 하지만 보안 엔지니어와 플랫폼 팀 간의 협업은 쉽지 않다. 특히 전반적인 위험 상태를 개선하기 위해 아키텍처와 제품을 어떻게 선택할 것인가의 문제에서 충돌이 발생할 수 있다. 이는 큰 손실이다. 대규모 보안 침해로 이어지는 실수가 늘어나는 상황에서, 모든 애플리케이션 팀에 '즉시 사용 가능한 보안(security out of the box)'을 제공하는 플랫폼은 비즈니스에 엄청난 가치를 창출할 수 있기 때문이다.

이러한 맥락에서 우리는 『*Security Chaos Engineering*』(O'Reilly, 2020)의 저자인 켈리 쇼트리지Kelly Shortridge에게 플랫폼에 보안 회복력(security resilience)을 갖추고자 할 때 중요한 점이 무엇인지 요약해달라고 요청했다. 다음은 켈리의 의견이다.

플랫폼 관점

사이버 범죄자의 공격을 아예 막을 순 없지만, 그들의 공격을 예상해서 피해를 줄일 방법은 있다. 소프트웨어 시스템이 침입에 대비하도록 플랫폼을 설계하는 것이 가능하다. 신뢰성, 효율성, 기능 전달을 위한 플랫폼 엔지니어링 원칙들을 보안에도 적용한다면, 공격자를 제압하고 보안을 개선할 수 있다.

내 책에서는 이를 회복력(resilience) 접근 방식이라고 부른다. 이는 보안 이니셔티브가 성장 유지, 고객 만족, 혁신과 같은 조직의 목표와 일치함을 의미한다. 회복력이란 시스템이 변화하는 조건에 맞춰 기능을 조정하여 성공적인 운영을 지속할 수 있는 능력이다. 실패를 예방하려 하기보다는 실패의 영향을 최소화하는 데 초점을 맞춘다. 인식 훈련(awareness training)을 강요하는 대신 필요에 따라 변화할 수 있는 능력, 즉 적응 역량(adaptive capacity)에 투자하면 공격자만큼이나 민첩해져서 공격자를 능가할 수 있다(그리고 시장 경쟁에서 우위를 점하는 부수적 이점도 생긴다).

최고의 보안 전략들은 한 가지 목표를 공유한다. 그 목표란, 사이버 공격자가 있더라도 비즈니스가 성공하고 목표를 달성하게 만드는 것이다. 이러한 전략들은 애플리케이션 엔지니어가 억지로 '보안을 인식하도록' 요구하지 않는다. 대신 시스템 설계를 가장 강력한 레버리지 지점으로 삼아, 보안을 플랫폼의 기능과 아키텍처에 녹여내서 자연스럽게 만든다.

따라서 현대적인 사이버보안 접근 방식에는 적응을 가능하게 하고, 보안 구성을 강제하며, 더 안전한 방법이 더 빠르고 쉬운 방법이 되도록 하는 플랫폼을 설계, 구축, 운영하는 것이 포함된다. 이러한 접근 방식은 소프트웨어를 개발, 전달하고 대규모로 플랫폼을 유지관리하는, 그리고 시스템 맥락을 이해할 수 있는 팀이 담당해야 한다. 플랫폼 엔지니어링 팀은 이 모든 면에서 뛰어나다. 보안을 플랫폼 성숙도의 주요 측면으로 보는 사고방식을 도입하고, 회복력 역량을 키우는 패턴, 도구, 프레임워크 구축에 투자해야 한다.

플랫폼을 하룻밤 사이에 '안전하게' 혁신하려 하지 말자. 대신 우선순위, 제약사항, 맥락에 가장 잘 맞는 보안 기회를 선택하여 아키텍처를 점진적으로 재구축해야 한다.

그럼 회복력을 유지하기 위한 시스템 아키텍처 재구축이 무엇을 의미하는지 자세히 살펴보자.

보안 위험을 줄이는 플랫폼 아키텍처

플랫폼 팀의 입장에서, 회복력은 시간이 지나도 보안 성과를(그리고 그것의 바탕에 깔린 속성들을) 유지하는 데 도움이 된다. 공격이나 장애에 우아하게 대응하고, 애플리케이션 개발자들이 과도한 경계 대신 더 생산적인 활동에 집중할 수 있게 하는데 아키텍처가 어떻게 도움이 될까? 플랫폼을 세심하게 설계하면, 문제 상황이 발생해도 시스템이 인간의 개입 없이 제 기능을 수행할 수 있다. 이것이 사이버보안 업계에서 말하는 '설계에 의한 보안(security by design)'이다.

마치 새들이 거미줄을 둥지에 엮어 넣어서 둥지를 튼튼하게 만들듯이, 플랫폼 아키텍처에 보안 역량을 엮어 넣어서 유연성과 회복력을 높일 수 있다. 그러면 고객 애플리케이션이 위험으로부터 보호될 뿐만 아니라 성장도 새로이 촉진된다. 여기서 말하는 보안 역량(security capability)은 방화벽이나 바이러스 백신처럼 여러분이 흔히 떠올리는 수단들이 아니다. 그보다는, 유연하고 회복력 있는 패턴과 재료로 둥지를 만들어서 둥지를 특별히 돌보지 않아도 난기류를 견딜 수 있게 하는 작은 새들의 능력을 본받아야 한다.

위험 요소가 제거되거나 줄어들도록 시스템을 재구축하는 것은 설계에 의한 보안에 투자하는 것에 해당한다. 여기서 위험 요소(hazard)란 기술적 특성과 인간의 행위 또는 무행위(inaction)를 포함하는 잠재적인 해악의 원천을 말한다.

설계 기반 보안 솔루션의 두 가지 주요 특징은 다음과 같다.

- 인간의 행동에 의존하지 않는다.
- 사용자를 위험으로부터 실질적으로 분리한다.

위험 요소를 제거한다는 것은 해를 끼칠 수 있는 사물이나 활동을 없애는 것이다. 소프트웨어의 특정 구성요소를 메모리에 안전한 언어(memory-safe language)로 다시 작성하는 것이 좋은 예이다. 위험 요소를 줄인다는 것은 모든 위험한 사물이나 활동을 완전히 제거하지는 못하더라도 최대한 제한하는 것을 뜻한다. 인증 구성요소를 표준화하는 것이 좋은 예이다.

회복력과 위험 요소 제거의 관점에서, 애플리케이션 팀의 선택을 다음과 같은 것들로 제한할 수 있다.

- 장애의 잠재적 영향 최소화
- 위험 우회에 필요한 인간의 개입 수준 최소화
- 성장 및 혁신 가능성 보존

이러한 범위 안에서 작동하는 대부분의 보안 솔루션은 기능 전달, 신뢰성, 효율성 같은 다른 아키텍처 역량에도 이점을 제공한다. 플랫폼 엔지니어링 팀이 만든 패턴 몇 가지를 살펴보자. 이들은 공격에 대한 회복력을 유지할 뿐만 아니라, 성공의 다른 측면도 강화한다.

- **자동화된 테스트 도구**가 있으면 애플리케이션 개발팀은 도구 선택과 커스터마이징이 아닌 애플리케이션의 동작과 그 검증에 집중하게 된다. 개발자들이 도구를 만지작거리지 않으면 보안 성과를 개선하는 테스트 작성에 시간을 쓸 수 있다(특히 통합 테스트는 공격자들이 악용하기 좋아하는 구성요소 간 상호작용을 잡아낼 수 있다).
- **표준화된 배포 도구**, 특히 코드형 인프라(infrastructure as code, IaS)가 있으면 애플리케이션 팀은 배포의 어려움 대신 소프트웨어 개발에만 집중하게 된다. 정리 작업(cleanup)에 특별한 주의를 기울일 필요가 있다. 코드형 인프라가 오래된 인프라를 자동으로 제거하면 낡은 시스템으로 인한 구성 이탈, 데이터 노출, 공격 경로를 차단할 수 있기 때문이다.
- **구성 관리 패턴**(또는 형상 관리 패턴)을 사용하면 애플리케이션 팀이 환경 간 구성 관리(configuration mangement)보다는 소프트웨어 개발에 집중하게 된다. 이러한 패턴은 환경의 생성과 제거를 간소화한다. 개발 작업흐름에서 단계들 사이의 데이터 공유도 방지한다. 엔지니어가 광범위하게 접근 가능한 시스템에 프로덕션 데이터를 가져오려는 성향도 억제할 수 있다.
- **토큰 및 비밀 관리 시스템**이 있으면 애플리케이션 팀은 접근 키를 안전하게 다루는 방법을 고민하지 않고도 시스템을 구축할 수 있다. 또한 비밀 키와 접근 토큰이라는 '핵분열 물질'을 시스템이 제대로 다루지 못해서 생기는 문제점도 미리 방지된다.
- **표준화된 관측성 도구**(분산 추적 도구)를 통해 사고 대응팀은 시스템 간 작업흐름을 추적할 수 있다. 이는 복잡한 시스템의 동작을 이해하는 데 필수적인 전체적 관점을 제공한다. 관측 지점이 많을수록 원치 않는 활동을 조기에 발견할 기회도 늘어난다. 표준화를 통해 데이터 배관 작업의 수고를 줄이고, 실수 가능성과 분산된 정보의 발생도 최소화할 수 있다.

- **표준 서비스 및 웹 프레임워크**를 사용하면 엔지니어는 데이터를 안전하게 패키징하고 전송하는 방법을 고민하지 않고도 비즈니스 가치의 전달에 집중할 수 있다. 적절한 선택을 통해 애플리케이션 엔지니어는 교차 사이트 요청 위조(XSRF), 교차 사이트 스크립팅(XSS), 교차 출처 자원 공유(CORS), 쿠키 관리 등을 신경 쓰지 않아도 된다.
- **공통 인증/인가 미들웨어**를 사용하면 애플리케이션 엔지니어는 서비스가 트래픽을 적절히 검증할 것이라는 확신하에서 소프트웨어 구성요소를 '플러그 앤 플레이' 방식으로 간편하게 사용할 수 있게 된다. 반면에 인증(authentication)과 인가(authorization)를 직접 처리하는 DIY 방식은 서비스 간 검증 방식의 불일치로 인해 대규모 재앙을 초래할 수 있다.
- **선언적 접근 제어**(declarative access control)를 **지원하는 컴퓨트 플랫폼**을 통해 애플리케이션 팀은 네트워크와 컴퓨팅 인프라를 직접 관리하는 대신 서비스 구축과 특정 피어와의 통신 방식 선언에만 집중할 수 있다. 이는 모든 팀이 접근권을 공유하는 '인프라 섬(infrastructure island)'이 생기는 것을 방지하여 공격자가 악용할 수 있는 과도한 권한 부여를 막는다.
- **테넌트 격리 아키텍처**(tenant-isolated architecture)는 구현과 성능 문제를 간소화한다. 엔지니어는 서비스에 접근하는 테넌트로 모든 작업을 제한하는 것을 걱정하지 않고 기능을 구축할 수 있다. 대부분의 보안 실패가 발생하더라도 이러한 격리를 통해 공격자가 다른 테넌트의 데이터에 접근하는 것을 막을 수 있다.

이런 종류의 패턴들은 빠르고 안전한 변화에 투자하는 데 도움이 된다. 앞지르기 위해 필요한 것이 바로 그런 투자이다. 하지만 조직이 가장 먼저 추구할 기회를 어떻게 식별해야 할까? 그리고 이 패턴들을 실제로 어떻게 구현해야 할까?

포장도로를 이용해서 애플리케이션을 기본적으로 안전하게 만든다.

우리는 회복력 접근 방식이 저항이 최소인 경로가 되길 원한다. 단지 '설계에 의한 보안'이 아니라, '보안이 기본(secure by default)'인 애플리케이션을 만들어야 한다. 보안을 위한 회복력이 기본이 되게 하려면 개발자들이 반드시 안전한 옵션들을 **옵트아웃**opt-out[5]으로 취급해야 한다. 여러분은 개발자들이 그런 쪽으로 이동하도록 계기를 제공하되('넛지nudge'), 예외는 허용해야 한다. 현실 세계의 예로, 최신 자동차는 키를 들고 멀어지면 기본적으로 잠긴다. 소프트웨어에서는 코드형 인프라를 사용하는 기본 서비스 템플릿이 이에 해당한다. 자동화를 통해 사용하지 않는 인프라를 제거하여 공격 경로를 차단할 수 있다.

이러한 '최소 저항' 경로의 인기 있는 명칭이 포장도로(paved path)이다. 포장도로는 일반적인 문제들에 대한 잘 통합되고 지원되는 하나의 해결책으로, 사람들이 고유한 가치 창출에 집중할 수 있게 한다. 특정 옵션을 기본값으로 지정함으로써(이때 중요한 점은 회복력 있는 방법이 더 쉬운 방법이 되도록 하는 것이다), 여러분은 표준화를 촉진하고 선택의 과부하를 줄이게 된다. 이에 의해 조직의 기본값을 더욱 회복력 있게 구성할 수 있다(심지어 일부 팀이 안전한 옵션을 명시적으로 거부하는 경우에도).

5 옮긴이_ 여기서 옵트아웃은 뭔가를 명시적으로 선택 또는 요청하지 않아도 저절로 적용되는 방식을 말한다. 적용을 원하지 않으면('out') 명시적으로 요청해야 한다. 반대는 명시적으로 요청해야만 적용되는 옵트인opt-in이다.

플랫폼에 보안을 구축할 때 우선순위를 정하는 것도 중요하다. 신뢰성의 경우처럼 여기서도 고객의 보안 '잡무(toil)'를 최대한 줄이는 것이 중요하다. 다음은 조직이 어떤 패턴이나 도구, 포장도로를 구축할지 우선순위를 정할 때 유용한 질문들이다.

- 소프트웨어 전달의 각 단계에서 애플리케이션 팀이 완료해야 하는 보안 검사나 작업은 무엇인가?
- 소프트웨어의 표준 요구사항에 속하는 보안 메커니즘은 무엇인가?
- 애플리케이션 엔지니어링 팀이 배포 전에 완료해야 하는 보안 체크리스트가 있는가?
- 최근에 '사람의 실수'로 발생했거나 가까스로 피한 보안 사고는 무엇인가?

그리고 다음은 조직이 애플리케이션 팀의 사이버보안 문제를 해결하면서 동시에 안정성, 효율성, 기능 전달을 개선하기 위해 만드는 여러 포장도로의 상위 범주들이다. 여러분의 다음번 전략 브레인스토밍 회의에 도움이 될 것이다.

- API 보호: XSRF 보호, 보안 헤더 검증, 속도(rate) 제한, 타르피팅tarpitting과 스로틀링, IP 지오펜싱geofencing[6], 분산 서비스 거부(DDoS) 보호, 웹 애플리케이션 방화벽(WAF) 통합.
- 인증과 인가
- 캐싱 규정 준수(caching compliance) 및 정적 자산 캐싱(static asset caching)
- 인증서 관리와 보안 네트워크 프로토콜
- 정적/동적 분석 도구
- 자동화된 테스트 프레임워크: 퍼징, 침투 테스트, 회복력 스트레스 테스트(즉, 카오스 실험), 스모크 테스트

애플리케이션 엔지니어링의 보안은 애플리케이션의 바탕 코드를 지원하는 플랫폼에 달려있다. 플랫폼 엔지니어링 팀이 회복력을 고려하여 플랫폼을 설계한다면 상당한 레버리지가 생긴다. 공격(또는 어떠한 장애)의 잠재적 영향을 최소화하는 기회와 위험을 줄이는 데 필요한 인간의 영웅적 행동을 최소화는 기회, 그리고 민첩한 변화를 통해서 잠재력을 발휘할 기회에 투자한다면, 공격자들이 조직을 계속 공격한다고 해도 조직을 성공으로 이끌 수 있다.

8.3 아키텍처 재구축을 위한 가드레일

아키텍처 재구축이 성공하려면 기존 사용자의 서비스 이용에 미치는 영향을 최소화해야 한다. 가장 이상적인 경우는 사용자가 변경 사실을 전혀 눈치채지 못하는 것이다. 이는 결코 쉬운 일이 아니다. 임시방편으로 구축된 플랫폼들은 바탕 아키텍처의 대대적인 변경을 고려하지 않은

6 옮긴이_ 속도 제한은 시간당 받아들이는 요청 수를 제한하는 것이고 타르피팅은 네트워크 통신 속도를 의도적으로 낮추는 것, 스로틀링은 시스템의 처리 속도를 의도적으로 낮추는 것이다. IP 지오펜싱은 요청의 IP에 근거해서 지역에 따라 서비스를 제한하는 것을 말한다.

채 만들어지기 때문이다. 사용자 영향을 충분히 고려하지 않고 큰 변경을 시도하면 해당 기존 고객의 호의가 많이 깎일 수 있다. 따라서 개발팀과 사용자 모두에게 변경으로 인한 비용을 낮출 수 있는 가드레일(안전장치)을 고민해야 한다.

8.3.1 호환성

하위 호환성(backward compatibility)이 깨지면 치명적인 결과를 초래할 수 있다. 특히 다중 테넌트 플랫폼에서는 더욱더 위험하다. 이상적으로는 API의 하위 호환성을 절대 깨뜨리지 않는 것이 좋다. 하지만 불가피한 경우에는 이를 새로운 API의 주 버전(major version) 업그레이드로 취급해야 한다. 호환성이 깨지는 변경을 한 번에 적용하기보다는, 새로운 API의 형태로 도입하는 것이 바람직하다. 그런 경우에도, 기존 API를 중단하기 전에(궁극적으로는 삭제하기 전에) 사용자가 기존 API를 떠나 새 API로 이전할 시간을 충분히 주어야 한다.

프로덕션 환경에서 동시에 몇 개의 시스템 버전을 유지할지 고민할 필요가 있다. 여러 버전을 동시 지원하면 새 버전을 더 빨리 릴리스할 수 있지만, 새 버전을 릴리스할 때마다 여러분이 고려해야 할 호환성의 범위가 커진다. 이전 버전 하나와의 호환성만 신경 쓰면 된다는 확신이 있다면, 새 버전을 작성할 때 호환성과 관련한 추론이 훨씬 쉬워진다.

8.3.2 테스트

요즘 개발자들은 기능 플래그(feature flag)나 그림자 배포(shadow deployment) 같은 역량들을 이용해서 프로덕션 환경에서 테스트하는 것을 자랑스럽게 이야기한다. 하지만 핵심 비즈니스 애플리케이션의 토대가 되는 인프라 플랫폼을 출시할 때는, 전달 속도를 위해 품질이나 성능을 조금이라도 희생하는 것은 용납될 수 없다. 안전하고 빈번한 릴리스를 지원하려면 견고한 테스트 프로세스에 투자해야 한다.

내부 플랫폼의 경우, 플랫폼 사용자들의 의존적 테스트(dependent test)를 테스트 모음(test suite)의 일부로 실행하는 완전한 통합 테스트 환경을 구축하는 것도 한 방법이다. 대규모 모노레포(monorepo)를 사용하는 기업에서는 개발 주기 초기에 사용자 코드의 문제를 발견하기 위해 그런 방법을 흔히 사용한다. 모노레포가 없더라도, 사용자가 제출한 테스트를 포함한 상세한 통합 테스트 모음을 갖추면 초기에 통합 문제를 발견하는 데 도움이 된다. 속성 기반 테스트(property-based testing; `https://oreil.ly/RcVJ-`)와 퍼징fuzzing 같은 현대적 테스트 방법을 도입하는 것도 완전한 시뮬레이션 환경 없이도 오류를 찾아낼 수 있는 강력한 접근 방식이다.

마지막으로, 제6장에서 다루었듯이 심층적인 합성 모니터링(synthetic monitoring)도 중요하다. AWS에서 이언의 팀은 합성 모니터링에 많이 투자했다. 합성 모니터링이 기능 통합 테스트를 대신하는 경우도 많았다. 새로운 빌드를 프로덕션 환경의 복잡한 의존성들에 대해 테스트하는 데 사용하는 것과 동일한 테스트 방식을 아키텍처 재구축에도 사용하지 않을 이유가 있겠는가? 하지만 이것은 YOLO[7] 프로덕션 테스트("문제가 보이면 빨리 롤백하면 된다")와는 다르다. 이 방식을 택하려면 안정적인 그림자/카나리아 배포가 필요할 뿐만 아니라, 모니터링 테스트를 통과할 때까지 새 배포에는 합성 모니터링만 스케줄링되도록 보장할 수 있어야 한다.

8.3.3 하위 환경

고객의 사전 프로덕션 테스트(pre-production test)를 지원하기 위한 별도의 비프로덕션(non-production) 환경이 있다면, 그 환경을 검증(validation) 전략의 일부로 활용할 수 있다. 자체 테스트로 변경 사항을 검증한 후 이 환경에서 최종 출시 전 테스트를 수행하면, 고객들이 자신의 애플리케이션 출시 전 검증을 릴리스 후보 버전에서 실행하므로 철저한 통합 테스트가 가능하다.

이 접근 방식은 신중하게 사용해야 한다. 고객들은 프로덕션 플랫폼만큼이나 높은 품질의 테스트, 스테이징, 사전 릴리스(pre-release) 지원을 받을 자격이 있다. 변경 사항에 대한 계획 수립과 테스트가 불충분해서 문제 있는 시스템을 하위 환경에 빈번하게 배포한다면, 해당 프로세스에 더 많은 노력을 투자해서 문제를 줄여야 한다. 하지만 릴리스 전 환경이 합리적으로 안정적으로 유지되는 한, '사전 테스트'를 통해 실제 피드백을 일찍 받는 것이 '프로덕션 테스트'보다 훨씬 낫다.

---

7 YOLO는 You only live once(인생은 한 번뿐이다)의 머리글자이다.
옮긴이_ 인생은 한 번뿐이니 위험을 감수하고 마음 가는 대로 살자는 태도나 사고방식을 나타낸다.

8.3.4 트랑슈, 점진적 출시, 그리고 이전 버전 유지

마지막으로, 제품 기능의 현대적 릴리스 관리에서 사용하는 모든 좋은 관행도 아키텍처 재구축에 적용된다. 카나리아 릴리스, 일부 트랑슈(tranche)[8]로의 느린 롤아웃rollout(전개), 고객 일부에 대한 릴리스, 베타 릴리스 등이 이에 해당한다. 이러한 방법들은 모두 대규모 장애를 일으키지 않고 플랫폼 변경 사항을 안전하게 프로덕션에 배포하는 데 도움이 된다.

내부 플랫폼의 경우, 바탕 인프라의 OSS들을 가장 최근의 주요 릴리스보다 조금 뒤처진 버전으로 유지하는 것이 현명할 수 있다. 특히 작은 회사이거나, 매우 민감한 인프라를 가지고 있거나, 심각한 인프라 테스트와 검증에 투자할 여력이 제한적인 경우에는 더욱더 그렇다. OSS 커뮤니티가 새로운 릴리스를 테스트하고 업데이트하도록 기다리는 것이 좋다. 단, 도입이 너무 늦으면 커뮤니티 지원을 받을 수 없고 보안 패치를 놓칠 위험이 있다.

8.4 아키텍처 재구축 계획의 수립

요구되는 아키텍처 재구축을 제대로 해내지 못하는 흔한 이유 하나는 재구축이 계획 단계에서 멈춘 채로 예산을 받지 못하는 것이다. 이런 시나리오가 가능하다. 팀의 리드 엔지니어가 현재 아키텍처의 문제를 분석하고 다음 단계의 플랫폼 성숙도를 지원하는 데 필요한 새로운 아키텍처에 대한 상세 계획을 작성한다. 그리고 엔지니어링 부서가 아키텍처를 검토해서, 무엇을 만들어야 할지도 합의한다. 이제 본격적인 작업을 시작할 준비가 된 것처럼 보인다.

하지만 연간 계획을 수립하는(제7장 참고) 과정에서, 이 재구축 작업이 기능 개발 예산을 너무 많이 차지한다는 점이 밝혀진다. 아키텍처 재구축에는 추가 인력이 필요하지만, 경영진은 신규 인력을 새로운 사업 계획에 투입하고자 한다. 플랫폼 지도층이 일부 예산을 확보한다고 해도, 모든 플랫폼 팀이 각자의 재구축 계획을 내놓는 탓에 결국 경영진은 한정된 예산을 쪼개서 모든 팀에 할당한다. 결과적으로 그 어떤 팀도 아키텍처 재구축을 시작할 만큼의 인력을 확보하지 못하게 된다.

---

8 옮긴이_ tranche는 조각, 부분, 박편 등을 뜻하는 프랑스어 tranche에서 비롯한 영어 단어이다. 트랜치라고도 표기하지만, 프랑스어뿐만 아니라 영어에서도 트랜치보다는 트랑슈(쉬)에 가깝다. 레버리지처럼 금융/경영 분야에서 IT 분야로 유입된 용어로 보인다. 여기서는 시스템을 구성하는 전체 컴퓨터의 일부를 뜻한다.

가장 좌절스러운 시나리오는 이런 것이다. 내년까지만 버텨 보라는 경영진의 말을 믿고 여러분은 부적합한 규모에서도 기존 아키텍처를 유지하기 위해 12개월 동안 시스템을 점진적으로 개선한다. 다음 해 계획 수립 때, 그간의 사정을 재구축이 필요한 좀 더 강력한 근거로 제시하지만, 오히려 역효과가 난다. 경영진은 팀이 1년을 잘 버틴 것을 아키텍처 재구축이 필요하지 않은 증거라고 생각하는 것이다!

여기서 빠져나갈 길이 있을까? 없을 수도 있다. 많은 플랫폼이 다양한 아키텍처 문제를 안고 있지만, 최종 이점이 비용과 위험에 비해 크지 않다면 아키텍처 재구축은 의미가 없다. 하지만 우리는 팀이 그렇게 생각했더라도 가치에 대한 더 깊은 분석을 통해 점진적 재구축의 투자가 가치 있다고 판명된 경우도 많이 봤다. 다음은 주어진 상황이 실제로 그런 경우에 해당하는지 판단하기 위해 우리가 사용하는 계획 수립 프레임워크이다.

1. **최종적인 아키텍처 재구축 목표를 대담하게 설정한다.** 하향식 접근 방식을 이용해서, 재구축 완료 후 비즈니스에 가치가 더해지는 모든 방식에 집중한다.
2. **마이그레이션 비용을 고려한다.** 재구축에 필요한 마이그레이션 비용을 평가한다.
3. **12개월 안에 달성할 수 있는 주요 성과를 결정한다.** 새 아키텍처에서 훨씬 더 잘 구현되는, 그리고 재구축을 완성하는 시점보다 훨씬 더 일찍 전달할 수 있는 고가치(high-value) 요구사항을 찾는다.
4. **경영진의 동의를 얻고 인내심을 가진다.** 이들을 적절히 조합하는 데는 반복이 필요하며, 더 나은 옵션이 나올 때까지 기다려야 할 수도 있다.

이 네 단계를 다음 절들에서 자세히 살펴보겠다.

플랫폼 안티패턴: 신규 직원이 아키텍처 재구축을 주도하는 경우

플랫폼 팀이 범하는 안티패턴을 하나 짚고 넘어가려 한다. 바로, 새로 채용된 엔지니어들에게 플랫폼의 아키텍처 재구축을 맡기는 것이다. 특히 이전 직장에서 다음 단계의 플랫폼 성숙도를 경험했고 현재 상태에 대해 훌륭한 통찰력을 제시하는 신입 직원의 경우 더욱 그렇다. 문제는, 조직에 필요한 새로운 아키텍처가 그들이 경험한 이전 회사의 것과 비슷할 수는 있어도 같지는 않다는 점이다. 그들은 현재 플랫폼의 세부사항과 회사 문화를 완전히 이해하지 못하고, 플랫폼 주요 사용자들과의 신뢰 관계도 아직 형성되지 않았기 때문에 이 점을 명확하게 인식하지 못한다.

따라서, 신입 직원들이 경력자들의 제안에 피드백을 제공함으로써 재구축을 도울 수는 있겠지만, 이는 단기적이다. 재구축과 신입 직원 모두의 성공을 위해서는 처음 12개월 동안 그러한 피드백과 기여에만 집중하고, 신입들이 직접 커다란 새 계획을 주도하는 것은 삼가야 한다.

이는 이전 경험을 바탕으로 자신을 증명하고자 하는 고성과자(high achiever)들에게는 받아들이기 어려운 메

> 시지일 수 있다. 따라서 여러분은 처음 12개월 동안 일대일 면담에 많은 시간을 할애해서 팀이 그들의 장기적 성공에 투자하고 있음을 보여줘야 하며, 이해도와 관계를 빠르게 구축할 수 있는 적절한 프로젝트를 제공해야 한다.

8.4.1 단계 1 최종적인 재구축 목표를 대담하게 설정한다

이 단계에서는 완전한 전달에 대략 3~5년짜리 계획이 필요하다는 가정하에서 모든 한계를 최대한으로 밀어붙여야 한다. 리드 엔지니어들이 가장 신나게 달려드는 것이 바로 이 단계이다. 드디어, 마치 수석 엔지니어(principal engineer)처럼 상석에 앉아서 모두가 지향할 더 나은 아키텍처를 (서류상으로) 만들 수 있기 때문이다. 하지만 여러분은 그들이 좀 더 높이, 멀리 보도록 해야 한다. 물론 현실화할 수 없을 정도로 비현실적인 미래에 지나치게 흥분하는 '아키텍처 우주인(architecture astronaut)'이 되게 해서는 안 되지만, 너무 경계할 필요는 없다. 이후 단계들이 그런 것들을 걸러내도록 설계되어 있기 때문이다. 신뢰성 같은 시스템 역량 하나를 위해 아키텍처 확장성을 개선하는 것이 계획이라면, 목표 설정이 너무 소심한 것이다.

모든 범주의 시스템 역량 검토

앞에서 시스템 역량의 네 가지 범주에 대해 이야기했는데, 아키텍처 재구축은 이 네 가지 모두에서 **상당한** 진전을 이루어야 한다. 각 범주에서 스스로에게 물어야 할 질문들은 다음과 같다.

기능

기존 아키텍처에서는 제대로 지원하기 어려웠지만 새로운 아키텍처에서 너끈히 구현할 수 있는, 비즈니스 가치가 상당히 높은 기능은 어떤 것인가?

효율성

새로운 시스템의 전반적인 비용 효율성이 크게 높아질 것인가? 작업부하(workload)가 계속 증가해도 시스템이 효율적으로 작동할 것인가? 그리고 개선된 성능이 하나의 기능으로까지 이어져서 새로운 애플리케이션 역량을 열어줄(unlock) 수 있는가?

신뢰성

현재보다 더 많은 부하를 처리하면서도 운영 문제가 발생할 가능성을 크게 줄일 수 있는가?

보안

시스템이 침해될 가능성을 크게 줄이거나 규정 준수 비용을 크게 낮출 수 있는가?

인접 시스템 통합 검토

다음으로는, 주어진 플랫폼과 인접한 역량을 가진 기존 플랫폼이나 고객 시스템을 살펴보아야 한다. 재구축된 플랫폼에서 이러한 시스템들의 **모든** 요구사항을 통합하여 전체 시스템 복잡도를 줄일 수 있는가? 특히 그림자 플랫폼처럼 크기가 훨씬 작거나, 범위가 좁거나, 성장이 더딘 유사 시스템들을 살펴봐야 한다. 이는 이들을 더 단순한 하나의 전체(whole)로 통합할 수 있는 기회가 될 수 있다.

OSS와 벤더 시스템에 대한 과감한 투자 검토

이는 앞의 두 영역을 보완하는 내용이다. OSS와 벤더 시스템을 사용하는 모든 곳과, 인기 있는 OSS나 벤더 시스템과 중복되는 사내 구축 컴포넌트가 있는 모든 곳을 살펴봐야 한다. 새로운 아키텍처가 향후 5~10년간 사용되리라는 관점에서, 대체 시스템에 대한 과감한 투자가 중요한 새로운 역량을 열어줄 수 있는지를 명시적으로 검토해야 한다. 다음 영역들을 조사해 볼 필요가 있다.

- 기존 OSS/벤더 구성요소를 다른 시스템으로 교체해서, 새로운 기능을 열어줄 뿐만 아니라 해당 생태계의 혁신을 따라잡는다.
- OSS/벤더 컴포넌트를 사내 개발 시스템으로 대체해서, 알려진 용례에 맞게 커스텀화하고 최적화한다.

여기에는 균형이 필요하다. “오픈소스와 경쟁하지 말라”라는 말이 있다. 현명한 엔지니어링 격언처럼 들릴 것이다. 하지만 “최신 기술을 맹목적으로 쫓지 말라”도 마찬가지이다. 다음 글상자에서는 우리 저자들이 이러한 상황을 평가했던 사례와 의사결정에 사용한 프레임워크를 소개한다.

OSS/벤더 흐름에 대한 과감한 투자의 평가

어느 정도 성공을 거둔 플랫폼이 있는 상태에서 오픈소스나 벤더 영역에서 엄청난 추진력(모멘텀)을 가진 새로운 것이 등장했을 때 여러분은 대단히 어려운 아키텍처상의 결정을 마주하게 된다. 그런 경우 여러분 주변에는 새로운 기술이 산업 표준이 되어 자체 개발보다 더 많은 투자를 받을 것이라 확신하면서 도입을 압박하는 사람도 있을 것이고, 전환 시 현재 사용자들의 마이그레이션을 고려해야 하며, 유망해 보이는 산업 표준이 기대에 미치지 못할 위험을 경고하는 사람들도 있을 것이다.

우리 저자들도 이전 직장에서 그런 고민을 했다. 전체 작업부하의 20% 정도가 메소스Mesos 기반 컴퓨트 플랫폼에서 운영되고 있었다. 그런데 쿠버네티스Kubernetes가 등장해서 무시할 수 없는 추진력과 커뮤니티의 열광적인 반응을 얻었다.

우리는 다음 세 가지 기준에 따라 과감한 투자를 결정했다.

1 **아키텍처 재구축에 대한 대규모 투자가 필요한 인접 비즈니스 요구사항.** 컨테이너화의 유행이 마침 온프레미스에서 공용 클라우드로 이전하는 흐름과 맞물렸다. 덕분에 충분한 비즈니스 가치를 인정받아서, 전달 및 마이그레이션을 잘 수행하기 위한 아키텍처 재구축 프로젝트에 5년간 충분한 엔지니어를 투입할 정도의 인력 지원을 받을 수 있었다.

2 **현재 플랫폼의 인접 시스템 통합 기능 부족.** 메소스는 대규모 배치[batch] 프로세스 관리에는 뛰어났지만, 쿠버네티스는 더 넓은 범위의 작업을 '즉시 사용할 수 있게' 지원했다. 작업부하를 100% 컨테이너화하려는 우리에게 딱 필요한 범위였다.

3 **생태계 발전 궤적의 격차.** 콘퍼런스 발표 횟수나, 콘퍼런스 규모, 스타트업의 비즈니스 기반, 구글 트렌드 등을 통해 쿠버네티스 생태계의 더 큰 추진력을 확인할 수 있었다. 또한 메소스에 새롭게 투자하는 기업을 찾을 수 없었다. '처음부터 시작하는' 모든 기업이 쿠버네티스를 선택하고 있었다.

당시에는 기존 플랫폼의 개선에 투자하고 싶어 했던 팀원들을 설득하기가 쉽지 않았다. 메소스가 쿠버네티스보다 나은 점들이 있었기 때문에 더욱더 그랬다. 하지만 전환이 비용 대비 가치가 있다고 판단했고, 결과적으로 이는 옳은 결정이었다. 쿠버네티스는 번창했고 메소스는 그렇지 못했다.

우리와는 다른 경험을 한 다른 회사 동료들도 있다. 그들의 플랫폼 팀도 메소스에서 쿠버네티스로 전환했지만, 결과적으로는 잘못된 선택이었다. 그 팀에서는 메소스가 이미 거의 모든 컴퓨트 작업부하를 처리하고 있었고 공용 클라우드도 이미 사용 중이었기 때문에, 마이그레이션이 비용만 많이 드는 횡적 이동에 불과했던 것이다.

부상하는 OSS 핵심 기술에 직면했을 때 이러한 절충점들을 고려해서 올바른 결정을 내리려면 어떻게 해야 할까? 앞의 세 기준(기능 차이, 생태계 궤적, 비즈니스 가치)을 모두 충족하지 않는다면 외부 기술로의 아키텍처 재구축은 신중하게 고려하라는 것이 우리의 제안이다.

8.4.2 단계 2 마이그레이션 비용을 고려한다

이 단계는 대담한 목표 설정에 대한 첫 평형추(counterbalance)이다. 제9장에서는 성공적인 마이그레이션을 실행하기 위한 모든 고려 사항을 깊이 있게 다룰 것이다. 아키텍처 재구축을 구상하는 이 시점에서는 계획을 위한 계획이 필요하며, 이를 재구축 제안서에 포함해야 한다.

훌륭한 재구축 제안의 상당수가 결국 발생하게 될 마이그레이션 비용 때문에 무산된다. 아니, 차라리 "무산되어야 한다"라고 말하는 것이 더 정확할 것이다. 우리는 팀과 리더들이 미래의 큰 꿈에 빠져서 기존 고객들의 마이그레이션이 의미하는 바를 대충 넘어가는 것을 너무나 자주 보았다. "기존 고객들을 어떻게 새 시스템으로 이전할 것인가?"라는 질문을 던졌을 때야 비로소 마이그레이션의 영향을 고려하기 시작하는 경우도 많았다. 분석해 보니, 제안된 변경 사항을 모두 구현하는 데 필요한 연 단위 공수(man-year)가 수백 년이었다. 예를 들어 수백만 행의 RDBMS 기반 코드를 키/값 저장소로 옮기거나, 수년간 쌓인 데이터 처리 스크립트를 POSIX 파일시스템에서 S3형 객체 저장소(object store)로 이전하는 등의 작업이 요구되었다.

팀의 엔지니어들이 비즈니스 현실과 동떨어져 있다면, 여러분은 제품 관리자나 엔지니어링 관리자에게 계획의 마이그레이션 비용이 합리적인지 판단해달라고 요청해야 한다. 비용과 이점 사이의 적절한 균형점은 장기적인 아키텍처 재구축의 성과가 얼마나 필요한지에 따라 달라질 수 있다. 하지만 제안서에 마이그레이션 비용을 고려하지 않는다면 전체 그림의 큰 부분을 놓치는 것이며, 계획에 대한 지지를 잃을 위험이 있음을 유념해야 한다.

8.4.3 단계 3 12개월 안에 달성할 수 있는 주요 성과를 결정한다

아키텍처 재구축의 목표를 대담하게 설정했고, 마이그레이션 비용도 합리적인 수준으로 추정되었다고 하자. 이제 시작해도 될까? 안타깝지만 계획할 것이 많이 남아 있다. 대부분의 아키텍처 재구축은 3년에서 5년 정도 걸린다. 그 기간 동안 기술과 비즈니스에 많은 변화가 있을 것이다. 비즈니스상의 가치가 그 기간의 끝에서야 가시화되기 시작한다면 너무 위험하다. 큼직한 가치를 그보다 훨씬 더 일찍 전달해야 한다. 이해관계자들이 결과를 보기까지 수년을 기다려야 한다면 정치적인 이유로 프로젝트가 중단될 수 있는 비즈니스상의 위험이 있기 때문이다. 게다가, 대담한 목표에 깔린 가정 자체가 틀렸을 위험도 있다. 이를 검증하는 가장 좋은 방법은 실제로 무언가를 출시하는 것이다.

우리는 이러한 전달의 주기로 12개월을 선호한다. 이는 일반적인 비즈니스 계획 주기와 일치하며, 여전히 상당한 가치가 있는 부분 구현을 전달하기에 충분한 시간이기 때문이다. 잠재적 프로젝트를 찾을 때는, 리드 엔지니어가 제품 관리자와 협력하여 현재 아키텍처에서는 "너무 어렵다"라고 여겨졌던 제품 백로그의 고가치 기능들을 살펴보는 것이 좋은 접근 방식이다. 다음 세 가지 조건을 충족하는 기능을 찾아야 한다.

- 새로운 아키텍처를 부분적으로만 구현한 상태에서도 12개월 이내에 전달할 수 있다.
- 새로운 아키텍처의 역량을 보여줄 수 있다.

- 여러분 팀과 파트너 관계인 애플리케이션 팀 중 적어도 한 팀이 해당 레버리지를 자신의 애플리케이션에 즉시 활용하기로 약속했다.

이 세 조건 모두 만족하기가 어렵지만, 보통 세 번째가 가장 어렵다. 비즈니스와 가까운 사람들도 자신들의 로드맵을 확신하지 못해서 여러분에게 뭔가 확답을 하기 어려워하는 경우가 많다. 장기적인 비즈니스 가치를 인정하더라도, 단기적으로는 우선순위에 밀릴 가능성이 있기 때문이다.

이러한 불확실성은 변화하는 비즈니스 환경에서 고가치 항목을 구축하려 할 때 피할 수 없는 부분이다. 우리가 발견한 가장 좋은 대응 방법은 고가치를 추구하는 목표를 낮추는 것이 아니다. 대신, 같은 초기 작업으로 달성할 수 있는 다음 세 가지를 목표로 두는 쪽이 낫다.

- 목표 1 : 선택된 비즈니스에 큰 변화를 가져올 수 있는 대담한 어떤 것.
- 목표 2 : 더 작지만 여전히 비즈니스(목표 1과 다른 비즈니스일 수 있음)에 상당한 새로운 가치를 더하는, 그리고 기존 아키텍처로는 불가능했던 어떤 것.
- 목표 3 : 새로운 아키텍처 구성요소들을 프로덕션에 배포하고 실제 고객 부하의 일부를 처리하게 하는 어떤 것.

목표 1을 겨냥하되, 여의치 않다면 목표 2를 대안으로 삼을 수 있다는 점을 기억하자. 그러면 아키텍처 재구축의 비즈니스 가치를 입증할 수 있는 두 가지 방법을(그리고 이상적으로는 두 파트너를) 확보한 셈이다. 그리고 예상치 못한 일이 발생하면(여러분 쪽에서든 고객 쪽에서든), 목표 3으로 후퇴해서 새로운 컴포넌트를 프로덕션에 배포하고 부하를 처리하면 된다.

이 모든 것은 이전 장에서 언급한 '장기 생고생' 유형의 결과를 피하기 위한 것이다. 3~5년의 아키텍처 재구축 프로젝트 동안 이 단계를 매년 반복해야 한다. 물론 반복할 때마다 목표와 파트너를 새로 설정하고 재구축 작업의 수준도 높여야 한다. 만일 팀이 12개월 안에 점진적 가치를 전달하지 못했다면(즉, 아키텍처 재구축의 그 어떤 부분도 프로덕션에서 실제 부하를 처리하지 못했다면), 그러한 실패로부터 팀이 뭔가를 배웠는지를 진지하게 검토할 필요가 있다. 이 아키텍처 재구축이 정말로 가치가 있는가? 아니면 제2 시스템 효과의 희생양이 되고 있는 것은 아닌가?

8.4.4 단계 4 경영진의 동의를 얻고 인내심을 가진다

플랫폼 조직은 보통 여러 개의 아키텍처 재구축 프로젝트를 동시에 검토한다. 성장하는 기업에는 초기 개척자들이 만든 '구형(legacy)' 플랫폼[9]이 여러 개 있기 마련이므로, 신뢰성, 효율성, 보안성을 높이거나 새로운 기능을 추가하기 위한 아키텍처 재구축 작업이 필요한 플랫폼도 여러 개일 수 있다.

또한 플랫폼이 운영 및 지원 부담을 초래할 때, 팀은 제7장에서 권장한 점진적인 시스템 개선 방식을 버리고 모든 것을 가능한 한 빨리 교체하고 싶어 한다. 노후화된 컴퓨터 시스템 관리와 현대 시스템의 미래 대비에 관한 마리안 벨로티Marianne Bellotti의 저서 『*Kill It with Fire*』(No Starch Press, 2020)의 제목("불태워 죽여!")은 돈과 엔지니어링 시간을 낭비하는 이러한 즉흥적 접근 방식을 잘 포착하고 있다.

제대로 운영되는 조직에서 플랫폼 조직의 지도층은 아키텍처 재구축이 올바른 선택인지, 그리고 지금이 적절한 시기인지를 신중하게 평가해야 한다. 특히 다음과 같은 경우에 더욱 그렇다.

- 아키텍처 재구축에 추가 인력이나 내부 인력 이동이 필요한 경우
- 다른 팀들의 마이그레이션이나 다른 플랫폼과의 통합 작업 등 상당한 노력이 필요한 경우
- 아키텍처 재구축 때문에 단기 개선 사항과 기능 구현이 늦어지거나 무기한 연기되는 경우
- 아키텍처 재구축의 '대담한' 비즈니스 목표가 제대로 또는 제시간에 완수되지 않는다면 플랫폼 팀의 평판이 크게 깎일 위험이 있는 경우

단, 이러한 요소들이 아키텍처 재구축 계획의 제안 자체를 포기하는 이유가 되어서는 안 된다. 다만, 성공을 위해서는 3~5년간의 집중적인 투자가 필요하므로, 가능한 한 빨리 경영진의 지지를 확보해야 한다. 경영진은 자신들의 고위 이해관계자들에게 이 계획을 설명하고, 구조 조정, 조직 개편, 긴급 우선순위 과제 등 예상치 못한 상황에서도 이를 보호해야 할 것이다. 리더가 이 프로젝트의 가치를 인식하고 거기에 헌신할 마음을 먹지 않는다면, 자신의 평판이 깎일 위험을 감수하고까지 프로젝트를 옹호할 가능성은 낮다.

여러분이 프로젝트의 가치를 잘 설명했음에도 리더가 "지금은 적절하지 않다"고 말하기도 한다. 이는 여러분에게 큰 타격이 될 수 있다. 하지만 아키텍처 재구축의 비용이 크다는 점과 누구도 미래를 예측할 수는 없다는 점을 기억해야 한다. 새로운 기술과 사업 기회가 언제 나타날지 모른다. 아키텍처 재구축을 시작할 근거로 제시한 것이 그저 괜찮은 수준의 비즈니스 효과라면, 기업이 그보다 더 뛰어난 비즈니스 효과를 가져올 탁월한 기술을 기다리기로 하는 것도 얼마든지 합당한 선택이다.

---

9 스타트업에서는 6개월도 안 된 플랫폼을 '구형'이라고 부르기도 한다!

8.5 마무리

플랫폼의 보안, 신뢰성, 효율성, 기능 전달 역량을 얼마나 개선하든, 아키텍처 재구축에는 큰 비용이 든다. 팀들이 너무 많은 아키텍처 재구축 프로젝트를 동시에 진행하면 플랫폼 조직은 "시스템을 위한 시스템을 만든다"는 평판을 얻게 된다. §8.4.4에서 그런 위험을 피하는 방법을 제시했다. 제11장에서는 상충하는 여러 재구축 요청의 균형을 맞추어야 하는 리더에게 도움이 되는 구체적인 조언 몇 가지도 제공할 것이다.

그렇긴 하지만, 아키텍처 재구축을 아예 반대하는 것도 잘못된 선택이다. 리더들은 기술 트렌드가 몇 년마다 큰 변화를 일으키므로 지금은 아무것도 하지 않고 다음 변화의 물결이 올 때까지 기다려야 한다고 믿고서는 아키텍처 재구축을 반대한다. 이런 사고방식은 스타트업 출신 리더들에게서 흔히 볼 수 있다. 스타트업에서는 사업 성장으로 새로운 기술 기반의 새 플랫폼에 큰 투자를 할 수 있고, 각각의 플랫폼이 이전 버전보다 훨씬 나아서 기존 팀들도 새로운 이점을 얻기 위해 기꺼이 이전하려 하기 때문이다.

사업이 성장할 때마다 더 나은 v2를 만들 수 있다는 가정에서 이런 접근 방식을 따른다면, 시간이 지날수록 마이그레이션 문제가 논의의 중심이 된다. 새로운 비즈니스 중심 플랫폼이 모든 고객에게 최선의 대안이 아닐 수 있으며, 회사가 성장하고 각자의 영역에 집중하게 되면서 최신 제품으로 이전하려는 의욕도 줄어들게 된다. 새로운 플랫폼 구축을 좋아하는 개척자 중심의 팀은 변화를 꺼리는 고객층을 마이그레이션으로 이끄는 방법을 별로 고민하지 않는다. 그러다 보면 하나의 영역에 대한 플랫폼이 5개나 되지만 그중 3개는 폐기 예정이며 나머지 2개는 아직 프로덕션에서 안정적으로 사용할 준비가 되지 않은 상황에 처할 수 있다. 실제로 이런 상황에 처한 독자가 많을 것이다. 그래서 다음 장에서는 이를 해결하기 위한 마이그레이션 계획을 잘 수립하는 방법을 논의한다.

이런 결과를 피하려면 플랫폼 아키텍처 재구축에 투자해야 한다. 비즈니스가 실행 과정에서 방해받지 않도록 가드레일을 만들고, 새로운 기술의 순이익에 대한 확신이 가장 높은 곳에 신중하게 투자하자. 그렇게 하지 않는다면 좋은 플랫폼 제품 전략이라 할 수 없다.

CHAPTER 9

플랫폼 마이그레이션과 폐지 처리

플랫폼은 그 위에 무언가를 구축할 수 있는, 안정적이고 지속적인 '토대(foundation)'가 되어야 한다. 성공적인 플랫폼 엔지니어링을 위해서는 안정적이고 견고한 토대를 구축할 필요가 있다. 플랫폼 위에 뭔가를 만드는 사람들에게 플랫폼 자체가 어떤 부담이 되어서는 안 된다.

— C. 스콧 안드레아스C. Scott Andreas

끊임없는 변화의 물결은 플랫폼 엔지니어링 팀에게 실존적인(existential) 도전을 안겨준다. 바탕 시스템은 늘 진화하고 있다. 보안 문제나 벤더 변경 사항, 하드웨어 업데이트, 새로운 기능 등에 대응하려면 정기적인 패치와 업그레이드가 필요하다. 핵심 인프라 시스템의 수명이 10년이었던 시절도 있었지만(`https://oreil.ly/_nJs9`), EKS(`https://oreil.ly/ghq0z`) 같은 클라우드 제품은 수명이 1~2년으로 줄었다. 그래서 애플리케이션 팀이 겪는 업그레이드 혼란의 빈도도 늘어났다. 이러한 변화가 애플리케이션 개발자들에게 미치는 영향을 관리할 계획이 없다면, 플랫폼이 제공하는 가치보다 플랫폼이 유발하는 마이그레이션migration(이전 혹은 이식)의 고통이 더 클 수 있다.

이 책에서 마이그레이션을 여러 번 언급한 것은 그만한 이유가 있다. 뛰어난 플랫폼 팀은 이러한 도전 속에서 마이그레이션을 오히려 자신들의 가치를 입증할 기회로 삼는다. 팀은 필수적인 마이그레이션에 따르는 고객의 고통을 덜어주고, 고객들이 핵심 기능의 전달에 집중할 수 있도록 작업량을 줄이거나 없애는 것을 자신들의 임무로 여긴다.

참고 이 장에서 마이그레이션은 사용자가 플랫폼을 수용하기 위해 반드시 해야 하는 모든 작업을 아우르는 용어이다. 물리적 위치 이전(예: 한 데이터센터에서 다른 데이터센터로)과 같은 가장 복잡한 작업부터 하위 호환성을 깨는 API 변경 때문에 코드나 시스템을 업그레이드하는 작업, 그리고 '제자리(in-place)' 업그레이드가 가능하더라도 회귀(regression) 문제가 없음을 확인하기 위해 사용자의 승인 테스트가 필요한 업그레이드까지 다양한 작업을 포괄하는 하나의 스펙트럼이라고 생각해야 할 것이다.

이 장에서는 우리는 마이그레이션을 올바르게 수행하는 방법에 대한 조언을 제공하고자 한다. 먼저 엔지니어링 관점에서 마이그레이션을 살펴보고, 고객을 위해 마이그레이션을 최대한 쉽게 만들기 위해 플랫폼에 무엇을 구축해야 하는지 알아본다. 다음으로 조율(coordination)에 관한 모범관행들을 논의하고, 의사소통과 실행을 최대한 원활하게 하는 방법을 살펴본다. 마지막으로는 무無로의 궁극적인 마이그레이션에 해당하는 플랫폼의 폐지(sunsetting; 일몰 처리)를 논의한다. 플랫폼에 고객이 남아 있더라도 더 이상 플랫폼으로 운영하는 것이 의미가 없을 때 이를 처리하는 방법을 이야기할 것이다.

마이그레이션을 올바르게 수행하는 방법으로 들어가기 전에, 마이그레이션 과정에서 흔히 경험하는 안티패턴부터 살펴보자.

9.1 마이그레이션 안티패턴

많은 엔지니어에게 '마이그레이션'만큼 불편한 용어도 없다. 회사 규모가 클수록 마이그레이션이 더욱 고통스러워진다. 경영진은 고통스러운 마이그레이션이 끝날 때마다 다음에는 더 나아질 것이라 약속하지만, 다음의 여러 안티패턴이 계속해서 반복된다.

맥락을 무시한 마감일

위에서 하달된 근거 없는 마이그레이션 기한을 경험해 보지 않았다면 여러분은 운이 좋은 것이다. 마감일(데드라인)이 필연적으로 정해지기도 한다(이를테면 스택의 핵심 요소의 수명 종료 때문에). 하지만 대개는 마감일을 맞추기 위해 다른 팀이 무엇을 포기해야 하는지에 대한 논의나 이해 없이 팀에 던져진다. 더 나쁜 것은 이런 마감일이 항상 급박하게 통보된다는 점이다. 물론 모두가 몇 달 동안 무시했기 때문에 마이그레이션이 큰 문제가 되는 경우도 있지만, 그렇다고 해서 마감 시한에 쫓기는 상황이 나아지는 것은 아니다.

불명확한 요구사항

마이그레이션 요청이, 모든 사용자가 마이그레이션을 위해 해야 할 일을 정확히 이해하고 있다는 비현실적인 가정을 깔고 있는 경우가 너무 많다. 팀은 흔히 '제품 X의 버전 Y 이하를 사용 중인 고객은…'으로 시작하는 공지를 보낸다. 하지만 사용자의 절반은 제품 X가 무엇인지도 모른다. 그래서 공지를 무시하거나 공지가 자신에게 해당하는지 파악하느라 몇 시간을 허비한다. 어떤 경우이든 모두의 시간이 낭비된다.

테스트한 거 맞나요?

이미 스트레스를 받은 사용자들이 마이그레이션을 시도했는데, 새로운 제품이 그냥 작동하지 않기도 한다. 운영체제의 버전에 따라 성능이 크게 달라지는 민감한 C++ 코드를 업그레이드하는 것처럼 사용자가 알아서 처리해야 하는 문제일 수도 있다. 하지만 대개는 플랫폼을 소유한 팀이, 마이그레이션을 시작하기 전에 사람들이 플랫폼을 어떻게 사용하고 있는지 고려하지 않은 것 탓일 때도 많다. 새로운 제품에 빈틈이 있거나, 기능이 깨져 있거나, 진행 방법에 대한 지침이 완전히 누락되어 있으면 마이그레이션을 마쳐도 제품이 제대로 작동하지 않게 된다. 플랫폼 팀은 이를 수정하거나 빈틈을 해결하기 위해 허둥지둥하며, 그 과정에서 단지 마감일을 맞추기 위해 기술 부채만 늘리는 결과가 빚어진다.

클립보드를 들고 다니는 잔소리꾼

사용자들이 마이그레이션을 마쳤는지 확인하는 임무를 맡은 사람들도 있다. 이는 누구에게도 고맙다는 말을 듣기 힘든 업무이다. 클립보드를 들고 다니는 입장이 된 사람도 이 점을 잘 알 것이다. 사람들에게 계속해서 회의에 참석하라고 재촉하고, 일정에 맞추고 있는지, 아니라면 왜 그런지, 목표 달성을 위해 무엇이 필요한지 논의해야 한다. '수치의 벽(wall of shame)' 대시보드와 보고서 등을 이용해서 마이그레이션 과정 전체를 게임화할 수도 있겠지만, 그래 봤자 빨간색으로 표시된 사람들의 스트레스나 좌절감, 방어적인 태도만 심해질 뿐이다(특히 마이그레이션을 성실하게 시도했지만 누락되거나 깨진 기능 때문에 막힌 경우라면 더욱 그렇다!). 이 단계에 이르면 강제로 과제를 밀어붙이느라 더 나은 접근 방식을 고민할 시간이 없을 것이다.

물론, 명확한 요구사항을 준비하고 사용자에게 마이그레이션을 요청하기 전에 테스트하려면 선행 작업이 많이 필요하다. 때로는, 맥락을 무시한 마감일을 정하고 이를 강제할 사람을 배치하는 것이 프로젝트를 해금하는 유일한 방법일 수도 있다. 가능한 모든 선행 작업을 했는데도 조직의 관성이 프로젝트를 지연시키고 있다면, 마지막 수단으로 마감일과 클립보드가 필요할 수 있다. 하지만 이는 마지막 수단이지 기본 접근 방식이 아니라는 점을 기억해야 한다.

9.2 더 쉬운 마이그레이션을 위한 엔지니어링

마이그레이션 중에는 인간적인 측면을 다룰 일이 많다. 하지만 플랫폼 팀이 가장 먼저 취해야 할 접근 방식은 엔지니어링적인 것이다. 소통(커뮤니케이션) 계획, 불가피한 프로그램 관리, 그리고 부과해야 할 다른 규칙과 프로세스를 시작하기 전에, 현재와 미래의 마이그레이션 고통을 줄여주는 엔지니어링 작업을 고민해야 한다.

> **마이그레이션을 일찍 처리하자**
>
> 처음에는 마이그레이션이 성가신 일일 뿐이다. 회사와 소프트웨어의 복잡성이 일정 규모에 도달해야만 비로소 전략적 기회가 된다. 작은 회사에서 마이그레이션은 성가시지만, 동료들의 호의와 몇몇 능숙한 엔지니어의 노력으로 완료할 수 있는 경우가 많다. 하지만 앞에서 우리가 조언한 대로 회사가 좀 더 커질 때까지 플랫폼 엔지니어링 팀 구성을 미룬다면, 마이그레이션은 금세 가장 큰 과제 중 하나가 된다. 수십 명의 엔지니어가 있을 때는 통했던 "대충 해결하자"라는 에너지는 수백 명이 되면 한계에 쿠딪힌다. 작았을 때만큼 빠르게 움직이고 싶어 하는 엔지니어링 조직은 시간, 규모, 성공과 함께 찾아오는 복잡성과 씨름해야 하며, 마이그레이션은 이들에게 점점 더 큰 좌절과 분노의 원인이 된다.
>
> 따라서 마이그레이션 지원은 새로운 플랫폼 엔지니어링 팀이 가장 먼저 다뤄야 할 일 중 하나이다. 특히 회사가 빠르게 성장하고 있고 계속 빠르게 움직이고 싶다면 더욱 그렇다. 단, 미래의 마이그레이션을 저렴하게 만들기 위한 완벽한 아키텍처 재구축을 반드시 지금 시작해야 하는 것은 아니다. 다음번 긴급 마이그레이션을 가능한 한 저렴하게 만들기 위해 할 수 있다면 어떤 작업이면 지금부터 하라는 뜻일 뿐이다.

9.2.1 접착제를 최소화하고 변형을 제한하는 제품 추상화 활용

제1장에서 '접착제(glue)'를 정의했다. 접착제는 서로 다른 시스템들을 하나로 묶기 위해 만든 코드, 자동화, 설정(구성) 말한다. 적당량의 접착제는 괜찮지만, 접착제가 많을수록 구성요소 중 하나를 변경할 때마다 더 많은 작업이 필요하다. 애플리케이션 팀마다 각자 접착제를 많이 만들어냈다면 문제가 아주 심각해진다. 플랫폼은 각 애플리케이션 팀이 기본 인프라와 공통 서비스를 위해 만드는 접착제를 제한해야 한다. 접착제는 변화의 적이기 때문이다.

플랫폼 추상화(platform abstraction)를 잘 구축했다면, 바탕 구성요소들을 마이그레이션할 때 애플리케이션 팀이 변경해야 할 자체 접착제가 최소화된다. 같은 시스템의 서로 다른 버전의 수를 제한하면 해당 시스템을 변경할 때 수행해야 할 테스트가 줄어든다. 버전들을 표준화하고 제한할수록 이러한 변경 시 걱정해야 할 조합이 줄어든다.

9.2.2 투명한 마이그레이션을 위한 아키텍처 설계

고객에게 가장 좋은 마이그레이션 경험은 고객이 해야 할 일이 따로 없는 것, 더 나아가서 마이그레이션이 일어나는 것조차 알아차리지 못하는 것이다. 이번 장의 서두에서 C. 스콧 안드레아스가 말했듯이, 플랫폼은 애플리케이션 팀이 그 위에 뭔가를 안정적이고 지속적으로 만들 수 있는 견고한 토대로 작용해야 한다. 이상적인 플랫폼은 고객에게 안정적인 인터페이스를 제공하며, 플랫폼 팀이 고객에게 미치는 영향을 최소화하거나 아예 없이 마이그레이션을 수행할 수 있게 한다. 잦은 마이그레이션 작업을 고객에게 떠넘기는 것은 그러한 가치를 훼손하므로, 플랫폼 구축자이자 운영자로서 여러분은 더 나은 방법을 찾아야 한다.

추상 API(abstract API)가 한 가지 방법이 될 수 있다. 하지만 책의 제1부에서 언급했듯이 순수한 '캡슐화' 접근 방식에 과도하게 투자하는 것은 어리석은 일이다. 대신, 우리는 API를 신중하게 설계하고 그것을 마이그레이션에 도움이 되는 새 기술들과 결합하는 것이 투명한 마이그레이션을 달성하는 더 좋은 방법이라고 생각한다. 마이그레이션 기간에 여러 버전의 플랫폼을 프로덕션 환경에서 훨씬 쉽게 실행할 수 있는, 그리고 클라이언트가 업데이트됨에 따라 각 고객의 요청을 천천히 안전하게 이전할 수 있는 기술들이 있다. 다음과 같다.

- 빠르고 경량화된 애플리케이션 배포를 위한 컨테이너 기반 패키징
- 재시작 없이 시스템 규모를 변경할 수 있는 자동 확장(autoscaling) 기술
- 카나리아 배포나 블루/그린 배포 같은 배포 기법과, 문제를 감지하고 신속하게 롤백할 수 있는 고급 상태 모니터링의 조합

이런 기술이나 관행을 활용하면 애플리케이션 팀이 소프트웨어를 배포하고 확장하기가 쉬워질 뿐만 아니라, 플랫폼 팀이 애플리케이션 개발자들을 방해하지 않고도 플랫폼을 관리하고 업데이트할 수 있게 된다. 하지만 이러한 이점을 최대한 활용하려면 사용자와 사전에 몇 가지 합의가 필요할 수 있다. 이러한 합의 사항에는 다음이 포함된다.

카오스 테스트와 안정성 보장

블루/그린 업그레이드를 수행하려면 작업부하를 마이그레이션할 수 있어야 하며, 궁극적으로는 기존 프로세스들을 완전히 종료할 수 있어야 한다. 하지만 사용자가 자신이 명시적으로 지시하지 않는 한 바탕 시스템이 절대 재시작되지 않을 것이라고 기대한다면, 그런 계획되지 않은 변경을 처리할 수 없을 것이다. 우리가 본 몇몇 팀은, 이 문제를 해결하기 위해 관리형(managed) 쿠버네티스 서비스에 자동 카오스 요소를 추가하여 고객 노드를 무작위로 재시작하게 했다. 쿠버네티스에서 기본으로 작동하는 이 기능[1]은 고객들이 특정 유형의 구조적 버그를 감지하고 수정하도록 강제했으며, 기반 인프라에 대한 통제권이 없고 인프라 제공자가 인스턴스를 재시작할 수 있는 환경에서 애플리케이션을 운영하는 데 익숙해지게 하는 효과도 냈다.

수용성 테스트

업그레이드가 사용자에게 문제를 일으키지 않았음을 확인하려면 어떻게 해야 할까? 한 가지 방법은 사용자에게 플랫폼 변경 후 애플리케이션이 제대로 작동하는지 검증하는 수용성 테스트(acceptance test) 집합

1 기본이기는 했지만, 강력한 클라우드 네이티브 아키텍처가 부족한 특정 구형 시스템을 실행할 때는 필요에 따라 끌 수 있었다.

을 유지하라고 요청하는 것이다. 물론 플랫폼 팀도 첫 검증 단계로 자체적인 수용성 테스트를(이상적으로는, 팀이 직접 소유하고 운영하는 샘플 애플리케이션의 형태로) 철저히 갖추고 있어야 한다.

유지보수 기간

유지보수 기간(maintenance window)이 '클라우드 네이티브'에만 한정된 것은 아니지만, 여러분이 제공하는 플랫폼의 유형에 따라서는 계획적으로 시스템의 가동을 잠시 중단해야 할 수 있다. 여러분의 시스템을 실제로 잠시 중단할 일이 종종 있다면, 필요할 때마다 임시방편으로 협상하려 하지 말아야 한다. 유지보수를 위한 가동 중단이 허용되는 시기에 대한 사전 기대치를 정하고, 팀과 사용자 모두 이러한 중단에 대비할 수 있도록 해야 한다.

§8.3 '아키텍처 재구축을 위한 가드레일'에서 언급했듯이, 대형 IT 기업들은 광범위한 시스템에 대한 변경 사항을 다양한 방법으로 테스트하고 전개(롤아웃)함으로써 고객 영향을 최소화한다. 그런 관행들은 운영자 주도의 마이그레이션 모델에도 적용된다. 작은 회사라면 이러한 고급 안전장치('가드레일')에 투자할 여력이 없을 수 있다. 그래도, 성숙한 모델이 어떤 모습인지 이해하면 미래에 나아갈 방향에 관해 아이디어를 얻을 수 있다. 유지보수 기간을 설정하고 수용성 테스트를 위한 자체 샘플 애플리케이션을 구축하는, 등 지금 할 수 있는 작은 투자는 미래의 플랫폼 팀에게 귀중한 선물이 될 것이다(`https://oreil.ly/H6RCn`).

모노레포는 마이그레이션에 도움이 되는가?

일부 대형 기술 기업은 공통 코드의 변경 사항을 관리하는 목적으로 모노레포monorepo를 즐겨 사용한다. 결국 모든 것은 코드이므로, 자연스럽게 모노레포가 마이그레이션에는 얼마나 도움이 되느냐는 질문이 제기된다. 모노레포의 좋은 점은 코드 수준의 의존성(의존요소)들을 파악할 수 있다는 것과 어떠한 변경을 저장소 전체에 가할 수 있다는 것이다. 필요하다면 플랫폼 팀이 직접 고객 코드를 변경하는 것도 가능하다. 하지만 현실에서 이러한 가치는 플랫폼 마이그레이션 전반보다는 순수한 사내 라이브러리의 변경에서 훨씬 더 크다. 이유는 다음 두 가지이다.

- 플랫폼에는 보통 서비스 구성요소가 있기 마련이다. 따라서, 클라이언트와 API에 영향을 미치는 모든 변경은 모든 클라이언트가 재배포될 때까지는 완료되지 않는다. 고객 시스템들은 여러분이 계획한 일정에 맞춰 재배포되지 않으므로, 프로덕션 환경에서 한동안 여러 버전의 클라이언트와 API를 지원해야 한다.
- 플랫폼에 OSS와 벤더 시스템이 제공하는 외부 코드에 의존하는 리치 클라이언트가 있는 경우도 많다. 그런 라이브러리들을 변경하면 고객의 애플리케이션에 광범위한 영향을 미치게 되는데, 고객이 자신의 애플리케이션을 다른 목적으로 사용할 수도 있다는 점을 주의해야 한다. 그런 경우 변경의 영향이 더욱 크고 위험하다. 모노레포가 아닌 환경에서는 내부 클라이언트의 버전들을 관리함으로써 이 문제를 해결할 수 있다. 모노레포에서도 그것이 불가능하지는 않겠지만, 그렇게 하면 애초에 모노레포로부터 얻고자 했던 가치가 모두 사라진다.

모노레포가 주는 가치는 회사의 문화와 기타 기술적 선택에 따라 달라진다(제5장 참조). 그렇긴 하지만 모노레포가 대부분의 플랫폼 마이그레이션을 아주 저렴하게 만드는 방법이라고는 할 수 없다.

9.2.3 사용 현황에 관한 메타데이터 추적

시스템 마이그레이션에서 가장 까다로운 부분 중 하나는 의존성들을 파악하는 것이다. 상호 연결된 플랫폼을 더 많이 구축할수록 애플리케이션이 플랫폼의 각기 다른 부분을 어떻게 사용하는지 파악하는 것이 중요해진다. 이는 단지 제품 지표들(제5장에서 언급한)뿐만 아니라 운영, 업그레이드, 마이그레이션을 위해서도 필요하다. 기술, 배포, 의존성 대한 자동 자산 추적(automatic asset tracking) 기능을 구축하고 회사 전체의 기존 실행 중인 인프라의 그래프를 만들어 두면 복잡한 업그레이드의 지원에 크게 도움이 된다. 이러한 자동 추적 기능을 나중에 오래된 구형 환경에 추가하는 것은 그리 쉽지 않다. 작은 회사에서 처음부터 구축하는 것이 훨씬 쉽다.

추적해야 할 사항에는 다음이 포함된다.

- 플랫폼을 누가 사용하는가?
- 플랫폼을 어떤 애플리케이션이 사용하는가? 그리고 그 애플리케이션은 플랫폼의 어떤 부분을 사용하는가?
- 그 애플리케이션을 누가 소유하는가?

플랫폼마다 특성이 다르기 때문에, 미래의 업그레이드를 위해 여러분이 추적해야 할 사항을 여기서 모두 세세하게 나열할 수는 없다. 이 논의의 목표는 이것이 플랫폼 조직이 해야 할 업무의 일부라는 점을 상기시키는 것이다. 세계의 상태에 대한 메타데이터를 수집하고, 무엇이 어디에 배포되어 있는지 파악하며, 배포를 위한 코드를 사람과 팀에 연결하는 방법을 이해하는 것, 이 모든 것이 플랫폼 엔지니어링 여정의 초기에 수집해야 할 강력한 지식이다.

소유권 메타데이터의 중앙집중식 추적

소유권 메타데이터(ownership metadata)를 추적하면 원활한 마이그레이션 수행, 효과적인 커뮤니케이션, 그리고 플랫폼의 효율적 운영이 가능하다. 여기서 소유권 메타데이터는 주어진 시스템과 프로세스를 어떤 팀이나 개인이 소유하고 있는지에 관한 정보이다. 이런 메타데이터를 플랫폼마다 따로 추적할 수도 있지만, 우리는 이 메타데이터를 중앙집중화하는 것이 조직의 변화나 기술과 조직 간의 불일치로 인한 문제를 피하는 데 도움이 된다는 것을 경험했다.

성장 단계에 있는 회사에서 일해본 사람이라면 다음과 같은 상황을 목격했을 것이다. 수년간 많은 사람이 입사와 퇴사를 거듭하다 보면, 여전히 쓰이고 있지만 누구도 소유권을 가지지 않은 기술 자산들이 생긴다. 핵심 시스템에서는 이런 일이 잘 일어나지 않는다. 하지만 조직에는 오랫동안 아무도 살펴보지 않은 크론 작업(cron job)이나 모두가 잊고 있던 데이터 파이프라인이 있기 마련이다. 그런 요소들이 소리 없이 계속 실행되다가 갑자기 문제가 생겨서 모두가 수습에 나서는 일이 종종 발생한다.

이러한 '조직적 표류(organizational drift)' 때문에 플랫폼 자체의 발전이 저해되는 것은 플랫폼 엔지니어링의 숨겨진 난제 중 하나이다. 대규모 데이터 파이프라인이 플랫폼 자원을 과다 사용하는 문제를 해결할 담당자가 없다면, 플랫폼 팀은 곤란한 상황에 빠진다. 일반적으로, 플랫폼 엔지니어에게 비즈니스 시스템을 수정할 부담을 떠맡기는 것은 현실적이지 않다. 플랫폼 엔지니어가 애플리케이션 개발자들을 도울 수는 있다. 하지만 그러한 애플리케이션이나 프로세스를 장기적으로 소유하게 해서는 안 된다. 그런 시스템들이 비즈니스 프로세스 운영에 중요하다면, 소유권을 명확히 할 필요가 있다.

회사의 상태에 따라서는, 시간이 지나도 유지보수가 가능한 플랫폼을 만들려면 이러한 조직적 표류를 여러분이 극복해야 할 수도 있다. 조직적 표류의 해결이 여러분의 책임이라는 뜻은 아니다. 다만, 모든 시스템에서 조직적 표류를 인지하고 그에 대응하는 방안을 생각하는 사람이 아무도 없다면, 이를 위한 논의를 시작하는 사람이 바로 여러분이어야 한다. 먼저 인사팀과 협력하여 퇴사 절차와 고용/팀 상태에 대한 공식 기록 시스템을 명확히 하자. 고용 변경 사항을 기록하는 문서화된 시스템이 있으면, 다른 엔지니어링 팀과 협력하여 작업, 시스템 및 기타 기술 프로세스가 인력 소유권과 어떻게 연계되어야 하는지 합의할 수 있다. 이를 통해 직원이 퇴사하거나 팀을 옮길 때 자동으로 재배정이 가능하다.

이것이 제2장에서 소유권 메타데이터를 강조한 이유 중 하나이다. 이 문제는 자원을 탄력적으로 운용하는 클라우드 환경뿐만 아니라 자원 운용이 비교적 고정적인 환경에서도 어려운 문제이다. 소유권 추적에 대한 전략이 없다면 플랫폼의 유지보수와 운영 능력이 심각하게 저하될 수 있다(접근 권한 가시성 부족으로 인한 보안 위험은 말할 것도 없고!).

9.2.4 클립보드 업무를 피하기 위한 자동화 개발

좋은 플랫폼 팀은 마이그레이션을 신중하게 계획하고 자동화한다. 덕분에 고객은 마이그레이션을 아주 편하게 진행할 수 있다. 반면에 나쁜 플랫폼 팀의 마이그레이션은 개발자들에게 많은 부담과 고통을 준다. 마이그레이션과 업데이트를 위해 개발자가 많은 것을 계획하고 처리해야 하기 때문이다. 플랫폼이 성능 위주의 작업부하를 다양하게 지원하는 경우, 커다란 변경이 고객의 작업부하에 미치는 영향을 파악하기 어려운 것은 사실이다. 하지만 이것을, 모든 것을 사람이 클립보드를 들고 다니면서 일일이 점검하고 독촉하는 수준에서 머무르는 대신, 시스템 설계를 개선해서 작업 자동화를 지원하는 기회로 삼을 수 있다.

예전에 카미유가 관리한 기반 플랫폼(base platform) 팀은 여러 구성요소를 소유했는데, 그중 하나는 표준 리눅스 배포판이었다. 회사에는 성능에 민감한 C 코드와 C++ 코드가 많았기 때문에 배포판 업그레이드 과정이 아주 고통스러웠다. 카미유가 합류했을 때 팀은 여전히 지연된 업그레이드를 진행 중이었는데, 너무 오래 걸려서 새 버전에 대한 벤더 지원마저 잃을 위기에 처했다. 문제는 고객들이 새 버전 검증에 필요한 작업을 너무 지루하고 시간 소모적으로 여겼다는 점이었다. 누가 뒤처져 있고 무슨 일이 일어나고 있는지 파악하려면 지속적인 독촉과 후속 조치가 필요했다. 결국 마이그레이션은 완료되었지만 상처를 남겼다. 다음 번 버전 업그레이드 때는 팀이 일정에 대해 즉각적인 두려움을 보였고, 고객들도 저항했다.

팀은 카미유에게 업그레이드 관리를 위한 프로젝트 관리자 채용을 요청했다. 프로젝트가 너무 복잡해서 사람의 개입이 성공에 필수적이라고 생각했기 때문이다. 하지만 카미유는 그래도 될지 확신할 수 없었기 때문에 대신 다음과 같이 지시를 밀어붙였다. “프로젝트 관리자가 할 수 있는 모든 작업을 자동화하려는 시도를 다 해봤다는 것을 증명한 후에야 채용을 허가하겠다. 프로젝트 관리 없이 시도해 보고 한계에 부딪혔다는 것을 보여주면 채용할 수 있다. 그때까지는 창의적으로 생각해 보라.”

결과는 훌륭했다. 팀은 이 의견을 진지하게 받아들이고 업그레이드가 왜 그토록 복잡한지 고민하기 시작했다. 복잡성의 한 원인은 업그레이드가 사실상 하나의 의존성 트리에 해당한다는 점이었다. 하위 시스템의 검증과 작업이 완료되기 전에는 한 시스템을 업그레이드할 수 없었다. 첫 단계로 카미유의 팀은 이러한 의존성들을 파악해서 프로젝트 마이그레이션 주기와 연관시켰다. 시스템은 의존성들의 한 집합이 완료되는 시점을 감지하고, 그런 후에만 다음 단계의 작업을 진행했다. 이런 방식으로 팀은 관측성 및 추적 작업흐름을 위한 일련의 도구들을 만들었는데, 그 과정에서 항상 고객을 고려했다. 업그레이드가 필요한 사용자들의 작업을 쉽게 만들려면 어떻게 해야 할까? 어떤 부분을 완전히 자동화할 수 있을까? 사용자의 시스템이 진행할 때가 되면 어떤 부분을 티켓 내용으로 설명할 수 있을까?

이렇게 했어도 사람이 주도하는 프로젝트 관리의 필요성이 아예 없어지지는 않았다. 프로젝트 후반에는 일부 팀원들이 프로젝트 관리자와 협력하여 과정을 마무리했다. 하지만 이 마이그레이션은 이전 업데이트들에 비해 큰 진전이었다. 팀이 마이그레이션 자체의 계획뿐만 아니라 도구, 자동화, 관측성, 그리고 과정에 관련된 모든 사람의 고통을 덜어주는 고객 중심 접근 방식을 고민하는 데 시간을 투자했기 때문이다.

이것은 플랫폼 팀이 일을 제대로 한다는 것이 어떤 것인지 보여주는 훌륭한 사례이다. 마이그레이션의 모든 것을 자동화할 수는 없었지만, 팀이 수많은 무거운 작업을 떠맡은 덕분에 마이그레이션 과정의 끝에서 고객들은 불평이 거의 없다. 이는 현대적인 플랫폼 팀이 되고자 하는 모든 팀의 기본 요구사항 중 하나를 보여준다. 바로, 플랫폼 엔지니어링의 성공을 위해서는 고객 마이그레이션 작업의 대부분을 플랫폼 팀이 계획하고 수행해야 한다는 것이다.

9.2.5 진입로 및 퇴로 전략 문서화

고객을 위해 자동화하는 게 사실상 불가능한 마이그레이션도 있다. 예를 들어 플랫폼 팀이 새로 만든 서비스 관리 플랫폼을 고객이 사용하려면 기존 플랫폼(또는 베어메탈 서버)에 있던 애플리케이션을 고객이 직접 새 플랫폼으로 이전해야 하는 경우도 있을 수 있다. 이런 종류의 마이그레이션을 진행할 때는 사람들이 기존 시스템에서 쉽게 벗어나 새로운 시스템으로 이전할 수 있는 진입로(on-ramp)와 퇴로(off-ramp)를 고민해야 한다.

예를 들어 어떤 서비스 플랫폼을 새로 만들었다고 하자. 고객은 새 플랫폼이 자신들에게 적합한지 테스트하고 싶어 할 것이다. 만일 전체 트래픽을 모두 옮기기 전에 시스템의 일부만 이전해서 실험할 수 있게 한다면 고객이 새 플랫폼을 좀 더 쉽게 받아들일 것이다. 이러한 부분적 마이그레이션을 수행하는 방법을 제시하는(여러분이 직접 만든 도구를 통해서든, 기존 도구를 사용하는 과정에 대한 상세한 문서를 통해서든) 것은 기존 시스템의 퇴로 전략과 새로운 시스템의 진입로를 지원하는 데 중요하다.

사용 수준 문서화(usage-level documentation; SaaS 벤더의 기술 작성자들이 만드는 상세한 API 설명, 코드 샘플, 심층적인 시작 가이드 등)는 이 책에서 그리 많이 다루지 않겠다. 이는 대부분의 회사가 이런 종류의 문서를 잘 만들기 위한 예산이나 인력을 지원하지 않기 때문이다. 엔지니어들에게 또 다른 문서화 업무를 맡기면 허술한 문서가 만들어지기 마련이다. 게다가 그런 문서는 빠르게 구식이 되어서, 교육에 도움이 되기보다는 혼란만 가중할 가능성이 크다. 하지만 마이그레이션의 경우에는 사용 수준 문서를 잘 만드는 것이 중요한 차별점이 될 수 있다. 이 경우에는 한 번만 작성하면 되는[2] 일회성 작업이므로, 구식이 될 것은 걱정하지 않

---

2 그렇다고 마이그레이션 문서를 말 그대로 '단번에' 작성할 수 있을 거라고 기대하지는 말자. 문서에 추가해야 할 예외 사례가 과정 전체에서 거듭 발견될 것이 거의 확실하기 때문이다. 그래도 계속 진화하는 플랫폼이나 서비스를 지원하는 실시간 문서보다는 훨씬 더 일회성이므로, 구식이 될 위험은 훨씬 적다.

아도 된다. 이런 상황에서는 전문 기술 작성자를 고용해서라도 작업을 지원하는 견고한 문서를 만드는 것이 가치가 있다.

그렇다면 마이그레이션을 지원하는 데 어떤 자동화와 문서가 필요한지 파악하는 방법은 무엇일까? 답은 개밥 먹기와 파트너십이다. 가능하다면 다른 플랫폼 팀을 알파 테스터로서 삼아서 마이그레이션 과정을 거치게 하자. 개발 중에 자체 플랫폼을 사용해 보는 것은 불완전하지만 유용한 적합성 테스트와 사용성 테스트가 된다. 일단 준비가 되면, 새로운 기능을 좀 더 일찍 사용해 보고자 하는 고급 고객들에게 접근하자. 이 초기 실제 고객들은 신선한 시각으로 플랫폼과 마이그레이션 사례를 경험할 기회를 여러분에게 제공할 것이다. 팀원들이 이들과 함께 일하며 초기 고객들의 마이그레이션을 지원하면 버그와 기능 격차뿐만 아니라 과정을 용이하게 할 누락된 도구와 자동화에 대한 중요한 통찰을 얻을 수 있다. 초기 팀들의 마이그레이션 과정에서 파악한 것들을, 나머지 고객 기반을 위한 과정을 다듬고 성공적인 온보딩에 필요한 단계를 문서화하는 데 사용하면 된다.

9.3 더 원활한 마이그레이션 조정

이전 절에서 설명했듯이 여러분은 마이그레이션을 투명하게 만들기 위해 할 수 있는 모든 일을 해야 한다. 하지만 대부분의 마이그레이션은 고객과의 조정(coordination)이 어느 정도 필요하다. 조정을 잘 수행한다는 것은 무엇을 의미할까? 마이그레이션이 쉬운 일은 절대로 아니다. 하지만 조금이나마 더 쉽게 만들 수는 있으며, 이를 위해 여러분이 할 수 있는 일이 많다. 이번 절에서는 새 제품으로의 전환을 최대한 쉽게 만들고 플랫폼 팀의 작업량을 균형 있게 조절하기 위해 여러분이 해야 할 가장 중요한 사항들을 설명한다.

9.3.1 계획된 변경의 범위, 한계, 우선순위 설정

시스템 간 결합도(coupling)를 제한하는 것처럼, 플랫폼 전반에 걸친 마이그레이션이 우연히 겹치는 것도 제한할 필요가 있다. 이러한 제한은 크게 세 가지 형태이다.

향후 12개월 이내의 확정적 마감일로부터 역으로 범위를 설정한다.

플랫폼 팀이 전혀 통제할 수 없는 마이그레이션도 있다. 예를 들어 OSS 라이브러리가 폐기되거나 벤더가 API 호출 방식의 변경을 요구하는 경우가 그렇다. 이런 '움직일 수 없는 대상'들은 이후의 선택지를 제한한다. 따라서 여러분은 마이그레이션을 어떻게 이들보다 앞서서 수행할 것인지를 최대한 빨리 파악해야 한다.

여기서 '12개월'이라는 명목상의 기한에 주목할 필요가 있다. 우리가 경험한 바로는, 12개월이 넘는 OSS나 벤더의 마감일은 아무리 '확정적'이라고 해도 처음 생각했던 것보다 훨씬 유동적이다. 업계 전반에 영향을 미치는 변경이면 일정이 미뤄지기 마련이고, 자체 솔루션을 만들 필요가 없도록 업계 차원의 해결책이 나오곤 한다(2015년 AWS가 'Classiclink' VPC 마이그레이션 기능을 출시해 고객들이 맞춤형 솔루션을 만들 필요가 없어진 것이 좋은 예다). 이런 점에서, 계획 기간을 훨씬 벗어난 미래의 사건을 근거로 사용자들에게 당장 마이그레이션하라고 강요하면 마찰이 생길 뿐이고, 더 심한 문제도 발생할 수도 있다. 설사 동의를 받더라도 시간과 노력이 낭비될 때가 많다.

12개월 이상 남은 마감일에 대해서는 앞 절에서 언급한 대로 마이그레이션을 쉽게 만들기 위한 작업에 시간을 투자해야 한다. 본격적인 조율 계획은 12개월 기한에 가까워질 때까지 미룬다. 마감일에 가까워졌다면, 사용자들에게 요구할 수 있는 명확하고 따르기 쉬운 프로세스가 마련되어 있어야 한다.

진행 중인 고객 작업의 결합을 제한한다.

데이터베이스 업그레이드와 데이터센터 마이그레이션을 함께 진행하면 고객의 수고가 덜어질까, 아니면 오히려 둘 다 완료하기가 더 어려워질까? 여러 변경 사항을 함께 처리하는 것이 합리적일 때도 있지만, 그룹화된 변경은 플랫폼 내부에서 진행하고 고객에게는 하나의 작업으로 보이게 만드는 것이 좋다. 이런 판단은 다소 미묘하다.

- 단순한 이전(lift-and-shift) 이상의 마이그레이션(고객이 시스템 일부의 아키텍처를 재구축해야 하는 등)이라면 다른 주요 변경과 묶는 것이 합리적일 수 있다. 예를 들어 고객이 온프레미스 VM에서 공용 클라우드의 컨테이너 기반 컴퓨트 시스템으로 이전할 때 인증 시스템 업데이트를 함께 진행해도 전체 마이그레이션 프로젝트의 복잡도가 크게 높아지지는 않을 것이다. 이런 접근은 마이그레이션이 어느 정도 선택적이고 애플리케이션 팀이 재설계를 통해 얻을 수 있는 가치가 클 때 가장 합리적이다.
- 데이터센터 임대 종료나 인프라 공급업체의 계약 만료 같은 확정된 기한이 있다면, 사람들이 프로세스를 원활히 진행할 수 있도록 다른 변경 사항을 제한해야 한다. 새 데이터센터에서 아주 오래된 구형 시스템을 지원하지 않으려는 것은 이해할 만하다. 하지만 어차피 마이그레이션해야 한다는 것을 핑계로 삼아 여러분 마음에 들지 않는 것을 애플리케이션 팀이 고치게 할 수 있다는 생각에서, 또는 구형 시스템에서 벗어나기 위해서 계속해서 제약을 추가하려는 유혹은 피해야 한다.

주요 미처리 요청을 추적하고 우선순위를 정한다.

한 분기(quarter)에 운영체제의 대규모 업그레이드와 회사 전체의 인증 방식 변경을 모두 진행하는 것이 꼭 필요한가? 플랫폼 지도층은 로드맵 계획의 일환으로 계획된 마이그레이션과 주요 변경 사항을 파악해야 한다. 이러한 마이그레이션을 동시에 진행해야 하는지, 플랫폼의 다른 부분에는 어떤 영향을 미칠지, 계획이 이러한 중첩을 고려했는지 등에 대해 질문하는 것을 주저하지 말아야 한다.

이는 고객을 돕기 위해서뿐만 아니라 여러분의 팀을 위해서도 중요하다. 다수의 동시 변경이 여러분 자신의 플랫폼들에 미치는 영향을 얼마나 잘 테스트할 수 있을까? 앞에서 본 공용 클라우드 마이그레이션 사례처럼 새로운 플랫폼 제공을 위해 새 구성요소들을 통합하는 것과, 빌드 산출물용 객체 스토리지 변경과 빌드 및 테스트 시스템 마이그레이션을 동시에 진행하는 것은 성격이 다른 문제이다. 산출물 검색의 성능 문제에 대한 이러한 동시 변경의 영향을 파악하기가 매우 복잡해질 수 있다.

9.3.2 일찍 공개적으로 소통하기

맥락 없는 마감일은 마이그레이션에 대해 고객이 느끼는 가장 큰 불만 중 하나이다. 하지만 사용자들이 마이그레이션 관련 작업을 끝까지 미루다가 문제가 발생하는 것도 사실이다. 그런 사태를 어떻게 피할 수 있을까? 답은 소통 전략에 있다.

첫 단계는 마이그레이션이 필요해질 것을 파악한 즉시 고객에게 알리는 것이다(단, 마감일이 12개월 이상 남은 경우 대부분 정보 제공 수준에 그쳐야 한다). 마이그레이션이 바탕 시스템의 업데이트(예: OS나 데이터베이스 버전의 수명 종료)로 인한 것이라면, 마감일은 대체로 확정적이지만 준비할 시간은 충분할 때가 많다. 그러한 마감일을 고객과 공유하는 로드맵에 포함하고 뉴스레터나 분기별 계획 수립 회의, 기타 정기적인 고객 참여 채널을 통해 반복적으로 알려야 한다. 여러분 팀의 자체 플랫폼 계층에서도 변경이 필요한 경우에는, 프로젝트가 출시에 가까워지고 필요한 작업을 파악할 때까지 소통을 미루는 것이 나을 수 있다. 예를 들어 알파 고객이 새 버전을 사용하기 시작하고 변경 사항이 의도한 대로인지 확신이 들 때까지 기다리는 게 바람직할 것이다.

플랫폼이 커지고 관리할 부분이 많아질수록 이러한 조기 소통은 더 어려워질 수 있다. 대규모 환경에서는 애플리케이션 엔지니어링 팀이 종종 담당자를 두어서 플랫폼 팀의 플랫폼 마이그레이션 요청을 평가하고, 명세를 확인하며, 요청이 타당하고 실행 가능하다고 판단되면 애플리케이션 엔지니어들에게 전한다. 어느 정도 규모의 회사에서는 그런 담당자를 두는 것이 불가피할 수 있지만, 그보다는 플랫폼과 인프라 팀 내부의 체계 부족에 대한 반응으로서 그런 방식을 도입하는 경우가 많다.

고객이 마이그레이션 담당자를 두어야 할 정도로 조직의 규모가 커졌다면, 플랫폼의 마이그레이션 조정을 공식화할 때가 된 것이다. 고객 조정은 프로젝트 관리자가(또는 회사 규모에 따라 팀 전체가) 가장 잘할 수 있지만, 이 역할을 지원하기 위한 작업은 대부분 팀의 연간 상향식 계획 수립 과정에서 이루어져야 한다. 이 과정에 추가할 점검 사항은 다음과 같다.

- 핵심 플랫폼 영역 중에서 고객의 작업이 필요한 주요 변경 사항이 예정된 곳은 어디인가?
- 고객의 작업을 줄이기 위해 관련 변경 사항을 묶을 수 있는 곳과 이미 계획된 변동으로 인해 특정 마이그레이션을 지연해야 할 곳을 고려했는가?
- 고객 팀이 변경 사항을 수용할 계획을 세울 수 있도록 향후 2~3분기의 주요 변경 사항을 소통하는 데 사용할 수 있을 정도로 잘 만든 마이그레이션 계획이라는 확신이 있는가?

어떤 경우이든, 마이그레이션 기간에는 일반적인 지원 업무와 온콜 순환 근무와는 별도의 전용 소통 및 지원 채널을 두는 것이 도움이 된다. 그런 채널을 공개해서 잘 큐레이션한다면, 흔한 문제점들을 고객들이 서로 도와서 스스로 해결하기도 한다. 이 채널은 문서화할 FAQ를 수집하고 자동화가 필요한 거친 부분을 파악하는 용도로도 유용하다. 전담 마이그레이션 조정 센터가 없거나 필요하지 않은 경우에도 이런 채널이 유용할 수 있다.

9.3.3 마지막 20%의 완수

이제 여러분은 마이그레이션 작업을 소유하기로 결정했고, 자동화와 원활한 소통을 통해 고객에 대한 영향을 최소화하기 위해 많이 노력했다. 심지어 직접 마이그레이션을 수행하기까지 했다. 그런데 진척 상황을 보니 전체 작업량의 80% 정도만 처리되었고, 20%가 여전히 남아있다. 구 버전이나 구형 시스템을 완전히 제거하려면 이 20%도 반드시 마이그레이션해야 한다.

이제 무엇을 어떻게 할까? 많은 프로젝트가 그렇듯이, 마지막 20%가 처음 80%보다 더 어려워 보일 수 있다(그리고 마지막 5%는 거의 불가능해 보일 수도 있다). 아마도 남아 있는 것은 위험도가 가장 높거나, 가장 오래되었거나, 가장 중요하거나, 가장 많이 커스텀화된 애플리케이션일 것이다. 가장 많은 고객을 먼저 처리하는 마이그레이션 작업에 집중하는 것이 당연하지만, 이런 긴 꼬리(long tail)를 영원히 무시할 수는 없다. 이 마지막 작업을 시작하면서 새로운 복잡성이 발견될 것이고, 작업을 완료하려면 이를 해결해야 한다.

첫째 복잡성은 마이그레이션이 예상보다 오래 걸린다는 점이다. 마이그레이션이 완료될 때까지 누군가는 구형 시스템을 계속 운영해야 한다. 구형 시스템에 들이는 노력을 최소화하고 싶을 것이다. 하지만 대부분의 팀원이 새 시스템에만 집중하게 되면 구형 시스템을 담당하는 사람들은 소외감을 느끼고 자신의 경력에 대해 걱정하기 시작한다. 제한된 지원 교대근무와 낡은 플랫폼으로 인한 복합적인 스트레스로 소진되어 결국에는 팀을 떠날 수도 있다. 마지막 단계를 몇몇 장기근속 직원들에게만 떠맡기지 않도록, 구 시스템과 새 시스템에 대한 작업 균형을 미리 맞춰야 한다.

프로젝트 후반부에는 예상치 못한 문제들이 발생할 수 있다. 온프레미스 환경에서 플랫폼을 운영한다면 오래된 플랫폼을 위해 새 하드웨어를 구매하고 싶지는 않을 것이다. 하지만 마이그레이션이 완료되기 전에 낡은 하드웨어를 폐기해야 한다면 어떻게 될까? 카미유가 마이그레이션의 마지막 단계를 관리한 경험을 소개하겠다. 데이터센터 팀이 팬이 수명을 다했기 때문에 구 서버를 교체해야 한다고 주장했다. 카미유의 팀은 데이터센터 팀과 협상해서, 추가 작업이 필요하더라도 팬만 재활용하거나 교체하는 것으로 합의를 보았다. 덕분에 구매 후 6개월이면 필요 없어질 새 서버에 큰돈을 쓰는 낭비를 피할 수 있었다. 대규모 환경에서는 바탕 의존성들을 놓치는 일이 발생할 수밖에 없다. 바탕 의존성을 누락하면, 대규모 마이그레이션의 이 지루한 마지막 단계에서 긴급한 상황이 발생할 수 있다. 그럴 때 여러분은 당황하지 말고 팀의 창의력을 발휘해서 문제를 해결해야 하며, 그 과정에서 이러한 위험에 관심이 있는(또는 도움을 줄 수 있는) 모든 사람과 소통해야 한다.

마지막으로, 누가 마지막 20%의 작업을 책임져야 하는지가 항상 명확하지는 않다. 이는 마이그레이션이 필요한 애플리케이션의 특성에 따라 다르다. 때로는 책임자가 애플리케이션의 소유자가 아닐 수도 있다. 플랫폼 팀이 책임져야 할까? 애플리케이션 팀이 책임져야 할까? 새 시스템이 일부 예외적인(edge-case) 사용자에게는 전혀 맞지 않다는 사실을 발견할 수도 있다. 그런 경우에는 폐지 프로세스를 거쳐야 하는데, 이에 관해서는 다음 절에서 설명한다. 그 밖의 경우에는 여러분 팀과 애플리케이션 팀 사이에 지속적인 협상이 필요할 것이므로 이에 대비해야 한다. 특정 기한 내에 마이그레이션을 완료하도록 강제할 수 있는 권한이 여러분에게 얼마나 주어지는가는 조직의 문화에 따라 다르다. 당근을 채찍보다 선호하는 문화라면 플랫폼을 늦게 도입하는 이들을 설득하는 데 더 큰 노력이 필요할 수 있다. 어떤 경우든 새 플랫폼이 좋을수록, 그리고 이미 마이그레이션한 사람들의 경험이 좋을수록 이러한 논의가 더 쉬워진다. 더 많은 사람들이 신뢰를 갖고 새로운 제품을 사용하고 싶어 할 것이기 때문이다. 하지만 **더 쉽다**는 것은 상대적이다. 절대적으로 **쉽다**는 뜻은 아니다. 고객 소유권이 최소인 구형 애플리케이션의 경우 이 작업을 수행하는 데 상당한 반발이 있을 것으로 예상해야 한다.

9.3.4 의무화는 조심스럽게

마지막으로, 마이그레이션과 관련한 인적 난제(people challenge)를 살펴보자. 이 문제는 대규모 환경에서 특히 심하다. 작은 규모의 조직에서 일했던 리더라면, 그때는 마이그레이션의 이점을 사람들에게 납득시키기가 전혀 어렵지 않았음을 기억할 것이다. 당시에는 모두가 여전히 '하나의 팀, 하나의 꿈' 단계에 있었다. 하지만 시간이 지나 회사가 성장했거나 큰 회사에 새로 합류한 리더라면, 깊은 개인적 유대에서 오는 그런 신뢰가 없다. 게다가 고객들은 이미 잘못된 마이그레이션으로 고통을 받은 경험이 있을 것이다. 여러분이 마이그레이션을 효과적으로 수행하고 소통도 잘했다고 해도, 고객 중에는 다른 회사에서 고통스러운 마이그레이션을 경험한 사람들이 있기 마련이다. 그런 사람들은 마이그레이션을 지원하기 위해 해야 할 작업을 생각조차 하기 싫어할 수 있다.

어쩌면 이렇게 생각하는 독자도 있겠다: "이 마이그레이션은 아주 중요하니, CTO에게 말해서 모든 사람이 이 마이그레이션을 의무적으로 완료하라고 지시하게 만들면 되지 않을까? 아마존이 서비스 기반으로 이전할 때도 통했고, 내 친구 회사가 클라우드로 이전할 때도 통했으니, 우리 회사 CTO도 나를 지지할 거야!"

진정으로 중요한 이니셔티브라면, 그리고 운이 좋다면, 이런 하향식 의무화에 대한 동의를 얻을 수 있을지 모른다. 대규모 환경에서는 비용 절감 조치부터 규정 준수, 보안 이니셔티브, 사업 확장에 이르기까지 반드시 완료해야 하는 수많은 다른 이니셔티브와 경쟁하게 된다. 회사가 의무 사항에 쏟을 수 있는 주의력은 한정되어 있으며, 지도층이 이러한 의무 사항을 설정하려고 해도 어느 시점에서는 사람들이 더 이상 관심을 기울이지 않게 된다.

우리의 조언은, 필수적인 사항에 대해서만 의무화를 요청하고, 가능하다면 다른 필수 과제를 만족시키는 것과 연계하라는 것이다(더 나아가 주요 제품 이니셔티브와 연계하면 더욱 좋다). 여러분의 플랫폼이 보안 태세를 개선하고 비용을 절감한다면, CISO와 CFO와 함께 이것을 그해의 몇 안 되는 의무 사항 중 하나로 요청할 수 있을 것이다. 비즈니스가 가격 모델을 변경하려 한다면, 이는 결제 플랫폼을 개선할 좋은 기회가 될 수 있다. 다른 중요한 작업의 일부로 마이그레이션을 전략적으로 계획하는 것이, 고객이 예정에 없이 의무적으로 수행하고 있는 여러 작업과 아무런 연관성이 없어 보이는 또 다른 뜻밖의 각종 의무 작업으로 고객을 귀찮게 하는 것보다 보통 더 효과적이다.

마이그레이션의 마지막 20%를 추진하기 위해서는 의무화가 필요할 수 있다. 마이그레이션 과정에서 많은 고통이 있을 수 있지만, 오래된 시스템을 계속 운영하는 데는 그만큼의 고통이(그리고 더 많은 위험이) 따를 것이다. 때로는 모든 당사자가 올바른 일을 하도록 하기 위해 고위 리더가 "우리 모두 이것이 올바른 일임을 안다"라고 말해야 할 때가 있다. 하지만 플랫폼 팀이 의무화 접근 방식을 너무 자주 사용하는 것은 바람직하지 않음을 유념하자. 너무 자주 사용하면, 애플리케이션 엔지니어들이 비즈니스를 위해 일하는 것이 아니라 플랫폼 팀의 프로젝트를 위해서만 존재하는 것처럼 보이는 문화가 조성될 수 있기 때문이다.

9.4 플랫폼 폐지

앞에서 마이그레이션에 대해 논의하면서 당연한 것으로 치부한 사항이 하나 있다. 바로, 한 시스템에서 다른 시스템으로 사람들을 마이그레이션해도 해당 시스템의 기능성이 제거되지는 않는다는 것이다. 사람들에게 기존 플랫폼에서 벗어나라고 요청하면서도 그와 동등한 수준의 기능성을 제공하는 대안 시스템이 마련되어 있지 않다면, 이는 단순한 마이그레이션이 아니라 시스템의 폐지(sunsetting)를 요청하는 것이다. 이런 상황에서는 플랫폼 사용자를 위한 전체 마이그레이션을 지원할 여력이 여러분 팀에 없을 수도 있다. 그래도 마이그레이션을 최대한 수월하게 만드는 데 노력해야 한다.

9.4.1 폐지 시점 결정

구형 시스템을 폐지해야 하는 이유는 많다. 기존 시스템을 이해하고 지원할 수 있는 인력이 부족하거나, 보안 및 규정 준수가 어렵거나, 관련 공급업체(벤더)가 폐업했거나 등등이다. 어떤 이유이든, 널리 사용되는 구형 시스템을 폐지해야 할 때는 폐지를 즉시 진행하지 말아야 한다. 우리는 필요하다면 새로운 플랫폼을 구축하거나 기존 플랫폼에 기능을 추가하는 등의 대안을 먼저 모색할 것을 권장한다. 그러면 다소 예외적인 폐지가 아닌, 좀 더 잘 확립되고 익숙한 프로세스에 따라 마이그레이션을 진행할 수 있다.

진정한 의미의 폐지, 즉 동등한 대체 시스템을 제공하지 않고 기능성을 아예 중단하는 것은 다음과 같은 경우에만 고려해야 한다.

1. 사용자가 많지 않은 경우

고객들이 다양한 설정을 요구할 것이라 예상하고 제품을 너무 일찍 확장했을 수 있다. 데이터베이스, 메시징 시스템, 관측성 도구 등에서 이런 일이 흔히 발생한다. 어떤 팀은 이런 종류의 서비스들에 매우 편향된 의견을 가지고 있어서, 특정한 고급 설정이나 다른 팀은 전혀 필요로 하지 않는 플러그인을 고집한다. 또 다른 일반적인 사례는 새로운 제품 팀이 특정 유형의 시스템을 고집하는 경우이다. 예를 들어 표준 제품이 지원하지 않는 한 가지 기능이 필요하다는 이유로 특정 그래프 데이터베이스를 요구하는 식이다. 이런 제품 관련 도박이 항상 성공하는 것은 아니며, 결국 단일팀을 위해 전체 인프라와 통합 스택을 지원해야 할 수도 있다. 한편, 사용자 경험을 혁신할 것이라 생각하고 새로운 작업흐름을 구축했지만 극소수의 사용자만이 이를 채택하는 경우도 있다. 이는 슈퍼유저superuser를 위한 기능에서 흔히 발생한다. 우리도 버전 관리, 코드 리뷰, 테스팅과 관련해 매우 특별한 상호작용 모델을 원하는 팀들을 위한 개발자 도구에서 이런 실수를 저지른 적이 있다. 이러한 요구사항을 가진 고객들은 전체 고객 기반의 극히 일부였고, 구축한 상호작용 모델은 다른 변경 사항에 맞춰 유지보수하기가 힘들었다. 결국 소수의 사용자를 위해 지원하기에는 비용이 너무 많이 드는 고급 기능들을 제거해야 했다.

> **주의** 폐지는 마이그레이션의 마지막 단계에서, 새 시스템이 지원할 수 없는 특정 기능에 깊이 의존하는 소수의 고객만 남았을 때만 진행해야 한다. 보통의 경우, 초기의 급조된 플랫폼을 확장 가능한 형태로 만들기 위해 아키텍처를 재구축하는 과정에서 다음 단계의 규모에서는 제공하기에 적합하지 않은 기능들을 제거해야 할 필요가 생겼을 때가 폐지를 진행할 만한 시점이다.
>
> 플랫폼 엔지니어링 팀은 이런 고객 공감이 부족할 수 있다. "애초에 확장성이 없다는 걸 모르지도 않았을 테니, 자기들이 알아서들 해결해야지"라는 태도를 보이기도 한다. 이것이 제품 중심적 접근 방식이 아님은 두말할 필요도 없을 것이다. 소수의 특수 사례가 아닌 더 많은 사용자에게 중요한 기능을 이런 식으로 다룬다면, 결국 기존 서비스와 새 서비스 모두 무기한 지원해야 하는 상황을 초래할 수 있다. 핵심 기능을 아예 폐지할 때는 정말로 용례의 0.1%만 영향을 받는지 확인하고, 모든 대안을 초기에 고려하고 소통한 후에만 폐지 과정을 시작해야 한다.

2. 서비스 지원 비용이 높은 경우

시스템이 자동으로 운영된다면 낮은 도입률이 문제가 되지 않을 수 있다. 하지만 지원 부담이 크면서도 사용자가 적은 기능이나 서비스가 있다면, 적절한 조치가 필요하다. 아무리 해도 도입률을 높일 방법이 보이지 않는다면 서비스를 폐지해서 팀의 부담을 줄이는 게 나을 수 있다. 이때 비용은 시스템 지원에서 직접적으로 발생하는 것이 아니라 전체 서비스 확장 과정에서 간접적으로 발생할 수 있음을 주의하자. 복잡하거나 깨지기 쉬운(fragile) 기능은 플랫폼의 다른 변경도 어렵게 만들 수 있다. 이는 특이한 작업흐름이나 슈퍼유저를 위한 기능을 지원할 때 자주 발생하는 문제이다.

3. 다른 우선순위에 집중해야 하는 경우

마지막으로, 팀이 우선순위가 더 높은 작업을 진행해야 하는데, 그러자면 반드시 방해 요소들을 제거해야 하는 경우에도 폐지를 고려해야 한다. 지속적인 엔지니어링 투자가 필요한 서비스를 다른 곳에 재투자해야 한다면, 이는 해당 서비스를 폐지하고 다른 일에 자원을 투입해야 한다는 신호일 수 있다.

다른 영역의 전달에 대한 압박 때문에 서비스를 폐지할 때는 폐지 작업을 마친 후 해당 인력을 어디에 재배치할지도 구체적으로 계획해야 한다. 관련 정보를 그에 영향을 받는 사용자와 이해관계자, 특히 재투자하려는 영역에 관심이 있는 사람들과의 소통 계획에 포함하는 것을 잊어서는 안 된다.

때로는 고객이 아니라 개발자들이 폐지에 반대한다

프로젝트가 계획대로 진행되지 않았을 때, 그러니까 팀이 자신들의 비전을 굳게 믿었지만 제대로 실현하지 못한 경우에는 폐지가 불가피하다. 우리가 경험한 기억에 남는 폐지 사례는 팀이 수년간 만들어보려 했던 빌드/테스트 도구를 제거한 일이다. 그 도구를 사용하는 애플리케이션 팀이 꽤 생길 정도로 도구를 개선하기는 했지만, 모든 팀이 새로운 솔루션을 도입하게 만들지는 못했다. 게다가 기존 시스템의 문제점들은 대부분 해결된 상태였고, 새로운 시스템과 기존 시스템을 동시에 지원하는 일이 팀에게 너무 큰 부담이 되고 있었다.

이 프로젝트에서 가장 어려웠던 점 하나는 새 도구를 더 발전시킬 여지가 없다는 사실을 팀원들에게 인식시키는 일이었다. 우리는 비록 팀원들이 최선을 다하긴 했지만 여기에 투자를 추가할 가치가 더 이상 없다는 점을 받아들이게 해야 했다. 자신들이 투자한 것이 성공하기를 너무나 바랐기에, 프로젝트가 막다른 길에 도달했다는 사실을 받아들이게 하는 것이 도구 자체를 종료하고 제거하는 것만큼이나 어려웠다. 실제로 이것은 리더들이 폐지 과정에서 흔히 겪는 어려움이다. 고객들은 기능을 포기하거나 마이그레이션해야 한다는 점에 불만을 가질 수 있지만, 그 기능을 만든 팀들은 지금까지 투자한 매몰 비용(sunk cost)에 더 집착하는 경향이 있다. 누군가의 소중한 작품을 포기하라고 말하는 것은 결코 즐거운 일이 아니다.

사실 상황은 더 나빠질 수 있다. 우리의 빌드/테스트 시스템 사례에서는 지도층이 폐지를 밀어붙이는 것으로는 부족했다. 그 기술을 끝까지 믿었던 사람들이 팀을 떠난 후에야 프로젝트를 완전히 폐지할 수 있었다. 이는 여러분이 반드시 경계해야 할 교훈이다. 특정 기술에 대한 열정으로 팀을 구성했다면, 그 기술이 기대했던 대로 성과를 내지 못할 경우 팀원들이 떠날 가능성이 높다.

9.4.2 폐지의 조율

시스템 폐지를 결정했다면, 실행 계획을 세울 때 남은 사용자들과의 조율 방식에 관해 고려할 사항이 몇 가지 있다.

시스템을 사용 중인 팀에 넘겨줄 수 있는지 검토한다.

지원 부담이 여러분 팀의 능력을 넘어서는 시스템이라 폐지하기로 했는데, 그 시스템에 크게 의존하는 다른 팀이 그 시스템을 직접 운영하고자 하는 경우도 있다. 이 경우 인력과 관련해서 협상이 요구되기도 한다. 아마 상대 팀의 지도층은 시스템 지원을 위한 인력도 함께 이전해 주길 기대하겠지만, 애초에 시스템을 폐지하는 이유가 바로 여러분 팀의 여유 인력이 없기 때문일 가능성이 높다. 이런 상황에서는 상대 팀에게 지원 방법을 교육하고, 양쪽 엔지니어들이 시스템을 함께 다루면서 이해할 수 있도록 전환 일정을 수립하는 것을 고려해야 한다. 결국 한두 명의 인력을 영구적으로 이동시켜야 할 수도 있지만, 그로 인해 팀의 다른 많은 인력이 더 중요한 일에 집중할 수 있다면 그만한 가치가 있다.

가능한 출구를 찾는다.

시스템 운영을 다른 팀으로 이전할 수 없고 폐지가 불가피하다면, 남은 사용자들과의 어려운 대화를 준비해야 한다. 가장 좋은 준비는 시스템 손실의 영향을 줄이고 다른 것으로 이전할 수 있는 방안을 찾는 것이다. 몇 가지 예를 들면 다음과 같다.

- 다른 시스템으로 마이그레이션하는 데 필요한 단계들을 문서화해서 필요한 노력을 이해시키고, 마이그레이션 과정에서 추가 지원을 제공할 수 있는가?
- 이미 폐지를 경험한 고객과 연결하여 교훈을 공유할 수 있는가?
- 작은 기능의 경우, 플랫폼을 활용해 자체 버전을 구축하는 방법을 설명할 수 있는가?
- 다른 도구나 기능으로 동일한 결과를 얻는 방법을 보여줄 수 있는가?

사용자들과 대화하며 옵션을 설명하고 그들의 의견을 반영한 일정을 수립한다.

어떤 서비스를 폐지하기로 했다면, 그 서비스의 사용자가 많지 않을 것이다. 그런 경우 무성의한 전체 공지를 보내는 대신 각 고객과 직접 대화하는 것이 관계 유지에 도움이 된다. 폐지 일정에 관해 여러분 나름의 생각이 있더라도, 이해관계자들의 대응 시간을 고려해 협상할 준비를 해야 한다. 사용자 기반의 규모와 시스템의 중요도에 따라 폐지 일정은 분기 단위에서 수년까지 다양할 수 있다.

또 한 가지 중요한 점은 사용자들에게 폐지를 최대한 일찍 알려야 한다는 것이다. 물론 너무 일찍 알리면 사용자가 문제를 무시할 수도 있겠지만, 그래도 가능한 한 일찍부터 대처할 기회를 주는 것이 좋다. 일정은 기능의 복잡성과 필요한 대응 작업에 따라 달라진다. 한 데이터베이스에서 다른 데이터베이스로의 마이그레이션은 마이그레이션 스크립트 실행 – 성능 회귀 테스트 – 프로덕션에서 병행 실행 – 최종 전환으로 이어지는 '간단한' 과정일 수도 있지만, 저장 프로시저를 읽고 누구도 기억하지 못하는 비즈니스 로직을 파악해서 새로운 데이터베이스에 맞게 다시 작성한 후에야 앞에서 말한 '간단한' 과정의 단계들을 수행해야 할 수도 있다.

9.4.3 폐지가 타당하다면 과감하게 진행하자

이해관계자에게 더 이상 지원할 수 없다고 말하는 것은 즐거운 일이 아니다. 하지만 특수한 일회성 서비스를 지원하느라 팀이 너무 얇게 퍼져서 다른 모든 사람의 경험이 저하되는 것이 더 나쁘다. 따라서 거의 사용되지 않는 서비스를 출시했다면, 때때로 서비스 목록을 정리하는 것을 두려워하지 말자. 전체 회사를 위해 올바른 일을 하는 것이 때로는 소수의 사람들을 실망시키는 결과를 낳을 수 있다.

9.5 마무리

플랫폼을 소유하면서 마주하게 되는 가장 즐겁지 않은 일 중 두 가지는 마이그레이션과 시스템 폐지이다. 현상 유지를 위해 고객에게 작업을 강요하는 것을 좋아하는 사람은 없다. 마이그레이션은 고객이 시스템 사용에 대해 내야 하는 세금처럼 느껴지곤 한다. 하지만 바로 이 비용 때문에 우리는 마이그레이션을 플랫폼 팀을 위한 가장 큰 기회로 보고 있다. 애플리케이션 팀이 여러분의 플랫폼을 사용하든, 클라우드와 오픈소스(OSS), 벤더 시스템을 조금씩 사용하든 이 '세금'은 피할 수 없다. 플랫폼에 포함되어 있든 아니든 모든 기반 소프트웨어는 때때로 업데이트가 필요하다. 플랫폼 엔지니어링의 약속은 더 나은 자동화와 소통, 실행을 통해 전체 엔지니어링 조직의 변경 비용을 최소화할 수 있다는 것이다. 플랫폼과 플랫폼 팀은 조직 전체의 효율성을 높이는 안정적인 토대가 되어야 한다.

이번 장에서도 이 책의 공통된 주제가 되풀이되었다. 바로, 사용자와 그들의 경험을 생각하고, 그 경험을 개선하기 위해 할 수 있는 모든 일을 미리 해두어야 한다는 것이다. 신중하게, 그리고 자주 소통해야 한다. 수동적이거나 인력 중심의 프로세스를 소프트웨어와 자동화로 대체할 수 있는 부분을 찾는 데 최선을 다해야 한다. 물론 고객이 여전히 의존하는 시스템을 폐지할 때처럼, 어려운 대화를 나누고 고객을 실망시켜야 하는 순간도 오기 마련이다. 하지만 고객 경험 개선을 위해 최선을 다하고 있다는 것을 보여줄수록, 이러한 어려운 대화가 더욱 수월해질 것이다.

CHAPTER 10

이해관계자 관리

앨리스는 이번에는 난관을 벗어날 방법을 찾은 것 같았다. 앨리스는 의기양양하게 외쳤다. "'피들 디 디'가 어느 나라 말인지 알려주시면, 저는 프랑스어로 말해 드릴게요!"

하지만 붉은 여왕은 몸을 빳빳하게 세우며 말했다. "여왕은 절대로 거래를 하지 않는다."

'여왕이 질문도 하지 않았으면 좋겠네.' 앨리스는 속으로 생각했다.

— 루이스 캐럴Lewis Carroll, 『거울 나라의 앨리스』(시공주니어, 2019), 제9장[1]

이해관계자 관리(stakeholder management)가 제품 관리(product management)와 어떻게 다른지 제5장에서 살펴보았다. 제품 관리는 고객을 위해 올바른 것을 만드는 것이고, 이해관계자 관리는 리더들에게 여러분의 선택이 옳다고 납득시키는 것이다. 고객 중심의 탄탄한 플랫폼을 아주 잘 전달하는 것이 능사가 아닐 때도 있다. 주요 이해관계자들이 여러분의 투자를 신뢰하지 않는다면 플랫폼 팀은 성공할 수 없기 때문이다. 이해관계자들이 여러분을 지지하지 않으면, 설득력 있는 비전과 카리스마를 갖춘 여러분의 동료가 좋은 아이디어와 약간의 실행 성과만으로도 귀중한 투자를 빼앗아 갈 수 있다. 심지어 새로운 플랫폼이 현재 제품의 모든 기능을 제공할 수 없다는 것을 알고 있더라도 말이다.

조직 내부에 초점을 둔 플랫폼을 구축할 때 고통스러운 진실 하나는 이해관계자들이 성공에 지나치게 큰 영향을 미친다는 점이다. 이는 플랫폼이 느리게 전달되고, 비즈니스 가치와 간접적

1 원서는 Lewis Carroll, 『*Through the Looking Glass, and What Alice Found There*』(Macmillan Children's Books, 2015)이고 '시공주니어' 등 여러 출판사에서 번역서를 출간했다.

으로만 연관되기 때문이다. 여러분의 팀이 다른 지도층이나 엔지니어링 팀들의 방해 없이 필요한 플랫폼을 구축할 수 있도록 보장하고 싶다면, 이해관계자들과의 관계를 잘 관리하는 것이 필수이다.

이 장에서 다루는 내용은 다음과 같다.

- 누구에게 시간을 투자해야 하는지 결정하는 데 도움이 되는 매핑 기법
- 이해관계자들과 가장 효과적으로 소통하는 방법
- 이해관계자들이 수용할 만한 타협점을 찾는 기법(그림자 플랫폼 구축처럼 끊임없이 논란이 되는 주제를 포함해서)
- 이해관계자와의 가장 첨예한 갈등 지점의 하나인 플랫폼 팀의 규모 정당화

이해관계자와의 관계가 꼭 한쪽이 이기면 다른 쪽이 져야 하는 제로섬 게임일 필요는 없다. 물론 이해관계자와의 관계를 여러분에게 유리하게 이끌고 싶겠지만, 모두가 같은 큰 팀을 위해 일하고 있으며 최고의 비즈니스 성과를 통해 승리하는 것이 목표라는 점을 잊지 말아야 한다.

이해관계자 관리는 불필요한 정치일 뿐인가?

많은 사람이 이해관계자 관리를 회사 내 '악당'들을 다루는 정치 문제로 생각한다. 우리도 그렇게 생각했다. 한쪽만이 원하는 것을 얻게 되는 중요한 의사결정 과정에 여러 번 참여했고, 동료들이 회사의 이익이 아니라 자신의 경력과 영향력을 위해 엉뚱한 주장을 펼치는 것처럼 보이는 모습도 목격했다. 하지만 우리가 존경하는 동료들도 이런 사리사욕으로 비난받는 것을 보았고, 심지어 우리 자신도 그런 비난을 받은 적이 있다. 우리는 여기에 회사가 '정치'를 만들어내는 '얼간이(jerk)'들을 채용한 실수 이상의 문제가 깔려 있음을 깨달았다. 그때부터는 이런 일이 왜 발생하고 어떻게 더 잘 다룰 수 있는지에 관심을 두었다.

이제 우리는 이 문제가 개인보다는 조직의 크기와 더 관련이 있다는 것을 이해한다. 던바의 수를 기억하는가?[2] 50~150명 정도로 성장한 조직은 서로 다른 관행과 신념, 우선순위를 가진 작은 조직들로 분화된다. 이는 강력한 기업 문화가 있더라도, 여러분이 보기에 '회사를 위한' 올바른 결정이 다른 사람의 관점에서는 그렇지 않을 수 있는 상황이 필연적으로 발생한다는 것을 의미한다. 이해관계자 관리는 갈등이 발생했을 때 동료들이 자기 팀의 불만만 듣고 모든 것을 여러분의 탓으로 돌리지 않도록 여러분의 관점과 맥락을 이해시키는 활동이다.

고객들이 마치 폐쇄적인 씨족 마을처럼 행동하는 게 짜증스럽게 느껴지겠지만, 사실 이는 매우 자연스러운 일이다. 또한 그들의 '이장'이 마을의 가장 큰 문제를 여러분에게 전한다면, 여러분이 그것을 가장 중요한 문

---

2 던바의 수(https://oreil.ly/yNOlx)는 인류가 수렵채집인이었을 때의 공동체 안정성과 관련된 개념이다. 정확한 수치에 대해서는 50~150명 사이로 논란이 있지만, 핵심은 인간의 뇌가 관리할 수 있는 관계의 수가 제한되어 있다는(이를테면 중요한 개인적 세부사항을 기억하는 측면에서) 것이다.

제로 삼았으면 하고 기대할 것이다. 마을 이장이라면 그러는 것이 당연하다. 여러분도 의존하는 팀이나 시스템에 불만이 생기면 공통된 패턴이 있는지 동료들과 이야기를 나누고, 문제가 있다면 여러분의 이장(아니, 관리자)에게 도움을 요청할 것이라고 우리는 장담한다.

10.1 이해관계자 매핑: 권력-관심도 그리드

이해관계자 관리를 위해서는 먼저 이해관계자들을 파악하고 그들의 영향력(influence)을 측정하는 방법을 이해해야 한다. 이 논의를 위해, 가상의 플랫폼 엔지니어링 리더인 후안Juan을 소개하겠다. 후안은 플랫폼 엔지니어링 부사장(VP)이다. 후안의 팀은 다른 모든 엔지니어링 그룹을 위한 공통 플랫폼과 도구를 구축한다. 이는 회사의 주요 제품을 만드는 세 개의 엔지니어링 팀이 모두 그의 이해관계자라는 의미이다. 후안의 팀은 또한 재무와 인사를 포함한 일부 내부 비기술적 팀이 사용하는 서비스도 제공하며, 이와 관련하여 CFO 및 인사 책임자와도 협력한다. 그는 CTO에게 보고하며, 그의 팀은 때때로 사업부 제품 리더급의 주요 제품 전달을 해금하기 위해 직접 투입되기도 한다.

현재 후안의 플랫폼은 비기술적 내부 직원들에게는 충분히 잘 작동하고 있으며, 주요 제품 전달을 해금하는 데도 성공하고 있다. 하지만 플랫폼을 귀찮지만 필요한 존재로 여기는 주요 제품 엔지니어링 팀들과는 소통이 잘되지 않고 있다.

이해관계자와의 교류에서 후안이 어디에 집중해야 할까? **권력-관심도 그리드**(power-interest grid)라는 간단하고 잘 정립된 모델로 이야기를 시작해보자. 권력-관심도 그리드는 가장 중요한 이해관계자들을 [그림 10-1]과 같이 4분면 그리드에 대응시킨 것이다. y축은 권력(권한, 영향력)이 증가하는 방향이고, x축은 관심도가 증가하는 방향이다.

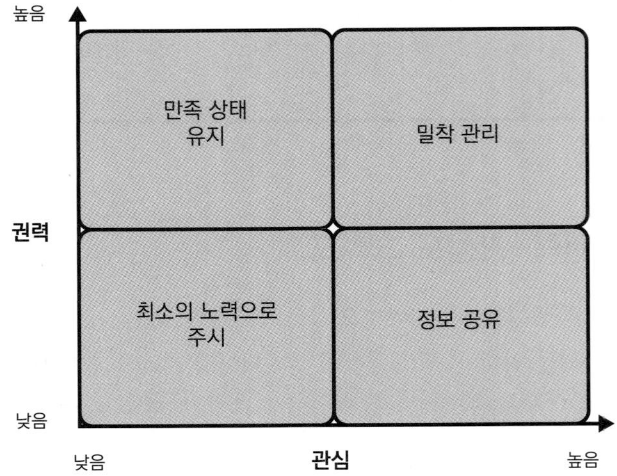

그림 10-1 조직 내 권력과 업무에 대한 관심도에 따라 이해관계자들을 사분면으로 표시하는 권력-관심도 그리드.

오른쪽 위 사분면은 권력이 높고 관심도가 높은 이해관계자들이 있다. 여러분은 이들을 이해하는 데 많은 시간을 투자해야 한다. 강력한 이해관계자들은 핵심 사업 리더들이거나 그들의 지원을 받는 사람들이다. 이들은 일반적인 플랫폼 의존성을 넘어 플랫폼에 직접적으로 의존하는 제품이 있거나 플랫폼이 전달하는 것에 만족하지 못하는 팀이 있는 플랫폼에 관심을 가진다.

여기서 부정적인 면을 강조하는 이유는, 우리의 경험상 대부분의 이해관계자가 매우 바쁜 사람들이며 모든 것이 잘 돌아가고 자기 팀의 성공에 위험이 없다고 판단할 때는 플랫폼에 깊이 관여하지 않기 때문이다. 이 그룹을 만족시키지 못하면 이들이 직접 그림자 플랫폼을 구축하거나, 더 나쁘게는 여러분의 팀이 해체되어서 이들 팀의 엔지니어링 영역에 흡수될 위험이 있다. 이는 여러분 팀뿐만 아니라 여러분의 경력에도, 그리고 기술 플랫폼의 건전성에도 해가 된다.

이제 후안의 상황에 이 그리드가 어떻게 적용되는지 살펴보자(그림 10-2).

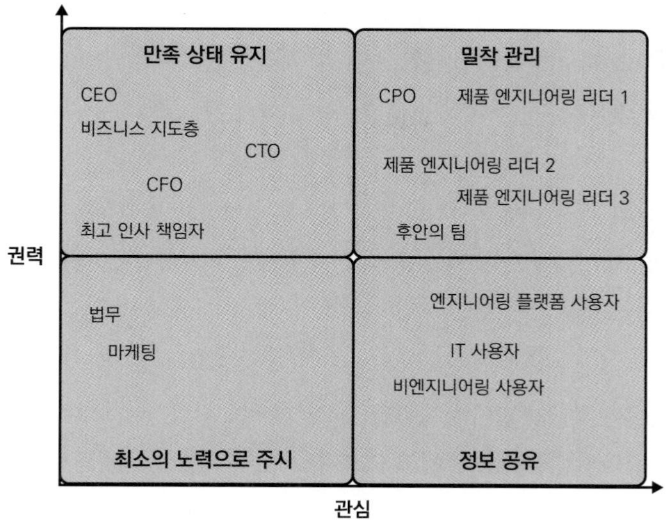

그림 10-2 후안의 이해관계자들을 보여주는 권력-관심도 그리드.

오른쪽 위 사분면에는 최고제품책임자(CPO)와 다른 3개 주요 엔지니어링 팀(이들은 자신의 제품 전달을 후안의 팀에 가장 많이 의존하는 팀들과 가장 의욕적인 팀들이다)의 리더들이 있다. 후안의 팀이 아직 가치를 더하는 조직으로 인식되지 않기에, 플랫폼에 문제가 생기면 이 그룹의 누군가가 행동을 취할 가능성이 높다. 후안의 팀도 이 사분면에 있지만 권력 축에서는 동료들보다 낮은 위치에 있다.[3] 우리가 이들을 이런 식으로 분류한 것에 놀라는 독자도 있겠지만, 우리는 플랫폼 관리자가 가장 영향력 있는 이해관계자들보다 자신의 엔지니어링 팀을 우선시하는 유혹에 빠져서 슬픈 결말로 이어지는 사례를 많이 보았다. 고위 이해관계자는 자신이 하위 직급으로 여기는 사람들보다 후순위로 취급받는다는 것을 알아차리기 마련이다. 문제가 생겼을 때 그것을 반드시 여러분에게 불리하게 활용할 것이다.

왼쪽 위 사분면에는 권력은 높지만 관심도가 낮은 이해관계자들이 있다. 여기에는 후안을 지지하거나 방해하지 않고 상황을 지켜보려는 그의 상사(CTO)와 다른 일로 바빠서 후안의 세부 업무에 관여할 시간이 없는 사업부 리더들(새로운 계획이 생기면 오른쪽 위 사분면으로 이동할 수 있는 사람들)이 포함된다. CFO와 최고인사책임자도 여기에 속하는데, 이들은 일반적으로 후안의 업무에 만족하지만 대부분의 시간을 기술 외의 다른 문제들을 고민하는 데 쓴다. 만

3 후안의 팀은 권력이 가변적인 이해관계자이다. 때로는 후안이 필요에 따라 팀의 상당 부분을 교체할 권력과 권한(mandate)을 가질 수 있고, 때로는 후안에 대한 팀의 의견이 팀에 대한 후안의 의견만큼이나 중요하게 작용할 수도 있다.

약 이들이 정말로 만족한다면, 이 그룹의 관여도를 높이는 것이 후안에게는 기회가 될 수 있다. 야심 있는 동료들과의 경쟁에서 살아남을 확률을 높일 수 있기 때문이다. 하지만, 자신과 직접적으로 관련 없는 일에 시간을 빼앗긴다고 이들이 느낄 정도로 이들과 너무 많은 시간을 보내서도 안 된다.

오른쪽 아래 사분면은 이해관계자 관리가 제품 관리와 많이 겹치는 영역이다. 플랫폼을 실제로 사용하는 여러 엔지니어링 팀이 여기에 속한다. 이들은 매일 이 플랫폼을 사용해야 하며, 일부는 로드맵과 기능, 개선 가능성에 매우 큰 관심을 보인다. 제품 팀이 이 그룹에 대한 이해관계자 관리를 대부분 담당한다.

마지막으로 왼쪽 아래 사분면에는 후안의 팀이나 그들의 소프트웨어와 거의 상호작용하지 않는 사람들이 있다. 이들은 팀이 하는 일을 대충만 알고 있으며, 무언가 크게 잘못됐을 때만 관심을 보일 가능성이 높다.

이러한 매핑은 현장의 정치적 현실을 보여준다. 플랫폼 팀을 훌륭한 제품 구축이라는 관점에서 보면 플랫폼을 사용하는 엔지니어들이 가장 중요하다. 후안이라는 엔지니어링 관리자이자 리더의 관점에서 보면 후안 자신의 팀 자체가 가장 중요하다. 하지만 이해관계자 관리라는 관점에서 보면, 가장 중요한 이해관계자는 플랫폼을 직접 사용하는 사람들이나 플랫폼을 구축하는 팀이 아닐 가능성이 높다. 오히려 플랫폼을 자신의 야망에 대한 장애물로 보거나 최악의 경우 경쟁자로 여기면서 플랫폼이 전달하는 것들을 가혹하게 평가하는 시니어급 사람들이 가장 중요한 이해관계자일 수 있다.

다음은 여러분이 이런 이해관계자 지도를 직접 만들 때 고려할 만한 질문들이다.

- 최고 경영진의 신임을 받는 사람은 누구인가?
- 어떤 팀이 필수적이고 어떤 팀이 있으면 좋은 정도로 여겨지는가? 내 팀은 그 스펙트럼의 어디에 위치하는가?
- 내가 모든 것을 완벽하게 해도 어떤 이해관계자가 나를 별로 좋아하지 않는다면, 그것이 얼마나 중요할까?
- 어떤 이해관계자 그룹이 가장 목소리가 큰가? 이들 중 회사에서 가장 존중받는 그룹은 어디인가?
- 내 팀이 그 이해관계자를 위해 기대 이상의 성과를 낸다면, 그것이 중요할까?

권력-관심도 매핑을 고려함으로써 시간을 투자해야 할 중요 그룹을 파악할 수 있다. 더 나아가 그들이 무엇을 중요하게 여기는지 이해하고, 이를 바탕으로 팀의 계획만 아니라 소통과 타협 측면에서 관계를 어떻게 관리할지 결정할 수 있다. 그럼 소통과 타협 측면을 좀 더 구체적으로 살펴보자.

10.2 적절한 투명성으로 소통하기

이해관계자들을 매핑했다면 이제 그들과의 소통을 고려할 때이다. 이해관계자들에게 얼마나 많은 정보를 언제, 어떻게 공유할 것인가?

10.2.1 세부사항 과다 공유 주의

이해관계자들에게 얼마나 많은 것을 알려줘야 하는가에 대한 답은 생각만큼 명확하지 않다. 제7장에서 설명한 성과 및 난제(Wins and Challenges) 업데이트 같은 방식으로 진행 상황을 알리는 것이 바람직하긴 하지만, 수많은 세부사항을 너무 투명하게 공유하면 여러 문제가 발생할 수 있음을 주의하자. 과다 공유로 인한 문제점들은 다음과 같다.

외부의 미시 관리

여러분의 팀은 이해관계자들에 대한 설명책임성(accountability)[4]을 가진다. 그렇다고 이해관계자들이 여러분 팀의 일상적인 관리와 우선순위를 좌지우지해도 되는 것은 아니다. 투명성이 너무 과하면 일부 이해관계자가 여러분을 자신이 통제하는 실행 조직처럼 대하게 된다. 그러면 여러분 팀의 전략이 무너지고 팀이 하는 일에 대해 불필요한 의심을 초래할 수 있다.

무시당하기

업데이트에서 지나치게 세세한 내용이 많으면 이해관계자는 대부분의 사항을 그냥 무시하고 넘어가기 쉽다. 모든 것이 잘 진행될 때는 괜찮지만, 상황이 좋지 않을 때는 이런 정보 과잉이 파트너들의 불신을 키울 수 있다. 여러분이 의도적으로 너무 많은 정보를 보내 중요한 정보를 파악하기 어렵게 만든다고 느낄 수도 있음을 주의해야 한다.

잘못된 세부사항에 집중

너무 많은 정보를 받은 이해관계자는 때로 자신과 무관한 것에 집중하게 된다. 이해관계자가 신경 써야 할 만한, 하지만 이해관계자가 이해하지는 못하는 정보를 이해관계자에게 제공하면 그냥 그런 정보 제공 자체만으로도 문제가 생길 수 있다. 제6장에서 논의했던 SLO 사례에서 그런 일이 있었다. 우리는 이해관계자들이 SLO 대시보드에 녹색 그래프가 24개나 되는데도, 엔지니어링 팀이 크게 신경 쓰지 않는 그래프의 약간 붉은 선 하나의 근본 원인을 찾아야 한다고 집착하는 것을 본 적이 있다.

---

4 옮긴이_ 위키백과에 따르면(https://ko.wikipedia.org/wiki/설명책임) 설명책임성은 "… 책임이 부여된 활동의 결정에 대하여 주로 기록을 통해 답변하고 설명하고 정당화할 수 있는 능력"이다. 지금 맥락에서는, 플랫폼에 문제가 있을 때 그것을 해명하는 것은 플랫폼 팀의 책임이라는 뜻이다.

관계 손상

우리는 고도로 기술적인 플랫폼 리더들이 이해관계자들에게 대량의 기술적 세부사항을 제공함으로써 의견 차이를 해결하려 하는 것을 본 적이 있다. 그런 세부사항을 평가할 준비가 되어 있지 않거나 그 정도 수준의 뉘앙스를 이해하려는 동기가 없는 이해관계자는 플랫폼 리더가 자신과 소통할 생각이 없다고 느끼거나, 그냥 소통을 잘 못하는 사람이라고 생각할 가능성이 크다.

광범위한 청중을 대상으로 한 메시지(제7장의 성과 및 난제 프로세스 포함)를 보낼 때는 이해관계자들이 꼭 알아야 할 메시지에 집중해야 한다. 정확성을 타협해서는 안 되지만(이해관계자들이 이를 발견하면 신뢰를 잃을 것이다), 추가적인 세부사항 없이 그 메시지를 전하도록 노력해야 한다. 일부 이해관계자들이 구체적인 세부사항을 요청하면, 그들에게 어떤 것이 중요한지 파악해서 개별 상황에 맞게 세부사항의 수준을 조절할 수 있다. 기술에 익숙하지 않은 이해관계자들의 경우, 직접 설득하려 하기보다는 그들이 신뢰하고 기술을 좀 더 잘 이해하는누군가를 설득하는 것이 나을 수 있다.

이해관계자가 항상 옳다

이해관계자들은 자신의 팀에서 발생하는 최악의 소음을 더 증폭시키는 경향이 있다. 여러분의 팀에 작은 실수가 있었지만(운영상의 문제일 수도 있고 출시일을 놓친 것일 수도 있다) 내부적으로 잘 수습했다고 하자. 여러분이 상황을 잘 통제하긴 했지만, 영향이 꽤 큰 문제라서 고객들 사이에서 소문이 돌았다. 이제 "그 플랫폼 팀은 형편없는 책임자다" 또는 "그 플랫폼 팀은 기술을 위한 기술만 만든다"라는 말이 나온다. 여러분은 이성적인 비용 대비 이점(cost/benefit) 논의를 통해 소음을 잠재우려고 고객 팀의 리더, 즉 이해관계자를 찾아가지만, 이해는커녕 그들은 여러분의 전략뿐만 아니라 여러분의 리더십 선택까지 의심하기 시작한다. 그러고는 "문제가 해결되기만 하면 된다"라고 말하면서 모든 해결 작업을 여러분에게 떠넘긴다. 그들이 기대하는 방식대로 해결하지 않으면, 신뢰를 깨뜨린 것은 바로 여러분이고, 그들은 자신의 기대를 명확히 했다고 주장한다!

이는 "고객은 항상 옳다"라는 오래된 영업상의 격언과 일맥상통한다. 여러분의 이해관계자들도 여러분과 같은 부류의 엔지니어링 리더이므로 여러분 팀의 난제들을 균형 잡힌 시각으로 볼 것이라 생각하겠지만, 현실은 그렇지 않다. 대신 여러분의 팀과 이해관계자의 팀 사이에 문제가 있을 때, 보통 다음과 같은 상황이 발생한다.

- 이해관계자가 여러분을 **내부 벤더**(internal vendor)로 간주하고, **자신**의 업무가 얼마나 중요한지를 여러분이 이해하지 못한다고 생각한다. 특히, 자신이 겪고 있는 여러 문제의 원인이 바로 여러분이라고 여긴다. 그래서 자기 팀이 개선할 수 있는 점에 대한 여러분의 제안을 거부한다.
- 이해관계자가 여러분의 일을 **자신이 더 잘할 수 있다**고, 그래서 여러분의 팀을 더 잘 관리할 수 있다고 생각한다. 하지만 그들이 제시하는 조언은 자신에게 영향을 미치는 문제의 일부만을 다룬다. (사실 우리 저자들도 종종 그런 태도를 보였다.)

- 이해관계자가 여러분의 **성과를 인정하지 않는다.** 어제 여러분이 해준 일이나 1년 전보다 얼마나 플랫폼이 개선되었는지를 잊어버리는 이해관계자들이 있다. 특히 더 많은 개선이 필요하거나 아직 해결되지 않은 문제가 있을 때, 문제가 없어진 것을 알아차리지 못하는 것은 인간의 본성이다.

고객은 좀처럼 만족하지 않는다. 그들의 리더는 새로운 문제를 제기할 것이다. 이를 받아들이고 계속 전진하는 것이 플랫폼 리더로서 여러분의 역할이다. 이 점을 빨리 수긍해야 행복한 플랫폼 리더가 될 수 있다.

10.2.2 현명한 일대일 면담 활용

신임 플랫폼 리더는 먼저 이해관계자들과 여러 차례 일대일 면담을 통해 플랫폼에 대한 우려 사항을 듣고, 그들의 영향력과 관심도를 평가하며, 필요와 동기를 이해해야 한다. 하지만 이 방식에 무기한 의존하는 것은 피해야 한다. 우리는 주요 이해관계자들과 일대일 면담을 정기적으로 가지는 방식을 권장하지만, 다음 세 사항을 주의해야 한다.

- 일대일 면담에는 시간이 많이 걸린다. 소비 시간은 관계의 수에 정비례한다. 그러다 보니 플랫폼이 성장하면 새로운 관계를 이전만큼 깊이 있게 구축할 시간이 없어진다. 그렇다고 일부 이해관계자들과의 면담 빈도를 줄이려고 하면, 그들은 이를 자신이 중요하지 않다는 신호로 해석할 수 있다.
- 관계가 좋지 않고 이해관계자가 관계 개선에 투자할 마음이 없을 때, 불필요한 일대일 면담은 여러분의 팀이 그들에게 부과하는 또 다른 비용으로 여겨질 수 있다.
- 일대일 면담은 사적(개인적)인 성격을 띠게 마련이다. 이는 장점이자 단점이다. 예를 들어, 대부분의 이해관계자가 일대일 면담에서 여러분의 절충안에 만족한다고 말했다고 해도, 여러분에게 불만을 품은 다른 이해관계자들은 그 사실을 알지 못한다. 그런 이해관계자에게 "다른 이해관계자들은 내 결정에 동의한다"라고 말해도, 사실임에도 그저 변명처럼 들릴 뿐이다.

피드백을 받고, 정보를 공유하고, 신뢰 관계를 발전시키는 데 일대일 면담에만 의존하는 것은 현실적이지 않다. 많은 바쁜 관리자들은 일을 처리하고, 정보를 더 널리 전파하며, 실제로 개인적인 대화가 필요할 때만 일정을 잡는 것을 선호한다. 정상 상태에서 '만족 상태 유지' 이해관계자 및 '정보 공유' 이해관계자들과는 분기별 일대일 면담을, '밀착 관리' 이해관계자들과는 월간 일대일 면담을 권장한다.

10.2.3 기대 사항과 약속의 관리

여러분 팀에 대한 기대 사항(expectation)과 여러분이 한 약속(commitment)을 추적하고 관리하는 것은 의사소통의 기본 중의 기본이지만, 이해관계자가 적고 일상 업무에서 의외의 사태가 잘 발생하지 않는 역할에 익숙한 신임 플랫폼 리더들은 이를 간과하기 쉽다. 다음은 플랫폼 리더의 전형적인 하루이다.

- 이해관계자의 팀을 괴롭히는 문제를 이해관계자와의 일대일 면담에서 살펴보기로 약속한다.
- 구체적인 내용을 기록하지 않고 바로 다른 회의에(아마도 여러 개의 회의에) 들어간다.
- 그 후 운영상의 문제로 호출되면서, 살펴보기로 약속한 세부사항을 잊어버리고 아무런 조치도 취하지 않는다.

이해관계자가 다음번 일대일 면담에서 이 문제를 다시 제기하지 않을 수 있다(그들 역시 추적하지 않았다). 하지만 부적절한 시점에 이 문제가 그들의 머리에 떠오를 것이다. 이제 이것은 약속 불이행으로 여겨져서, 여러분과 여러분 팀을 신뢰하기 위해 어렵게 만드는 요인이 된다.

플랫폼 팀의 새로운 리더 역할을 맡은 독자라면, 기억력에만 의존하지 말아야 한다. 예전에는 그런 방식이 통했어도 이제는 그렇지 않을 수 있다. 행동으로 옮길 수 있도록 약속 사항을 기록해 두어야 한다. 모든 일대일 면담을 공통의 문서에 기록해서 공유할 필요는 없다. 실제로 그렇게 하면 일종의 정치적인 '점수 따기'를 위해 높으신 이해관계자의 어록을 만드는 것처럼 보일 수 있다. 대신 개인적으로 메모를 하고, 가능하면 정확한 기대 사항을 이메일로 이해관계자에게 보내 필요한 경우 명확히 할 수 있게 하는 것이 좋다.

10.2.4 연계 회의와 고객 자문 위원회를 이용한 규모 확장

일대일 면담은 확장성에 한계가 있다. 더 큰 규모의 회의도 필요하다. 가장 보편적인 형태 중 하나가 연계 회의(interlock meeting)이다. 이 회의에서는 플랫폼 그룹의 대표자들이 이해관계자들과 만나 진행 중인 작업에 대해 논의하고 피드백을 받는다. 이해관계자의 민감도에 따라 격주, 월간 또는 분기별로 개최할 수 있다. 분기 단위의 연계 회의를 고객 자문 위원회(Customer Advisory Board, CAB)라고도 부른다.

연계 회의와 CAB는 보통 제품 관리팀이 주관한다. 하지만 모든 소통을 제품(또는 프로그램/프로젝트) 관리 리더에게만 맡기는 것은 바람직하지 않음을 유의하자. 이해관계자들이 팀의 운영상 문제나 엔지니어링 전달 관련 문제로 어려움을 겪을 때는, 플랫폼을 운영하고 전달하는 엔지니어가 직접 소통하는 것이 가장 좋다. 제품 관리자는 로드맵과 기능 관련 논의를 진행하되, 다른 사안에 관해서는 엔지니어링 팀이 참석해야 한다.

이러한 회의를 준비하는 것이 얼마나 중요한지 아무리 강조해도 지나치지 않다. 다음 사항을 명확히 해야 한다.

- 회의를 통해 얻고자 하는 것
- 발표할 정보와 결정 사항
- 참가자들의 의견을 듣되 구조화된 대화를 유지하는 방안(55분 동안 슬라이드를 보여주고 질문에 5분만 할애하는 것은 안티패턴이다.)

이런 회의가 잘 진행되면, 플랫폼에 대한 가장 목소리 큰 비판자는 자신의 의견이 여러분하고만 다른 것이 아니라 다른 이해관계자들의 요구사항과도 맞지 않는다는 것을 이해하게 된다. 회의가 잘못되는 경우는 대개 이해관계자들에게 그들이 이해하기 어려운 절충에 관한 의견을 구하려 할 때이다. 이런 경우 회의는 팀들이 각자의 요구를 두고 다투게 된다.

10.2.5 어려운 시기의 소통 강화

조언 하나로 소통에 관한 논의를 마무리하겠다. 상황이 좋을 때, 즉 플랫폼이 안정적이고 이해관계자들이 필요한 것을 얻고 있으며 모든 프로젝트를 꼼꼼히 검토할 예산 압박이 적을 때에는 이해관계자들이 대체로 만족한다. 이때에도 진행 상황을 공유하는 소통 작업은 필요하지만, 이해관계자 관리의 대부분을 제품 관리팀이 일반적인 고객 관리의 일환으로 수행할 수 있다. 이해관계자 회의는 관계 유지에 필요한 최소한의 빈도로 가볍게 진행하면 된다.

반면에 운영이 불안정하거나, 기능이 제때 전달되지 않거나, 모든 투자를 재검토해야 하는 예산 압박 등으로 상황이 좋지 않을 때에는 어려운 시기가 지나갈 때까지 투명성과 소통을 강화해야 한다. 이때는 적절한 담당자가 이해관계자들에게 적절한 정보를 공유하고, 필요에 따라 이메일이나 채팅으로 추가 업데이트를 제공해야 한다.

10.3 수용 가능한 타협점 찾기

제7장에서 설명한 모든 계획을 수행하고 이해관계자들과 잘 소통하더라도, 이해관계자들의 이견과 상향 위임(escalation)을 처리할 일이 생길 것이다. 이해관계자들은 자신이 비즈니스 수익과 성장에 더 가까이 있으므로 비즈니스에 '옳은' 것을 내부용 플랫폼 팀보다 더 잘 이해한다

고 생각하기 마련이다. 그런 이해관계자들이 비합리적이라는 생각도 들겠지만, 여러분이 그들의 관점을 잘 고려하고 있다고 느끼게 하도록 신중하게 대응해야 한다.

우리가 여러 이해관계자와의 논의를 통해 알게 된 사실이 있다. “어떤 플랫폼 작업이 비즈니스에 가장 가치 있을 것인가”에 대한 정답을 구하는 것은 일반적으로 불가능하다는 점이다. 기본적으로 이는, 플랫폼 위에 구축할 것들의 잠재적 가치에 대한 판단이 각자 다르기 때문이다. 여러분은 가능한 한 많은 정보를 수집해야 하며, 필요하다면 더 광범위한 책임을 가진 상위 관리자에게 상향 위임하는 것도 고려해야 한다. 하지만 그런 관리자들도 한 플랫폼의 로드맵에 대해 확실한 판단을 내리기에는 불확실성이 너무 크다며 주저하는 경우가 많다. 대신 그들은 타협을 원한다.

여러분이 도저히 지원할 수 없다고 생각하는 것을 이해관계자들이 요구하기도 한다. 새로운 기능을 위해 필수 작업의 우선순위를 조정하라는 이해관계자도 있고, 예산을 회수하기 위해 비용을 줄이라고 하는 이해관계자도 있을 수 있다. 여러분이 더 가치 있다고 생각하는 다른 것에 영향을 주지 않고는 해결할 수 없는 요청을 받았다면 어떻게 해결해야 할까?

10.3.1 비즈니스에 미치는 영향을 명확히 한다

이해관계자의 요청을 거절할 때 가장 피해야 할 것은, 현재 투자의 가치에 대해 의문을 제기하는 이해관계자에게 변명으로 일관하는 것이다. 타협점을 찾으려면 각 사례의 세부사항을 넘어선 관점에서 접근해야 한다. 이는 비즈니스 영향 측면에서 여러분의 입장을 설명해야 함을 의미한다.

플랫폼 리더들은 종종 비즈니스 영향에 대해 안이한 태도를 보인다. 누군가 기능을 요청하면 그 중요성을 제대로 평가하지 않고 팀이 바로 작업에 착수한다. 결과적으로 큰 차이를 만들어내지 못하는 많은 작업을 하게 된다. 팀은 현재의 문제점 해결에 실질적 도움이 되지 않는 투기적 투자에 너무 많은 시간을 쏟고, 애플리케이션 팀들은 그 투자의 성과를 기다리느라 지쳐 간다. 가장 나쁜 경우는 모든 것이 너무 오래 걸리고 구축 비용이 많이 드는 것이다. 간단한 기능조차 개발하는 데 몇 달이 걸린다.

이러한 상황에 대한 변명거리는 늘 찾을 수 있다. 플랫폼이 불안정하고 변경이 어려워서 새로운 기능 구현에 시간이 오래 걸린다, 현재 시스템이 확장성이 없어서 플랫폼의 미래 대비를 위해 새 시스템을 만들어야 한다, 인력 이탈이 있어서 팀의 속도가 더뎌졌다, 이해관계자들이 계속 마음을 바꿔서 전달이 더 늦어진다, 등이다. 식의 변명은 끝이 없다.

이해관계자의 요청을 거절할 때는, 단지 계획을 잘 짰다는 이유만으로 로드맵이 올바르다고 단순하게 가정해서는 안 된다. 작업의 현재 상태와 가치를 살펴봐야 한다. 고객이 지금 높은 우선순위로 원하는 것에 얼마나 많은 자원이 할당되어 있는지, 투기적 작업이나 미래 대비(future-proofing), 안정성/부채 해결에는 얼마나 투자되어 있는지 파악해야 한다. 즉각적인 가치와 미래 대비 사이의 균형을 맞춰야 하는데, 고객의 요구에 맞춰 일부 인력을 다른 프로젝트로 재배치하는 것을 의미할 수도 있다.

플랫폼이 너무 불안정해서 고객이 요구한 작업을 대부분 중단하고 안정화와 개선에 집중해야 하는 상황이더라도, 여러분은 이해관계자들에게 그러한 안정성 개선 작업의 일정과 목표, 가치를 보여줄 의무가 있다. 안정성 개선 작업을 진행 중이라면 시스템의 안정성 여부를 판단하기 위해 무언가를 측정하고 있을 것이다. 그런 지표들이 어떻게 개선되고 있는지 보고해야 한다.

이해관계자들이 비즈니스 영향에 대한 여러분의 말을 무조건 받아들이지는 않으며, 받아들여야 하는 것도 아님을 주의하자. 말로 끝낼 것이 아니라 직접 보여주어야 한다.

10.3.2 때로는 '타협을 통한 수락'으로 대응한다

로드맵을 실행할 때 가장 큰 과제들을 해결하려다 보면 작은 고객 그룹이 중요시하는 소소한 것들을 간과하기 쉽다. 하지만 고객 그룹의 규모가 작다고 해서 영향력이 작은 것은 아니다. 이해관계자 지도(권력-관심도 그리드 같은)에서 그들의 위치를 살펴보면 실질적인 영향력이 더 클 수 있다. 중요한 임원진의 총애를 받는 그룹일 수도 있고, 불만을 빨리 표출하며 전반적인 고객 여론에 영향을 미치는 주체일 수도 있다. 모두가 주목하는 중대한 프로젝트를 진행 중일 수도 있다. 혹은 그들의 요청을 계속 후순위로 미뤄왔기에 보답해야 할 수도 있다.

이유가 무엇이든 이런 유형의 요청에는 어느 정도 유연하게 대응하는 것이 중요하다. 특히 초기 개발 투자나 지속적인 지원 부담이 크지 않은 요청이라면, 정치적 자본을 확보하기 위해 영향력 있는 고객을 지원하도록 노력해야 한다. 제9장에서 거의 사용되지 않는 기능의 폐지(sunsetting)를 길게 다룬 것을 생각하면 이런 조언이 이상해 보일 수 있겠다. 실제로, 때로는 유지보수와 운영 비용이 과도한 일회성 기능을 만들게 되어 결국 폐지해야 하는 경우도 생긴다.

하지만 고객 팀이 자신에게 필요한 것들을 정확히 알고 있는 경우도 있다. 어떤 경우이든 플랫폼 소유자로서 여러분의 임무는 그들을 지원하고 꼭 필요한 것을 제공하는 것이다. 플랫폼 소유자로서 피해야 할 두 가지 극단이 있다.

항상 "예"라고 말하는 기능 공장이 되는 것

첫째는 들어오는 모든 요청에 즉각 반응하여 최대한 빨리 기능이나 서비스를 덧붙이려 하는 '반응적 극단(reactionary extreme)'이다. 그러면 플랫폼은 점점 더 발전과 지원이 어려운 상태를 향해 나선형으로 하강해서, 결국 전체적인 목표 없이 기능들을 짜깁기한 프랑켄슈타인의 괴물이 된다. 이는 이해관계자들에게(그리고 종종 여러분의 팀에게도) "아니요"라고 말하기 불편한 상태라는 신호이다. 명확한 플랫폼 전략이 없다는 신호일 수도 있지만, 반드시 그런 것은 아니다. 비전에 대한 헌신보다 당장의 만족을 주려는 충동이 더 강하면 이런 상황이 될 수 있다.

회사에 대한 가치를 완벽하게 판단한다는 생각에서 항상 "아니요"라고 말하는 것

그 반대편 극단은 플랫폼 소유자가 완전히 경직되어서, 자신이 옳다고 생각하고 플랫폼 전략에 부합하는 것만 구축하는 것이다. 이 극단 역시 피해야 한다. 궁극적으로 여러분은 전체 회사와 비즈니스에 가치를 전달하기 위해 고객들과 긴밀히 협력해야 한다. 서드파티 벤더와 달리, 여러분의 임무는 단순히 사람들이 돈을 지불할 만한 것을 만드는 게 아니라, 회사 구성원들의 필요에 맞게 맞춤화할 수 있을 만큼 유연하면서도 중요한 무언가를 제공하는 것임을 명심하자.

우리의 관리 경험에서 가장 비효율적인 플랫폼 리더 중에 자신의 플랫폼에 대해 대단히 강력한 기술적, 제품적 비전을 가진 사람들이 있었던 것도 이 때문이다. 그들은 자신의 비전이 비즈니스에 관해 올바른 선택을 할 수 있는 지식을 제공한다고 잘못 믿었다. 이 때문에 그들은 가치를 다르게 보는 이해관계자들과의 타협을 거부하고, 자신의 비전에 부합하는 일만 하겠다고 고집했다. 그들은 현재 시스템의 모든 문제가 타협의 결과이며, 자신의 임무는 새로운 시스템이나 그것을 구축하는 팀에 그런 일이 일어나지 않도록 하는 것이라고 주장했다. 결과적으로 그들의 팀이 어려움에 부딪힐 때마다, 오랫동안 불만을 품어온 이해관계자들은 그들이 협력이 불가능할 뿐만 아니라 제대로 실행조차 못 한다는 비난을 빠르게 쏟아냈다.

중요한 고객이 큰 희생 없이도 여러분이 제공할 수 있는 뭔가를 부탁했다면, "예"라고 답하는 것이 가치가 있다. 또한, 누군가가 플랫폼이 명백히 제공해야 할 기능을 요청하면서 시급한 비즈니스 전달 가능 산출물을 그 기능이 해당 산출물의 핵심 경로에 있다는 증거와 함께 제시할 때도 "예"라고 말하는 것이 좋다. 이런 경우 예상치 못한 요청에 대해 싸우지 말고, 대신 작업을 완료하는 데 필요한 타협점을 찾아보아야 한다.

새로운 기능의 범위와 시기에 대한 타협점을 찾아보라. 가장 가치 있는 비즈니스상의 요구를 해금해 주는 간소화된 제품을 빠르게 만들어낼 수 있는가? 아니면, 여러분 팀이 시간을 벌 수 있도록 고객 팀의 일정을 조정할(이를테면 플랫폼 개선이 필요하지 않은 다른 작업부터 진행하는 등) 여지가 있는가? 현실적으로 가능한 최소 범위로 '예'를 타협했다면, 다른 이해관계자들에게 우선순위 변경과 그로 인한 영향을 알려야 할 수도 있다. 하지만 원래 계획에 없었다는 이유만으로 팀 지원을 두려워하지는 말기 바란다.

10.3.3 관계를 해치지 않고 "아니요"라고 응답한다

모든 이해관계자와의 대화가 그렇듯, 관계를 해치지 않는 거절을 위한 대화 역시 상대방과의 관계, 팀의 위치, 그리고 요청의 규모에 따라 달라진다. 이번 절에서는 비록 정치적으로 손해를 좀 보더라도 상대방의 요청을 거절할 수 있는 상황을 가정한다. 만일 전혀 거절할 수 없는 상황이라면 다른 전략이 필요하다. 그런 경우에는 상급 관리자의 도움을 구하는 것이 좋다. 관리자도 거절하지 못한다면, 타협을 통한 수락("예, 단 타협이 필요합니다")이 실제로 가능한지 재고해야 한다.

거절이 가능한 경우, 다음 옵션들을 고려해 보자.

아직은 안 됩니다, 우선순위 때문에요.

우선, 아예 안 되는 것인가, 지금 당장은 안 되는 것인가를 구분해야 한다. 때로는 가치 있고 하고 싶은 요청이지만 현재로서는 우선순위를 매기기 어려울 수 있다. 이런 경우 언제쯤 전달이 가능할지, 그리고 더 빨리 필요하다면 어떤 대안이 있는지 명확히 알려줘야 한다. 플랫폼 팀에서 나중에 인수할 수 있도록 자체 구현을 안내하는 것도 한 방법이다. 팀원 한 명을 파트너로 제공하면 더 빠른 구현과 설계에 대한 통찰을 얻을 수 있어 좋다. 다른 팀의 우선순위가 더 높은 이유를 설명하는 것도 방법이다. 상대방이 다른 이해관계자들을 설득할 수 있을지도 모른다. 구현해야 할 기능이지만 당장은 정당화하기 어려운 요청을 받았을 때는 여러 옵션을 열어두는 것이 좋다.

아직은 안 됩니다, 기술적인 문제로요.

"아직은 안 됩니다"의 다른 버전으로, 기술적으로 준비가 안 된 경우이다. 여러분의 팀을 파트너 팀이 해금해주지 못하거나, 요청을 지원할 기술적 기반이 없어 시작 자체가 불가능할 수도 있다. 이런 경우에도, 필요한 기능이 구현될 때까지 사용할 수 있는 대안을 찾아보는 협력은 가능하다. 기술적 장애물을 잘 설명하고, 아직 구현이 불가능하다면 단호히 거절해야 한다. 가능한 척하는 것은 장기적으로 평판과 안정성을 해칠 뿐이다.

안 됩니다, 제품 전략상 문제로요.

모든 것을 플랫폼에 포함할 필요는 없다. 누군가 관심을 보인다고 해서 모든 기능을 수용하는 '제국 건설자(empire builder)'가 되려는 유혹을 이겨내야 한다. 제품의 핵심 임무를 이해하고, 그에 맞지 않는 것은 거절해야 한다. 임무 확장(mission creep)을 허용하면 제품의 가치가 희석되고 지원과 발전이 어려워진다. 요청자가 자체적으로 해결하거나, 확장 기능을 만들 수 있게 하거나, 그들의 요구에 맞는 다른 시스템을 추천할 수 있다면 이러한 거절이 더 잘 받아들여질 것이다.

안 됩니다, 기술적으로 불가능해요.

마찬가지로, 기술적으로 실현 불가능한 사항이라면 그 점을 지적해야 한다. 플랫폼 팀의 리더급 직책에 이전 엔지니어 출신을 포함하는 것이 바람직한 이유가 바로 이것이다. 그런 사람들은 좋은 아이디어라도 실제로 구현이 불가능할 수 있음을 이해한다. 이언은 잘못 설계된 네트워킹 탓에 낭패를 본 경험이 많다. 그래서 이제는 단순해 보이는 네트워크 기반 솔루션도 운영 부담이 엄청날 수 있다는 것을 잘 안다. 비슷하게, 카미유는 분산 공유 메모리 시스템에 대한 비현실적 기대 때문에 상처를 입은 경험이 있다. 꿈을 크게 꾸는 것은 좋지만, 해결되지 않은 문제에 대한 확실한 해결책이 있는 팀이 아니라면 기술적으로 불가능한 것은 거절해야 한다. 그런 경우 팀이 할 수 있는 최선의 일은 거절하는 이유를 엔지니어들에게 잘 설명하는 것뿐이다.

단호한 거절로 끝나는 대화는 늘 불편하다. 이를 여러분의 자존심에 관한 문제로 만들지는 말아야 한다. 이해관계자들이 기술적 한계를 이해하지 못하거나 제품 전략을 명확히 보지 못한다고 해서 '멍청한' 사람인 것은 아니다. 단호히 거절해야 할 때는, 앞에서 언급한 "아직은 안 됩니다" 대화들처럼 다른 방안이나 추천 사항을 준비하는 것이 도움이 된다. 다른 팀과 상담하는 게 좋을까? 문제를 다른 방식으로 생각할 수 있을까? 도움을 주지 못하더라도, 그들의 문제에 관심이 있다는 것을 보여주는 것이 향후 관계에 중요하다. 따라서 아예 대화를 끊어버리는 태도는 피하는 것이 좋다.

우리는 기여자 조던 웨스트Jordan West에게 '아니요'와 '예'의 균형을 어떻게 맞추는지 물어보았다. 다음은 조던의 답변이다.

플랫폼 관점

조직 개편 후 합류한 플랫폼 팀에서 내가 맡은 과제는 '예'와 '아니요'의 균형점을 찾는 것이었다. 이전 팀이 제대로 결과를 전달하지 못했다는 인식 때문에, 우리는 처음에 업무 범위를 크게 제한했다. 향후 12개월 동안 세 가지만 전달하겠다고 약속했고, 기대 이상으로 해냈다. 하지만 다음 해에도 불만이 많았다. 이번에는 전달 부족이 아니라 플랫폼 팀의 거절이 너무 많다는 것이 불만이었다.

처음에는 계속 거절했다. 더 적은 수의 항목들을 더 빨리 전달하기 위해서였다. 하지만 거절이 너무 많다는 피드백이 압도적이어서 다른 접근 방식을 택했다. 더 많은 것에 '타협을 통한 수락'으로 대응하되, 각각의 범위를 크게 제한한 덕분에 여전히 결과물을 전달할 수 있었다.

두 가지 예를 들겠다.

- 그래프 저장소(graph storage)를 제공하기로 약속하되, 첫 릴리스에서는 소규모와 중규모 용례만 지원하고 웹사이트를 다운시킬 수 있는 '핫 경로(hot path)'의 경우는 제외했다. 다음 계획 단계에서 대규모 솔루션에 대한 수요가 여전히 있는지 확인하겠다고 소통했다.
- 축소된 '버전 관리 데이터셋(versioned datasets)' 기능을 추가하기로 약속했다. 이는 '데이터 웨어하우

스의 데이터를 OLTP 데이터베이스로 옮기는' 작업에 그럴듯한 이름을 붙인 것이다. 장기적으로는 데이터의 증분 갱신(incremental update)을 지원하고 싶었지만, 첫해에는 정적 데이터셋의 이동만 약속했다.

두 경우 모두, 용례(use case)들의 상당 부분을 지원한 덕분에 초기 사용자들이 만족했고, 나머지에 대한 계획과 일정을 제시한 덕분에 전체 기능을 원하는 이들도 만족했다. 이런 증분 전달 방식으로 더 많은 것에 "예"라고 할 수 있어서, 팀에 대한 인식이 훨씬 좋아졌다.

10.3.4 그림자 플랫폼에 대한 타협

이해관계자들과의 최악의 관계 중 일부는 '그림자 플랫폼(shadow platform)' 구축과 관련해서 빚어진다. 앞 장에서 설명했듯이 그림자 플랫폼은 현재 플랫폼의 기능을 복제한 시스템이다. 현재 플랫폼과는 다른 OSS와 벤더 기술을 사용할 때가 많으며, 기능 집합(feature set)이나 시스템 특성(비용, 성능, 신뢰성)이 조금 다를 때도 있다.

이상적인 상황이라면 이런 차이점들을 미리 파악해서, 새로운 용례들을 처리할 수 있도록 현재 플랫폼의 역량을 확장할 것이다. 하지만 현실에서는 이해관계자 팀이 독자적으로 새로운 것을 구축하거나 구축하자고 제안한다. 비슷하지만 다른 무언가를 만들려는 것이다. 그러면 플랫폼 팀의 엔지니어들이 화가 난다. 그들은 '잘못된 일'이 일어나는 것을 막으려고 재빨리 경영진에게 보고한다.

수용 가능한 타협점이나 '올바른' 조치를 찾기 전에, 먼저 이해관계자 팀이 그림자 플랫폼을 구축하게 된 동기를 파악해야 한다. 일반적인 동기는 다음과 같다.

기다릴 수 없고, 기다리지 않으려 한다.

제품 팀에 시급한 필요가 있는데 플랫폼 팀의 일정에 맞출 수 없는 경우가 있다. 이것이 거짓된 긴박성일 수 있고, 새로운 플랫폼을 만들거나 새로운 인프라를 지원하는 것이 더 쉽고 저렴하다는 순진한 생각에서 비롯된 결정일 수 있다. 하지만 사업상 기회의 창이 좁고 플랫폼에 아직 없는 무언가가 필요한, 정당한 경우도 있다. 이런 압박하에서 애플리케이션 팀이 자체 플랫폼을 구축하는 것을 항상 탓할 수는 없다. 나중에 플랫폼 팀이 고생하게 되더라도 말이다.

생소한 요구사항

플랫폼이 제공할 만한 기능이긴 하지만 아직 누구도 요청한 적이 없는 기능을 애플리케이션 팀이 요구하기도 한다. 회사의 다른 영역과는 매우 다른 기술적 역량이 필요한 기회가 있을 때 이런 일이 발생할 수 있다. 예를 들어 팀이 새로운 사업을 시작하기 위해 그래프 데이터베이스graph database가 필요한 경우이다. 다른 팀들이 요구하지 않는 기능이라서 플랫폼 팀이 요청을 거부하면, 애플리케이션은 그냥 스스로 만들게 된다.

협업을 원치 않는다.

애플리케이션 팀이 플랫폼 팀과 사이가 좋지 않아서 굳이 플랫폼 팀과 협업하지 않으려는 경우도 있다. 조급함이 이유일 수도 있는데, 작은 회사든 큰 회사든 조율에는 시간이 걸리기 때문이다. 하지만 애플리케이션 팀이 과거에 플랫폼 조직과 나쁜 경험을 했기 때문인 경우도 많다. 아마도 한쪽에(또는 양쪽 모두) '우리 대 그들' 문화가 생겼기 때문일 것이다. 우리도 엔지니어들이 갈등을 회피하는 상황을 경험해 보았으며, 사람들이 다른 팀과 협상하는 대신 혼자서 일을 처리하는 것을 선호하는 경우가 있다는 점도 알고 있다. 특히 과거의 적대감이나 협업 경험에 대한 양가감정이 있을 때 더욱 그렇다.

플랫폼 팀의 '거절' 뒤에 숨은 운영 비용을 이해하지 못한다.

때로는 팀이 여러분의 거절을 듣고도 그것을 구축하기로 결정한다. 운영 비용이 그들이 예상한 것보다 훨씬 클 것이라고 확신함에도 말이다. 플랫폼 팀의 관점에서, 그런 팀의 잘못된 판단은 대단히 짜증스럽다. 특히 이것이 결국 여러분이 지원해야 할 무언가로 부메랑처럼 돌아올 것을 알 때 더욱 그렇다.

그냥 엔지니어가 만들고 싶어 한다.

마지막으로, 그냥 엔지니어들이 무언가를 만들고 싶어 했기 때문일 수도 있다. 애플리케이션 팀에는 제품에 기능을 점진적으로 추가하기보다는 새로운 시스템을 만들고 싶어 하는 엔지니어들이 항상 있다. 새로운 시스템을 만들지 않고는 엔지니어가 승진하기 어려운 회사에서는 자연스럽게 이런 행동이 조장된다. 플랫폼 팀과 협업해서 몇 가지 기능을 추가하는 것보다 엔지니어가 해결할 큰 문제를 만들어 내는 쪽이 엔지니어에게 유리한 것이다. 이는 그림자 플랫폼 개발에 항상 영향을 미치는 요소이므로, 엔지니어링 리더는 팀원들에 대한 인센티브를 세심하게 설정해서 이런 습관을 통제할 필요가 있다.

이해관계자의 팀이 그림자 플랫폼을 구축하려는 구체적인 동기를 여러분이 알았다고 하자. 이제 어떻게 대응해야 할까? 우리는 다음 방안을 제안한다.

사일로를 해체한다.

'우리 대 그들' 문화의 문제를 해결하는 쉬운 방법은 없다. 제5장에서 논의했듯이, 여러분 팀부터 그런 문화를 없애고, 다른 팀의 지도층과 최대한 협력해서 해결해 나가야 한다. 그러면 그들의 요구사항을 미리 파악하는 데 도움이 될 뿐만 아니라, 뭔가를 독자적으로 구축하기 전에 먼저 여러분(신뢰할 수 있는 조언자로서)과 상담하게 만드는 데 도움이 된다. 또한 여러분이 전혀 모르는 사이에 그림자 인프라가 구축되어서 놀라는 일이 줄어들 것이다.

긴급한 문제에는 협력한다.

기술 혁신은 필연적으로 기존 솔루션에서 벗어나는 것을 의미하므로, 고객 팀들이 혁신을 위해 여러분의 플랫폼을 떠나는 일도 종종 발생할 것임을 기억해야 한다. 그 혁신이 그들의 작은 영역에서만 필요할 수도 있고, 언젠가 여러분의 플랫폼으로 돌아와 더 많은 비즈니스 영역을 지원할 수도 있다. 플랫폼이 다루지 못하는 어떤 요구가 정말로 존재한다면, 그들이 직접 진행하도록 두는 것이 최선일지도 모른다. 새로운 플랫폼 제공에 대한 긴박한 제품 엔지니어링 수요를 해결할 여력이 여러분 팀에 없을 수도 있고, 고객 팀의 요청이 정당하다고 해도 여러분 팀의 현재 작업 우선순위를 바꾸거나 추가 인력을 고용할 여지가 없을 수도 있다.

그런 경우 제5장의 새로운 제품 찾기 전략을 참고해서, 해당 팀과 협력해서 구축을 돕고 무엇이 만들어지고 있는지 파악하려고 노력해야 한다. 상황을 주시하면서 이 긴급한 요구가 나중에 여러분이 제공할 기능 집합에 포함할 만한 것인지, 아니면 해당 팀만을 위한 전략적인 것인지 파악하자. 후자라면, 여러분의 팀이 결국 해당 플랫폼의 지원과 운영을 맡게 될 것인지에 관해 일찍부터 명확히 선을 그을 수 있다.

인내심을 가지고, 때로는 뒷정리 역할을 받아들인다.

어떻게 해도 다른 팀의 그림자 플랫폼 구축을 막을 수 없으며, 여러분은 그저 지켜보고 기다려야 하는 경우도 생긴다. 그림자 플랫폼 구축 때문에 엔지니어링 시간이 낭비되는 것을 지켜보면, 또는 앞으로 몇 년간 처리해야 할 운영상의 혼란을 생각하면 아마 화가 날 것이다. 그렇지만, 이것을 여러분이 아는 것과 모르는 것에 대해 겸손하고 현실적이 되도록 여러분 자신을(그리고 여러분의 팀을) 훈련할 수 있는 귀중한 기회로 삼기 바란다. 여러분이라면 처음부터 직관적으로 알 수 있는 것이라도, 이해관계자로서는 직접 구축하고 쓴맛을 봐야 비로소 깨달을 수 있는 경우도 있음을 기억하자.

특히 그림자 팀이 '개척자'(제8장 참고) 성향이 강하다면, 놀랍게도 좋은 성과를 낼 수도 있다. 불가능하다고 생각했던 아이디어가 어느 정도는 실현 가능하다고 판명될 수 있고, 운영상의 어려움에도 불구하고 사용자들에게 많은 가치를 가져다줄 수도 있다. 적어도, 애플리케이션 팀 이해관계자들이 어설픈 플랫폼을 운영한다는 것이 무엇을 의미하는지 정확히 배워서 여러분의 문제를 더 잘 이해하게 된다는 가치는 생길 것이다.

더 나아가서, 여러분이 그들의 간신히 작동하는 시스템을 인수해서 플랫폼 수준으로 끌어올리는 뒷정리를 맡게 되기도 한다. 하지만 문제에 가까이 있는 사람들로부터 좋은 아이디어를 많이 건질 수 있다는 점을 기억하자. 때때로 여러분의 팀은 구현은 의심스럽지만 아이디어 자체는 좋은 사례들을 발견하게 될 것이다. 뒷정리가 필요할 때는 그것을 기회로 받아들이자.

10.4 돈 문제: 비용과 예산 관리

플랫폼 팀에게 가장 고통스러운 순간 중 하나는 경기 침체기(경제 전체에서든, 여러분이 속한 회사에서든)에 찾아온다. 그런 시기에는 여러분의 팀이 정말 존재해야 하는지, 무엇을 하고 있는지, 정말 충분한 가치를 더하고 있는지에 대해 의문시하는 사람들이 등장한다. 이해관계자들이 여러분을 신뢰하고 여러분 팀의 성과를 이해할수록 이 시기를 잘 견뎌낼 수 있다. 하지만 안타깝게도, 여러분이 권력과 관심도가 둘 다 높은 이해관계자들과 좋은 관계를 맺었더라도, 권력은 높지만 관심도는 낮은 이들이 갑자기 부정적인 관심을 가지고, '플랫폼' 예산이 자신들의 사업 부문에 상응하는 가치를 창출하지 않는다고 생각하기도 한다. 이런 상황에서는 두 가지 매우 어려운 도전에 직면하게 된다.

로드맵은 중요하지 않다.

제7장에서 설명한 상향식 계획으로 이를 피할 수 있다고 생각하는 독자도 있을 것이다. 사실은 그렇게 간단

하지 않다. KTLO(Keep The Lights On) 추정치(§7.2 참고)는 가치가 있지만, 그 밖의 모든 것은 그저 좋았던 시절에 세운 무관한 계획으로 여겨질 것이기 때문이다. 어려운 시기에는 모든 팀이 자신의 규모와 로드맵을 다시 정당화해야 한다. 비즈니스 중심 애플리케이션 엔지니어링 팀이라고 해서 플랫폼 팀보다 이런 고통을 덜 겪는 것은 아니다.

지표는 도움이 되지 않는다.

다음으로 의지할 수 있는 것은 지표(metric)인데, 문제는 플랫폼 팀이 가진 지표들은 결과와 느슨하게만 연결된다는 것이다. 제5장에서는 작업의 영향을 측정하기 위한 제품 지표 개발을 논의했고, 제6장에서는 건강성(health)을 보장하기 위해 제공할 수 있는 운영 지표를 논의했다. 하지만 이 모든 지표를 잘 관리한다고 해도, 여러분의 작업과 그 영향(특히 비즈니스 이니셔티브에 대한 영향)을 남들에게 과시할 만한 지표가 일차적인 지표가 아니라 이차적인 지표일 뿐인 상황에 처하기도 한다. 회사가 살아남기 위해 애쓸 때는 개발자 생산성에 신경 쓰는 사람이 거의 없다. 신뢰성은 물론 중요하지만, 다른 팀들보다 작은 플랫폼 팀이 다른 팀들보다 기능을 더 적게 만들면서도 왜 더 잘하지 못하느냐는 질문을 받게 될 것이다. 효율성 프로젝트조차도, 상당한 금액을 빠르게 절약할 수 없다면 별로 중요하게 취급되지 않는다.

이런 상황에 부닥쳤을 때 여러분은 여러분 팀의 작업을 보장된 비즈니스 결과(protected business outcome)의 성공과 좀 더 직접적으로 연결하기 위해 할 수 있는 모든 것을 해야 한다. 고위층이 애착을 가진 프로젝트를 가능하게 하든, 주력 제품 팀의 엔지니어링 리드를 행복하게 만들든, 플랫폼에 투자하지 않으면 발생할 용납할 수 없는 위험에 대한 이야기를 성공적으로 전하든, 이제는 비즈니스 성과와의 연계를 두 배로 강화할 때다.

여기에 어떻게 접근해야 할까? 우리는 단음과 같은 3단계 프로세스를 권장한다.

10.4.1 단계 1 미래에 누가 혜택을 받을지 파악한다

KTLO 범주에 속하는 것이 아닌 모든 작업을 검토해서, 주요 프로젝트마다 어떤 고객이 원하는지, 어떤 가치가 있는지 물어보라. 중요한 제품이나 비즈니스 이니셔티브를 전달하는 것과 밀접하게 연관된 프로젝트들은 괜찮다. 오히려 이런 프로젝트들은 더 부각하는 것이 좋다. 여러분이 중요하다고 생각하는 소규모 관련 작업을 이러한 이니셔티브에 큰 문제 없이 묶을 수 있는가? 이런 중요한 임무와 연계하면 재량적 예산을 조금이나마 절약할 수 있다. 여러분의 팀이 자신들의 작업을 가장 가치 있는 고객들과 연결하는 방법을 창의적으로 찾도록 함으로써, 결과적으로 더 가치 있는 것들을 만들게 될 것이다.

이 과정에서 큰 비즈니스 사례와 쉽게 연결되지 않는 프로젝트들을 발견하게 될 것이다. 여기서부터가 어렵다. 새로운 스케줄링 알고리즘을 도입하면 점차 머신러닝 플랫폼의 성능과 비용 프로파일이 개선되리라는 여러분의 판단이 맞을 수 있다. 하지만 지금 당장은 생존이라는 비즈니스에서 벗어난 일로 보인다. 이런 상황에서는 몇 가지 선택지가 있다.

프로젝트 잠정 중단

프로젝트가 초기 단계이고 불분명하며 너무 많은 인력이 투입된 경우라면, 이니셔티브를 잠정적으로 중단해야 할 것이다. 비용이 많이 드는 실험적 작업을 유지할 때가 아니다.

프로젝트 축소

프로젝트를 축소하고 모두가 중요하다고 동의하는 것에 통합한다. 앞에서 언급했듯이 숨 돌릴 여유가 필요할 것이고, 실험적인 작업을 필수적인 작업과 정렬(aligning)하는 것이 좋은 전략이다.

비즈니스 가치를 입증하는 작업 수행

비즈니스 가치를 입증한다는 것은 프로젝트가 비즈니스에 도움이 되는 사례를 작성하고, 이해관계자들의 동의를 얻고, 가치 창출로 가는 로드맵을 가속하는 것을 의미한다. 더 나아가서, 중요한 이해관계자를 프로젝트의 고위 후원자로 영입한다면 더욱 좋을 것이다. 여러분의 팀이 프로젝트의 가치를 강하게 믿는다면, 프로젝트를 '판매할(sell)' 기회를 팀원들에게 주어야 한다. 이를 차단하면 팀원들의 의욕이 크게 저하될 수 있다. 이 작업은 팀원이 회의적인 이해관계자들에게 자신의 아이디어를 판매하는 방법을 가르칠 수 있는 좋은 기회이다.

10.4.2 단계 2 작업을 팀 단위로 그룹화한다(개인별로 하면 안 됨)

규모가 아주 작은 팀이 아닌 한, 여러분의 보고서에 팀원 개개인의 작업 세부사항을 포함하는 것은 바람직하지 않다. 그런 세부사항을 공개하면 불필요한 검토를 초래한다. 여러분이 실제로는 제공할 수 없는 수준의 정확성을 보장하는 척한다고 오해하는 사람들이 생길 것이다.

그렇게 하는 대신, 작업을 단일 프로젝트팀(최소 3~5명)이 처리할 수 있는 크기보다 작지 않고 그보다 두 배 큰 팀(최대 10~12명)이 관리할 수 있는 크기보다는 크지 않은 덩어리로 그룹화해야 한다. 이는 최대 수백 명의 엔지니어로 구성된 팀에 적합한 접근 방식이다. 더 큰 조직을 운영한다면 누군가가 모든 팀의 프로젝트 작업을 비슷한 크기의 덩어리로 그룹화하도록 해야 한다.

이처럼 프로젝트 규모의 팀으로 작업을 그룹화하면, 모든 영역을 균등하게 축소하고도 정상적으로 운영될 수 있다고 생각하는 실수를 방지할 수 있다. 팀의 과잉 인력이 모든 그룹에 동일한 비율로 고르게 배치되어 있지는 않을 것이므로, 팀의 규모를 정당화해야 하는(또는 인력 감축에 대처해야 하는) 상황이라면 모든 이니셔티브를 같은 비율로 삭감하기보다는, 특정 이니셔티브들을 통째로 삭감해서 다른 이니셔티브를 보호하고 집중력을 유지하는 것을 목표로 해야 한다.

10.4.3 단계 3 예산 삭감 대상에 관한 제안과 유지 대상에 관한 강력한 의견을 제시한다

사람들은 강점과 약점에 반응한다. 여러분의 팀이 작업 중인 모든 것을 방어하고 아무것도 삭감할 수 없다고 정당화하려 한다면, 이해관계자들은 여러분이 이 상황을 심각하게 받아들이지 않는다고, 변화가 필요하다는 메시지를 알아듣지 못한다고 여길 수 있다. 그렇긴 해도 여러분 팀의 작업을 보호하는 것은 중요한 문제이다. 여러분은 여러분 팀의 가장 중요한 작업이 왜 중요한지를 설명해야 한다. 특히, 그것이 실험적 투자이거나 깊이 있는 기술적 작업일 경우 이해관계자가 알아들을 수 있을 정도로 공들여서 설명할 필요가 있다.

예산 감축 주기를 겪은 여러 팀을 지도한 경험에 비추어, 우리는 무엇을 축소하거나 제거해야 할지를 여러분이 '선제적으로' 결정하고, 이해관계자들에게 제시할 방안을 확실히 결정한 후에야 논의에 임할 것을 권장한다. 논의 자체는 고객과 이해관계자의 피드백에 의해 시작되겠지만(여러분이 왜 그런 일을 하고 있는지 아무도 이해하지 못하고 여러분 자신도 설명할 수 없다면 그것은 위험 신호다), 그들의 피드백만으로 전적으로 결정되어서는 안 된다. 여러분은 이 영역의 전문가이자 책임자이다. 다른 사람들이 이해하거나 인정하지 않지만 여러분이 필수적이라고 강하게 믿는 것들을 방어함으로써 여러분의 전문성과 주인의식을 보여주어야 한다.

이 작업이 끝날 때쯤이면 여러분의 팀이 여러분이 원했던 것보다 더 많이 줄어들었을 수도 있다. 그래도, 사전에 전략을 세워서 가장 중요한 투자는 보존할 수 있어야 한다(피할 수 없는 40~50%의 대규모 삭감 명령이 없는 한). 이전에 이해관계자들과의 관계를 잘 쌓아 두었다면 이 작업이 덜 고통스러울 것이다. 삭감을 피할 수는 없지만, 그간 쌓아온 신뢰는 여러분이 최선이라고 생각하는 방식으로 삭감을 형성할 수 있는 힘을 줄 것이다.

10.5 마무리

우리의 경험상 플랫폼 팀의 성패는 이해관계자 관계 관리에 달려 있다. 여러분의 팀 전체가 이를 위한 좋은 관행을 발전시키는 것이 매우 중요하다는 점은 아무리 강조해도 지나치지 않다. 이해관계자들이 팀과 어떤 관계를 맺고 있는지, 그들이 무엇에 관심을 두는지, 또 어떻게 효과적으로 소통하고 협상할 수 있는지를 이해해야 한다. 특히 엔지니어들에게는 이런 것들이 자연스럽게 몸에 배어있지 않을 수 있다. 하지만 이를 제품 관리팀에 위임하고 알아서 해결되기를 바랄 수는 없다. 이해관계자들은 여러분의 업무를 더 쉽게 만들 수도, 더 어렵게 만들 수도 있다. 팀과 플랫폼, 그리고 회사 전체의 이익을 위해 이러한 관계를 관리하는 것은 여러분의 몫이다.

이해관계자들과의 관계를 발전시킬 때는 다양한 접점을 고려해야 한다. 1대1 면담도 있겠지만, 이해관계자들이 서로의 의견을 듣고 전반적인 조율을 개선할 수 있는 연계 회의와 자문 회의도 있을 것이다. 특히 어려운 시기에는 소통을 더욱 강화해 적절한 수준의 신뢰와 투명성을 유지해야 한다.

이해관계자와의 관계는 협상과 타협이 필요할 때마다 실질적인 효과(긍정적이든 부정적이든)를 발휘한다. 계획이 갑자기 변경되는 것처럼 보일 때도, 유연하고 민첩하게 대응하는 것이 매우 중요하다. 쉬운 요청이나 명확하고 시급한 비즈니스 가치가 있는 요청에는 승낙하는 것이 좋다. 때로는 '아니요' 또는 '아직은 안 된다'라고 말해야 할 수도 있으며, 애플리케이션 팀이 그림자 플랫폼을 스스로 구축할 수 있다는 점도 받아들여야 한다. 항상 윈-윈을 목표로 해야 한다. 그들의 플랫폼에 대해 조언만 제공하더라도, 그들이 구축한 것에서 배울 수 있고 나중에 그 플랫폼이 성공적인 것으로 판명되면 여러분의 팀이 인수할 수 있는 기회가 생긴다.

마지막으로 예산 문제가 있다. 자금이 부족할 때는 모두가 비용을 절감할 방법을 찾게 되는데, 이해관계자와의 관계가 좋지 않으면 플랫폼 팀이 가장 먼저 구조 조정 대상이 될 수 있다. 어떤 영역을 축소할 수 있고 어떤 영역이 필수 불가결한지 미리 파악해 이러한 상황에 대비해야 한다. 예산 삭감을 진지하게 다루고 있다는 모습을 보여줄수록 수용 가능한 결과를 얻을 가능성이 커진다. 이번 장에서 다룬 다른 모든 작업을 수행하고 이해관계자들과 강력한 관계를 이미 구축해 놓았다면, 최악의 결과를 막고 앞으로 나아갈 수 있을 것이다.

PART 03

성공은 어떤 모습일까?

PART 03

성공은 어떤 모습일까?

"우리나라에서는 말이죠," 앨리스가 아직도 약간 숨을 헐떡이며 말했다. "오랫동안 아주 빨리 달리면 보통 다른 곳에 도착하게 되죠. 우리가 지금까지 달린 것처럼요."

"참 느린 나라로구나!" 여왕이 말했다. "여기서는 제자리에 머물려고 해도 할 수 있는 한 빨리 달려야 하지. 다른 곳에 가고 싶다면, 최소한 그 두 배는 빨리 달려야 해!"

— 루이스 캐럴Lewis Carroll, 『거울 나라의 앨리스』(시공주니어, 2019), 제2장

플랫폼 팀이 최선을 다해 달리고 있어도 별로 진전이 없어 보일 때가 많다. 어떤 시스템을 안정 상태로 만들어서 여러분의 팀이 다른 영역에 집중할 수 있게 되지만, 1~2년만 지나도 그 시스템이 구식이 되어 더 이상 회사에 도움이 되지 않는다. 그러면 여러분은 다시 그 시스템을 개선해야 한다. 80%의 사용자를 만족시키는 '포장도로(§2.1)'를 만들어도 나머지 20%는 자신의 요구사항이 반영되지 않았다며 불평한다. 완벽하게 균형 잡힌 팀을 구성해도 예산 삭감으로 인원을 줄여야 하거나, 성장기에 뛰어난 인재들이 더 나은 기회를 찾아 떠나기도 한다. 게다가 진전이 있더라도 가치 전달이 더디다. 고품질 제품을 만드는 데에도, 고객을 설득하는 데에도, 모든 사람을 마이그레이션하는 데에도 시간이 걸린다.

이러한 이유로 우리는 플랫폼 엔지니어링의 성공을 이야기할 때 교과서적인 '지표와 측정(metrics and measures)'을 주된 기준으로 삼는 것에 반대한다. 물론 그런 방식이 쓸모없다는 뜻은 아니다. 실제로 이 제3부에서는 도입률과 고객 만족도 지표를 다루며, CNCF 플랫폼 엔지니어링 성숙도 모델(`https://oreil.ly/VcKqO`)을 팀 벤치마킹과 개선점 발견을 위한 도구로 추천한다. 하지만 이러한 지표와 모델은 과거 활동을 측정하는 광범위한 신호로서 가장 유용할 뿐, 현재 상황의 전체 그림을 파악하고 다음 성공적인 투자 방향을 제시하기에는 너무 단순하고 후행적이다.

그래서 우리는 다음 네 가지 영역에 초점을 두고 지속적인 성공을 평가하는 총체적인 접근 방식을 권장한다.

- 플랫폼이 정렬되어 있는가?
- 플랫폼이 신뢰받는가?
- 플랫폼이 복잡성을 관리하는가?
- 플랫폼이 사랑받는가?

여러분이 플랫폼 엔지니어링 리더로서 성공하려면 이 네 영역 각각에서 팀을 지속적으로 평가해야 한다. 제3부의 네 장(챕터)에서 이 영역들을 자세히 다룰 것이다. 때로는 상황 변화로 인해 실패할 수도 있고, 이를 바로잡는 과정에서 종종 절충과 선택에 직면하게 된다. 하지만 균형이 맞지 않을 때 방향을 조정하고, 조정된 경로에서 결과가 나타날 때까지 인내심을 갖고 기다린다면, 회사가 필요로 하는 곳에 플랫폼을 도달시킬 수 있을 것이다.

CHAPTER 11

플랫폼의 정렬

팀의 목적(purpose)은 목표 달성(goal attainment)이 아니라 목표 정렬(goal alignment)이다. 팀이 목표와 정렬되면 팀원들이 올바른 방향으로 나아가게 되므로 좀 더 효과적으로 일할 수 있다.

– 톰 드마르코Tom DeMarco, 팀 리스터Tim Lister, 『피플웨어 제3판』(인사이트, 2014)[1]

정렬(alignment)[2]은 플랫폼 엔지니어링 팀의 성공을 총체적으로 평가하는 첫째 기준이다. 모든 플랫폼 팀에 대해 "팀원들 모두가 팀이 하는 일에 정렬되어 있는가?"라는 질문을 던져야 한다. 정렬되지 않은 플랫폼 팀은 제1장에서 설명한 '과도한 일반화의 늪'과는 다른 종류의 수렁을 만들어낸다. 이 수렁에는 서로 중복되고 호환되지 않는 제품들로 가득 차 있다. 그 제품들은 함께 사용하기 어려울 뿐만 아니라 목표가 충돌하는 경우도 많다. 이 상황 역시 과도한 일반화의 늪만큼이나 헤쳐 나가기 힘들다. 자신들이 만든 사일로 너머를 보지 못하는 플랫폼 팀들과 씨름해야 하는 고객들은 더욱 좌절스러울 수 있다.

정렬은 흔히 다음 세 영역에서 실패한다.

목적

제품 접근 방식에 따라 비즈니스의 토대가 되고 폭넓은 고객층을 지원하는 소프트웨어 기반 추상화를 개발한다는 총체적인 사고방식(holistic mindset)을 가지지 못하고 그보다 좁은 관점으로 운영되는 플랫폼 팀은

1 원서는 Tom DeMarco, Tim Lister, 『*Peopleware: Productive Projects and Teams*』(Prentice Hall, 2013)이고 번역서는 이해영, 박재호가 번역했다.

2 옮긴이_ 정렬에서 sorting을 떠올리는 독자도 있겠지만, 이 책에서 정렬은 항상 alignment를 뜻한다. alignment로서의 '정렬'은 최근 특히 두려울 정도로 빠르게 성장하는 AI와 관련해서도 많이 쓰이는 용어이다.

목적(purpose)에 대해 정렬되지 않은 것이다.

제품 전략

사일로로 운영되며, 특정 목적에는 좋지만 불필요하게 다른 것들과 중복되거나 플랫폼 간 용례(use case)를 어렵게 만드는 플랫폼을 구축하는 플랫폼 팀은 제품 전략(product strategy)에 대해 정렬되지 않은 것이다.

계획 수립

가장 중요한 프로젝트를 실행할 때 서로 지원하지 않고 오히려 서로의 길을 방해하며, 일정과 상황 변화에 대해 고객과 잘못된 소통을 하는 플랫폼 팀들은 계획 수립(planning)에 대해 정렬되지 않은 것이다.

이번 장에서는 이러한 각각의 정렬 실패 혹은 '미정렬(misalignment)' 유형을 자세히 살펴보고, 이를 성공적으로 관리하는 방법을 논의한다.

성공의 훈제 청어[3]: 도입률 지표

플랫폼 팀이 "성공은 어떤 모습일까?"라고 자문할 때, 어떤 형태이든 도입률 지표(adoption metric)를 그 답으로 제시하는 경우가 많다. 도입률이 높다면 **틀림없이** 플랫폼 팀이 고객이 사용하길 원하는 플랫폼을 플랫폼 팀이 구축함으로써 회사에 가치를 전달하고 있는 것이라는 생각에서이다. 그러나 너무 그런 쪽으로만 생각하는 것은 바람직하지 않다.

도입률에 집중하다 보면 플랫폼 팀은 미래의 플랫폼을 결정하고, 그 사용률을 100%까지 끌어올리고, 다른 모든 것을 최대한 빨리 폐기하는 것이 자신의 유일한 임무라고 여기기 시작할 수 있다. 하지만 100% 도입률은 고객이 플랫폼 사용 여부를 선택할 수 있을 때만 진정한 성공의 지표가 된다. 선택의 여지가 없는 '포로' 또는 포로에 가까운 상태의 청중을 대상으로 도입률 지표를 사용할 때는, 사람들이 실제로 원하는 것을 만드는 것이 아니라 그들이 원해야 한다고 여러분이 생각하는 것을 만든 다음 그것을 사용하도록 강요하는 우를 범할 위험이 있다.

도입률은 그냥 완료 여부를 추적하는 것보다는 나은 성공 지표이다. 완료(completion) 여부는 단지 여러분의 '승리 선언' 능력만을 측정하는 궁극의 회피(cop-out) 지표일 뿐이다. 하지만 단지 완료 여부보다 낫다는 것은 별로 의미가 없다. 도입률을 시스템별로(또는 심지어 기능별로) 측정한다면, 사용자의 관심을 얻기 위한 팀 간 경쟁이 생겨서 정렬이라는 목표에 방해가 된다. 플랫폼 팀이 도입률 목표를 달성하기 위해 의무적인 마이그레이션을 강요한다면, 이 지표는 유기적인 고객 수요를 측정한다는 원래의 가치를 완전히 잃고 그저 고객을 압박하는 도구로 전락한다. 최악의 시나리오에서는 플랫폼이 제공하는 기능들이 뒤죽박죽될 뿐만 아니라, 낮은 도입률을 정당화하기 위해 마이그레이션을 의무화함으로써 계속해서 고객을 압박하게 된다.

---

3 옮긴이_ 훈제 청어 혹은 붉은 청어(red herring)는 오해를 부르거나 주의를 분산시키는 요소를 뜻한다. 이 책의 글상자 제목으로 여러 번 등장할 뿐만 아니라 독자도 알아두면 좋을 재미있는 표현이라서 의역하지 않았다. 유래 등 좀 더 자세한 사항은 위키백과 `https://ko.wikipedia.org/wiki/붉은_청어`를 참고하기 바란다.

이는 중요한 문제이다. 플랫폼 팀이 고객에게 일거리를 만들어낼 때마다 팀의 영향력이 약해지기 때문이다. 플랫폼 팀이 고객 스스로 요구사항을 작성하길 기대하거나 최신 제품으로 마이그레이션을 강요하는 등 고객이 스스로 도입을 추진하도록 만들면, 플랫폼 팀이 지켜야 할 생산성이 고갈되어 버린다. 플랫폼 팀이 정렬되지 않은 채 서로 잘 작동하지 않는 제품들을 전달하면서 고객의 환심을 사려고 스스로와 경쟁하다 보면, 애초에 플랫폼 팀이 해결해야 할 복잡성과 혼란이 오히려 가중된다.

따라서 도입률을 2차적인 지표 이외의 용도로 사용할 때는 주의해야 한다. 대신 플랫폼의 혜택을 가장 많이 받을 수 있는 대상을 식별하고 새로운 플랫폼이 해결할 측정 가능한 문제점을 그들과 함께 파악함으로써, 가장 가치 있는 고객들의 도입을 목표로 하여 레버리지를 전달하는 방법을 고민해야 한다.

여러분이 제공하는 모든 제품을 조직의 모든 팀이 사용하게 만들어야 하는 것은 아님을 주의하자. 그것을 목표로 해야 할 시스템도 있겠지만(예를 들어 직원 신원 확인 시스템은 딱 하나만 있어야 하고, 모든 팀이 그것을 사용해야 한다), 대부분의 플랫폼은 그룹마다 그 가치가 다르기 마련이다. 모든 팀을 동일한 플랫폼에 강제로 참여시키려 하면 회사에 가장 큰 레버리지를 제공할 수 있는 부분을 놓치기 쉽다.

도입률을 추적하되, 제품 전략의 입력으로 사용하기 바란다. 절대적인 성공 지표로 오해하지는 말아야 한다.

11.1 목적에 대한 정렬

우리가 경험한, 목적에 대한 정렬(이하 간단히 목적 정렬)이 잘못되어서 생긴 문제를 소개해 보겠다. 어떤 회사에 CI(continuous integration; 지속적 통합) 플랫폼이 있었는데 그 플랫폼은 OS 플랫폼에 의존했다. 그런데 OS 플랫폼이 OS를 업데이트할 때마다 CI 플랫폼에서 실행 중이던 작업이 중단되었다. CI 작업의 중단과 재시작 때문에 CI 사용자들의 꼬리 지연 시간(tail latency)이 증가했다. CI 작업이 실행되지 않을 때까지 OS 업데이트를 미루는 것으로 간단히 해결할 수 있을 것 같았지만, 이는 이미 임시방편으로 가득한 구형 운영체제 플랫폼에 또 하나의 땜질을 추가하는 것에 불과했다. 대신 OS 플랫폼 팀은 CI 플랫폼 팀에게 불변 이미지(immutable image)를 사용하는 새로운 OS 플랫폼으로의 마이그레이션을 우선순위로 두도록 압박했다. 양측 모두 이것이 이상적인 엔지니어링 목표라는 데는 동의했지만, 문제는 이 프로젝트가 구현에 수개월이 걸린다는 점이었다. 게다가 OS 팀은 그동안 사용자 영향을 즉시 해결할 수 있는 더 작은 규모의 임시 해결책조차 구현하기를 거부했다.

이처럼 의견이 강하게 충돌한 이유를 자세히 살펴보니, OS 플랫폼 팀의 지도층이 아직 자신들을 플랫폼 엔지니어링 팀으로 생각하지 않고 있다는 점이 분명해졌다. 대신 그들은 여전히 '인프라' 사고방식을 가지고 있었다. 그들은 기술적 품질을 무엇보다도 우선시하는 것을 목표로 삼았기 때문에 파트너들과 갈등을 빚었다. 최종 고객 경험을 최적화하는 대신 그들은 불만족스러운 고객들을 자신들이 원하는 마이그레이션을 더 빨리 완료하고 기술을 개선하기 위한 레버리지로 활용했다. 간단히 말해서 OS 플랫폼 팀은 자신들의 결정이 제품에 미치는 영향을 제대로 인식하지 못했다.

플랫폼 팀들이 성공하려면 공통의 목적을 공유해야 한다. 제2장에서 설명한 플랫폼 엔지니어링의 '네 기둥'을 다시금 강조할 필요가 있겠다.

제품
큐레이션 제품 접근 방식 채택

개발
소프트웨어 기반 추상화 개발

범위
광범위한 애플리케이션 개발자층 지원

운영
비즈니스의 토대로서의 운영

각 플랫폼 팀은 이 기둥들 외에 자신들의 플랫폼 영역에 특화된 목적도 정의할 것이다. 하지만 이 네 가지 기둥은 반드시 모든 플랫폼 팀이 도입해야 한다. 이 기둥들이 상승효과(시너지)를 일으켜서, 플랫폼을 오픈소스 소프트웨어와 클라우드 기본요소(primitive)들에 기반해서 구축하고 다른 플랫폼과 상호 운용하는 데서 오는 복잡성을 관리할 수 있게 해주기 때문이다. 이를 위해서는 네 기둥에 기반한 목적에 정렬된 팀과 팀 문화를 구축해야 한다.

11.1.1 적절한 인력 구성으로 팀을 목적에 정렬

제4장에서 논의했듯이 목적 정렬은 팀에 적합한 인재를 영입하는 것에서 시작한다. 팀을 구성하고 새로운 인력을 채용하기 시작할 때, 새로운 그룹이 어떤 모습이어야 하는지 모두가 이해할 수 있도록 팀 전체에 걸쳐 필요한 역할과 기술의 균형에 대해 공개적으로 논의해야 한다. 작은 회사에서는 모든 구성원이 채용 과정에 관여해야 마땅하다. 그러면 플랫폼 엔지니어링에 필요한 엔지니어 유형에 대한 합의가 강화되기 때문이다.

큰 조직에서는 인원 정렬(people alignment)을 추진하기가 더 까다롭다. 팀 간 교차 면접을 통해서 문화적 혼합(cultural intermixing)을 꾀할 수도 있겠지만, 적절한 기술을 가진 적합한 인재를 적절한 제품 영역에 배치하려면 기존 팀을 재구성해야 할 가능성이 높다. 인프라 팀을 변환하는 경우라면 아마도 기능별로 정렬된 여러 하위 팀(컴퓨트, 네트워킹, 저장 등)이 있을 것이다. 이러한 팀들이 중복되는 부분에서는 변화를 주거나, 플랫폼 이니셔티브를 더 잘 지원할 수 있도록 더 교차 기능적인 별도의 팀을 구성하는 것도 한 방법이다.

11.1.2 공통 관행으로 문화를 목적에 정렬

목적 정렬의 다음 단계는 문화이다. 우선 필요한 것은, 팀들이 네 가지 기둥에 관한 공통 관행(common practice)들을 공유해야 한다. 내부 사용자를 단순한 이해관계자가 아닌 고객으로 대하고 고객과의 파트너십 기회를 통해 새로운 제품을 발굴하는 제품 관리 문화를 조성함으로써 여러분은 '우리 대 그들'이라는 사고방식을 깨고, 훌륭한 플랫폼 제품을 만드는 데 필요한 공감(empathy)을 발전시킬 수 있다. 마찬가지로 운영성 검토, 비난 없는 사후 분석, 데브옵스와 SRE 운동에서 배운 기타 관행 등의 공통 운영 관행은 팀들과 플랫폼들 사이의 경계를 허무는 데 도움이 된다.

11.1.3 팀 협업을 통해 문화를 목적에 정렬

협업에 대한 접근 방식이 팀 문화의 많은 부분을 좌우한다. 조직이 더 많이 협업할수록 전반적인 문화는 더욱 응집력을 갖게 된다. 만일 여러분이 여러 플랫폼 영역을 감독하는 선임 리더로서 이 책을 읽고 있다면, 팀들을 자주 모으고 협업을 촉진하는 것은 여러분의 임무이다. 예를 들어 조직 내 모든 구성원이 서로의 플랫폼을 사용해야 한다. 그러면 공통의 문화가 조성될뿐만 아니라, 소위 '개밥 먹기(dogfooding)'를 통해 제품 전략에 관한 창의적인 아이디어가 더 많이 나올 것이다.

독자가 엔지니어링 관리자나 시니어 개인 기여자(individual contributor, IC)[4] 또는 제품 관리자라면, 다른 팀의 동료들과 협업할 기회를 찾고 팀원들이 때때로 주변에서 일어나는 더 큰

4 옮긴이_ 개인 기여자(IC)는 IT 업계에서 관리자가 아닌 실무자를 지칭하는 용어이다. 구글, 페이스북 등 실리콘밸리 기업들에서는 IC 트랙을 관리자 트랙과 동등한 승진 경로로 인정하고 있다.

그림을 볼 수 있도록 격려함으로써 이러한 협업 문화에 기여할 수 있다. 한 가지 방법은 아키텍처와 제품 전략 검토 회의를 열어 다른 플랫폼 팀 구성원들을 초대해서 이러한 전략을 알리고 건설적인 피드백을 받을 수 있을 것이다. 협업을 추진하기 위한 작업 공유가 그러한 창의적 아이디어의 핵심 원천임을 기억하기 바란다.

11.2 제품 전략의 정렬

정렬이 요구되는 또 다른 요소는 제품 전략이다. 우리는 조직이 플랫폼 팀들을 정렬하려 하지 않고 인원만 급격하게 늘리는 과정에서 제품 전략 미정렬 문제를 겪는 회사를 본 적이 있다. 그 회사에서 네 개의 팀이 새로운 플랫폼 하나를 위해 각자 다른 기술(총 네 가지)을 시도했다. 협력하는 얼리 어답터 고객도 팀마다 달랐다. 몇 년 후 우리가 투입되었을 때 그 회사에는 서로 다른 컴퓨트 플랫폼이 다섯 개나 있었다. 그중 가장 큰 플랫폼은 새로운 용례들에 대해 '폐기 예정(deprecated)'이었고, 나머지 네 개는 '아직 정식 출시 가능[5]이 아님' 상태였다. 이는 제품 전략의 실패가 분명했다.

하지만 실패는 여기서 그치지 않았다. 네 개의 신규 팀은 각자의 플랫폼을 '투박한(scrappy)' 아키텍처 이상으로 발전시켜려 했으며, 그 과정에서 더 많은 엔지니어가 필요하다는 것을 깨달았다. 충원 요구를 정당화하려면 다른 팀들과 동일한 용례를 독차지해야 했고, 그래서 불필요한 경쟁이 생겼다. 제3장에서 논의했듯이 공통 기능의 중복이 항상 문제가 되는 것은 아니다. 하지만 플랫폼들이 단순히 중복을 넘어 충원을 정당화하기 위해 같은 고객을 놓고 적극적으로 경쟁한다면, 이는 전체적으로 제품 전략이 부실하다는 뜻이다.

플랫폼 간 제품 전략을 정렬하기 위해 우리는 네 가지 전술을 제안한다. 그럼 네 전술을 차례로 살펴보자.

---

5 옮긴이_ '정식 출시 가능'의 원문은 'GA-ready'로, 여기서 GA는 General Availability를 줄인 것이다. GA는 공식적으로 모든 사용자가 사용할 수 있음을 뜻한다.

11.2.1 독립적인 제품 관리를 통한 교차 플랫폼 사고방식 육성

제품 관리자들이 특정 플랫폼 영역을 담당하는 엔지니어링 관리자에게 보고하는 조직 구조에서는 제품 관리자가 자신의 영역 바깥 사정까지 전략적으로 생각하기 어려울 것이다. 그런 구조에서 제품 관리자는 엔지니어링 관리자와 리드 엔지니어의 연장선이 되어서, 대부분의 시간을 각자의 엔지니어링 사일로 내에서 소통하고 계획하는 데 쓰게 된다. 이런 좁은 시각은 엔지니어링 기능 영역 내의 성장과 확장에는 최적화되지만, 영역을 넘나드는 제품 개선 기회를 놓치게 된다.

이전 절(§11.1)에서 논의했듯이 문화는 정렬에 중요하다. 특히 문화는 사일로화된 제품 관리자들이 협력에 더 개방적으로 만드는 데 도움이 된다. 하지만 각 플랫폼 영역이 선호하는 전략 간에는 항상 갈등이 있기 마련이다. 성과를 검토하는 엔지니어링 관리자가 한 영역에만 깊이 관여하고 있다면, 여러분이 제품 전략의 정렬과 관련해서 제품 관리자를 다그쳐 봤자 제품 관리자의 부담만 늘 뿐이다.

이를 해결하기 위해서는 제품 관리 보고 체계를 엔지니어링 관리 체계와 충분히 분리하여 독립적으로 운영되도록 해야 한다. 우리는 모든 플랫폼 제품 관리자를 별도 팀으로 모아서 제품 관리 리더에게 보고하고, 그 리더가 다시 영역 간 시니어 플랫폼 엔지니어링 리더에게 보고하는 구조를 권장한다.[6] 이렇게 하면 플랫폼 제품 관리 리더에게 플랫폼들이 제품으로서 잘 협력하도록 할 책임을 부여할 수 있다.

이 방식이 아주 잘 작동한다면, 제품 관리 리더는 자신의 역할이 단일한 통합 비전을 지시하는 것(즉, 스티브 잡스식 '비전 제시형' 제품 리더십)이 아니라 제품 관리팀이 계획을 수립할 때 협력하도록 도전과제를 주는 것('친화형' 또는 '협업형' 리더십 스타일)임을 이해하게 된다.

11.2.2 독립적인 선임 IC들을 통한 교차 플랫폼 아키텍처 육성

제품 전략 미정렬의 근본적인 이유가 엔지니어링 아키텍처의 미정렬일 때도 있다. 우리는 이와 관련된 문제를 직접 겪었다. 대형 컨테이너 이미지의 저장(storage) 처리량 요구사항과 컨테이너 배포 확장성 문제로 고심하던 배포 플랫폼이 있었다. 조금만 손을 보면 이를 지원할 수 있

6 시니어 리더를 제품 리더로 두지 않는 이유는 무엇일까? 우리 두 저자는 본질적으로 엔지니어링 리더라서, 엔지니어링과 운영이 성공의 관건인 상황에서 제품 담당자가 모든 것을 관리하는 것이 걱정스럽기 때문이다. 하지만 그렇게 해도 잘 될 수도 있다!

는 저장 플랫폼이 있었지만, 그 작업을 처음 제안했을 때 팀원들은 자체 고객 문제로 바빠서 참여를 거절했다. 배포 플랫폼 팀은 이 문제를 상부에 보고하는 대신, 확장성 개선을 위한 저장 시스템 아키텍처 재구축 작업에 깊이 빠져들었다. 제품 관리자들은 이를 기술적 결정으로 간주해서 관여하지 않았고, 엔지니어링 관리자들은 이것이 기술적 소유권과 전문성의 명백한 미정렬임을 알면서도 그저 팀에 재미있는 기술 프로젝트가 생겼다고 기뻐했다. 상당한 투자와 전달상의 난제들이 발생한 후에야 고위 경영진이 이 문제에 눈을 돌렸고, 결국 저장 플랫폼 팀이 그 시스템을 인수했다. 애초에 그렇게 해야 했다.

이런 상황을 피하려면 교차 플랫폼(cross-platform) 아키텍처 문제를 고민할 뿐만 아니라 그 문제의 해결을 적극적으로 주장할 수 있는 사람(들)이 엔지니어링 팀에 있어야 한다. 아키텍처 검토 위원회(architecture review board, ARB)에 만연한 관료주의는 우리도 그리 반기지 않지만, 플랫폼 엔지니어링 조직의 최고 '수석/우수(principal/distinguished)' 엔지니어가 제품 관리 책임자와 같은 상급 리더에게 보고하도록 하는 것이 유용하다. 이 엔지니어는 의사결정의 현실성을 유지하기 위해 실무도 어느 정도 해야 하지만, 역할의 나머지 절반은 아키텍처 수준의 미정렬 해결을 돕는 데 할애해야 한다. 이 역할을 맡은 사람은 이를테면 다음과 같은 업무를 수행해야 한다.

- 주니어 엔지니어들이 아키텍처 미정렬을 줄이려 하다가 제품/엔지니어링 관리 장애물에 부딪혔을 때 해당 문제점을 상향 위임하고 지원한다.
- 팀들이 협력하는 것보다 더 쉽거나 재미있다는 이유로 아키텍처를 부당하게 중복 구현하고 있지 않은지 살펴본다.
- 대규모 조직의 경우, 팀 간 아키텍처/엔지니어링 설계 세션을 감독하여 주요 결정을 교차 검증하고 모범관행을 공유한다.

이러한 역할에는 아키텍처에 영향을 미치는 제품 결정에 대해 고객과 더 많이 대화하는 것도 포함된다. 하지만 모든 중요한 엔지니어링 결정이 한 사람의 승인을 거치게 하면 안 된다. 그 사람이 병목 지점이 될 뿐만 아니라, 간헐적인 실무 작업을 수행할 능력도 제한될 것이다. 이 점을 염두에 두고, 조직이 성장하는 과정에서 이 역할을 더 확장할 때는 '스태프급' 엔지니어들에게 자신의 플랫폼 영역에서 이 역할을 맡기되, 그 영역 바깥의 플랫폼들도 고려하고 지지하도록 수석 엔지니어가 스태프급 엔지니어를 추동할 필요가 있다.

11.2.3 플랫폼 전반 고객 설문조사의 의견란에서 피드백 수집

제품 관리를 독립시켰다면, 이제 제품 관리자들은 전략을 수립할 때 자신의 영역 너머의 플랫폼들도 고려할 것이다. 하지만 그런 전략 논의는 보통 일부 사용자들과만 이루어진다. 특히 대형 플랫폼에서는 더욱 그렇다. 제품 관리자가 전략을 논의하는 사용자는 주로 시니어급 사용자들인데, 이들은 플랫폼의 결함에 익숙해져서 새로운 사용자들을 좌절시키는 정렬 문제를 보지 못하는 경우가 많다. 이를 보완하려면 제품 관리에 관해 개별 고객에게 직접적인 피드백을 받는 것뿐만 아니라, 플랫폼 전반의 고객 설문조사(customer survey)에 있는 자유 형식(free-form) 의견들도 고려하는 것이 바람직하다.

고객 설문조사가 모든 문제를 찾아내지는 못하지만, 기능 수준의 제품 미정렬 때문에 업무를 수행하지 못하는 고객이 문제점을 플랫폼 팀에게 전하는 유일한 창구가 되기도 한다. 우리의 경험상, 보고된 문제를 조사하여 실제 상황이 얼마나 심각한지, 한 사람의 불만이 고객 기반 전체에 얼마나 만연해 있는지 파악하는 데 시간을 투자하는 것은 거의 항상 가치가 있다. 물론 한 건의 의견은 그저 하나의 표본(sample)일 뿐이지만, 귀에서 연기가 새어 나올 정도로 화가 난 고객이 있는 곳에는 비슷한 불만을 가진 다른 사용자들의 문제가 잠복해 있는 경우가 많다.

11.2.4 구조 조정을 통한 신중한 미정렬 해결

정렬에서 까다로운 문제 하나는 서로 다른 팀이 중복되는 기능을 가진 플랫폼을 제공할 때 발생한다. 애플리케이션 팀과의 파트너십을 통해 만들어진 투박한 플랫폼에서 이런 일이 자주 발생하는데, 플랫폼 고유 기능보다 중복 기능이 더 많을 정도로 중복이 심한 경우도 있다. 이는 제품과 엔지니어링 둘 다 걱정거리가 된다. 제품 측면에서는 이러한 중복이 사용자들에게 혼란을 주지 않을까, 중복을 제한하면 어떤 단점이 있을까 등을 고민하게 되며, 엔지니어링 측면에서는 이런 중복이 엔지니어링 노력을 낭비하거나 추가 비용을 발생시키지는 않을까 같은 고민을 하게 된다.

이 상황에서 제품과 엔지니어링 양쪽에서 모두 잘못된 선택을 할 수 있다. 제품 관리자들은 자신의 제품 영역에 소유권을 집중하려는 의도에서, 비록 중복된 옵션 중 하나에서 가치 있는 고유 기능을 잃더라도 통합을 주장할 수 있다. 마찬가지로 엔지니어링 리더들은 팀을 키우고 싶은 마음에서, 통합을 통한 비용 효율이 누락된 기능의 한계 이익보다 크다고 주장할 것이다. 이런 경우 여러분은 팀을 재편성(reorganization)하고 모든 제품을 한 명의 리더 아래 두어 이 문제를 해결하려는 유혹에 빠지기 쉽다.

제8장과 제9장의 교훈을 기억하는 것이 중요하다. 아키텍처 재구축, 마이그레이션, 시스템 폐지(sunsetting)에는 많은 작업과 시간이 요구되며, 그 과정에서 상당한 반복(iteration)이 필요하다. 조직 재편성으로는 이를 바꾸지 못한다(장기적으로는 올바른 조치일지라도). 더 나쁜 점은, 재편성으로 엔지니어링 팀에 혼란이 생기고 문서나 지원을 어디서 받아야 할지 등의 문제로 고객들이 혼란스러워한다는 것이다. 조직 구조가 시스템 생산 방식을 결정하는 것은 사실이며, 리더들은 중요한 구조적 문제를 주시해야 한다. 하지만 정렬을 위한 재편성은 미정렬에 의한 비용이 높고 정렬에 의한 이점이 분명한 상황에만 시도해야 한다.

우리의 경험상, 조직 재편성은 이상적인 제품 포트폴리오를 엔지니어링 조직 구조에 대응시키려는[7] 의도보다, 더 많은 범위를 맡을 수 있는 역량을 갖춘 유능한 리더에(반대로는 현재 범위도 감당하지 못하는 리더에) 더 많이 좌우되었다. 앞에서 언급한 컴퓨트 플랫폼 5개 중복 사례(§11.2)로 돌아가서, 우리가 18개월에 걸쳐 점진적으로 해결한 것도 결국은 그 문제였다. 우리는 각각의 통합에 대해 우리의 전략을 이해시키는 데 주력했다. 그 과정에서 우리는 각 플랫폼 팀 리더에게 고객의 용례를 두고 플랫폼 팀들이 다투는 상황을 인지시키고, 동료들과 협력하여 제품 전략의 차이점을 파악해 경쟁을 피하라고 요청했다. 일부 리더가 그저 자신의 권한 아래 있는 이들에게 해결책을 지시하는 것을 넘어서, 자신의 영향력을 발휘해 동료들과 차이점을 해소하는 모습을 보며 우리는 누가 유능한 리더인지 파악할 수 있었다.

11.3 계획의 정렬

계획 미정렬의 예로, 앞에서 언급한 OS 플랫폼 팀으로 돌아가자. 불변 이미지(immutable image)로의 마이그레이션을 강제했더니 CI 플랫폼에 문제가 생겼다. 게다가, 불변 이미지 프로젝트 작업을 2년이나 뒤로 미루고 있는 빌드 도구 플랫폼 팀도 OS 플랫폼의 발목을 잡고 있었다. 이는 빌드 도구 플랫폼 팀이 동시 진행되는 v2 프로젝트들로 로드맵을 가득 채우고, 고

7 이를 '역 콘웨이 기동(inverse Conway maneuver)'이라고 부르기도 한다. 옮긴이_ 미국의 컴퓨터 과학자 멜빈 콘웨이Melvin Conway는 1960년대에 조직의 구조가 소프트웨어 아키텍처에 영향을 미친다고 주장했다. 여기서, 소프트웨어 아키텍처를 변경하려면 조직 구조부터 변경해야 한다는 발상이 나온다.

객과의 약속 때문에 이 계획에서 벗어나는 것은 불가능하다고 주장했기 때문에 벌어진 사태였다.

우리는 이러한 v2 접근 방식(제8장에서 자세히 다루었다)을 용인하긴 했지만, 제품 전달을 간절히 기다리는 고객들이 있다는 점을 도구 플랫폼 팀에게 분명히 전했다. 이 팀들의 목적과 전략을 정렬하는 것만으로는 충분하지 않았고, 계획 수준까지 세세하게 정렬할 필요가 있었다.

11.3.1 모든 세부사항이 아니라 대규모 프로젝트만 정렬

여기서 계획 정렬이라는 것은 중요한 프로젝트(연 단위 개발자 공수가 1년 이상인)만을 대상으로 해서 그 프로젝트들이 다른 플랫폼 영역에 미치는 의존성과 해당 영역에서 우선순위가 되어야 하는 이유를 검토하는 것을 의미한다. 여기서 제7장을 떠올려야 할 것이다. 모든 플랫폼 팀을 아우르는 매우 상세한 계획을 수립하는 것이 정렬에 성공하는 길은 아니다. 그러려면 해야 할 작업과 고려할 세부사항이 너무 많다. 긴급한 비즈니스 요구가 발생했을 때 팀에 필요한 유연성을 잃게 된다.

중요한 프로젝트만 정렬하라는 우리의 권고사항에 대한 우려의 목소리도 있다. 작은 프로젝트를 평가에서 제외하면 팀이 계획하는 모든 것을 파악할 수 없고, 리더들이 자신이 선호하는 프로젝트를 소규모 작업으로 숨기는 등으로 과정을 조작할 위험이 높아진다는 것이다. 하지만 작은 프로젝트를 평가에 포함해도 조작은 일어난다. 리더들은 흔히 계획을 승인받거나 더 많은 인력을 확보하기 위해 노력과 위험을 지나치게 낙관적으로 혹은 비관적으로 추정한다. 과정 조작을 피하는 방법은 공통 문화를 구축하고 모든 팀의 지도층이 엔지니어링 경영진에게 병렬적으로 보고하는 견제와 균형 메커니즘을 갖추는 것이다. 그러면 여러분은 사소한 일들은 정렬과 문화가 잘 처리할 것이라고 믿고 대규모 프로젝트에만 집중할 수 있다.

11.3.2 이해관계 미정렬에 대한 정면 대응

플랫폼 리더들은 플랫폼 A 사용자를 위한 로드맵 항목이 플랫폼 B의 계획에 영향을 미치는(이를테면 B팀이 A팀을 해금하기 위해 작업해야 하거나, 동일 사용자에 대한 과도한 마이그레이션을 피하기 위해 계획을 지연해야 하는 등) 어려운 결정을 함께 협업해서 내려야 한다. 이때 난제는 다음 두 가지이다.

- 이러한 절충은 정치적 문제로 비화한다. 플랫폼 엔지니어들이 회사의 필요에 따라 합리적으로 작업을 선택하면 좋겠지만, 대부분은 '자신의' 작업이 성공하길 원한다. 특히 전달(delivery)이 보상이나 승진과 같은 조직의 인정 체계와 연결될 때 더욱 그렇다.
- 경쟁하는 이니셔티브 중 어느 것이 가장 중요한지 판단하기 어렵다. 어떤 팀이든 계획 자체는 고객의 어떠한 고충을 해결하고 제품 전략을 발전시키기 위한 것이다. 이상적으로는 둘 다 수용하는 것이 좋지만, 현실적으로는 회사 전체의 이익을 위해 힘든 결정을 내려야 한다.

유약한 플랫폼 지도층은 그저 충돌을 피하고자 각 팀의 제안을 승인해 버리는 쉬운 길을 택하곤 한다. 나중에 민첩하게 방향을 수정하면 된다는 생각에서이다. 하지만 민첩성(agility)은 하나의 팀에만 영향을 미치는 결정에는 좋을 수 있으나, 그 결정이 다른 플랫폼 팀과 고객에게 파급되는 경우는 그렇지 않다. 결국 플랫폼 리더는 그러한 파급 효과를 해결해야 한다. 이를 미루면 더 많은 작업이 무산되고, 고객은 지켜지지 않는 기한과 변경된 로드맵에 혼란스러워할 것이다. 나중에 더 큰 혼란을 피하려면 초기에 어려운 결정을 내리고 문제를 해결하는 것이 중요하다.

이언이 10년간 재직했던 아마존에는 이런 갈등 회피의 함정을 피하기 위한 다음과 같은 리더십 원칙(leadership principle)이 있다. 아마존은 리더가 자신의 대의에 헌신하면서도 다른 결정에도 기꺼이 동참할 것을 요구한다.

> ***소신을 가져라, 이견을 제시하되 결정에 따르라***
>
> *리더는 불편하거나 피곤하더라도 동의하지 않는 결정에 대해 정중하게 이의를 제기할 의무가 있다. 리더는 신념을 가지고 끈기 있게 행동한다. 사회적 화합을 위해 타협하지 않는다. 일단 결정이 내려지면 전적으로 그 결정을 따른다.*

사람들은 흔히 이 원칙에서 "이견을 제시하되 결정에 따르라(Disagree and Commit)" 부분에만 주목하고, "소신을 가져라(Have Backbone)"가 먼저 나온다는 점을 놓친다. 플랫폼 팀에는 강력한 리더들이 있다. 그들이 동의하지 않는 결정을 받아들이게 하려면, 먼저 각자 최선의 주장을 펼칠 수 있는 논의의 공간이 필요하다.

11.3.3 원칙에 입각한 리더십을 통한 최종 정렬

그렇다면, 모든 플랫폼 리더가 따를 만한 최종 결정을 합의하게 만들려면 어떻게 해야 할까?

플랫폼 엔지니어링 조직의 '보스 중의 보스'가 승자와 패자를 결정해야 할까? 우리 두 저자 모두, 시니어 리더가 임의로 승자를 선택하는 상황을 경험해 봤다. 이때 팀들은 리더가 자신들의 요구나 고객의 요구를 이해하지 못하거나 신경 쓰지 않는다고 느낀다. 하지만 누군가는 최종 결정을 내려야 한다. 그렇지 않으면 전달로까지 이어질 수 없는 계획을 세워 결국 고객에게 피해를 주게 된다.

이 난제를 해결하려면 시니어 리더들이 명확한 근거를 가지고 결정을 내려야 하며, 이를 모든 관련자에게 명확하게 전해야 한다. 결정에 이르는 과정은 협업적이고 투명해야 한다. "이견을 제시하되 결정에 따르라"라는 원칙은 최고 직급자가 그렇게 결정했다고 해서 지켜지는 것이 아니다. 중요한 것은 팀이 그 결정에 이르게 된 이유를 이해하고 그 결정을 지지할 수 있는 프로세스를 만드는 것이다. 여기에 성공하려면 제5장과 제7장에서 논의한 방식으로 계획을 수립/통합하고, 그 계획을 팀 전체에 적용해야 한다.

11.4 총정리: 조직의 정렬

하나의 플랫폼 팀이 여러 영역을 담당하던 시절이 지나가고 영역별로 플랫폼 팀이 여러 개 있을 정도로 조직이 커지면, 주요 이니셔티브에 대한 정렬이 난제가 된다. 각 영역의 팀에는 플랫폼의 자기 영역을 발전시키기 위한 커다란 계획이 있기 마련이다. 조직이 잘 운영되고 있더라도 이런 대형 프로젝트 중 어느 것을 진행할지 결정하기는 쉽지 않다. 카미유는 약 100명 규모의 플랫폼 조직(회사 전체 엔지니어는 약 1,000명)을 이끌면서 이런 상황을 경험했다. 그 플랫폼 조직은 담당 영역이 꽤 넓었으며, 여러 플랫폼에서 확장에 어려움을 겪었다. 팀은 균형 잡힌 기술, 고객 중심, 지원 및 당직 관행 개선을 통해 문화적으로는 단합했지만, 아키텍처 재구축과 대규모 투자를 둘러싼 갈등이 남아 있었다. 모든 영역 팀이 기술적 문제 해결, 미래 확장성 확보, 주요 고객 기능 전달을 위해 즉각적이고 심도 있는 투자가 필요하다고 주장했고, 해당 프로젝트들은 사용자들의 관심과 변경 예산을 두고 경쟁했다.

이전 절에서 OS 플랫폼 팀과 빌드 도구 플랫폼 팀 간의 경쟁 사례를 이야기했다. OS 플랫폼 팀은 저지연성(low-latency)과 CI 고객에 미치는 가변적인(mutating) OS 업데이트를 피하려면 불변 이미지(immutable image)가 꼭 필요하다고 확신했다. 빌드 도구 플랫폼 팀은 업계 표준 도구 지원과 성능 향상을 위해 오픈소스 빌드 시스템인 바젤을 도입하려고 했고, 이를 위해서는 현재의 맞춤형 플랫폼을 분해해야 한다고 확신했다. 각 팀이 범위와 로드맵을 계획해 보니, 두 프로젝트 모두 대규모 마이그레이션이 필요할 뿐만 아니라 각자의 마이그레이션이 상대 팀에 상당한 작업을 유발한다는 것이 밝혀졌다. 두 마이그레이션을 동시에 진행하는 것은 불가능했다. 어떻게 이 갈등을 해결할 수 있을까? 각 리더는 자기 영역이 가장 중요하다고 생각했고, 제품 관리자들도 마찬가지였으며, 양측 모두 자신들의 해결책을 지지하는 고객이 있었다. 팀들은 교착 상태에 빠졌다.

이 교착 상태를 해결하는 것은 쉽지 않았다. 과정은 다음과 같다.

1 먼저, 각 팀은 상향식으로 다음 해의 로드맵을 만들어서 투자 계획과 추가 자금이 필요한 프로젝트를 추산했다. 제5장의 제품 로드맵 프로세스 결과물을 제7장에서 설명한 상향식 로드맵 추산 프로세스에 반영한 것에 해당했다.

2 이를 바탕으로 리더급 팀(각 영역 책임자, 제품 관리자, 수석 아키텍트로 구성)이 기술적/제품적 난제들과 관련한 공통 주제를 파악했다. 이 중 다섯 가지가 조직의 고수준 목표가 되었다. 이 다섯 목표는 모두가 가장 중요하다고 동의한 영역과 그 해결 방식을 반영한 것이었다. 예를 들어, 최종 솔루션의 전달에만 신경을 쓰고 안정적인 구축 요소(building block)들은 제공하지 않아서 사용자 요구를 충족하지 못한다는 가설이 있었는데, 이에 대한 목표는 "배터리 포함[8] 제품이 아니라 구축 요소들을 제공한다"였다. 이런 목표들을 기준으로 팀 전체의 제품 투자 우선순위를 재조정했다. 좋아 보이지만 목표에 부합하지 않는 프로젝트는 목표 영역의 측정 가능한 진전을 위해 제외했다.

3 다음으로, 영역 책임자들의 로드맵을 동료 책임자, 선임 IC, 제품 관리자들이 검토하는 일련의 회의를 진행했다. 이 검토를 통해 팀들이 특히 다른 플랫폼 영역에 미치는 영향을 고려하지 않은 채 비용을 너무 낙관적으로 예상한 부분이 드러났다. 이 과정에서 지나치게 낙관적인 프로젝트들을 걸러낼 수 있었다.

4 마지막으로 각 영역 책임자는 전체 목표와 맞지 않아 중단해야 한다고 생각하는 프로젝트를 그룹에 제시했다. 이를 가능하게 한 것은 신뢰였다. 영역 책임자들이 서로를 신뢰한 덕분에, 그리고 카미유가 회사 전체의 이익을 위해 우선순위를 정할 것을 믿은 덕분에, 책임자들은 서로의 프로젝트를 무너뜨리려는 정치적 게임 대신 솔직한 의견을 제시했다. 이를 통해 위험

8 옮긴이_ '배터리 포함(batteries include)'은 당장 사용하는 데 필요한 모든 것을 갖추었다는 뜻의 관용구이다.

하거나 선택적인 프로젝트들이 더욱 부각되었고, 지적된 프로젝트 중 일부는 해당 연도에 제외되거나 범위가 축소되었다. 잠재적 영향을 기준으로 제품 목표를 다시 한번 우선순위 결정에 활용했다.

5 이 과정이 끝나자 전체 프로젝트 목록에서 가장 중요한 이해관계자 작업을 수용할 수 있게 되었고, 모두가 동료들의 투자를 이해하게 되었다. 여전히 의견 차이는 있었지만, 필요에 따라 팀 전체가 방향을 수정한다는 데 동의하고 함께 계속 나아가기로 다짐했다.

이 과정에서 팀 전체의 완벽한 합의를 이끌어내지는 못했지만, "이견을 제시하되 결정에 따른다"라는 접근 방식의 기반이 다져졌다. OS 플랫폼 팀은 여전히 회사가 불변 OS 이미지로 전환해야 한다고 생각했지만, 향후 12개월 이내에 광범위한 마이그레이션을 시작하는 것이 최우선 제품 과제가 아님을 이해했다. OS 플랫폼 팀을 관리하던 이언은 빌드 도구 플랫폼 팀의 바젤 마이그레이션 전략에 동의하지 않았지만, 동료가 합리적인 근거로 작업을 계속하려 하고 계획 과정에서 다른 프로젝트를 포기했다는 점을 알게 되었다. 그래서 그는 여전히 의구심이 있음에도 프로젝트를 지원하기로 했다. 바젤 마이그레이션을 포함한 일부 전략은 실패했지만, 깃Git으로의 전환과 같이 논란이 되었던 다른 전략들은 향후 수년간 중요한 플랫폼 개선의 토대가 되었다.

이상은 실행(execution)의 관점에서 본 플랫폼 합의 도출의 성공 사례이다. 그리고 이러한 과정은 아키텍처 재구축과 기술 투자 갈등만큼이나 주요 제품 투자 갈등에도 적용된다. 시간이 오래 걸리고 화도 나고 여러모로 엉망이겠지만, 결정을 정당화할 세부사항을 적극적으로 수집하고, 좌절과 실망을 견디고, 점진적으로 방향을 수정하다 보면 성공에 도달할 것이다. 궁극적으로, 지도층이 갈등을 피하고, 모두가 너무 오랫동안 각자의 길을 가도록 내버려두고, 더 깊은 투자가 이루어진 후 다음 세대가 더 어려운 결정을 내리게 하는 것보다는 회사에 훨씬 더 도움이 된다.

11.5 마무리

그렇다면 이 '정렬'이라는 것이 플랫폼의 성공에는 어떻게 기여할까? 우리는 "내가 관리하는 플랫폼이 좋은지, 혹은 개선되고 있는지 어떻게 알 수 있을까요?"라는 질문을 자주 받는다. 성공을 측정하기 위해서는 목표점(target)을 합의하고 그것을 향해 나아가야 한다. 팀과 계획을 정렬하는 상세한 과정을 거치면 결국에는 어느 영역에 집중해야 할지, 무엇을 목표로 해야 하고 그 목표를 달성하기 위해 어떤 작업을 수행해야 하는지가 훨씬 더 명확해진다. 대상 시장을 파악하기 위한 제품 관리 작업을 잘 수행했다면, 그리고 내부 지표에만 의존하지 않고 사용자의 피드백을 정기적으로 참고한다면, 플랫폼이 집중하기로 한 영역에서 개선되고 있는지 알게 될 것이다. 단, 개선을 확인했다고 해도, 그것이 여러분이 애초에 올바른 일을 수행하기로 결정했다는 뜻은 아니다. 즉, 이러한 과정이 전략적 오류까지 수정해 주지 않는다. 전략적 실수는 누구나 저지른다! 하지만 이런 작업 없이는 플랫폼 역량을 의식적으로 개선할 수 없다.

이번 장에 관한 비밀 하나를 알려 주겠다. 바로, 이번 장의 내용이 플랫폼 엔지니어링에만 해당하는 것은 아니라는 점이다. 어떤 유형의 팀이든, 여러분이 리더로서 성공하려면 공동의 목적을 만들고 팀을 문화적으로 그 목적을 향해 정렬하는 것이 중요하다. 무엇을 할지에 대한 전략과, 그 전략을 팀의 각 부분으로 나누어 실행하는 방법이 있어야 전체적으로 무엇이 중요한지 이해하고 집중할 영역에 대해 정보에 입각한 결정을 내릴 수 있다.

플랫폼 엔지니어링 팀의 특수성은, 팀이 만들어 내는 가치는 매출 성장 같이 명확한 성공 지표와는 몇 단계 떨어져 있다는 점이다. 플랫폼 팀이 로드맵을 결정하는 비즈니스 주도의 전달 가능한 산출물을 만들어 내는 경우는 드물다. 플랫폼의 가치가 간접적이라는 이러한 특성 때문에 플랫폼 지도층은 투자 영역 선택에 더 많은 재량권을 갖게 된다. 이는 플랫폼 전략 실패의 흔한 원인 중 하나로 이어진다. 팀이 추구할 만한 경로가 워낙 다양하다 보니 리더는 어떤 옵션에 집중할지 합의하기 위해 어려운 논의를 거쳐야 한다. 이때 리더가 스스로 결정을 내리지 않고 개별 제품 팀이 자신들의 좁은 관점에서 옳다고 생각하는 것을 구축하도록 내버려두면 플랫폼 전략은 실패하고 만다. 일부 고립된 영역에서 성공할 수는 있어도, 팀 전체의 정렬 부족 때문에 '탁월함(greatness)' 수준에는 이르지 못하게 된다.

CHAPTER 12

플랫폼에 대한 신뢰 구축

신뢰는 우리가 숨 쉬는 공기와 같다. 신뢰가 있을 때는 아무도 의식하지 않지만, 신뢰가 없으면 모두가 알아챈다.

— *워런 버핏 Warren Buffett*

제11장에서 보았듯이, 플랫폼 엔지니어링의 성공을 위해서는 팀의 정렬(alignment)과 제품 구축에 내부적인 초점을 맞추어야 한다. 성공에는 외부적인 요인도 있다. 바로, 다른 모든 사람의 신뢰를 얻는 것이다. "왜 결과보다 신뢰(감정이나 믿음)를 우선시해야 하나?"라고 묻는 독자도 있을 것이다. 복잡성을 관리하고 조직의 애플리케이션 팀에 레버리지를 제공하는 플랫폼을 전달하는 것 자체가 신뢰라는 이차적 신호보다 더 중요하지 않을까?

플랫폼 팀이 지속적으로 가치를 전달(delivery)하는 단계에 도달하면 신뢰는 자연스럽게 따라온다. 하지만 지금 운영 중인 플랫폼들이 아직 그 단계에 도달하지 못했다면 이야기가 다르다. 플랫폼의 기능과 개선 사항들을 전달하려면 시간이 걸린다. 그리고 그러한 전달에는 테스트, 검증, 도입을 위한 인내심과 파트너십 형태의 고객 신뢰가 필요하다. 신뢰가 없으면, 신중하게 만든 제품 로드맵이 불행한 사건 하나로 무용지물이 될 수 있다. 그러면 위기를 관리하기 위해 임시방편적인 작업에 급급하게 된다.

플랫폼이 신뢰를 잃는 주요 경로는 세 가지이다.

운영

고객이 필요로 하는 규모에서 운영 능력을 입증하지 못한다.

대규모 투자에 대한 동의

플랫폼 팀 외부의 상황은 신경 쓸 필요가 없다고 가정하고 대규모 투자에 대한 동의를 구하지 않는다.

병목

플랫폼이 비즈니스 이니셔티브의 병목이 되어서, 비즈니스 레버리지를 창출하기는커녕 오히려 감소한다.

이번 장에서는 이 세 영역에서 신뢰를 잃지 않는 방법을 각각 살펴본다.

성공의 훈제 청어: 리더에 대한 신뢰를 플랫폼에 대한 신뢰로 착각하기

엔지니어링에서 가장 큰 관리상 실수 중 하나는 팀 리더가 협업적 의사결정의 조력자라는 본연의 역할을 벗어나 '자비로운 독재자(benevolent dictator)'가 되어서 모든 결정(팀 관리든, 엔지니어링이든, 제품이든)을 혼자 내리는 것이다. 어떤 한 사람이 제품, 이해관계자, 엔지니어링, 관리 측면의 결정들이 어떻게 얽혀있는지 이해하고, 해결책을 지시해서 갈등을 줄인다면, 그리고 그 사람이 팀의 성공에 가장 큰 책임을 지고 있다면, 그냥 그 사람을 전적으로 신뢰하고 일을 진행하는 것이 더 쉬운 방법일 것이다. 하지만 이런 접근 방식으로는 팀의 다른 구성원들에 대한 신뢰를 키우지 못한다. 따라서 장기적으로는 신뢰가 약해진다.

자비로운 독재자 체제가 효율적일 수 있다는 점은 사실이다. 특히 리더가 소통과 의사결정 능력이 뛰어나다면, 그리고 팀 자체가 크지 않으며 팀이 다루어야 할 사용자와 이해관계자가 적을 때 더욱 그렇다. 이런 상황에서 리더는 일대일 면담을 통해 모든 갈등 상황의 세부사항을 파악하고 필요한 조치를 직접 약속하며, 팀에 지시를 내릴 수 있으며, 그럼으로써 상충 관계를 상세히 기술한 문서나 논쟁적인 심의 회의를 피할 수 있다.

하지만 이런 상황의 문제점은, 효율성을 제공하는 요인이 곧 취약점이기도 하다는 점이다. 이 방식은 플랫폼에 대한 깊은 전문성을 가진 한 사람이 모든 종류의 사용자 및 이해관계자들과 정기적으로 대화할 시간이 있어야 잘 돌아간다. 아직은 그런 시간이 있다고 해도, 조직이 성장하면서 상황이 변한다. 고객 수가 한 사람이 감당하기에는 너무 많아지거나, 그 사람이 자리를 떠나게 되면(보통 주당 너무 많은 시간을 일하다가 소진되어), 의사결정자를 잃을 뿐만 아니라 신뢰도 모두 잃게 된다.

그렇게 되면 이제 플랫폼 팀은 처음부터 다시 시작해서, 신뢰와 의사결정에 관한 본질적으로 더 느린 집단적 메커니즘을 구축해 나가야 한다. 제품 팀들이 서로, 그리고 이해관계자들과 함께 의사결정을 협상하고 신뢰를 쌓아가는 방법을 파악하려면 몇 달, 심지어 몇 년이 걸릴 수 있다. 돌이켜보면, 애초에 의사결정자가 그 책임의 일부를 위임하고 공유해서 팀 내부의 신뢰를 구축했다면 훨씬 더 효율적이었을 것이라는 점이 분명해진다.

그렇다고 누군가가 자비로운 독재자 역할을 맡는 것을 절대 허용하지 말아야 한다는 뜻은 아니다. 사실 투박한 아키텍처 단계와 확장 가능한 아키텍처 단계(제8장 참고)에서 민첩성의 대부분은 개척자나 정착자 사고방식을 가진 사람이 이런 리더십 역할을 맡아서 작은 팀과 적은 수의 고객을 대상으로 빠른 결정을 내리는 데서 온다. 하지만 이 접근 방식은 지속 가능하지 않다. 더 큰 규모의 팀이나 더 많은 고객으로는 확장되지 않는다. 만약 여러분이 그런 리더라면, 쉽지 않더라도 책임을 다른 사람에게 위임하기 시작해야 한다. 단기적으로는 의사결정 과정이 느려지기 때문에 여러분과 이해관계자들이 어려움을 겪을 수 있다. 하지만 장기적으로 이해관계자들이 팀 전체를 신뢰하게 되므로, 그만한 가치가 있다.

12.1 운영 방식에 대한 신뢰

아마도 제6장의 내용을 떠올리는 독자도 있을 것이다. 여러분이 온콜과 지원 순환 근무에 관한 관행들을 도입하고, 이를 서비스 수준 목표(SLO), 변경 관리, 운영 검토로 뒷받침하면, 사람들이 여러분을 당연히 신뢰하게 되지 않을까? 하지만 늘 그렇듯 상황은 그리 단순하지 않다.

우리는 그런 관행들이 엄격함(rigor)을 보장하고 플랫폼 지도층에 책임을 부여하는 데 필수적이라고 믿는다. 하지만 여러분이 체크리스트의 모든 항목을 완수한다고 해도, 여전히 애플리케이션 팀의 많은 시니어 엔지니어들로부터 운영상의 신뢰를 얻지 못할 수 있다. 그들이 여러분의 플랫폼으로 마이그레이션하기 전에는 이런 신뢰 부족이 교착 상태, 지연된 일정, 모호한 '개념 증명(proof of concept, PoC)' 요구 등으로 표출되기도 한다. 도입 이후에도 문제가 발생할 수 있다. 예를 들어 운영상의 사소한 문제를 빌미로 고객이 자신의 요구에 더 잘 맞는, '더 단순한' 그림자 플랫폼을 구축하도록 경영진을 압박하는 일도 생긴다.

그런 사람들을 이해 못 할 것도 없다. 사실 우리 두 저자도 경력 초기에는 반짝이는 새 플랫폼을 도입하기 싫어하거나 불안정한 범용 플랫폼에서 운영되는 애플리케이션을 물려받아 더 단순한 것으로 바꾸고 싶어 하는, **바로 그런** 시니어 애플리케이션 엔지니어였다. 우리의 운명을 통제할 수 없다는 느낌을 넘어, 애플리케이션 엔지니어링 측면에서 가장 답답했던 점은 플랫폼 팀이 자신들의 중대한 실패가 우리에게 미치는 영향을 과소평가하는 것처럼 보일 때였다. 이것은 이중 신뢰(double trust) 문제였다. "그들은 운영을 못할 뿐만 아니라, 자신이 운영을 못한다는 사실조차 모른다!"

이 문제의 핵심은, 대규모의 기반(토대) 시스템 운영 능력은 실제로 그것을 운영해 봐야만 얻을 수 있다는 점이다. 이언이 몸담았던 아마존에서 이것은 매우 반복적인 문제여서, 이런 말이 있을 정도였다: "경험에는 압축 알고리즘이 없다. 겪어보지 않고는 배울 수 없는 교훈이 있기 마련이다." 여러분이 플랫폼 리더이고, 시니어 사용자들이 여러분의 팀을 운영적으로 신뢰하지 않는다는 것을 알게 되었다면 어떻게 해야 할까? 당길 수 있는 레버가 두 개 있다.

1 대규모 운영 경험이 있는 리더를 고용하고 권한을 부여함으로써 신뢰 구축을 가속한다.
2 운영 위험에 대한 감내도(tolerance)에 기반해서 새로운 용례들의 순서를 조정함으로써 신뢰 구축을 가속한다.

우리의 경험을 토대로 이 두 가지를 살펴보자.

12.1.1 경험 많은 리더에게 권한을 부여해서 신뢰 구축 가속

카미유가 처음으로 플랫폼 엔지니어링 책임자 직책을 맡았을 때의 일이다. 카미유가 인수한 팀의 상당 부분이 운영 안정성 문제로 어려움을 겪고 있었다. 엔지니어링 팀과 시스템은 임시방편으로 구축되어 있었고, 지난 몇 년간 크게 성장하긴 했지만 시스템 개선은커녕 아키텍처 재구축 투자도 없었다. 팀에는 대기업에서 운영 경험이 있는 신임 관리자들이 있었다. 이들은 시스템 안정화에 무엇이 필요한지 알긴 했지만, 도움이 필요했다. 고객의 기능 요구사항 속에서 이 작업에 집중할 수 있는 보호막이 있어야 했고, 대부분 소프트웨어 엔지니어로 구성된 팀원들이 이 작업의 가치를 이해하게 만드는 데에도 도움이 필요했다.

돌이켜보면 카미유는 꽤 운이 좋았다고 생각한다. 문제는 있었지만, 문제 해결을 위한 모든 요소가 이미 갖춰져 있었다. 유능하고 경험 많은 관리자들, 실력 있는 엔지니어들, CTO의 지원이 그것이다. 채용 문제가 해결된 상태에서, 카미유의 기여는 권한 부여였다. 카미유는 신뢰 문제를 진지하게 다루고, 조직이 운영에 접근하는 방식에 대한 폭넓은 문화적 권한을 설정하고, 이를 팀 전체와 이해관계자/고객이 이해할 수 있는 방식으로 공유했다.

이를 위해 카미유는 자신이 갖춘 관리 기술 중 핵심인 '운영 탁월성 OKR(operational excellence OKR)'을 활용했다. OKR(Objectives and Key Results; 목표 및 핵심 결과)는 그 회사에서 잘 정착된 관행이었지만, 당시에는 항상 새로운 역량에만 초점을 맞췄었다. 카미유는 운영 안정성 개선을 목표(O)로 설정하고, 이 목표를 위해 각 단위가 전달하고자 하는 측정 가능한 핵심 결과(KR)를 해당 리더가 약속하도록 했다. 그런 다음 이를 OKR 타운홀 미팅 town hall[1]에서 전체 엔지니어링 조직과 공유하고, 팀 전체 회의에서 조직에 상세히 설명했으며, 분기별 보고서를 통해 경영진 팀(동료이자 주요 이해관계자)과도 공유했다.

1 옮긴이_ 타운홀 미팅은 경영진이 모든 직원의 의견을 듣는 모임을 말한다. 정치인이나 관료가 타운홀(시청, 공회당 등)에서 주민들과 직접 만나서 의견을 듣는 관행에서 가져온 용어이다.

측정 가능한 목표를 만든 덕분에 관리자들은 이해관계자들에게 기능 대신 운영 안정성 작업에 집중하는 이유와 그 작업에서 기대할 수 있는 것을 설명할 수 있게 되었다. 이를 조직 전체의 중점 영역으로 지정함으로써 팀이 작업을 더 진지하게 받아들이게 되었고, 시간이 지나면서 카미유는 조직의 유망한 핵심 리더들에게 이 목표의 소유권을 할당했다. 이를 통해 그들은 조직 간 이니셔티브를 이끌 기회를 얻었다. 운영 이니셔티브의 영향을 입증하는 증거도 이러한 OKR 추적에서 얻을 수 있었다. 그 증거는 과거에는 새로운 기능 전달만을 승진의 근거로 보았던 승진 논의에서 작업의 가치를 설명하는 데도 유용했다.

카미유의 작업은 의미 있는 성과를 거두었다. 이 시스템들에 대한 고객 만족도를 조사해 보니, 만족도가 측정 가능한 수준으로 개선되었다. 시스템의 온콜 부담을 관리하기가 더 쉬워져서 엔지니어링 팀의 만족도가 높아졌다. 그리고 시니어급의 대화는 지속적인 운영 실패에 대해 플랫폼을 비난하는 것에서 벗어나 새로운 기회와 기능에 대한 더 협력적인 논의로 바뀌었다.

12.1.2 용례의 순서 조정을 통한 신뢰 성장 최적화

신뢰 구축에는 시스템이 애플리케이션의 비즈니스 요구사항을 지원할 수 있다는 확신이 들 때까지 도입을 미루는 것도 포함된다. 이는 우리 두 저자가 함께 일했던 시절의 또 다른 교훈을 상기시킨다. 당시에는 여러 컴퓨트 플랫폼과 저장 플랫폼이 아직 초기 단계였다. 해당 팀들은 자신들의 가치를 입증하기 위해 도입률을 높이려 했다. 하지만 팀들은 플랫폼의 실제(이론이 아닌) 성능 SLO를 이해하기 위한 성능 테스트를 충분히 수행하지 않았다. 그 결과, 애플리케이션이 마이그레이션을 시도할 때 시스템이 성능 요구사항을 충족하는 데 어려움을 겪었으며, 그래서 지연 시간이 늘어나고 간헐적으로 서비스 수준이 저하되었다. 이것을 통제된 개념 증명 테스트로 진행했을 때조차도 이러한 실패가 신뢰 부족으로 이어져서 플랫폼이 아직 준비되지 않았다는, 그리고 플랫폼 엔지니어들이 애플리케이션 엔지니어들만큼 운영 요구사항을 이해하지는 못한다는 인식을 심어주었다.

또한, 좋은 기회 하나를 놓치기도 했다. 플랫폼의 잠재적 용례 중 다수는 일상적인 작업흐름에서 내부 사용자를 지원하는 것이었다. 중요한 작업흐름들이긴 했지만, 어느 정도의 지연과 다운타임을 감당할 수 있었다. 안정성에 새로이 주목한 카미유의 리더들은 자신의 팀이 성능 민감도라는 관점에서 자신의 제품에 적합한 용례로 이전하고 있는지를 고찰하게 되었다. 그들은 플랫폼 기능뿐만 아니라, 플랫폼이 고객의 운영 및 성능 요구사항을 충족시킬 수 있는지 스스로 얼마나 확신하는지도 하나의 기준으로 두어서 플랫폼을 평가하기 시작했다.

이 덕분에 그들이 로드맵과 기능을 생각하는 방식이 바뀌었다. 팀들은 한 고객이 성공적으로 온보딩했다면 그것으로 제품이 완성되었다고 간주하는 대신, 덜 중요한 애플리케이션부터 시작하는 단계적 접근 방식을 취했다. 그런 애플리케이션들은 성능 조율에, 그리고 다른 버그들을 해결하는 데 사용할 수 있는 데이터를 제공했다. 이러한 개선 사항을 적용한 후에는, 그것에 기반해서 더 중요한 다음 단계의 용례에 대한 신뢰를 얻어나갔다.

팀의 운영 능력을 향상하는 데 지름길은 없다. 하지만 도입률보다 신뢰를 우선시하는 적절한 리더들에게 권한을 부여함으로써 성장을 더욱 가속할 수 있다.

12.2 대규모 투자에 대한 신뢰

새로운 플랫폼이든 주요 아키텍처 재구축이든, 대규모 투자(big investment)는 가치가 입증되기 전에 엄청난 신뢰가 필요하다. 대규모 투자가 필요한 프로젝트를 완전히 전달하려면 시간이 오래 걸린다(보통 수년). 그때까지는 개발자들은 현재 플랫폼에서 더 빠른 가치를 제공하는 작업에서 멀어지게 된다. 결과적으로 이러한 대규모 투자의 결과를 기다리는 고객들은 프로젝트의 동기를 비판하기 쉽다. 플랫폼 팀이 좀 더 직접적인 비즈니스 가치를 제공할 만한 평범한 작업보다는 '이력서를 위한 개발'을 우선시한다고 비난하는 고객들도 있을 것이다. 원래 엔지니어들은 서로 불평하기 좋아한다. 이런 비판과 피드백을 완전히 피할 수는 없다. 이 경우 성공을 위해서는 여러분이 추진하는 투자에 깔린 근거를 주요 이해관계자들이 이해하고 신뢰해야 한다.

이런 신뢰 구축을 건너뛰고 "나를 믿어라, 이건 중요하다. 내 팀이고 내가 책임진다"라고 말하며 작업을 밀어붙인다면 문제에 직면하게 될 것이다. 사용자가 문제점을 제기했을 때 플랫폼이 아키텍처 재구축 도중이라서 그 요구를 해결할 수 없다고 답하면, 그들은 좀 더 위쪽으로 불만을 제기하기 시작할 것이 분명하다. 사전에 동의를 얻지 않았다면, 이러한 사용자 불만 때문에 고위 이해관계자들은 여러분의 전략에 대해 날카로운 질문을 던지게 된다. 현재 사용자들이 필요한 것을 얻지 못하는데 왜 이 작업에 자금을 지원해야 하는가? 왜 기술 X를 사용하는가? 누가 이를 승인했는가? 새 프로젝트가 완벽하게 진행되지 않는 한(완벽한 진행이라는 게 있다면 말이다), 전체 로드맵이 뒤집힐 수 있다. 이를 피하려면 사전에 신뢰를 확보해야 한다.

12.2.1 아키텍처 재구축에 대한 기술적 이해관계자들의 신뢰 확보

아키텍처 재구축을 진행할 때는 작업을 시작하기 **전에** 이해관계자들에게 무엇을 하고 왜 하는지 설명하는 데 시간을 들이는 것이 매우 중요하다. 제8장에서 공식적인 의사결정 프로세스를 제안한 이유가 바로 이것이다. 이 프로세스는 프로젝트 투자 결정에 대한 정당성뿐만 아니라, 팀이 그러한 정당화에 있어 높은 기준을 충족했다는 것을 보여주는 기록을 남긴다.

경영진급 이해관계자들은 이러한 투자에 대한 엄격한 심사 증거만으로도 만족할 수 있지만, 스태프 엔지니어 같은 시니어 IC(개인 기여자)들은 특히 기술적 결정에 관해 더 자세한 내용을 알고 싶어한다. 그래서 회사에 표준적인 '설계 검토(design review)' 프로세스나 RFC(request for comments; 의견 요청) 프로세스가 없더라도, 여러분은 제7장에서 논의한 것과 같은 연간 프로젝트 제안서를 작성해야 한다. 아마존의 "소신을 가져라, 이견을 제시하되 결정에 따르라(Have Backbone; Disagree and Commit)" 리더십 원칙에 따르면, 시작 전에 고객 팀의 시니어 엔지니어들이 피드백을 줄 기회를 제공하지 않으면 나중에 그들 팀의 도입을 밀어붙일 때 '입 닥치고 따르길' 기대해서는 안 된다.

12.2.2 신규 제품의 신뢰를 위한 경영진 후원 확보

새로운 제품을 제안할 때는 기본적인 기술 및 투자 승인 이상의 것을 얻을 기회가 있다. 바로, 비즈니스에 가장 의미 있는 것이 무엇인지에 대해 더 넓은 시각을 제공할 수 있는 고위 이해관계자들의 후원을 받을 기회이다. 플랫폼 리더들은 흔히 기술적 목표에만 집중한다. 확장성, 운영 가능성, 비용 절감 등에만 초점을 맞추곤 한다. 플랫폼 구축에 많은 비용이 들고 비즈니스에 큰 기회비용이 발생한다는 점을 잊은 채 이러한 목표만 좇는다. 꼭 플랫폼이 아니더라도, 그런 리더들은 엔지니어로서 회사를 위해 다른 뭔가를 만들었을 것이다. 게다가 이런 리더들은 플랫폼 엔지니어(와 리더)들이 플랫폼 자체와 이를 통해 달성하려는 결과(outcome)를 혼동하기도 한다. 새로운 플랫폼의 존재 자체는 결과가 아니다.

다른 리더들을 참여시켜 그들의 비즈니스 영역에서 중요한 것이 무엇인지 듣는 것은 여러분이 플랫폼 설계의 사각지대를 피하는 데 도움이 된다. 모든 사람이 비용이나 성능, 24시간 가용성을 중요하게 여길 것이라고 쉽게 가정하지만, 자세히 들여다보면 실제 문제는 생각했던 것과 다를 수 있다. 또한 그들은 여러분이 그들의 기술 전략에 부합하는지에 대한 지침을 제공할 수 있다. 여러분은 어떤 핵심 애플리케이션이나 아키텍처 패턴이 중요하다고 생각할 수 있지만, 그들은 다른 비즈니스 성장 영역을 위해 해당 투자를 줄일 계획일 수 있다.

12.2.3 신뢰 유지를 위한 기존 시스템 관리

이해관계자들의 승인을 받았더라도 대규모 투자는 위험이 큰 활동이다. 경영진의 후원은 한시적이다. 12개월 이상 걸리는 프로젝트를 진행할 때는 구형 시스템의 개선이 의미 없는 일회성 작업이라는 생각에서 벗어나야 한다. 사용자들이 새 시스템을 한동안 볼 수 없기 때문이다. 필수적인 KTLO 작업을 유지하는 것으로는 충분하지 않다. 기존 시스템의 부하가 상당히 감소할 때까지는 시스템 개선에도 계속 투자해야 한다. 또한 제10장에서 논의했듯이, 때로는 긴급한 비즈니스 요구를 수용하거나 고객과 그들의 이해관계자들을 달래기 위해 새로운 기능도 추가해야 할 수 있다.

여러분이 대규모 투자에 대해 아무리 자신이 있어도, 다른 이들은 타당한 의구심을 가질 것이다. 대규모 투자 프로젝트가 완료되기 전까지 기존 시스템 유지보수에 대해 어느 정도 양보하지 않으면 그들의 신뢰를 잃게 될 것이다.

12.2.4 신뢰를 얻으려면 '옳은 것'에 대해 유연해져야 한다

이언이 컴퓨트 플랫폼 리더로 일하던 시절의 사례를 떠올려 보겠다. 이언의 팀 중 하나가 운영상의 불안정성에서 벗어나려 애쓰고 있었다. 팀이 운영 관행을 개선하기 위한 적절한 리더십을 갖추긴 했지만, 중요 이해관계자들의 신뢰가 부족했다. 특히, 비즈니스에 가장 중요한 팀 중 하나의 불신이 컸다. 그 팀을 고드름(icicle) 팀이라고 부르기로 하겠다.

고드름 팀의 작업부하(workload)는 성능 지연에 매우 민감했다. 팀은 이 문제를 맞춤형 베어메탈bare-metal 서버에서만 해당 작업부하를 실행하는 방식으로 해결해 왔다. 문제는 이런 서버들의 자원 활용도가 낮고 비용이 높다는 점이었다. 비즈니스 지도층은 비용 효율을 개선하길 원했지만, 플랫폼 팀보다 자체 엔지니어링 팀의 판단을 더 신뢰했다. 게다가 고드름 팀 엔지니어들은 현 플랫폼의 비용 절감 접근 방식(서버 과다 할당(oversubscription)[2])이 예측할 수

2 옮긴이_ 이 맥락에서 과다 할당은 서버 자원을 최대한 활용하기 위해 각 서버에너무 많은 작업부하를 배정하는 것을 말한다.

없는 지연 문제를 일으키는 것을 목격했다. 이를 용납할 수는 없었다.

두 팀은 이를 기술적 문제로 다루면서 '올바른' 다음 단계가 무엇인지에 논의했지만, 논의는 교착 상태에 빠졌다. 컴퓨트 팀은 고드름 팀 엔지니어들에게 솔루션을 설계하고 테스트할 수 있는 '명확한 SLO'를 요구했다. 반면에 고드름 팀은 컴퓨트 팀 엔지니어들이 실제 환경에서 플랫폼의 성능을 입증할 '스트레스 테스트 엔진'을 구축하길 원했다. 이 교착 상태의 결과로 신뢰가 낮아져, 고드름 팀 엔지니어들은 특수한 요구사항을 충족하기 위해 자체 그림자 플랫폼 팀을 구성하자고 제안하기에 이르렀다.

이 교착 상태를 해결하기 위해 이언과 리더급 팀은 로드맵뿐만 아니라 제품 전략도 변경했다. 그들은 플랫폼에서 과다 할당 기능들을 모두 걷어내고 새로운 제품을 만들었다. 새 제품이 기존 제품보다 비쌌지만, 고드름 팀이 사용하던 베어메탈에 비하면 여전히 상당한 개선이었다.

이런 양보에도, 고드름 엔지니어링 팀은 새 제품이 자신들의 기준에 맞게 운영될 것이라 확신하지 못했다. 결과적으로 플랫폼 팀은 먼저 데이터 과학 사용자들을 위해 제품을 출시했다. 이러한 노력을 통해 중요한 비즈니스 그룹에 향상된 성능을 전달한 덕분에 시스템 설계에 대한 신뢰가 쌓였다. 6개월간의 검증된 운영 성공 후에는 신뢰가 충분히 쌓여서, 고드름 엔지니어링 팀이 플랫폼으로 이전하기로 약속하게 되었다.

기술적, 비즈니스적 이해관계자들의 요구를 모두 충족하는 유연한 해결책을 찾고, 그 솔루션을 높은 기준으로 운영하겠다는 의지를 보임으로써, 이언의 팀은 근본적인 신뢰 부족에서 비롯한 교착 상태를 극복할 수 있었다.

12.3 전달 우선순위에 대한 신뢰

마지막으로, 플랫폼이 비즈니스 가치 전달을 늦추지 않을 것이라는 신뢰가 필요하다. 복잡성을 관리하거나 장기적으로 개발자 생산성을 높이는 것은 중요하지 않다. 비즈니스 가치 전달에 병목이 되는 플랫폼은 그 순간 효용을 의심받게 된다. 새로운 클라우드 공급업체에 대한 플랫폼을 구축하는 것처럼 어려운 작업일 때조차도, 플랫폼 팀 외부의 사람들은 그런 작업의 복잡성을 과소평가하기 마련이다. 병목 현상이 지속되면 외부 사람들은 플랫폼 팀을 신뢰하지 않게 된다. 플랫폼 팀의 의사결정을 모든 면에서 의심하기 시작하며, 때로는 플랫폼 자체의 유용성까지 의문을 가져야 한다.

이번 절에서는 전달 속도, 우선순위 지정, 제품 범위의 가정에 관한 도전의 측면에서 병목 현상을 피하는 데 중요한 세 가지 활동을 살펴본다.

12.3.1 속도 중심의 문화 만들기

플랫폼 팀이 병목 현상을 일으키고 있다는 불만을 들으면 이해관계자들과 경영진은 흔히 계획 부족을 탓한다. 여러분이 이 책에서 이야기한 계획 작업을 전혀 하지 않았다면 그들의 지적이 옳을 수 있다. 기존 플랫폼으로는 비즈니스 요구를 충족하지 못하는 상황에서 대규모 아키텍처 재구축이나 새로운 플랫폼 구축에 우선순위를 두고 있다면, 계획과 우선순위 설정에 문제가 있을 가능성이 크다.

하지만 민첩하고 역동적인 비즈니스 환경에서 계획만으로 모든 신뢰 문제가 해결된다고 생각하는 것은 잘못이다. 제1장을 떠올려 보기 바란다. 애자일Agile이 폭포수 방식을 압도한 데는 이유가 있다. 대부분의 기능은 그 비즈니스 가치에는 불확실성이 충분히 존재하므로, 빠르게 구축하고 피드백을 받아 개선하는 쪽이 레버리지가 훨씬 높다. 애플리케이션 팀의 반복 주기가 2주라면, 플랫폼 팀이 "다음 분기 OKR까지 기다려야 한다"라고 말하는 순간 추진력은 완전히 사라진다. 여러분 팀이든 고객 팀이든 계획 수립이 전달 병목 현상 해결의 유일한 해결책이 되지는 않는 이유가 그것이다. 계획 수립에만 의존하면 비즈니스가 제공할 수 없는 가치의 명확성을 추구하면서 시간을 낭비하게 될 뿐만 아니라, 완벽한 로드맵 요구사항을 제공하지 않는 비즈니스를 문제로 여기는(현실로 받아들이는 것이 아니라) 문화가 만들어진다.

이언이 이끈 플랫폼 조직은 애플리케이션 조직의 역동적인 새 기능 요구를 처리하는 데 핵심적인 역할을 했다. 그 플랫폼 조직에서 이언은 계획 수립을 통한 처리량(throughput)과 계획되지 않은 애플리케이션 요구에 대한 민첩한 대응을 균형 있게 조율함으로써 속도를 중시하는 문화를 만들었다. 이언은 다음 두 가지를 목표로 삼았다.

- 초기 계획에 없다는 이유로 새로운 애플리케이션 팀의 요청을 거부하는 것은 용납할 수 없다는 점을 팀에 강조한다.
- 요구사항을 미리 알리지 않으면 계획 변경이 필요해 비용이 증가할 것이라는 점을 이해관계자들에게 상기시킨다.

12.3.2 프로젝트 우선순위 조정으로 팀 여력 확보

우리는 시니어 플랫폼 엔지니어링 리더인 디에고 키로가Diego Quiroga에게 비즈니스의 병목 지점이 될 위기에 처한 팀을 재건한 경험을 설명해 달라고 요청했다. 다음은 디에고의 이야기이다.

플랫폼 관점

플랫폼 팀의 엔지니어링 리더 역할을 맡으면서 나는 우리가 담당한 도메인을 공부하기 시작했으며, 흥미로운 문제들을 찾아보았다. 내게 보고하는 팀 중 하나는 소규모 플랫폼 팀이었는데, 기업용 소셜 네트워크를 구동하는 토대 서비스들을 관리하는 중요한 책임을 맡았다. 애플리케이션 팀들은 이 플랫폼의 다양한 역량에 의존해서 고객 대면 기능들을 구현했다.

플랫폼 팀은 이러한 기능 개발의 핵심 역할을 담당했다. 분기별 계획 수립 주기마다 애플리케이션 팀들은 새로운 역량을 요청하거나 기존 기능의 개선을 요구했다. 팀의 처리 능력에 한계가 있었기 때문에 그런 요청 중 일부는 불가피하게 우선순위에서 밀려났고, 백로그는 계속 늘어났다.

조직이 우리의 노력을 인정했지만, 특정 기능의 지연이 조직의 비즈니스 성장 목표를 위협할 수 있었기 때문에 늘어나는 백로그를 관리하는 팀의 능력에 대한 우려가 커졌다. 이전에 이러한 문제를 해결하려는 시도로 팀은 운영에 대한 투자를 줄였지만, 온콜 부담이 증가했을 뿐만 아니라 플랫폼의 운영 안정성에 대한 부정적 인식이 심어졌다.

인력 증원이 어려운 상황에서 나는 팀과 함께 고객 요청의 본질을 파악하고 다른 곳에서 효율성을 높일 기회를 찾아보았다. 1년 치 데이터를 검토한 결과, 반복적인 요청들을 발견할 수 있었다. 이를테면 새로운 피드 구성에 필요한 복잡한 서비스 체인 전반의 설정 변경 요청이 빈번했다. 우리는 이 상황을, 이런 요청들을 셀프서비스 방식으로 패키지화함으로써 팀의 미래 업무량을 최소화할 기회로 삼았다.

병목 현상이 있는 상황에서 팀 효율성 향상을 위한 투자를 설득하는 것은 쉽지 않았다. 구체적인 기능의 즉각적 가치보다 팀 처리량 증가의 약속을 우선시하는 계획을 이해관계자들에게 납득시키기란 어려운 일이었다. 우리의 노력을 지속할 수 있도록 경영진의 신뢰를 유지하기 위해서는 명확한 시각화 자료와 지표로 투자 효과를 입증하는 것이 중요했다.

프로젝트 완료 후 우리는 이 새로운 '셀프서비스' 역량을 포트폴리오에 추가했다. 이전에는 플랫폼 엔지니어가 한 달 동안 전담해야 했던 고객 요청이 이제는 몇 차례의 컨설팅 세션만으로 해결되어, 엔지니어들을 다른 업무에 투입할 여유가 생겼다. 애플리케이션 팀들의 장기 로드맵이 없는 상황에서 과거의 추세에 기반한 투자 결정은 계산된 도박(calculated bet)이었다. 이는 큰 성공을 거두었고 이후 계획 주기에서도 유사한 기회를 찾는 선례가 되었다.

우리는 지원 요청에 대해서도 유사한 전략을 적용해서 팀의 대응 시간을 개선했다. 애플리케이션 팀들은 정기적으로 코드 리뷰, 플랫폼 역량 활용 지침, 운영 이슈 해결을 위해 팀의 도움을 요청했다. 엔지니어링 조직이 확장되면서 팀은 주당 평균 30건의 지원 요청을 처리했다. 요청 선별을 전담하는 엔지니어가 있었음에도 더 빠른 응답에 대한 압박이 컸는데, 특히 분기 말에는 더욱 심했다. 이를 해결하기 위해 새로운 문제 해결 대시보드와 자가 진단 도구 개발에 역량을 할당하여, 중요도가 낮은 작업을 애플리케이션 팀에 위임했다. 사용자를 관련 문서로 안내하는 '정형화된 응답(canned response)'을 구현한 것도 이러한 요청의 양을 줄이는 데 효과적이었다.

병목 현상이 해결되면서 팀 프로젝트는 더 흥미롭고 영향력 있으며 레버리지가 높은 작업으로 발전했고, 이는 엔지니어들의 참여도를 높였다. 고객들도 혜택을 보았다. 처리 능력에 여유가 생기면서 성능과 신뢰성 문제를 지속적으로 해결할 수 있었고, 운영 탁월성에 대한 명성도 쌓을 수 있었다. 전반적으로 분석에 많은 비용이 들고 프로젝트의 가치 창출이 다소 위험했지만, 우리가 비즈니스의 병목에서 신뢰할 수 있는 기반으로 전환하는 데 절대적으로 중요한 일이었다.

12.3.3 제품 범위에 대한 가정에 도전

플랫폼에서 기능 전달의 우선순위 설정(prioritizing)은 '주는 만큼 받는(give and take)' 협상의 연속이다. 이상적으로는 고객 대부분의 요구를 충족하는 폭 넓게 유용한 서비스를 구축하고, 애플리케이션 팀의 핵심 경로의 일부로 기능을 빠르게 추가해야 하는 지속적인 압박을 받지 않아야 한다. 하지만 해당 플랫폼 자체의 특성들 때문에 본질적으로 병목 현상이 발생할 수밖에 없는 경우가 있다. 구체적으로 말하면 다음과 같다.

1 플랫폼이 표면적(surface area)이 넓은 기능성을 노출하려 한다.

2 플랫폼이 다양한 종류의 애플리케이션을 지원하려 한다.

3 플랫폼이 사용자의 자체 해금 시도를 어렵게 만드는 방식으로 개발되었다.

이러한 전형적인 예는 모든 공용 클라우드(public cloud) 도입 책임을 중앙 클라우드 활성화 팀(cloud enablement team)에 맡기는, 게다가 개발자가 필수 클라우드 서비스에 빠르게 접근할 수 있게 하는 작업뿐만 아니라 서비스와 팀들의 사용 방식에 대한 중요한 보안 검증까지도 그런 팀에게 맡기는 기업들에서 발생한다. 이는 앞에서 설명한 세 가지 특성을 거의 완벽하게 보여준다.

1 개발자들이 사용하고자 하는 공용 클라우드 서비스의 표면적이 매우 넓다. 설상가상으로 그 표면적이 빠르게 변한다.

2 회사가 매우 작지 않은 한, 그런 팀은 애플리케이션에서 사용하고자 공용 클라우드 서비스에 관한 의견이 서로 아주 다른 다수의 개발자를 지원해야 한다.

3 가장 좋은 해결책은 애플리케이션 팀이 스스로 문제를 해결하도록 하는 것이지만, 보안상의 이유로 개발

자들에게 원하는 모든 것을 할 수 있는 슈퍼유저 접근 권한을 줄 수는 없기 때문에 새로운 요청이 계속 들어오는 상황에서 무엇을 활성화할지 우선순위를 정하고 협상해야 한다.

이러한 상황에서 병목 현상을 줄이기 위해 우리는 더 적은 종류의 애플리케이션을 지원하고 더 큐레이션된 상위 수준의 제품 서비스를 제공했다. 덕분에 범위가 어느 정도는 축소되는 성과를 거두었다. 모든 사람에게 클라우드 기본요소들을 열어 주는 대신, 주요 용례에 대한 컴퓨트 및 저장 기능을 오케스트레이션하는 플랫폼을 구축해서 더 작지만 집중된 표면적을 제공했다. 그랬더니 플랫폼 팀이 클라우드 인프라의 기본 관리에 대해 올바른 선택을 하게 되었다. 이것이 불필요한 중간 단계를 도입하는 것처럼 보일 수도 있겠지만, 회사의 핵심 개념들을 ID 관리 및 보안과 통합하고, 사용자를 대신해 클라우드의 복잡성을 처리하며, 회사에 큰 레버리지를 제공하는 플랫폼을 가능하게 했다.

이 해결책도 완벽하지는 않았다. 팀들이 플랫폼에 포함되지 않은 클라우드 제품에 접근하고자 할 때는 여전히 새로운 제품을 평가, 보안 검증, 활성화하는 과정에서 병목 현상이 발생했다. 하지만 일반적인 80%의 용례를 위한 풍부한 플랫폼을 구축하고 그 밖의 용례는 예외 사례로 제한함으로써, 팀이 그런 병목을 더 빠르게 해결할 수 있었다.

사용자를 필요 이상으로 신뢰하지 않으면서도 사용자가 원하는 기능을 가능하게 하는 플랫폼을 구축할 때는, 플랫폼 기능을 고민하는 과정에서 다음과 같은 병목 현상 관리나 회피 방안을 고려하는 것이 중요하다.

- 특정 유형의 애플리케이션만 지원함으로써 범위를 제한하는 것을 고려했는가?
- 너무 큰 표면적을 노출하지 않으면서 고객을 지원할 수 있는 적절한 추상화를 반복(iteration) 과정을 통해서 찾아냈는가?
- 보안/규정 준수 검토가 필요한 기준점(control point)들을 제한함으로써 사용자가 스스로 해금하는 데 기여할 수 있는 시스템을 설계했는가?
- 사용자들이 직접 일부 플랫폼 기능을 확장할 수 있는 확장성 메커니즘을 포함했는가?

가장 큰 난제들, 즉 공통의 용례들을 좋은 추상화를 통해서 처리하는 제한된 범위를 설정하는 것과 예외적인 경우를 위한 확장성 및 사용자 주도 기여를 위한 더 나은 관행들을 마련하는 것을 위해는 이 네 가지 접근 방식이 모두 필요할 수 있다.

12.4 총정리: 과도하게 결합된 플랫폼 사례

이상의 논의를 우리가 겪은 사례 하나로 정리해 보겠다. 이 이야기를 '과도하게 결합된 플랫폼(Overcoupled Platform) 사례'라고 부르기로 하자. 문제는 '배터리 포함(batteries included)' 플랫폼을 구축하기 위한 2년간의 프로젝트에서 시작됐다. 이는 이전 세대의 플랫폼에서 자비로운 독재자들이 사일로 방식으로 각자 구축한, 따라서 서로 연동되지 않는 플랫폼들에 대한 반작용이었다. '배터리 포함'이란 용어는 앞으로의 제품 전략에서 높은 수준의 정렬된 접근 방식이라는 비전을 공유하기 위해 사용됐다. 이 비전은 플랫폼을 '제품'으로 보는 것보다는 '작업흐름(workflow)'을 가능하게 하는 것에 중점을 뒀다. 고객이 직접 무언가를 구축할 필요 없이, 그리고 바탕 구성요소들의 작동 방식을 걱정하지 않고도 플랫폼을 사용할 수 있게 하는 것이 목표였다. 여러 면에서 이는 이상적인, '접착제 없는(glueless)' 플랫폼처럼 들린다. 사람들이 애플의 제품을 좋아하는 이유가 바로 이런 종단 간(end-to-end) 경험에 초점을 두는 미덕 때문이 아닐까?

그렇다면 이런 접근 방식을 내부 플랫폼에 적용했을 때의 문제점은 무엇이었을까? 안타깝게도 '배터리 포함'이라는 높은 기준은, 플랫폼 팀이 모든 용례에 대한 종단간 작업흐름의 영향을 계획하고 설계한 후에야 코드를 작성할 수 있다는 뜻이었다. 그렇게 하기란 매우 어려웠기 때문에 플랫폼 팀은 초기 제품들을 만들 때 지름길을 택했고, 시간이 지나면서 새로운 기능이 개발됨에 따라 모든 것이 깊이 결합되었다. 이러한 깊은 결합으로 인해 아키텍처 재구축이 특히나 어려웠고, 결국 플랫폼 팀은 아키텍처 개선과 기능 혁신을 함께 전달할 v2 버전으로 모든 것을 다시 작성해야 한다고 결정했다. 이런 야심 찬 범위 설정 때문에 전달이 엄청나게 지연되었고 고객 불만이 크게 늘어났음은 말할 필요도 없을 것이다.

이 플랫폼 팀들은 자신이 만든 늪에 빠져 있었다. 이들이 제공하는 종단간 작업흐름은 언제나 뭔가 덜 완성되었고, 준비가 덜 됐으며, 신뢰성이 부족했고, 고객이 원하는 것과는 거리가 멀었다. 초기의 긴밀한 협업과 진전 시기에는 '배터리 포함'이 훌륭한 신뢰 통합제(trust unifier) 역할을 했지만, 깊은 결합 때문에 플랫폼 조직의 전달이 중단되고 v2 구축을 피할 수 없게 되면서 신뢰가 크게 떨어졌다. 한 이해관계자는 "당신네 조직은 새로운 플랫폼을 만들기 위해 새로운 플랫폼을 만든다"라는 피드백을 주기도 했다.

이를 바로잡기 위해 카미유는 접근 방식을 바꿔야 했다. 카미유는 문화적 측면뿐만 아니라 제품 측면도 함께 다뤄야 한다는 것을 알고 있었다. 그래서 그녀는 "배터리 포함 제품 대신 구축

요소(building block)들을 제공한다"라는 OKR 목표(제11장 §11.4 참고)를 제시했다. 이 비유는 다음 세 가지 개념에 기반한 것이었다.

구축 요소를 토대로 취급한다.

배터리 포함 작업흐름의 첫 버전을 빠르게 만들려는 노력 속에서, 팀은 잘 정의된 API를 사용하는 대신 구성요소(component) 수준에서 서로 다른 플랫폼을 통합했다. 작업흐름 기능이 늘어나면서 이러한 구성요소들은 안정적으로 운영되지 않았다. 인터페이스가 제대로 정의되지 않아 시스템을 변경하기 어렵고, 테스트하기 어렵고, 모니터링하기도 어려웠다. 이를 해결하기 위해 팀은 작업흐름 기능 일부를 일시 중단하고 해당 작업흐름의 구축 요소들이 견고한지 확인하는 데 집중했다.

구축 요소들을 합성할 수 있다.

구성요소 수준의 높은 결합도는 안정성 문제뿐만 아니라 플랫폼을 넘나드는 '배터리 포함' 작업흐름을 개선하는 데에도 문제가 되었다. 깊은 결합 때문에 한 플랫폼의 변경이 작업흐름의 다른 부분에 예기치 않은 부작용을 일으키기도 했고, 그래서 기능 전달 속도가 아주 느려졌다. 더 나쁜 점은 플랫폼 사용을 추상화가 아닌 작업흐름으로만 고정(fixation)하다 보니 고급 사용자들이 자신만의 작업흐름을 구축해서 스스로 해금하는 것이 아예 불가능했다는 것이다. 구축 요소 접근 방식을 따르자, 여전히 일반적인 작업흐름에 대한 종단간 래퍼를 제공하면서도 부작용을 격리하려면 개별 플랫폼 추상화가 필요하다는 점을 팀이 인식하게 되었다. 이를 통해 플랫폼 팀이 시스템을 더 쉽게 디버깅하고 관리할 수 있었으며, 신뢰할 수 있는 고객이 작업흐름 추상화를 '관통해서(pierce)'[3] 스스로 해금하는 일도 가능해졌다.

구축 요소들을 점진적으로 교체할 수 있다.

제11장에서 언급한 이언의 사례에서, 전체 플랫폼 조직은 몇몇 대규모 이니셔티브를 일시 중단하고 가장 중요한 것들에 집중함으로써 즉각적인 요구에 대한 해결책을 전달할 시간을 확보하는 정렬 과정을 거쳤다. 큰 v2가 플랫폼을 혁신하고 결국에는 모든 사용자의 문제를 해결할 것이라는 약속만으로는 충분하지 않았다. 이제는 제안들을 평가하는 기준이 (1) 아키텍처 재구축의 형태로 점진적으로 전달할 수 있는가, (2) 마이그레이션 비용은 어느 정도인가, (3) 잠재적 비즈니스 가치에 대한 경영진의 지원이 있는가가 되었다.

이러한 접근 방식은 팀이 일부 영역에서 안정화, 결합 분리(decoupling), 병목 현상 제거를 위해 사용성을 후퇴시켜야 함을 의미했다. 카미유는 증분 해금(incremental unblocking)을 통해 고위 이해관계자의 지원을 확보했다. 앞에서 언급했던 이언의 팀이 고성과(high-performance) 사용자를 위해 더 나은 제품을 전달한 것이 그 예이다. 이번 절 첫 머리에서 애플의 제품을 언급했는데, 이언 팀의 플랫폼 제품은 초기 안드로이드 기기와 비슷해졌다. 세련되지는 않았지만 더 많은 선택지를 제공했다. 어떤 것을 선호하느냐는 논쟁의 여지가 있겠지

---

3 이 아이디어의 좀 더 자세한 내용은 윌 라슨Will Larson의 'Providing Pierceable Abstractions(관통 가능한 추상화 제공하기)'(https://oreil.ly/w-p3o)를 참고하기 바란다.

만, 우리는 내부 엔지니어링 플랫폼에서는 이상적인 사용성을 빌미로 플랫폼 고객을 위한 안정성과 미래의 유연성을 희생할 수는 없다고 확신한다.

12.5 마무리

신뢰는 쌓는 데 오래 걸리지만, 무너지기는 순식간이다. 통제할 수 없는 많은 사건이 신뢰를 무너뜨릴 수 있다. '블랙스완'[4] 같은 이례적인 운영 문제나 따라잡을 수 없는 주요 비즈니스 변화, 예상치 못한 팀 이직 등등 철저하게 계획했는데도 목표 달성을 불가능하게 만드는 요인이 많다. 리더는 이러한 위험이 항상 존재한다는 점을 명심하고, 모든 행동을 통해 신뢰를 강화하기 위해 열심히 노력해야 한다.

우리는 신뢰 구축 실패를 플랫폼 리더가 회사를 실망시키는 가장 흔한 방식 중 하나로 간주한다. 잘못된 리더는 자신의 오만함 때문에 자신이 누구보다 더 잘 안다고 믿으며, 적절한 투명성을 가지고 소통하려 하지 않고, 고객과 이해관계자의 의견은 무시한 채 자신의 팀만 신뢰한다. 이 직무에서 성공하려면 신뢰를 구축하고 유지해야 한다는 점을 받아들일 때, 비로소 비즈니스 요구에 부응할 수 있는 신뢰할 만한 플랫폼을 전달하는 데 필요한 조치를 취할 수 있다.

4 옮긴이_ 블랙스완(또는 흑고니, 검은 백조, 흑조)은 『안티프래질』(와이즈베리, 2013) 같은 베스트셀러를 여러 권 쓴 나심 니콜라스 탈레브가 유행시킨 용어로, 발생할 가능성이 거의 없지만 실제로 발생하면 심각한 결과를 야기하는 사건을 비유적으로 나타내는 용어이다. 17세기에 오스트레일리아에서 검은색의 백조가 발견되어서 백조는 모두 희다는 가정이 깨진 사건에서 유래했다.

CHAPTER 13

복잡성을 관리하는 플랫폼

우리는 사람들이 어떻게 행동하기를 바라는지가 아니라, 실제로 어떻게 행동하는지에 맞춰 설계해야 한다.

– 도널드 A. 노먼Donald A. Norman, 『도널드 노먼의 UX 디자인 특강』(유엑스리뷰, 2018)[1]

이 책은 플랫폼 엔지니어링의 '왜?(이유)'를 설명하면서 시작했다. 플랫폼은 어떤 문제를 해결해야 하는가? 기술의 복잡성이 급격히 증가하면서 애플리케이션 엔지니어링 팀의 속도가 느려지고, 시간이 지날수록 개발자당 비즈니스 가치 창출이 줄어들고 있다. 왜 플랫폼 엔지니어링이 필요한가? 플랫폼 엔지니어링은 복잡성 문제에 총체적으로 접근하여, 소프트웨어 및 시스템 전문가 팀이 애플리케이션 팀에 대한 복잡성의 부담을 줄일 수 있게 해주기 때문이다.

하지만 플랫폼이 모든 복잡성을 제거하는 것은 아니다. 플랫폼은 복잡성을 없애는 것이 아니라 효과적으로 **관리**(managing)함으로써 레버리지를 만들어낸다. 플랫폼 팀의 리더로서 여러분은 모든 일에서 복잡성을 다루는 것에 매우 익숙해져야 한다.

이번 장에서는 플랫폼을 성공으로 이끄는 길에서 여러분이 관리해야 할 네 가지 영역의 복잡성을 살펴본다.

- **우발적 복잡성**(accidental complexity). 플랫폼이 복잡성을 해결하려다 문제를 다른 곳으로 옮기기만 하고, 종종 사람들에게 새로운 작업을 만들어내기도 한다.
- **그림자 플랫폼**. 애플리케이션 조직이 민첩성을 유지하면서도 유사한 그림자 플랫폼이 많이 생겨나는 복잡한 결

1 원서는 Donald A. Norman, 『*Living with Complexity*』(MIT Press, 2010)이고 번역서는 범어디자인연구소에서 번역했다.

과를 피하려면 균형을 섬세하게 맞추어야 한다.

- **통제되지 않은 성장.** 플랫폼 조직이 오늘 만들어 낸 기술 부채를 내일 채용할 새로운 엔지니어가 해결할 것이라는 가정만으로 복잡성을 관리해서는 안 된다.
- **제품 발견.** 일부 문제의 경우 고객과 플랫폼 팀 모두에게 복잡성을 줄여주는 제품을 만들기 위해서는 전달을 반복적으로 시도해야 한다.

이번 장 서두의 인용문이 말해주듯이, 솔루션을 설계할 때는 인간의 행동에 대해 현실적이어야 한다. 기술적 접근이 필요하지만, 그것만으로는 부족하다. 레버리지는 기술과 인간 및 조직 역학에 대한 이해를 결합하여 복잡성의 모든 측면을 다룰 때 생긴다.

성공의 훈제 청어: 창구 단일화라는 허위

요즘 기술 UX에서는 모든 것을 '하나의 유리창(single pane of glass)'으로 통합하려는 시도가 인기를 끌고 있다. 많은 오픈소스와 벤더 도구들이 전체 시스템 제어, 개발 경험 관리, 커뮤니케이션 간소화를 위한 단일 UI를 제공하겠다고 약속한다. 모든 것을 하나의 UI로 통합해서 사용자의 인지 부하를 줄이는 것은 불필요한 복잡성을 제거하는 현명한 방법처럼 보인다. 많은 팀이 UX 문제를 해결하리라 기대하며 통합 UI 구축에 많은 투자를 한다. 이런 시도들은 보통 초반에는 잘 진행되어서 일반적인 용례들에 가치를 전달한다. 하지만 우리가 경험한 바로는 그러한 초기의 성공이 오래 지속되지는 않는다.

카미유는 DX(developer experience, DevEx; 개발자 경험) 플랫폼 팀을 관리하면서 이를 직접 목격했다. 개발자가 어떤 정보를 찾으려면 코드 검토(code review), 빌드 진행 상황, 티켓, 코드 검색 등등 수많은 장소를 뒤져야 했다. 여기에 코드 작성을 위한 에디터와 기타 작업을 위한 명령줄(command line) 더해졌다. 이런 복잡성을 해결하기 위해 팀은 이 활동 중 일부를 단일 창구 웹 UI로 통합해 작업흐름을 개선하고 문맥 전환을 줄이고자 했다.

처음에는 좋은 아이디어로 보였지만, 시간이 지나면서 팀은 중요한 문제점을 인식하게 되었다. 바로, 모든 개발자를 사내(in-house) 인터페이스에 묶어두려면 개발자들이 사용 중인 각 벤더 도구의 모든 작업흐름을 그 인터페이스에서 재현해야 한다는 것이었다.[2] 이 벤더들 역시 서로 간의 연동과 통합을 제공하며 단일 창구가 되려고 노력하고 있었다. 시간이 지나면서 팀의 '단일 창구'는 개발자가 자신이 원하는 UI에 도달하기 위한 추가적인 경유지로, 또는 기존 도구의 열등한 버전으로 전락했다.

또한 카미유의 팀은 개발자용 도구와 플랫폼을 만들 때 흔히 발생하는 또 다른 문제에 부딪혔다. 개발자들이 그 인터페이스를 사용하기를 꺼린 것이다. 개발자들은 작업 방식에 까다로운 편이다. 그래픽 UI는 전혀 사용하지 않고 가능한 한 명령줄에서 작업하려는 개발자가 많다. 또한, 모든 것이 IDE와 통합되기를 바라는 개발자가 있는가 하면 챗옵스ChatOps 통합을 원하는(단, 온콜 근무 중일 때만) 개발자도 있다. 플랫폼의 단일 창구

2 이는 벤더/OSS API를 내부용으로 래핑할 때의 난제와 비슷하지만, API 변경 사항뿐만 아니라 UI/UX 변경까지 따라잡아야 한다는 점에서 더 어렵다고 할 수 있다.

는 한 유형의 페르소나에만 적합했다. 페르소나persona는 사람마다 다를 뿐만 아니라, 같은 사람이라도 그날의 역할(지원 엔지니어, 소프트웨어 개발자, 프로젝트 관리자)에 따라 같은 도구를 다른 페르소나로 사용할 수 있다. 결국 팀은 깃허브GitHub, 슬랙Slack, 지라Jira 등에서 제공하는 통합 기능을 활용하고 플랫폼을 이러한 일반적인 도구들과 통합해 다양한 페르소나와 그들의 요구사항을 수용하는 것이 더 낫다는 것을 깨달았다.

이 사례가 보여주듯이, 다양한 개발자 요구를 창구를 단일화해서 통합하는 것은 바람직하지 않다. 다른 방식으로 일반화하는 것이 좋다. 그런 방식으로 개발자 경험을 구축하는 것이 가능한 시나리오도 있겠지만, 어떤 경우이든 목표는 단일 창구 자체가 아니라 사용자가 필요한 모든 것에 손쉽게 접근할 수 있는 인체공학적 설정이다. 시스템이 서로 다른 시점에 다른 도구를 사용하는 다양한 페르소나를 수용해야 한다는 점을 인식한다면, 인체공학적 환경의 기본 구축 요소는 API와 그에 상응하는 데이터 모델이 되어야 한다. 단일 창구로 시작할 것이 아니라 해당 인터페이스를 구동할 API부터 시작한다면, 페르소나에 따라 다양한 경험을 개발할 여지를 남겨둘 수 있다. 기본적인 용례를 위한 간단한 UI를 만들되, 명령줄을 원하는 개발자가 명령줄 도구를 그것과 통합할 수 있게 해야 한다(그리고 가능한 한 도구들의 기존 UI를 활용하는 것이 좋다. 기존 UI가 여러분이 제공하는 것보다 더 나을 가능성이 높다).

애초에 UI는 올바르게 구축하기 어렵다. 따라서 복잡성을 줄이는 것이 목표라면, 우리는 접근하기 쉽고 문서화된 일관된 API를 여러분의 제품에 갖추는 것부터 시작할 것을 권장한다. 그러한 API는 가능한 한 REST 표준을 따라야 하고, 이름에 일관성이 있어야 한다. 또한, 호출당 한 가지 작업만 수행해야 하며, 작업 하나를 하려면 일련의 상태 저장 호출들이 요구되는 방식은 피해야 한다. 하위 호환성을 미리 계획해야 하며, 일단 API를 릴리스했다면 너무 자주 변경하지 않아야 한다. 그런 API를 갖추었다면, 명령줄 도구나 챗봇형 인터페이스, IDE 지원, 그리고 물론 웹 인터페이스와의 통합을 탐색할 수 있다. API 계층의 복잡성을 줄이는 것도 여전히 어려운 문제이지만, 이를 소홀히 한다면 UI가 문제를 해결할 가능성은 작다.

13.1 사람 간 협업의 우발적 복잡성 관리

복잡성 관리의 성공을 측정하는 핵심 지표는 애플리케이션 팀이 여전히 구축해야 하는 접착제(glue)의 양이다. 제1장에서 소개했듯이 '접착제'는 팀이 여러 요소를 하나로 묶기 위해 작성하는 코드, 자동화, 설정, 도구를 말한다. 접착제의 필요성은 바탕 시스템의 관리가 복잡하다는 점에서 비롯한다. 접착제를 줄이려면 플랫폼은 각 애플리케이션 팀이 자체적으로 구축할 필요가 없는 추상화를 만들어 내야 한다. 접착제가 전체적으로 줄어든다는 것은 플랫폼이 애플리케이션 팀을 위한 인프라 복잡성을 줄였다는 신호다

제1장에서 다루지 않은 또 다른 유형의 접착제가 있다. 바로 '인간 접착제(human glue)'이다. 이 책에서 말하는 인간 접착제는 타냐 라일리Tanya Reilly가 'Being Glue' 사이트(`https://`

noidea.dog/glue)의 강연과 블로그 글에서 훌륭하게 설명한 '접착제 작업(glue work)'에 대응되는 개념이다. 인간 접착제 혹은 접착제 작업은 팀이 해야 할 일과 실제로 하는 일 사이의 간극을 해결하기 위해 필요한 모든 수동적 해결책, 문서화, 협업을 말한다. 대조적으로 제1장에서 말한 접착제는 '기술적 접착제(technical glue)'라고 부르면 될 것이다. 기술적 접착제를 제한하려는 노력하는 과정에서 일부 플랫폼 팀은 인간 접착제에 과도하게 의존함으로써 새로운 '우발적' 복잡성을 만들어낸다.

애플리케이션 팀을 위한 운영 도구를 고려하지 않은 플랫폼을 상상해 보자. 이는 후드가 용접된 채로 닫혀있는 오래된 자동차를 운전하는 것과 같다. 대부분의 운전자가 엔진을 고치는 방법을 알 필요는 없지만, 연기가 어디서 나는지는 알아야 한다. 사고가 발생했을 때 플랫폼이 충분한 진단 도구를 제공하지 않으면 애플리케이션 팀은 난처한 상황에 빠진다. 문제를 스스로 해결하는 대신 플랫폼 팀과 통화하며 플랫폼이 원인인지 아니면 자신의 애플리케이션에 문제가 있는지 파악해야 하는데, 이는 양쪽 팀 모두에게 불만족스러운 일이다. 제6장에서 다룬 것처럼 플랫폼 지표들을 노출하고 합성 모니터링을 사용하는 것이 이러한 혼란 상황을 피하는 데 관건이 된다. 복잡한 장애는 여전히 예기치 않게 발생하겠지만, 적절한 도구를 갖추면 플랫폼 엔지니어와 데브옵스/SRE 엔지니어들을 인간 대시보드로 사용하는 일을 멈출 수 있다.

복잡성을 충분히 관리하고 있는지 판단할 수 있는 경험칙(rule of thumb)이 필요하다면, '인간 접착제'에 얼마나 자주 의존하는지 자문해 보라. 오픈소스 소프트웨어 업그레이드를 조정하거나 일반적인 애플리케이션 장애를 해결하기 위해 수동 프로세스에 의존하고 있는가? 엔지니어로서 우리는, 인간은 진정으로 복잡한(complex) 시나리오를 관리하는 데 투입되어야 하며, 그냥 꼬인(complicated) 것일 뿐인 문제는 소프트웨어를 통해 해결해야 한다고 믿는다. 다음 글상자에서 이와 관련한 마이그레이션 사례를 제시한다. 일반적으로 플랫폼과 그것을 사용하는 애플리케이션 팀 간의 프로그램을 조정하기 위해 인간에게 의존할 필요가 적을수록, 사용자의 삶에서 복잡성을 제거하는 데 더 뛰어나다고 할 수 있다.

마이그레이션 복잡성 관리

제9장에서 마이그레이션 성공 사례를 하나 소개했다. 그 사례에서 카미유의 팀은 주요 운영체제 버전 업그레이드를 앞두고 있었다. 카미유는 팀에게 인력 프로젝트 관리 지원 없이 마이그레이션을 완료하라는 도전과제를 제시했다. 팀은 우선 호스트마다 업그레이드가 필요한지, 담당자는 누구인지 같은 정보를 추적하고 기록하는 작은 코드를 작성했다. 이 코드를 매일 실행해서 마이그레이션 진행 상황을 보여주는 보고서를 생성했다.

그 보고서는 지라로 전송되었고, 지라는 마이그레이션 완료에 필요한 세부사항이 담긴 티켓을 자동으로 생성하고 할당했다.

짐작했겠지만, 이를 제대로 해내기란 쉽지 않은 일이었다. 성공의 관건은 제2장에서 언급한 소유권 메타데이터 레지스트리(ownership metadata registry)였다. 이 레지스트리는 어떤 코드가 어떤 팀에 속하는지 추적하는 데이터를 제공했다. 팀은 그 데이터를 티켓 할당 대상을 파악하는 프로세스의 초기 설정에 활용했다. 팀은 시스템 자원과 연관된 다양한 식별자에 휴리스틱을 적용하는 코드를 작성해 티켓 할당 대상자를 찾아내고, 잘못된 할당으로 인한 혼란을 최소화했다. 이는 나중에 소유권 데이터를 더 폭넓게 추적하고 유지하는 유용한 시스템이 되어 다른 마이그레이션에도 활용할 수 있었다.

이러한 노력은 회사 전반의 마이그레이션 접근 방식을 바꿨고, 복잡한 인력 중심 프로세스를 더 예측 가능한 기계 중심 프로세스로 전환했다. 프로젝트 관리자가 스프레드시트를 추적하고 끝없는 상태 업데이트 회의를 하는 대신, 팀은 더 세밀한 의존성 매핑과 스마트 알림을 통해 도구의 기능을 강화하는 데 시간을 투자했다. 또한 마이그레이션의 공통 요소를 자동화하여 고객 팀의 작업량을 줄였다. 시간이 지나면서 이와 관련해서 팀이 가장 많이 곤란을 겪는 문제는, 마이그레이션 과정의 세부사항을 충분히 검토하지도 않고 이 프로세스를 이용해서 마이그레이션을 밀어붙이는 팀이 많아졌다는 것이었다.

TPM(기술 프로그램 관리자)의 필요성을 완전히 없앨 순 없었지만, TPM들의 역할이 각 팀과 일대일로 대응에서 문제를 해결하는 역할에서 감독자이자 대사(ambassador)의 역할로 진화했다. 각 마이그레이션에서 수동으로 추적해야 할 작업이 줄어들어 더 많은 마이그레이션을 지원할 수 있게 되었고, **특이한** 20%에 집중할 수 있게 됐다. 예를 들어 마이그레이션을 완료하려면 대규모 고객 저장 시스템의 업그레이드가 필요한데 그러자면 고객 팀과 조율할 일이 많은 경우, 그 지점에 TPM 지원을 투입함으로써 자동화가 가능한 다른 트랑슈를 해금할 수 있었다.

이 모든 것의 목표는 TPM을 특별한 전문가로 취급하는 것이다. 마이그레이션을 자동화하거나 고객이 셀프서비스로 처리할 수 있게 만드는 다른 엔지니어링 방법을 찾을 수 없을 때만 이들을 투입한다. 우리의 경험상 이런 기술을 가진 인력은 조직에 여전히 필요하다. 하지만 이런 인력은 규율, 세부사항에 대한 관심, 조직적 수완의 측면에서 모두에게 존경받는 소수이어야 한다.

13.2 그림자 플랫폼의 복잡성 관리

제10장에서 그림자 플랫폼(shadow platform)을 논의했다. 기억하겠지만, 그림자 플랫폼은 종종 애플리케이션 엔지니어링 팀이 자체적으로 구축하는 중복된 플랫폼을 말한다. 일반적으로 그림자 플랫폼은 결과적으로 전사적 소프트웨어의 전반적인 복잡성을 증가한다. 하지만 애초에 그림자 플랫폼을 만드는 의도는 특정 영역의 복잡성을 줄이려는 것이다. 그림자 플랫폼의 이런 국지적 관점 때문에, 플랫폼 팀 외부에서도 항상 어느 정도의 플랫폼 작업이 일어난다. 여

러분의 목표는 그런 시도를 모두 철저히 제한하는 것이 아니다. 그런 시도를 항상 감지하고 인식하는 것이다.

애플리케이션 엔지니어링 팀이 플랫폼의 일부로 간주할 만한 뭔가를 만드는 시도를 모두 막으려 드는 것은 어리석은 일이다. 규모가 커지면 이는 불가능하다. 더욱이, 조직 외부 팀의 모든 플랫폼 관련 실험과 혁신을 중단하려는 것은 현명하지 않다. 그런 팀들은 자신의 요구사항에 대한 전문가로서 문제 해결에 개척자적 사고방식을 취할 것이다. 여러분의 플랫폼이 자신의 요구에 맞으면 대부분은 플랫폼을 사용하겠지만, 자체 솔루션을 구축하는 것이 유리할 때는 그렇게 할 것이다. 이 과정에서 그들은 가치 있는 차기 플랫폼 제품의 초기 버전을 만들어낼 수도 있다.

그림자 플랫폼을 관리하려면 신뢰(제12장 참고)를 바탕으로 해야 한다. 해당 팀들과의 신뢰가 있어야 여러분이 상황을 파악할 수 있게 해준다. 다른 팀이 여러분을 믿고 관련 정보를 제공한다면, 여러분은 해당 프로젝트에 엔지니어를 파견하거나, 그 팀으로부터 정기적인 업데이트를 받거나, 향후 그 팀이 프로젝트를 이관하고자 할 때 필요한 사항에 대한 기대치를 설정하는 등 다양한 방식으로 대비할 수 있게 된다.

다른 팀의 그림자 플랫폼을 인수하기로 결정했다면, 그 과정에서 필연적으로 새로운 복잡성이 생길 것임을 인식해야 한다. 일반적으로 플랫폼 팀이 그림자 플랫폼을 인수하는 의도는 그 플랫폼을 해당 팀이 의도했던 범위보다 더 넓은 범위에서 유용하게 만들려는 것이므로, 결과적으로 표면적이 확장된다. 그러면 복잡성도 증가한다. 이때 핵심은 새로운 복잡성이 사용자에게 유출되지 않도록 플랫폼 팀 내에서 통제하면서 개척자 주도의 복잡성을 줄이는 것이다.

그림자 플랫폼 관리의 실제 사례

우리의 경험에 따르면, 그림자 플랫폼의 성공적인 관리는 성패가 칼같이 나뉘는 흑백 그림이라기보다는 잘 관리된 난장판(well-managed mess)에 가깝다. 다음 이야기는 성공이 얼마나 반복적이고 혼란스러울 수 있는지를 보여준다.

이언이 5개의 사내 컴퓨트 플랫폼 중 두 번째 플랫폼을 맡은 지 6개월 후, CTO가 데이터 과학을 위한 AI를 추진하기 시작했다. 그는 이 전략을 실행하기 위해 비즈니스 담당 기술 임원 중 한 명에게 상당한 인력을 배정했다. 이 임원은 플랫폼 엔지니어링 리더들이 종종 대립하게 되는 유형인, 급진적 변화를 열망하는 개척자적 비전을 가진 사람을 이니셔티브 리더로 영입했다. 새 리더는 기존의 결함 있는(그의 관점에서) 사내 플랫폼과의 결합도가 높다는 것이 AI 혁신의 장벽이며, 이것이 데이터 과학자들이 최신 공용 클라우드와 OSS 시스템을 신속하게 도입하는 것을 방해한다고 믿었다. 그는 각 데이터 과학자가 마치 작은 스타트업처럼 움직이면서 원하는 IaaS 인프라 기본요소와 OSS를 사용할 수 있는, 자신만의 클라우드 계정을 가질 수 있는 플랫폼을 만들고자 했다.

이 상황에서 이언의 첫 번째 실수는 모든 사람이 이것이 얼마나 복잡할지 알 수 있을 것이며, 개척자 리더가 이러한 피드백을 받고 재빨리 방향을 바꿀 것이라고 가정한 것이었다. 사실 대부분의 데이터 과학자는 자신의 개발 워크스테이션조차 제대로 관리하기 어려워한다. 따라서 개인별 클라우드 환경은 혼란을 초래할 것이 분명했다. 게다가 대부분의 데이터 과학자가 기존 작업흐름을 사용할 수 있게 만들려면 엄청난 양의 플랫폼 통합이 필요했다. 애초에 이언의 조직이 계획했던 작업이 바로 그러한 통합이었다. 불필요한 연동을 피하고 일을 '제대로' 하려면 시간이 걸릴 수밖에 없었다.

하지만 개척자 리더는 자신의 방향을 고집했고, 이 노력을 추진할 팀을 고용했다. 그는 이언의 팀이 그의 비전에 협조하지 않는 곳마다 그림자 플랫폼을 구축할 계획이었다. 개척자 리더는 약 10%의 데이터 과학자들이 엔지니어링 배경을 가지고 있어 자신의 환경을 관리하고 플랫폼 연동 코드를 작성할 수 있다는 점을 들어 이를 정당화했다. 개척자 리더의 팀과 초기 사용자들은 운영상의 토대(이언의 팀이 제공하는 좀 더 광범위한 시스템이 제공하는 것 같은)를 전달하지 **않는** 시스템을 구축해도 괜찮다고 생각했다. 이 플랫폼이 프로덕션으로 가기 전에 재작성이 필요한 실험용 작업에만 사용된다는 점이 근거였다. 그들은 그런 아키텍처 문제는 나중에 해결할 수 있다고 여겼다.

이언은 원래 계획이 그대로 진행될 것임을 깨닫자, 개척자 리더와(그리고 그의 팀과) 정기적인 회의를 시작했다. 목표는 이 플랫폼의 포괄도(coverage)를 고급 사용자 10%를 넘어 다른 모든 사용자까지 확대하는 데 필요한 것들을 진지하게 논의하는 것이었다. 이 회의들을 통해 개척자 리더의 팀이 그들의 제품을 확장하는 데 있어 간과하고 있던 복잡성이 드러났다. 예를 들어, 그들은 기존 시스템에서 사용자들을 마이그레이션하는 방법(수백 개발자 년이 소요될 것)이나 비기술적 사용자들을 위한 관리 방법 등을 고려하지 않았던 것이다.

하지만 "AI에서 진전을 이루어야 한다"라는 요구가 CTO를 포함한 윗선의 지지를 받고 있다는 것은 분명했다. 이 지점에서 이언은 선택의 기로에 섰다. 개척자 팀이 그의 지원 없이 복잡한 그림자 플랫폼을 구축하도록 놔두거나, 아니면 불가피한 복잡성을 일부나마 피할 수 있도록 영향력을 행사할 수 있는 타협안을 찾아내야 했다.

이언이 결정한 타협안은 자신의 팀 중 하나의 로드맵을 수정해서 이 이니셔티브를 지원할 개발자 두 명을 확보하는 것이었다. 이는 CTO의 관심이 가져온 긍정적인 측면이었다. 다른 이해관계자들이 이러한 변경에 의문을 제기할 때, 이언은 이것이 CTO의 우선순위에서 나온 것이라고 설명할 수 있었다. 그는 정착자 유형의 개발자들을 채용해서 "이 프로젝트의 속도를 늦추지 말되, '장기적'으로 올바른 컴포넌트를 만들 기회를 찾아 원래 계획보다 일찍 구축하라"라는 도전과제를 부여했다.

그 개발자들은 절반 정도의 성공을 거두었다. 프로젝트를 빠르게 진행하려면 확장성이 부족한 접착제를 어느 정도 만들 수밖에 없었다. 하지만 이 절반의 성공도 긍정적이었다. 특히 시스템이 실체화되면서 두 가지 일이 일어났기 때문이다:

1 이전에는 막혀있던 10%의 데이터 과학자들이 이제는 클라우드에 성공적으로 접근해서 반복 실험을 할 수 있게 되었다.

2 실제로 사용해 볼 것이 생기자, 나머지 90%의 데이터 과학자들도 시스템을 시험해 볼 수 있었고, 이언의 팀이 초기에 우려했던 운영, 관리, 통합의 복잡성이 모두에게 명확해졌다.

이것으로 교착 상태가 즉시 해결되지는 않았다. 전체 시스템을 폐지(sunsetting)하고 통합 플랫폼으로 전환하기까지는 2년 정도의 조정 기간이 필요했다. 그래도 그 2년 동안 회사는 그렇지 않았다면 불가능했을 많은 혁신의 혜택을 누릴 수 있었다. 이는 플랫폼 조직이 항상 '투박한(scrappy)' 주기에서 배제되는 대신, 어떻게 애플리케이션 엔지니어링 팀과 협력하여 그들의 속도를 늦추지 않을 수 있는지를 보여주는 사례로 남았다. 전체적으로 평가할 때, 이 사례는 제5장에서 설명한 것처럼 더 나은(그리고 더 지속 가능한) 제품을 만들기 위한 협력의 성공적인 예라고 할 수 있다.

13.3 성장 통제를 통한 복잡성 관리

성장(growth)은 중독성이 있다. 플랫폼 팀을 초기 단계에서 안정적인 조직으로 성장시켰다면, 더 많은 일을 하기 위해서는 더 많은 인력을 투입하는 것이 유일한 방법이라고 생각하기 쉽다. 그렇게 하지 않는다면 제품 포트폴리오의 공백을 어떻게 데우겠는가? 개발과 온콜 순환 근무를 모두 커버할 엔지니어들이 필요하고, 제품 관리자와 새 팀에 필요한 모든 지원 체계도 갖춰야 한다. 이 모든 것을 제공하려면 성장을 지속하는 것이 유일한 방법이라고 생각할 수 있다.

그런 사고방식은, 무분별한 성장이 복잡성을 키운다는 점에서 위험하다. 플랫폼 구축을 통해 피하려는 바로 그 복잡성 말이다. 무분별한 성장은 무엇보다도 복잡한 것을 관리하려는 의지를 꺾는다. 자동화에 투자하거나 업무를 재고하는 대신 인력을 투입하려는 강한 유혹이 생긴다. 이는 소프트웨어 엔지니어들이 꺼리는 종류의 일을 만들어낸다. 사람이 손수 처리해야 하는 지루한 온콜 순환이 끝없이 이어지고, 회사 전체에 걸쳐 사람의 후속 조치가 필요한 마이그레이션 작업이나 수십 단계를 거쳐야 하는 프로비저닝 요청이 발생한다. 자동화에 투자하지 않고 지내는 시간이 길어지면 자동화만으로는 복잡성을 감당할 수 없는 상황에 빠지기 쉽다. 그저 지원 요청들을 쳐내는 데 급급한, 확장 불가능한 인력 모델에 갇히게 된다.

성장은 또한 무엇을 구축하고 어디에 투자할지에 대한 압박을 줄임으로써 복잡성을 조장한다. 엔지니어들이 어떤 개인 프로젝트이든 정당화할 수 있게 되면, 고객의 요구와는 무관한 것을 구축하는 경우가 흔하다. 관리자와 제품 관리자들은 문제 해결을 위해 동료들과 합의를 이루는 대신 자신만의 영역을 구축하는 것이 더 쉽다는 것을 깨닫는다. 성장은 모든 사람에게 일이 잘 안되는 이유에 대한 변명거리를 제공한다. 다른 사람을 탓하거나, 아직 이곳의 방식을 모르는 신입을 핑계 삼을 수 있다. 최악의 경우, 제대로 다듬어지지 않은 아이디어들과 서로 잘 연동되지 않는 제품들이 난립하게 되어서, 고객들이 헤쳐 나가기 어려운 복잡한 제품군의 늪이 만들어진다. 솔직히 말해서 우리는 플랫폼 팀이 새로운 이니셔티브의 주체가 되어야 한다고 생각하지 않는다. 제1부에서 언급했듯이, 우리는 대부분의 혁신이 플랫폼 팀 자체가 아니라 자신에게 필요한 것을 구축하는 애플리케이션 팀에서 나올 것으로 기대한다.

이 모든 것을 고려하더라도, 성장하는 기업에서 경력을 쌓은 플랫폼 리더는 성장을 늦추라는 (성장을 늦춰야 할 필연적인 이유나 강제적인 지시가 없는데도) 우리의 제안이 근거가 없다고 생각할 수 있다. 회사 자체의 급속한 성장과 확장을 따라가기도 벅찬 상황에서 새로운 뭔가를 하는 척할 필요가 있겠는가? 그리고 애플리케이션 엔지니어링 팀도 마찬가지로 성장에 탐닉하는데, 왜 플랫폼 팀만 성장을 늦추라고 하는가?

하지만 플랫폼 팀과 애플리케이션 엔지니어링 팀은 사정이 다르다는 점을 기억해야 한다. 플랫폼 팀은 '비용 센터(cost center; 원가중심점)'로 여겨질 가능성이 높다. 즉, 사람들은 플랫폼 팀에게 수익 창출보다는 효율성 개선을 기대한다. 현명한 효율성의 문화를 이끄는 것이 이 분야 리더들의 임무 중 하나이며, 복잡성은 효율성의 적이다. 아무 수단이나 동원해서(이를테면 수동 작업의 비용을 관리하기 위한 아웃소싱 등) 효율성을 높이는 것이 플랫폼 엔지니어링의 임무는 아니다. 플랫폼 팀은 소프트웨어 엔지니어링과 제품 발견을 통한 전략적 단순화로 효율성을 달성해야 한다.

성장이 필요한 때가 있다는 것을 우리도 안다. 새로운 제품 영역에 진출하는 것이 그런 경우 중 하나일 수 있다. 조직이 이미 극도로 효율적으로 운영된다면 새로운 제품을 위해 기존 팀에서 인력을 빼 올 여력이 없을 것이다. 그러면 성장이 필요하다. 물론 회사의 규모 확장과 성장이 합리적인 시기도 존재한다. 하지만 훌륭한 플랫폼 리더들은 자신들의 플랫폼이 레버리지를 전달한다는 점을 이해하며, 이는 레버리지 지점을 확보했다면 플랫폼 팀이 전체 엔지니어링 팀과 같은 속도로 성장할 필요가 없다는 것을 의미한다.

우리는 "기존 영역의 새로운 작업 대부분을 해당 팀의 기존 인력으로 수행해야 한다"라는 경험칙을 하나의 가드레일로서 추천한다. 이는 관리자들이 초점을 더 명확히 하도록 만든다. KTLO(Keeping the Lights On) 작업량이 감당하기 어려워졌다면, 그 비용을 줄일 방법을 찾을 수 있는가? 가장 중요한 영역이 무엇인지 확실히 알고 있으며, '충분히 좋은' 수준에 머무른 기능이나 더 나쁘게는 약속된 가치를 보여주지 못한 기능에 대한 투자를 중단하고 있는가?

복잡성 관리는 플랫폼이 플랫폼 개발자 수보다 훨씬 더 많은 사용자를 지원할 수 있다는 것뿐만 아니라, 제품 영역에 대한 기본 포괄도에 도달한 후에는 그 영역에서 새로운 일을 할 때마다 플랫폼 엔지니어의 수를 선형적으로 늘릴 필요가 없다는 것을 의미한다. 이것이 조직을 극단적으로 축소하고 여유가 없게 만들어야 한다는 뜻은 아니다. 이것은 바로 KTLO + 필수 업무 + 운영 개선에 대한 측정이 그토록 중요한 이유이다. 그 작업량을 처리하는 데 필요한 최소 인원을 파악하면, 잠재적인 팀 규모의 절대적 하한(모두가 즉시 퇴사하지 않게 하려면 아마도 최소 인원 + 20% 정도여야 할 것이다)을 가늠할 수 있다. 그 기준선 이상에서는 재량을 발휘하여 투자에 대해 생각할 수 있다. 다음번 작업 항목들을 신중히 고찰하고, 고객 수요와 팀 수요, 자신의 전략적 통찰력을 통합하고, 성장을 요청하기 전에 현재 팀에서 최대한의 성과를 끌어내는 것이 성숙한 플랫폼 계획과 리더십의 징표이다.

13.4 제품 발견을 통한 복잡성 관리

제품 발견(product discovery)의 핵심은 고객의 요구를 이해하는 작업이자, SVPG(Silicon Valley Product Group)의 말을 빌리면 '이 문제에 대해 사용 가능하고, 유용하며, 실현 가능한 제품 솔루션'(https://oreil.ly/N5Icw)을 만드는 작업이다. 제품 발견은 처음부터 구축하는 제품에만 필요한 것이 아니다. 오픈소스 시스템을 바탕으로 플랫폼을 만들 때에도 중요한 과정이다. 큐레이션 제품을 만들고 싶다면 발견이 핵심이다. 하지만 새로운 잠재적 그림자 플랫폼의 지속적인 압박 속에서 고객 요구를 문자 그대로 받아들여 전체 플랫폼에 적합한 제품 솔루션인지 판단할 시간도 갖지 않고 고객이 요구하는 오픈소스 시스템을 제공하는 플랫폼 팀이 너무나 많다.

이는 흔한 딜레마를 야기한다. 그런 식으로 오픈소스 시스템을 제공한(더 흔하게는, 이전 조직에서 물려받은) 팀들은 사용자와 용례의 수에 비례해 선형적으로 증가하는 운영 복잡성에 발이 묶인다. 자동화 투자로 선형성의 계수를 줄일 수는 있지만, 설계 관점에서 보면 대부분의 주요 오픈소스 제품은 사용자에게 너무 넓은 표면적을 노출한다. 이는 RDBMS(PostgreSQL, MySQL 등)나 카산드라Cassandra, 몽고DBMongoDB, 카프카Kafka 등 데이터 처리를 위한 분산 오픈소스에서 가장 두드러진다. 이러한 시스템들은 본질적으로 매우 복잡하다. 게다가 OSS/벤더 모델 때문에 이들은 더 많은 기능을 추가하기 위해 경쟁한다. 결과적으로 인터페이스가 대단히 방만해진다.

일부 리더들은 이런 과제를 관리하기 위해 선택지를 표준화하고 제한해야 한다는 결론을 즉시 내린다. 좋은 생각이지만, 어떻게 할 것인가? 우리의 경험상, 애플리케이션 개발자들은 전반적으로 인프라 선택지가 적으면 일이 더 쉬워질 것이라는 데에는 동의해도, 제한된 선택지가 구체적으로 무엇이어야 하는지에 대해서는 좀처럼 합의하지 못한다. 조직에 규율이 있다면, 그리고 여러분을 고위 경영진이 지원한다면, 표준을 충분히 일찍 수립할 수 있을 것이다. 그러면 고객들이 이미 사용 중인 기능을 빼앗고 중복을 줄이기 위한 마이그레이션을 강요해서 짜증 나게 만드는 사태를 피할 수 있다. 하지만 선택지를 표준화하고 제한한다고 해도, 그것 때문에 애플리케이션 팀의 속도가 크게 느려지면 역효과가 날 수 있다. 선택지 표준화는 정치적으로도 인기가 없는 옵션이다. 대부분의 경우 표준화는 플랫폼 팀이 한계점에 도달했을 때, 즉 너무 많은 오픈소스 제품의 지원 부담이 왜 이렇게 많은 것이 필요한지에 대한 의문을 제기하게 만들 때만 일어난다.

"더 이상 감당할 수 없을 때까지 천 송이 꽃을 피워라"[3]와 "거의 변화를 허용하지 않는 엄격한 플랫폼을 제공하라" 사이에는 중간 선택지가 존재한다. 짐작했겠지만, 이는 제품 문화와 관련이 있다. 이 선택지를 위해서는 고객을 이해하는 데 시간을 투자해야 한다. 팀들이 선택한 도구를 사용하는 이유가 단순한 습관인지 아니면 꼭 필요한 특정 기능 때문인지를 탐구해야 한다. 반복적인 제품 발견 과정을 통해 제품을 큐레이션하고, 복잡성을 줄이며, 고객 니즈를 더 잘 충족시키는 데 필요한 통찰력을 개발할 수 있다. 이번 장의 마지막 절에서는 그러한 과정과 여러 번의 반복으로 성공을 거둔 사례를 소개한다.

13.5 총정리: 내부 복잡성과 외부 복잡성의 균형

이언이 일단의 오픈소스 시스템들(PostgreSQL, 카프카, 카산드라)을 담당하는 약 10명의 팀을 관리하던 시절의 이야기이다. 그 팀은 데이터 신뢰성 엔지니어링(data reliability engineering, DRE) 접근 방식[4]을 따랐다. 이는 팀이 이 시스템들에 대한 모든 지원과 프로비

3 피터 세이벨Peter Siebel의 글 'Let a 1,000 Flowers Bloom. Then Rip 999 of Them Out by the Roots'(천 송이 꽃을 피운 후 999개를 뿌리째 뽑아라)(`https://oreil.ly/slEdD`)를 참고하라.

4 레인 캠벨Laine Campbell, 채리티 메이저스Charity Majors, 『데이터베이스 신뢰성 엔지니어링』(에이콘출판, 2023)을 참고하라. 옮긴이_ 원서는 Laine Campbell, Charity Majors, 『*Database Reliability Engineering*』(O'Reilly, 2017)이고 번역서는 이설민이 번역했다.

저닝을 제공하는 '플랫폼'을 제공하며, 팀의 능동적 엔지니어링은 자동화에 집중했다는 뜻이다. 특히 복원력(resilience)과 자동 확장(autoscaling) 위주의 자동화에 주력했다.

13.5.1 OSS 운영의 소진 현상

제1부에서 예측했듯이 이러한 플랫폼 전달 방식은 확장성이 없었다. 각 OSS 시스템은 기능의 표면적이 넓었다. 이들을 회사의 토대로서 운영하다 보니 운영이 복잡했고, 그래서 운영 부담이 지속적으로 발생했다. 두 개의 온콜 교대 조가 있었음에도 심각한 사고 건수는 주당 5건이 아니라 50건에 가까웠다. 교대조가 시차를 두고 운영되었다는 점이 조금 도움이 되었지만 큰 차이는 없었다. DRE 팀은 자동화만으로는 더 이상의 효율성 개선을 이룰 수 없는 한계에 도달했다.

안타깝게도 애플리케이션 팀들은 이러한 고충을 인식하지 못했다. 오히려 그들은 OSS 시스템이 제공하는 광범위한 기능의 유연성에 만족했다. 그들의 주된 요구사항은 DRE 팀이 더 많은 서비스를 제공하는 것이었다. 하지만 DRE 리더들이 새로운 서비스를 추가하기는커녕 현재 업무량을 지속 가능하게 관리하는 것만으로도 지금보다 두 배의 엔지니어가 필요하다고 해명하자, 애플리케이션 팀들은 DRE 팀을 믿지 않게 되었다. 더 많은 시스템과 구성을 지원해야 DRE 팀이 계속 성장할 수 있다는 점은 모두가 인정했지만, DRE 리더들은 그렇게 가다 보면 곧 지속 불가능한 확장 지점에 도달할 것임을 알고 있었다.

13.5.2 획기적인 시도(그리고 실패)

이러한 교착 상태에서 벗어나기 위해 팀은 자신들이 관리해야 할 복잡성을 줄이기 위해 다양한 방안을 시도했다. 첫 시도는 공급업체(벤더)의 '오픈소스 호스팅' 기반 IaaS(Infrastructure as a Service; 서비스형 인프라) 구현으로 이전하고 애플리케이션 팀들이 자체적으로 운영하게 함으로써 이언의 팀이 아예 이 게임에서 벗어나는 것이었다. 다른 회사였다면 운영 부담을 벤더에게 넘겨서 문제를 해결할 수도 있었을 것이다. 하지만 이 회사는 다양한 클라우드 서비스를 사용해야 했는데, 공급업체 간 차이가 너무 커서 애플리케이션 팀이 직접 운영하기가 어려웠다. 이 점을 벤더 서비스가 배포된 후에야 진정으로 체감할 수 있었다. 애플리케이션 팀이 문제를 디버깅할 만한 깊이 있는 지식이 없었던 탓에, 긴급한 운영 문제를 처리하기 위해 여전히 DRE 팀을 호출했던 것이다. 이 시점에서 DRE 팀은 '게임에서 벗어나기'가 실제로는 '운영 팀으로서 게임에 계속 머무르기'를 의미한다는 것을 깨달았다.

다음 전략은 SRE 책(`https://oreil.ly/p5cFs`)의 방법을 참고해서 SLA(서비스 수준 합의)의 문서화를 통해 상황을 개선하는 것이었다. 팀이 SLA 내에서 지원할 수 있는 것과 없는 것을 명확히 문서화하면, 애플리케이션 팀이 자신들의 맞춤형 구성을 DRE 팀만으로는 지원할 수 없다는 것을 이해하고 공유 운영 모델로 이어질 것이라는 생각이었다. DRE 팀은 이를 고객의 커스텀화 요구와 그것을 규모에 맞게 관리할 수 있는 DRE 팀의 능력 사이의 합리적인 타협점으로 보았다. 하지만 고객들에게는 이것이 변호사들이 하는 것 같은 책임 회피로 들렸고, 팀이 규칙과 프로세스를 이용해 자신들을 소유자가 아니라 조언자(advisor)나 에반젤리스트로 자리매김하려 한다고 여겼다. 이언은 가장 큰 고객 중 하나와 하향식(topdown) 인수인계를 중재하며 양측의 절충을 이끌어냈지만, 이 접근 방식이 이후에도 계속 갈등과 정치질을 유발할 것이 분명했다.

다음으로 팀이 시도한 것은 소프트웨어 기반 접근 방식에 해당하는 완전 캡슐화(full encapsulation)이었다. 제1부에서 설명했듯이, 이는 오픈소스 API를 완전히 캡슐화하는 서비스 API 계층을 만드는 것이다. 이렇게 하면 플랫폼 팀은 자신이 지원하고 운영하는 것들을 완전히 통제할 수 있게 된다. 사용자들은 데이터 저장소에 대한 직접 접근을 포기해야 한다는 점을 그리 반기지 않았다. 하지만 팀은 이를 간단한 (키, 값) 의미론을 가진 다중 리전(multiregion) 읽기/쓰기를 지원하는 기능과 연결하자는 아이디어를 떠올렸다. 초기 고객들은 만족했지만, 플랫폼 팀이 다음 잠재 고객층을 찾아보니 단기적으로는 다중 리전 용례에는 관심이 없고 대신 완전한 SQL 인터페이스를 원한다는 것을 깨달았다. 그래서 팀은 결국 SQL 의미론을 지원하기 위해 2차 인덱스를 추가하는 계획을 세우기 시작했다. 이 시점에서 이언이 개입하여, 자체적인 글로벌 SQL 데이터베이스를 구축하는 것은 '크게 생각하라(think big)'에 해당하는 것이 아니라 그냥 불가능한 꿈에 가깝다고 지적했다.

13.5.3 그림자 플랫폼에 의한 강제 리셋

이 세 번의 시도가 이루어지는 동안 답답함을 느낀 애플리케이션 팀들은 자신들이 필요로 하는 기능을 얻기 위해 그림자 플랫폼을 구축하기 시작했다. 애플리케이션 팀들이 필요로 한 것은 문서 지원을 위한 몽고DB나 수평적 확장이 가능한 트랜잭션 쓰기 의미론을 위한 파운데이션

DB 등이었다. 애플리케이션 팀의 이러한 행동은 대단히 전형적이다. 애플리케이션 팀이 빠르게 성장할 때는 모든 운영을 담당하는 것을 기꺼이 받아들이지만, 초기 엔지니어들이 이직하고 운영 부담이 계속 증가하면 그 부담을 플랫폼 팀에 넘기고 싶어 한다. 이언의 회사에 있는 애플리케이션 팀들도 딱 그렇게 행동했다. 포트폴리오에 더 많은 오픈소스 소프트웨어(OSS)를 추가하는 것은 이언의 팀이 원하는 방향과 반대였지만, 거기에는 회사에 필요한 무언가가 있었기 때문에 이언은 팀에게 그 요구사항을 충족시키는 방법을 찾는 도전과제를 주었다.

이 시점에서 팀은 제품 지향 인프라 구축 경험이 있는 관리자들을 영입하며 리셋reset을 수행했다. 이 관리자들은 제품 발견(product discovery)부터 시작했다. 기존 서비스들을 검토하고 이전 경험을 토대로 애플리케이션 팀들이 이러한 시스템들에서 실제로 필요로 하는 것이 무엇인지 조사했다. 즉, 카산드라, 몽고DB, PostgreSQL, 카프카, 파운데이션DB에서 애플리케이션 팀이 단순히 선호하는 기능들이 아니라 구체적으로 '필요한' 것이 무엇인지 파악하고자 했다. 이러한 이해를 바탕으로 플랫폼 팀은 광범위한 서비스 중 하나나 둘을 제거할 수 있는, 공통된 요구사항의 좁은 영역을 찾고자 했다. 이 과정에서 두 가지 주요 기회를 발견했다.

간소화(단순화)

애플리케이션 간 설정(configuration; 구성) 플랫폼에 대한 수요가 컸는데, 이 부분은 (키, 값) 의미론으로 충분했다. 팀은 파운데이션DB에 대한 기존의 그림자 플랫폼을 이 용례만을 해결하는 관리형 서비스에 활용했다.

여러 기본요소의 결합

스키마 인식(schema-aware) 관련 시스템에 대한 수요가 여전히 있었지만, 제품 발견 과정에서 이 요구사항에 ACID 트랜잭션만큼이나 캐싱과 검색이 중요하다는 점이 밝혀졌다. 팀은 PostgreSQL에 검색 기능과 캐싱 기능을 결합하면 대부분의 고객을 만족시킬 수 있는 제한적인 SQL 시스템을 제공할 수 있다는 것을 깨달았다.

이언의 팀은 또한 이 두 프로젝트가 성공하면 기존 플랫폼(카산드라)과 그림자 플랫폼(몽고DB)을 모두 단계적으로 폐지할 수 있다는 것도 알게 되었다.

13.5.4 리셋 이후의 진행 상황

이러한 새로운 플랫폼을 만들기 위해 팀은 서비스가 시급히 필요한 애플리케이션 팀들과 긴밀하게 협업했다. 그 결과, 완벽하지는 않았지만 그래도 해당 고객들을 만족시키는 플랫폼을 빠르게 개발할 수 있었고, 이 고객들은 회사 전체에서 이 작업의 지지자가 되었다. 초기 성공 덕분에 플랫폼이 계속 성숙해졌고, 많은 애플리케이션 팀이 도입을 신청했다.

전반적으로, 플랫폼 팀의 복잡성을 제한하면서도 주요 애플리케이션 요구사항을 충족시킬 수 있는 적절한 제품을 찾아내기까지 약 4년의 반복 과정이 필요했다. 이는 향후 기능 개발을 모두 그림자 플랫폼에 양보하지 않고도 성장을 통제할 수 있다는 뜻이다.[주] 세 번의 실패와 수년간의 마이그레이션이 포함된 과정이 과연 성공이라고 할 수 있는지 의문이 들 수도 있다. 하지만 이것이 회사의 고유한 복잡성을 관리하는 플랫폼의 전달과 관련한 현실임을 유념하자. 플랫폼은 진화하고, 절충은 어렵다. 문제를 발견한 시점에서는 최선의 해결책이 현실적으로 실행 불가능한 옵션일 때도 있다. 반복을 통해 계속 개선해 나가는 자세가 필요하다.

[주] 우리가 이 변경의 비용을 정직하게 언급하지 않는다면 저자로서 직무 태만일 것이다. 이 글을 쓰는 시점에서 팀은 몽고DB와 카산드라 서비스의 완전 폐지를 위한 5개년 계획의 2년차에 있다.

13.6 마무리

플랫폼 팀에게 정렬(alignment)과 신뢰 구축은 쉽지는 않지만 달성 가능한 목표이다. 반면에 복잡성 관리는 여러분이 조직을 이끌 때 지침이 되는 북극성과도 같지만, 이 과제를 완전히 달성하는 것은 사실상 불가능할 수 있다. 복잡성을 감지하고 통제하는 데 도움이 되는 방법들이 있긴 해도, 복잡성을 완전히 제거하지는 못한다. 그렇다고 이 과제를 아예 포기해서도 안 된다. 과도한 인적 조율이나 그림자 플랫폼에서 복잡성을 발견하면, 이를 자동화하고 단순화하며 고객의 요구를 이해할 새로운 방법을 개발할 기회로 삼아야 한다. 플랫폼 조직이 발전하고 성숙함에 따라, 너무 빠른 성장이 복잡성 관리를 더욱 어렵게 만들 수 있다는 점과 더 복잡한 옵션들 속에서 가장 단순하고 확장 가능한 해결책을 찾는 데에는 제품 발견의 반복적 과정이 중요하다는 점을 이 북극성이 상기시켜 줄 것이다. 사용자를 위한 복잡성을 줄이는 데 더 많은 시간을 투자할수록 플랫폼은 더욱 성숙해진다.

CHAPTER 14

사랑받는 플랫폼

사랑이 무슨 상관이야? 사랑은 그저 부차적인 감정 아닌가?[1]

— *티나 터너*Tina Turner

우리는 플랫폼의 핵심 지표를 '더 단순하게, 더 빠르게, 더 저렴하게, 그리고 사용자가 **사랑하게**'로 요약하는 플랫폼 제품 관리자를 본 적이 있다. 여기서 두 가지 질문이 제기된다. 첫째는 이번 장 도입부의 인용문에서 티나 터너가 던진 질문이다. 내부 엔지니어를 대상으로 하는 시스템을, 사용자들이 사랑할 정도로 잘 만들어야 하는 이유가 무엇인가? 이는 매우 타당한 질문이다. '사랑'이라는 말에는 사용자의 감정에 호소한다는 뜻이 들어 있다. 제품을 판매하고 브랜드 친밀도를 높여 고객이 계속 구매하도록 만드는 기업에는 사랑이 중요하다. 하지만 그것이 내부 플랫폼이 추구할 만한 가치일까?

이는 둘째 질문으로 연결된다. 플랫폼 사용자의 사랑을 얻는 것이 그만한 비용을 들일 가치가 있는가? 빅테크 기업(기술 대기업)이라면 직원들이 수년간 극찬할 만한 맞춤형 내부 도구를 만들 수 있다(구글이나 넷플릭스 출신 독자라면 잘 알 것이다). 하지만 대부분의 독자는 사용자의 요구를 최적화하는 데 그만큼의 노력과 시간을 쏟을 수 없는 것이 현실이다. 높은 수익성을 가진 거대한 기술 기업이 아니라면, 사랑받는 플랫폼은 경제적인 측면에서 말이 되지 않는 것 같다.

---

1 **옮긴이_** 원문은 "What's love got to do, got to do with it? What's love, but a second-hand emotion?"으로, 미국 가수 티나 터너의 히트곡 "What's Love Got to Do with It"의 가사이다.

두 질문에 답하기 위해 **여러분이** 사랑하는 일상적인 도구들을 생각해 보자. 차고, 주방, 욕실 등에서 쓰는 도구들 말이다. 그 도구들이 시중에서 가장 비싼 도구인 경우는 드물다. 모든 사람의 모든 요구를 충족시키려 하는 도구도 드물다. 그보다는, 특정한 하나의 목적을 위해 정성스럽게 만들어져 여러분의 필요를 충족시키는 도구일 것이다. 사람들은 도구가 잘 작동하기 때문에, 그리고 잘 작동하는 것을 보면 즐겁기 때문에 그런 도구를 사랑한다. 이번 장에서 말하는 사랑받는 플랫폼이란 바로 그런 것이다. 내부 플랫폼에서 '사랑'은 생산성 향상을 나타내는 좋은 지표이다.

그렇다면 왜 단순히 생산성을 이야기하지 않는 걸까? 우선, 대부분의 상황에 적용할 수 있는 객관적인 엔지니어링 생산성 측정 방법은 아직 밝혀지지 않았다. '도입률'이나 '효율성' 같은 단순한 지표에만 집중하다 보면 복잡성을 관리하는 것이 아니라 제거하는 것을 목표로 삼게 된다. 그러면 애플리케이션 팀이 사랑하는 시스템이 아니라 플랫폼 팀이 통제하기 쉬운 시스템을 만드는 결과로 이어지는 것이 대부분이다. 오스카 와일드Oscar Wilde는 냉소주의자를 '모든 것의 가격(price)은 알지만 가치(value)는 모르는 사람'이라고 표현했다. 우리가 '사랑'을 강조하는 이유는 성공이 단순히 수치 개선만으로는 이루어질 수 없다는 점을 상기시키기 위해서이다.

다행히도 우리의 경험상, 사용하기 즐거운 도구를 만들어서 고객들에게 사랑받는 것은 모든 팀이 추구해도 좋은 목표이다. 이번 장에서는 우리가 본 사랑받는 플랫폼의 사례와 그들이 성공한 원인을 공유한다. 또한 사랑을 단순한 지표들로 측정하려 할 때 주의할 사항들도 논의할 것이다.

성공의 훈제 청어: 거짓말, 새빨간 거짓말, 그리고 CSAT 점수

많은 플랫폼 팀이 주요 지표 수집 활동의 일환으로 고객 만족도를 조사한다. 이러한 조사에서 흔히 사용되는 지표가 CSAT(Customer Satisfaction) 점수이다. CSAT 점수를 목표로 삼는 것을 플랫폼이 얼마나 사랑받고 성공적인지 판단할 수 있는 궁극의 방법으로 여기는 사람들도 있다. 작업에 딱 맞는 좋은 도구를 가지고 있다고 느끼는 고객은 만족도 점수를 높게 줄 것이라는 점에서, 이는 합당한 의견으로 보인다.

우리는 여러 플랫폼에서 고객 만족도 조사를 실시했는데, 기준이 될 만한 정보도 얻었지만 오해를 부르는 '훈제 청어' 같은 결과도 얻었다. 그런 만큼, 고객 만족도 조사를 시작하기 전에 다음 사항을 고려할 필요가 있다.

적절한 표본 집단을 확보했는가?

응답률이 매우 낮은 고객 만족도 조사 결과를 자랑하는 것만큼 신뢰를 빨리 잃게 만드는 것도 없다. 이런 종류의 조사를 실시하려면 기꺼이 설문에 응하는 소수의 사람에게만 의존하면 안 된다. 응답률을 충분히 높여야 한다. 조사는 가장 불만이 크고 목소리가 큰 집단의 결과만 반영한 탓에 실패하기도 하고, 응답률이 너무 낮아 조직 내부에서 결과가 왜곡되어서 실패하기도 한다. 부적절한 표본 집단으로 인한 거짓된 결과를 용인해서는 안 된다. 사용자 기반(고객층)이 작다면 최대한 높은 응답률을 얻기 위해 모든 노력을 기울여야 한다. 사용자 기반이 크다면 조직의 영역, 역할 유형, 사용 빈도 등에 따른 각 주요 사용자 그룹으로부터 대표성 있는 응답을 얻는 것을 목표로 해야 한다. 조사 결과를 공유할 때는 응답률, 응답자 출처, 조사 범위의 격차 등 모든 것을 정직하게 밝혀야 한다.

조사 결과를 바탕으로 여러분의 작업을 변경할 의향이 있는가?

사람들에게 어떤 제품에 가장 불만족스러운지, 어떤 분야에 투자가 필요한지 등을 물으면, 사람들은 응답에 따라 여러분이 초점을 바꾸리라고 생각하기 마련이다. 따라서 조사를 수행하기 전에 여러분에게 실제로 그럴 의지가 있는지부터 확인해야 한다. 매년 같은 시스템에 대해 불만을 제기하거나 같은 기능을 요청하는 설문을 작성했는데도 아무런 조치가 없다면, 고객들은 조사 전보다 팀에 대해 더 나쁜 감정을 가질 수 있다.

응답자를 조작하려 했는가, 아니면 진정으로 그들의 피드백에 관심이 있는가?

자신이 선호하는 프로젝트를 최선의 방안처럼 보이게 만드는 편향된 설문을 제시하는 리더도 있다. 그러면 안 된다. 이 조사는 이미 결정한 사항을 정당화하기 위해 사람들을 조종하는 것이 아니라, 사람들이 실제로 원하는 것을 파악하기 위한 것이어야 한다.

응답에 기반해서 실제로 전달할 만한 것이 여러분 팀에 있는가?

마찬가지로, 아주 좋아 보이는 옵션들을 제시했는데 사람들이 그 옵션들 모두에 열광적으로 반응했다면, 여러분은 그 모든 옵션을 전달해야 하는 처지에 놓인다. 따라서 이 경우에도 현실적으로 되어야 한다. 원하는 옵션을 모두 선택할 수 있게 하는 방식 대신, 옵션들에 우선순위를 매기게 하는 방식이 바람직하다.

이처럼 주의할 점이 여럿 있지만, 잘 설계된 고객 설문조사는 가치 있는 통찰과 지원을 많이 제공한다. 때로는 고객층의 상당수가 특정 시스템에 대해 얼마나 좌절감을 느끼는지가 설문조사를 통해 표출되기도 한다. 우리는 플랫폼 팀이 그저 약간만 문제라고 생각했던 불안정성이 실제로는 많은 사람들이 고통스럽게 인식하고 있는 매우 큰 문제라는 점을 고객 만족도 조사를 통해 깨달은 사례를 본 적이 있다. 안정성과 성능 문제가 있다는 것을 아는 것과, 평소에는 불평하지 않던 사람들로부터 압도적인 응답을 받아 그들에게 고통을 주고 있다는 것을 명확히 알게 되는 것은 전혀 다른 일이다! 반대로, 사람들이 좋아하는, 따라서 계속 제공해야 하는 제품들을 설문조사로 파악하게 되기도 한다.

설문조사는 또한 단기적인 고통을 초래할 수 있는 큰 변화를 정당화하는 근거가 될 수 있다. 코드 검토(리뷰) 프로세스에 대한 불만이 자주 발생한 사례가 있었다. 이는 사용자들이 우리가 제공하는 도구에 만족하지 않음을 명확하게 보여주는 신호였다. 해당 도구를 변경하려면 대규모 마이그레이션이 필요했지만, 계획 수립과 소통 과정에서, 그리고 설문조사에서 보고된 고통에 대한 증거를 바탕으로 우리는 이 작업이 바로 기존 시스템에 대한 그들의 불만에 대응하는 것임을 사용자들에게 보여줄 수 있었다.

설문조사(그리고 그와 비슷한 정성적 데이터)는 여러분이 활용할 수 있는 유용한 도구 중 하나이지만, 가능한

한 엄격하게 시행해야 한다. 문항들을 신중하게 계획하고, 적절한 표본 크기를 확보하고, 결과를 바탕으로 현실적으로 어떤 변화를 만들 수 있을지 고민해야 한다. 설문조사를 잘못 사용하면 사람들이 응답을 중단하거나 결과를 무시하게 되어 모든 가치를 잃게 된다. 아무것도 변화시키지 않고, 발생하고 있는 나쁜 경험을 은폐하는 데 사용되거나, 일반적으로 현실에 대한 그들의 시각을 반영하지 않는 것처럼 보이는 설문조사에 관심을 두는 사람은 없다.

14.1 사랑의 효과

이언이 11년간 실무 엔지니어로 일하면서 가장 사랑받은 플랫폼은 아마존의 배포(deployment) 플랫폼인 아폴로Apollo였다. 물론 아마존은 빅테크 기업이라 이 예는 좀 편향된 것으로 보일 수 있다. 하지만 아폴로 시스템은 아마존이 지금만큼 거대한 회사는 아니었던 2004년경에 구축되었고,[2] 이언은 2006년부터 이를 사용하기 시작했다. 아폴로는 컨테이너 이전 시대의 것이었지만, 본질적으로는 현대의 컨테이너 기반 배포 시스템과 비슷한 일을 했다. 파일시스템에 이진 실행파일을 배치하고, 관련 프로세스를 시작하고 종료해서 그 이진 실행파일의 실행을 제어했다.

완벽한 시스템은 아니었지만, 전반적인 경험은 "그냥 잘 돌아갔다"였다. 엔지니어 5,000명 규모의 당시 아마존에서 이를 성공적으로 만든 요소들은 다음과 같다.

훌륭한 UI와 자동화 인터페이스

UI가 바탕 엔티티나 시스템 모델에 급하게 덧씌운 임시방편적인 물건이 아니었음은 명백했다. 사용자들은 UI가 바탕 시스템의 실제 상태를 보여주는지 의문을 제기하지 않았다. 시스템이 할 수 있는 모든 작업을 API로 수행하고 관측할 수 있었다. 아폴로는 '설정형 자동화(automation as configuration)'라는 흐름이 등장하기 전에 만들어졌기 때문에 모든 자동화는 다양한 명령줄 스크립트로 구현되었지만, 해당 팀이 여러 작업을 스크립트로 만들어서 제공한 덕분에 사용자들은 '클릭옵스clickops'의 함정을 쉽사리 피할 수 있었다.

소신 있는 정책

아폴로는 호스트 컴퓨터에 배치되는 파일의 릴리스 형태나 그 프로세스에 대해 '포장도로' 접근 방식을 밀어붙였다. 이러한 선택은 특별한 요구사항이 있는 나머지 20%의 시스템에서는 문제를 일으켰지만, 다른 80%에서는 "그냥 잘 작동했다". 새로운 애플리케이션에 대한 릴리스를 설정하기가 매우 쉬웠고, 애플리케이션 구조가 전혀 다른 경우에도(예: 오프라인 배치 프로세스 대 온라인 서비스) 한 팀에서 다음 팀으로 이어지

2 옮긴이_ 2004년은 아마존이 AWS를 출시한 2002년에서 2년이 지난 시점이다. 2002년의 AWS는 범용적인 클라우드 서비스라기보다는 웹 개발자가 아마존의 전자상거래 플랫폼을 이용해서 제품 판매용 웹 앱을 만들 수 있게 하기 위한 수단이었다.

는 프로세스는 동일했다.

관통 가능한 정책

나머지 20%를 지원하기 위해 플랫폼은 추상화를 '관통(piercing)'할 수 있는 중요한 확장 지점을 제공했다. 일단 시작된 릴리스는 배포된 호스트에서 임의의 스크립트를 실행할 수 있는 작업흐름을 타고 진행된다. 특별한 요구사항이 있는 애플리케이션의 경우(예: 이언은 구 프로세스와 신 프로세스 간에 약 10분 정도 상태를 주고 받는 과정이 필요한 서비스가 있었는데, 이는 이상적이지 않았고 빠르게 재설계할 수도 없는 것이었다)에는 개발자가 커스텀 리눅스 스크립트를 개발해서 그 작업흐름에 끼워 넣을 수 있었다. 이 방식에도 한계가 있어서 종종 접착제 코드를 작성해야 하는 경우가 없지 않았지만, 개발자가 선택의 여지 없이 고정된 작업흐름을 따라야 한다고 느낀 적은 없었다.

이언은 이 도구를 사용하길 좋아했다. 실제로 다양한 소프트웨어에서 7년 이상 사용했다. 복잡한 요구사항을 처리하고 모든 것이 잘 작동하도록 하는 인터페이스를 구축했기 때문에 그가 가장 좋아하는 플랫폼이 되었다.

14.2 해크처럼 보이는 사랑

이언의 플랫폼 팀이 개발한 제품 중 사용자들에게 가장 사랑받은 것은 웨이터Waiter였다. 제11장에서 언급한 5개의 경쟁 컴퓨트 플랫폼 중 하나인 웨이터는 데이터 과학자용 도구를 만드는 애플리케이션 팀과 함께 구축한, 전형적인 개척자형 솔루션이었다. 사용자들과의 긴밀한 협업 덕분에 웨이터는 사용자들이 원하는 것을 정확히 제공했고, 그래서 많은 사랑을 받았다. 비록 구현 세부사항이 다른 플랫폼 엔지니어들에게는 해크hack[3]처럼 보일 때도 있었지만 말이다.

웨이터가 성공한 주된 이유는 사용자 마찰을 없애는 데 초점을 맞췄기 때문이다. 개척자 빌더들은 애플리케이션 개발자뿐만 아니라 반복적으로 코드를 개발하면서 애플리케이션을 호출하는 데이터 과학자들의 생산성도 중요하게 여겼다. 가장 큰 혁신은 'run as(~로서 실행)' 기능이었다. 이것은 작업부하가 호출자와 동일한 유닉스 계정으로 실행되어 접근 권한과 자격을 상속받는 것이다. 기술적으로는 로드 밸런서(수신 애플리케이션 호출을 가로채기 위한)와 올바른 계정으로 애플리케이션 프로세스를 실행할 수 있는 오케스트레이터orchestrator를 연결하는

3 옮긴이_ 여기서 해크는 어떠한 일을 임시방편이지만 기발하고 효과적으로 수행해 내는 것을 말한다. 간단히 말하면 해커(사이버보안 범죄자가 아니라 스티븐 레비가 묘사한 의미에서의)가 주로 하는 일이 해크이다. 외래어 표기법상으로는 '핵'이라고 표기해야 하겠지만, 핵발전소 등의 '핵(nuclear)'과 구별하기 위해 '해크'로 표기했다.

복잡하고 다소 해크스러운 방식이 필요했다. 하지만 이를 통해 애플리케이션 호출자는 애플리케이션이 어떤 다운스트림 자원에 접근할 수 있는지를 아주 쉽게 이해할 수 있었다. 이 점은 데이터 과학자를 대상으로 하는 애플리케이션에서 특히 중요했다. 애플리케이션 팀은 데이터 과학자에게 애플리케이션 접근 권한만 주면 되었고, 애플리케이션이 인간 호출자의 자격으로 실행되어 그 사람이 볼 수 있는 데이터에만 접근할 수 있었기 때문에 데이터 권한을 따로 관리할 필요가 없었다. 또한 개발자의 워크스테이션에서는 작동하지만 프로덕션 환경에서는 작동하지 않는 문제의 디버깅이라는 아주 어려운 고충도 해결했다.

물론 컴퓨트 플랫폼이 다섯 개나 되는 것은 바람직하지 않았기 때문에, 결국에는 개척자 팀은 이 시스템을 정착자형 플랫폼 팀에게 인계했다. 플랫폼 팀은 이 시스템을 더 확장 가능하게 발전시키면서도 '생산성 우선'이라는 핵심 문화는 유지했다. 개발과 프로덕션 경험 사이에서 차이를 발견할 때마다 그들은 사용자 마찰을 없애는 것을 기본으로 삼았다. 비록 구현이 더 '해크스러운(hacky)' 복잡성을 가져오더라도 말이다. 이전 장(제13장)의 내용으로 비추어 보면, 그들은 복잡성을 제거하는 것이 아니라 사용자를 대신해 복잡성을 관리하는 것을 자신들의 임무로 삼은 것이라고 할 수 있다.

웨이터 외에도 우리가 본 사랑받는, 해크스러운 시스템에는 원격 시스템을 찾을 수 없을 때 프로세스 내에서 인스턴스를 실행하는(무섭지만 기발한 방식이다!) 서비스 라이브러리와, 필요한 파일들이 해당 컴퓨터에 배포되지 않은 경우에도 관련 산출물을 즉시 내려받아 모노레포에서 빌드된 모든 이진 실행파일을 실행해서 필요한 프로세스를 시작하는 명령줄 프로세스가 있다. 이들은 개척자의 흔적이 역력했다. 문제를 해결하고 모든 사람의 일을 더 쉽게 만들려고 했지만, 더 큰 규모에서 어떻게 돌아갈지까지 고려하지는 않은 시스템들이었다. 이러한 시스템들에는 까다로운 특수 사례(edge case)가 많았지만, 공통의 훌륭한 특징이 있었다. 바로, 대부분의 사용자가 전혀 신경 쓰고 싶어 하지 않는 문제를 해결해 주었다는 것이다.

여러분이 이런 종류의 시스템을 물려받았다면, 시스템에 결함이 있고 플랫폼 팀에 고통을 준다는 이유로 시스템을 폐지하거나 완전히 변경하기로 결정하고 싶을 수도 있을 것이다. 우리도 이해는 간다. 하지만 그런 큰 변경을 계획하기 전에, 물려받은 괴상한 시스템 중 사람들이 사랑하는 것들이 있는지 파악하고(고객 만족도 조사 등을 통해), 그리고 왜 그것을 사랑하는지 이해하려 노력해야 한다.

14.3 명백한 사랑

카미유의 조직이 개발하고 출시한 플랫폼 중에서는 S3의 내부 버전이 많은 사랑을 받았다. 그렇다. 단순한 내부 블롭 저장소(blob store)가 크게 사랑받은 것이다. 당시 이 회사는 대부분 온프레미스 환경이었고, 몇 가지 우수한 내부 저장소 서비스를 보유하고 있었지만 S3 호환 객체 저장소는 없었다. 아무도 그런 서비스를 요구하지 않았지만, 저장 팀의 제품 관리자는 이것을 제공하기만 하면 모두가 사용하기 시작할 것이라고 굳게 믿었다. 그는 특히 데이터 과학 분야 엔지니어들 사이에서 S3가 외부적으로 널리 가치를 인정받는 것을 보고는 사용자들에게 상당한 가치를 제공할 것이라 확신했다. 그리고 그의 예상은 맞았다! 출시 직후 대규모 도입이 이루어지며 엄청난 인기를 끌었다.

이는 당연한 결과로 보일 수 있다. 결국 S3는 AWS의 가장 성공적인 혁신 중 하나이기 때문이다. 하지만 어떤 기술이 큰 시장에서 인기가 있다고 해서 반드시 조직 내에서도 환영받는 것은 아니다. 때로는 인기 있는 기술도 기업 내부로 들여올 때 실패하기도 한다. 새로운 기술을 도입할 때 성공과 실패를 가장 정확하게 예측하려면 어떻게 해야 할까? 이는 사람들이 사랑하는 제품을 만드는 데 중요한 몇 가지 근본적인 요소로 귀결된다. 트렌드를 따르더라도 당연히 여겨서는 안 되는 요소들이다.

인식도

사람들이 해당 제품을 알고 있을 뿐만 아니라 사용법까지 알고 있다면 좋은 상황이다. S3 같은 서비스의 장점이 바로 이것이다. 많은 개발자가 대학이나 다른 회사에서 이미 사용해 본 경험이 있으므로 그 가치를 일일이 설명할 필요가 없었다. 카미유의 경우 플랫폼 팀은 또한 고객 팀들을 통해 제품 소식을 잘 전파해서 사용 가능 시점을 알 수 있게 했다.

호환성

S3는 호환성(compatibility) 면에서도 유리했다. 엔지니어와 데이터 과학자들이 사용하는 여러 도구가 이미 S3를 지원하고 있었기 때문에, 모든 종류의 클라이언트를 일일이 구현할 필요가 없었다. 대부분의 작업은 내부 인증 프로토콜을 래핑하고 효율성을 개선하는 것이었다. 인기 있는 외부 기술을 기업 생태계에 도입할 때의 흔한 함정은, 기존 소프트웨어와의 통합에 드는 노력이 새로운 기술이 주는 점진적 가치보다 크다는 것이다. 카미유의 팀은 이러한 함정을 예상하고, 초기에 통합에 투자하고 즉시 사용 가능한 좋은 사용자 경험을 전달함으로써 함정을 피했다.

엔지니어링 품질

이 책의 공통된 주제를 다시 언급하자면, 만약 이 제품이 출시 시점에 불안정했다면 즉시 광범위하게 도입되지 않았을 것이다. 사람들은 제품이 잘 작동하길 원한다. 특히 중요한 프로덕션 작업부하에 사용할 도구라면 더욱 그렇다. 카미유의 팀은 프로덕션에서 검증된 구성요소들 위에 해당 플랫폼을 구축한 덕분에 안정적인 서비스를 더 쉽게 제공할 수 있었다.

시장 출시 시기

이 제품이 받은 사랑의 일부는 제품 소개에서 출시까지의 기간이 대부분의 다른 주요 서비스보다 훨씬 짧았다는 점에서 비롯됐다. 제품 관리자가 연구를 시작한 후 대부분의 클라이언트 통합을 포함한 알파 릴리스까지 1년도 걸리지 않았다. 이는 플랫폼을 기존 구성요소들 위에 구축했고, 사용을 시작하기 위해 대규모 마이그레이션이 필요하지 않았으며, 새로운 문서화나 통합, 고객 도구가 많이 필요하지 않았기 때문이다. 아마존이 만든 성공과 인기를 활용함으로써 제품 작업이 줄어들었고, 내부 구성요소들을 재사용함으로써 엔지니어링 복잡도가 크게 줄었다. 제13장에서 언급했듯이 뭔가 뛰어난 것을 전달하면 사람들은 전달이 늦어서 겪은 고통을 잊게 되지만, 뛰어난 것을 빠르게 전달한다면 더욱 좋은 느낌을 받는다.

이것이 뛰어난 제품 관리의 사례로 들리지 않을 수 있지만, 빠르고 가치 있는 제품의 성공으로 이어질 수 있는 인식도와 호환성, 엔지니어링 기반의 결합을 파악할 수 있는 감각을 가진 사람은 많지 않다. 이 모든 것이 이렇게 잘 어우러지면 즉시 사랑이 따라오게 된다.

14.4 총정리: 사용자를 멋지게 만드는 사랑

아폴로 GraphQL의 엔지니어링 VP인 스무르티 파텔Smruti Patel은 20년 이상 플랫폼을 구축해 왔다. 우리는 그녀에게 사용자들이 사랑하는 플랫폼을 구축한 이야기와 사용자를 멋지고 자율적으로 만드는 핵심 전략을 공유해 달라고 요청했다. 다음은 스무르티의 이야기이다.

플랫폼 관점

문제

우리 회사에는 모노리스 시스템이 있었는데, 수년간 기술 부채가 쌓인 탓에 바람직하지 않은 의존요소(dependency; 의존성)들이 많았다. 개발자 생산성 설문조사에서 사용자들은 프로덕션에서 어떤 변경 사항이 실행되고 있는지 확신할 수 없다는 우려를 여러 차례 표현했다. 또한 이러한 문제가, 실수로 호환성이 깨지는 변경이 프로덕션에 배포되는 사고로 이어지는 경우도 있었다.

그래서 우리는 서비스 전달 플랫폼을 구축하기로 했다. 우리의 목적은 명확했다. 제품 엔지니어링 팀의 생산성을 크게 높이고(기능 전달의 선행 시간(lead time)을 50% 이상 줄이는 등) 변경 관리를 더 안전하게 만드는 것이었다.

접근 방식

우리는 의도적으로 플랫폼에 제품 중심 사고방식을 도입해서, 사용자 페르소나와 해결해야 할 과제를 정의했다. 이 과정에서 나는 사용자 1,000명이 부분적으로만 만족하는 것보다는 사용자 10명이 100% 만족하는 쪽에 집중하는 것이 가치가 훨씬 크다는 점을 거듭 발견했다.

즐거운 사용자 경험을 만들고 사용자를 멋지게(awesome) 만들려면 그들의 작업흐름을 깊이 있게 이해하고, 플랫폼 외에도 그들에게 제공할 만한 도구들을 파악해야 한다. **포장도로는 무엇인가? 플랫폼에 어떤 가드레일이 내장되어 있는가? 어떤 탈출구를 제공해야 하는가?** 목표는 사용자가 작업을 제대로 하기는 쉽게, 잘못 하기는 어렵게 만드는 것이다.

이러한 사용자 분석을 올바르게 수행하고 페르소나의 기술 수준, 강점, 고충을 이해하면, 플랫폼을 사용하는 것이 마치 사용자의 요구/상황/점진적 성숙도에 맞는 다양한 도구를 갖춘 스위스 군용 칼을 다루는 것처럼 느껴지게 된다. 마지막으로, 나는 이를 점진적 공개(progressive disclosure)의 관점에서 고찰하는 것을, 다른 말로 하면 솔루션을 계층적으로 고찰하는 것을 선호한다. 플랫폼은 개발자를 위한 것이다. 플랫폼이 복잡성을 추상화해서 숨긴다고 해도, 그 속을 들여다보고 자신만의 고유한 요구에 맞게 조정하려 드는 호기심 많은 개발자는 항상 있다. 성공적인 플랫폼은 그런 개발자 계층을 위해 프로그래밍 가능하고 조합 가능한 구축 요소들을 제공해야 한다.

그런데, 1년이 지난 시점에서 우리 플랫폼의 프로덕션 트래픽은 5% 미만이었다. 게다가 전달 플랫폼을 두 개 유지해야 해서 비용이 이중으로 들었다. 하나는 아직 기능 패리티(feature parity)[4]에 도달하지 못한 새로운 플랫폼이고, 다른 하나는 대규모로 사용되는 기존 플랫폼이다. 결과적으로 18개월 전보다 훨씬 더 나빠졌다!

우리는 플랫폼 도입을 그저 '만들면 알아서 올 것'이라는 사고방식에 맡겨두었다는 점을 깨달았다. 사람들이 플랫폼을 어떻게 도입할지, 플랫폼 배포 조직이 어느 정도 수준의 투자를 감당하게 될지를 적극적으로 고려하지 않았던 것이다. 결과적으로, 우리는 원래 의도했던 영향(impact)을 주지 못했다. 플랫폼을 구축하는 것만으로는 '완료(done)'가 아니었다.

이를 해결하기 위해 우리는 기존 플랫폼에서의 퇴로(off-ramp)와 새 플랫폼으로의 진입로(on-ramp)를 고려해서 상세한 마이그레이션 전략을 수립했다. 그리고 우리의 개발자들이 마이그레이션 전반에 걸쳐 다운타임(중단 시간)을 0에 가깝게 유지해야 하며, 그러면서도 기존 플랫폼에서 새로운 플랫폼으로 트래픽을 점진적으로 늘릴 수 있게 하는 A/B 테스트 도구를 구축할 필요가 있다는 점도 알게 되었다.

약 1년 후 모든 서비스의 마이그레이션이 완료되었고, 모든 새로운 서비스는 이 플랫폼에 직접 온보딩하기 시작했다. 기능 전달을 위한 선행 시간의 평균이 50%가 아니라 65%나 감소했고, 프로덕션에서 호환성이 깨지는 변경이 훨씬 적게 발생했다.

핵심 교훈

성공적인 플랫폼이 조직에 제공할 수 있는 최고의 레버리지는 사용자의 속도를 높이고, 사용자에게 즐거움을

4 옮긴이_ 기능 패리티는 새로운 시스템이나 플랫폼이 기존 시스템이나 플랫폼과 동일한 기능을 제공하는 상태를 말한다. 두 시스템의 기능들이 '짝을 이루는(pair)' 상태라고 기억하면 될 것이다.

> 주며, 사용자가 자신의 **일을 멋지게** 해내도록 하는 것이다. 이를 위해서는 플랫폼을 구축할 때 제품 중심의 사고방식을 도입해야 할 뿐만 아니라, '만들면 알아서 찾아올 것'이라는 사고방식에서 벗어나 초기 단계부터 도입을 목표로 하는 좀 더 적극적이고 집중된 접근 방식으로 전환해야 한다.

14.5 마무리: 사랑이란 무엇인가, 상처를 주지 마오

농담은 접어두고[5], 사랑은 어렵다. 대부분의 경우 우리는 배경에 묻혀 있는 제품을 갖게 되는 것만으로도 다행이다. 사람들이 사랑을 표현하지는 않더라도 지속적인 고통과 좌절감을 표현하지 않는 것으로 충분하다. 스므루티 파텔Smruti Patel은 한 강연에서 좋은 플랫폼은 멀티툴과 같다, 뻔하지만 유용하다, 사용할 때 재미있을 것 같지만 나쁜 경험이나 치명적인 경험을 할까 봐 항상 조금 긴장되는 수상한 버섯과는 다르다고 말했다. 우리가 만드는 대부분의 플랫폼은 뻔하지만 유용할 것이다. 재미있지는 않더라도 사용자가 기대하는 대로 동작할 것이라고 신뢰할 수 있다.

우리가 본 가장 성공적인 플랫폼 중 하나는 어떤 회사의 초창기에 만들어진 분산 작업 스케줄러였다. 그 플랫폼은 회사가 성장하고 발전하면서 함께 진화하고 성장했으며, 필요한 일을 수행하고 점진적인 개선을 이루어냈다. 또한 이런 중요한 시스템의 신뢰성을 보장하기 위해 때때로 큰 투자도 받았다. 수년간 많은 사람이 이 못생긴 구형 시스템을 보고 에어플로우Airflow나 루이지Luigi 등 당시 유행하는 시스템으로 교체하자고 제안했다. 이러한 시도는 선의에서 비롯한 것이었지만, 몇몇 특별한 시스템 외에는 도입되지 않았다. 그동안 이 작업 스케줄러는 최소한의 지원 인력만으로도 계속 잘 작동했다. 이것이 플랫폼이 주는 또 다른 교훈이다. 최고의 플랫폼조차도 때로는 제대로 평가받지 못한다.

성공적이지만 방치된 플랫폼을 단순한 수용을 넘어 사랑받을 수 있는 무언가로 교체하고 싶다면, 제7, 8, 9장에서 논의한 힘든 작업을 소홀히 하지 말아야 한다. 기존 시스템의 어떤 기능이 사용되고 있는지 파악하고, 밀접하게 통합된 부분을 아키텍처 재구축을 통해 개선하거나 다른 시스템으로 재구현하고, 이중 쓰기(dual-write)를 구현해서 최소한 기능 호환성을 보장하고, 마이그레이션 계획을 신중하게 세워야 한다. 사랑에 관한 이번 장의 마무리에서 세부사항, 계

5 옮긴이_ 제목의 "사랑이란 무엇인가, 상처를 주지 마오"의 원문은 "What Is Love? Baby Don't Hurt Me"으로, 가수 해더웨이Haddaway의 노래 'What is Love'의 후렴구이다. 배우 짐 캐리가 출연한 유명한 SNL 스케치에 배경 음악으로 쓰이면서 국내에도 많이 알려졌다.

획, 성실성을 상기시키는 것이 이상해 보일 수 있다. 하지만 이것이 플랫폼 엔지니어링임을, 그리고 이 세상에서 사랑이 완전히 자리 잡으려면 그 전에 강력한 신뢰의 기반이 필요하다는 점을 기억하기 바란다.

이 책을 쓰기 전에 우리는 플랫폼 엔지니어링이 지난 25년간 업계를 휩쓴 여러 일시적 유행(fad)[1]처럼 반짝 했다가 사라지는 것은 아닌지 자문해 보았다. 10만여 단어로 된 이 책을 통해 여러분이 "그저 일시적인 유행은 아닐 것이다"라고 믿게 되었으면 좋겠지만, 플랫폼 엔지니어링이 그저 또 다른 기술적 과대선전(hype)으로 끝날 위험은 여전히 존재한다. 벤더들이 특정 구현 세부사항을 밀어붙이고 컨설턴트들이 체크리스트를 작성하는 상황에서, 우리 플랫폼 엔지니어들은 그저 경영진의 대시보드를 꾸밀 지표에 매몰되어 모든 뉘앙스를 잃을 위험이 있다.

이것이 바로 우리 저자들이 제1부에서 현재 업계가 직면한 복잡성의 변곡점에 관해 많은 지면을 할애한 이유이다. 클라우드, 벤더, OSS 생태계는 비즈니스가 요구하는 분야(2024년에는 AI와 관련된 모든 것[2])에서 기술 혁신을 가속했지만, 서버를 반려동물처럼 다루고 독점 벤더 플랫폼을 사용하던 1990년대보다 소프트웨어 시스템이 더 단순해지지는 않았다. 데이터센터 엔지니어들과 상대하면서 겪었던 고생이 복사 & 붙여넣기 방식의 테라폼 '코드베이스'와 씨름하는 것으로 바뀌었을 뿐, 복잡성은 여전히 남아있다. 사실 지속적인 혁신의 압박과 구형 시스템 통합의 필요성으로 인해 전반적인 복잡성은 증가했고, 이는 제1장에서 논의한 '과도한 일반화의 늪'으로 이어졌다.

업계는 플랫폼이라는 것을 한때 유행하는 과대선전의 구현 세부사항(이를테면 IDP(내부 개발자 포털) 같은[3] 정도로, 아니면 요즘 잘 나가는 애플리케이션 팀들이 미래의 비용은 고려하지 않고 벤더 시스템과 OSS 시스템을 이어 붙이는 데 사용하는 임시방편적 접착제 정도로 보는 관점에서 벗어나야 한다. 그런 편의주의적인 접근 방식을 극복하려면(그리고 애플리케이션 팀이 플랫폼을 진지하게 받아들이도록 설득하려면), 제2부(제3~10장)에서 다룬 다음과 같은 요소들의 균형이 필요하다.

---

1 일일이 이름을 거론하지는 않겠다.

2 옮긴이_ 번역서가 출간된 2025년에도 크게 다르지는 않을 것이다.

3 그렇다, 이것은 비판이다. 플랫폼 엔지니어링 검색 결과 상위 10개 중 상당수가 구현 세부사항에 관해 이야기하는 이유는 무엇일까? 확실하진 않지만, 우리는 그것이 그저 단순한 유행이라고 생각한다.

- 소프트웨어와 시스템 중심의 다양한 전문성을 가진 엔지니어 팀을 구성한다.
- 팀이 해야 할 일을 결정할 때 제품, 엔지니어링, 운영 관점을 혼합한다.
- 애자일 접근 방식과 더 엄격한 계획을 조합해서 제품을 전달한다.
- 새로운 것을 만드는 것보다 기존 시스템의 아키텍처 재구축과 마이그레이션에 더 많은 시간을 투자한다.

이 요소들의 균형을 맞추기란 쉽지 않다. 모든 구석에 실패의 가능성이 도사리고 있으며, 성공한 경우에도 팀원, 동료, 이해관계자는(심지어 지도층도) 여러분을 끊임없이 비판할 것이다. 여러분이 균형을 맞추기 위해 애쓴 모든 노력의 일부만 보고서는 말이다. 제3부에서 성공이 어떤 모습인지 몇 가지 예를 보여주었는데, 성공 사례조차도 그 과정에서 좌절의 순간이 많았다. 하지만 우리는 어려운 문제를 해결하기 위해 엔지니어가 되었고, 어려운 문제의 해결에는 본질적으로 좌절이 따르기 마련이다. 그렇지 않다면 어려운 문제가 아닐 것이다. 우리는 좌절이 겸손과 성장의 기회를 가져온다는 것을 기억하려 노력한다.

이것이 바로 우리 저자들, 즉 이언과 카미유가 그 모든 어려움에도 이 일을 계속하는 이유이다. 첫째로, 우리에게는 실용적이고 구체적인 수준의 기술에 대한, 그리고 소프트웨어를 활용해서 커다란 문제를 해결하는 힘에 대한 순수한 애정이 있다. 또한 우리는 기술적이든 인간적이든 복잡한 시스템을 이해하고 그 지식을 활용해서 시스템을 개선하는 것을 좋아한다. 마지막으로, 우리는 업계가 복잡성을 다루고 엔지니어들이 일을 더 쉽게 할 수 있게 만드는 것을 더 잘할 수 있고, 더 잘해야 하며, 더 잘하게 되리라고 믿는다.

여기까지 읽은 모든 독자도 우리와 같은 특성을 가지고 있을 것이다. 그것을 활용해 더 나은 플랫폼 엔지니어링 리더가 되고, 팀 안팎의 다양한 기술과 관점을 가진 사람들을 모아 회사에 필요한 플랫폼을 구축하기 바란다. 사람들의 반대에 부딪히더라도 극복해야 한다. 진정한 플랫폼 리더의 표식은 마찰을 기회로 전환하는, 그리고 착실히 전진해서 부분의 합보다 더 큰 시스템을 만드는 능력이다. 회복력, 공감, 비전으로 이끈다면 회의론자를 신봉자로 바꿀 수 있을 것이다.

ㄱ ㄴ

ㄷ ㄹ

A ~ C

D ~ F

G ~ L

M N

O ~ R

S T

U ~ Z

기타